古文獻整理與研究

第一輯

陝西省社會科學院古籍研究所 編

吳敏霞 主編

中華書局

圖書在版編目（CIP）數據

古文獻整理與研究.第 1 輯/吳敏霞主編. —北京：中華書局，2015.2
ISBN 978-7-101-10817-0

Ⅰ.古…　Ⅱ.吳…　Ⅲ.①古籍整理–研究–中國②古籍研究–中國　Ⅳ.G256.1

中國版本圖書館 CIP 數據核字（2015）第 047596 號

書　　　名	古文獻整理與研究（第一輯）
主　　　編	吳敏霞
責任編輯	劉　明
出版發行	中華書局
	（北京市豐臺區太平橋西里 38 號　100073）
	http://www.zhbc.com.cn
	E-mail：zhbc@ zhbc.com.cn
印　　　刷	北京市白帆印務有限公司
版　　　次	2015 年 2 月北京第 1 版
	2015 年 2 月北京第 1 次印刷
規　　　格	開本/788×1091 毫米　1/16
	印張 20¾　插頁 4　字數 400 千字
印　　　數	1-1500 冊
國際書號	ISBN 978-7-101-10817-0
定　　　價	88.00 元

論其指歸　辨其訛謬

精術盡探　睿思咸識

錄賀古文獻整理與研究創刊

李學勤

目　録

發刊詞

  中國的古文獻資源極其豐富，據不完全統計，現存乃在二十萬種以上。在此領域，現代意義上的研究已歷百年，但仍有浩如煙海的古文獻等待學界的整理、研究，闡發其意義，揭櫫其價值。古文獻的整理與研究是一項特別艱辛的勞動，要得出令人信服的結論，需要投入大量的時間與精力，更需要忍受長久的寂寞。特別是在學術考核機制嚴重功利化的今天，從事古文獻研究實可被視爲一項壯舉。儘管如此，仍有不少志同道合的學者，爲了神聖的學術事業，爲了探索未知，青燈古卷，澹泊自守，辛勤耕耘，勉力著述。他們的付出，尤其需要獲得尊重、鼓勵與支持。

  本刊創辦之宗旨，即在於爲古文獻研究領域的學者提供一個分享心得，交換信息的學術平臺，讓他們努力工作所取得的成績擁有更廣闊的傳播空間；通過加強學者之間的學術切磋，推進古文獻研究的發展，爲中華文化的傳承與弘揚做出貢獻。

陝西省社會科學院古籍研究所

· 特　稿

改革開放以來陝西古籍整理出版事業綜述

吳敏霞

　　陝西是中華文明的重要發祥地,歷史上曾有周、秦、漢、唐等 13 個王朝在此建都,留下了非常豐富的典籍文獻和金石文獻。整理和出版這些典籍文獻和金石文獻,搶救和保護歷史文化遺産,是繼承和發揚中華民族優秀傳統文化的重要基礎性工作。據不完全統計,陝西現存的典籍文獻有 60000 餘種、157 萬餘册;境内出土帶有銘文的青銅器 1900 餘件;境内存藏的古代碑刻約有 25000 餘通。另外,陝西也是發現西周甲骨文最爲集中和最重要的地區,也是出土和發現秦代封泥、陶文和漢代摩崖石刻最多的省份之一。數量如此巨大的典籍文獻和金石文獻,在全國應位居前列。這些典籍文獻和金石文獻的内容包羅萬象,對於研究中國歷史,特别是周秦漢唐的歷史以及陝西地域歷史,具有非常重要的價值。

　　改革開放以來,陝西古籍整理出版事業在國家古籍整理出版規劃領導小組的指導下,在陝西省政府的領導下,經過衆多專家學者的共同努力,緊緊圍繞傳承文明、服務社會的宗旨,在整理和出版陝西古代典籍文獻和金石文獻方面,取得了突出的成績,爲傳承中華文明、弘揚中華優秀傳統文化,促進和繁榮發展陝西省的文化事業做出了積極的貢獻。在陝西省古籍整理出版事業届滿三十週年之際,認真回顧和總結改革開放以來陝西古籍整理出版事業的發展歷程,將有助於更好地認識所承擔的歷史重任,繼往開來,爲陝西古籍整理出版事業的繁榮發展開創新的局面。

一、古籍整理出版機構的設置與規劃的制定

1981 年,中共中央頒發了《關於整理我國古籍的指示》,隨之恢復了成立於 1958 年的國家古籍整理出版規劃小組,新名稱爲"全國古籍整理出版規劃領導小組"。陝西古籍整理出版事業在全國率先啟動。1983 年,省政府決定成立陝西省古籍整理辦公室,與陝西省地方志辦公室合署辦公;同時,報請國家新聞出版總署同意,成立了以出版古籍爲主要任務的三秦出版社。從此,陝西省古籍整理出版事業有了組織及學術依托,走上了規範發展的道路,不斷取得可喜的成就。

2004 年 11 月,主管文化的副省長主持召開了全省第一次古籍整理出版工作座談會,對全省的古籍整理出版工作提出了"摸清底數,制訂規劃"、"整合資源,建設隊伍"、"提高質量,抓好精品"和"加強領導,通力協作"等具體要求。按照此次會議精神和省政府主要領導的批示,省政府決定成立"陝西省古籍整理出版工作領導小組",由主管文化的副省長任組長,省政府副秘書長、省社會科學院院長任副組長,省財政廳、省教育廳、省文化廳、省新聞出版局、省文物局、省文史館、省地方志辦公室、省宗教局等爲成員單位,由省社會科學院古籍整理研究所兼陝西省古籍整理出版工作領導小組辦公室,負責領導小組的日常工作。除此之外,還先後制定了《陝西省古籍整理出版工作領導小組工作制度》、《陝西省古籍整理出版工作領導小組辦公室工作職責》等規章制度。成立了陝西省古籍整理出版工作領導小組專家委員會,由著名古籍整理專家周天游擔任組長。這些機制的建立和完善,有力地加強了全省古籍整理出版工作的領導,保證了陝西省古籍整理出版事業的有序發展。

1983 年,陝西省古籍整理辦公室成立伊始,即制定了《陝西省 1983—1990 年古籍整理出版初步規劃》,選定了一批省內存藏的古籍,分專集類、地理方志類、歷史文物類、哲學類、文藝類、語言文字類和古農學古醫學類等 7 類,共計 105 種,開始了整理和研究工作。由於創業之初,人才、經費與經驗均較匱乏,故該《規劃》落實情況差強人意,截止 1990 年,《規劃》中確定的 105 種古籍的整理與出版,僅完成 10 種左右,且整理和出版質量亦參差不齊。爲此,省政府加大了古籍整理人才隊伍建設的力度,調整了省古籍整理辦公室的隸屬關係,以古籍整理研究所的名義納入省社會科學院,使其在履行負責全省古籍整理工作職能的同時,開展必要的研究工作,以此來培養和建設古籍整理人才隊伍,提高陝西省古籍整理出版的質量。隨着上述舉措的實施,陝西省古籍整理與研究專業人才隊伍日益壯大,加上省政府給予的專項資金保障,陝西省的古籍整理出版事業遂蓬勃

發展起來。

1990 至 1999 年,陝西省古籍整理辦公室先後制定了"八五"和"九五"古籍整理出版規劃,將《全唐文補遺》、《古長安叢書》、《陝西金石文獻匯集》等列爲重大項目,予以實施。

《全唐文補遺》是利用新出土和新發現的資料,爲清人編纂的《全唐文》拾遺補缺的大型文獻典籍。自《全唐文》及《全唐文拾遺》、《唐文續拾》成書以來,陸續發現和出土了大量的唐代碑碣和墓志。特別是改革開放以來,隨着國家基本建設的全面展開,主動和被動的考古發掘呈現出前所未有的繁榮態勢,出土和發現了大批珍貴的唐代碑碣和墓志,包括有詔書、書札、記事碑、墓志、神道碑、經幢、塔銘、造像題記、摩崖題刻等,內容涵蓋唐五代的政治、經濟、軍事、文化、民族、外交、宗教、民俗、人物等各個方面,是研究唐五代歷史不可或缺的珍貴資料。利用這些新出土和新發現的資料,實施《全唐文補遺》項目,可增補完善《全唐文》及《全唐文拾遺》、《唐文續拾》,爲研究唐五代歷史提供信實可靠的第一手原始資料,有着不可忽視的學術價值。《古長安叢書》是系統整理有關古代長安地方著述的大型叢書。陝西關中是以古代長安爲中心的地域,爲歷史上 13 個王朝的建都之地,歷史學者關於古長安的著述極豐,資料價值極爲重要。爲了系統挖掘整理這部分古籍,專家們結合考古新發現,將古代記述關中地區的歷史地理古籍,加以校讎,進行標點與注釋,爲古長安歷史地理研究和古都建設及發展旅游事業,提供了較爲詳盡而厚重的歷史文獻資料。《陝西金石文獻匯集》是陝西省出土金石文獻的總匯。陝西地表及地下遺存的古文獻資料十分豐富,這些資料包括甲骨文、金文、陶文、各種器物銘文、古璽印、古封泥以及大量的碑刻文字,是證史、辨史、補史的珍貴資料,也是研究漢字形成與發展和書法演變的極佳材料。這些文字的匯集整理,不但補充了歷史記載的缺遺,也是對文物價值的再增值,還是對文物資源的再生保護,具有非常重大的歷史意義和現實意義。以上三種重大項目,作爲開放性大型專書,均已整理出版了一批成果,目前仍在進行中。

隨着陝西省古籍整理出版工作領導小組的設立,2005 年《陝西省 2005—2010 年古籍整理出版規劃》頒佈實施,其中將《陝西古籍總目》、《陝西碑刻總目提要》和《陝西金文集成》列爲陝西省"十一五"古籍整理三大重點項目。

《陝西古籍總目》是陝西省境內現存漢文古籍的綜合目錄。旨在全面反映陝西現存漢文古籍的種類、版本及收藏情況,"辨章學術,考鏡源流",爲學術研究及廣大讀者提供較爲完整準確的資料訊息。陝西藏有豐富的古籍文獻資源,根據調研,估計全省古籍總藏量在 157 萬册左右。由於各單位古籍保管情況不一,編目也是各自爲政,使陝西省珍貴的古籍資源家底不清,不能得到較好的保護和充分的利用。因此,對陝西省所藏古籍進行大規模摸底清查,對全省古籍進行、搶救、蒐集、整理出版、展示,編製《陝西古籍總目》,就成爲一項非常緊迫且具有重大意義的工程。《陝西碑刻總目提要》是陝西省境内所存碑刻的總目與提要總集。陝西是碑刻珍藏和擁有數量最多的省份,分佈於全省 107 個區縣的 25000 餘通碑刻,有的散落於田野,千百年來遭受着風雨侵蝕、人爲損毀,流失情況相當嚴重;加之新時期大規模基本建設的開展,一大批新出土的墓志和碑刻得以重見天日。這些碑刻數量相當可觀,内容十分豐富,涉及古代人民生活的各個層面,對於保存文化遺産與研究中國古代史,具有不可替代的價值。同時對於促進西部大開發中的文化建設,也會起到十分積極的作用。《陝西金文全集》是陝西境内出土的金文總集。近幾十年來,陝西出土了衆多的商周秦漢青銅器,器物上的銘文有很高的歷史研究價值。但迄今爲止,還缺乏全面系統的整理。本課題計劃以地區爲單位分卷編排,各卷按彝器的出土地點、年代序列、組合關係詳加著録,並對金文資料的出土情況、收藏地點、流轉歷史、研究現狀作出詳細清楚的叙述。還擬附銅器出土地點分佈圖與索引表。本集的完成,將對古漢字、青銅器和上古史的研究,起到巨大的推動和促進作用。

以上三大重點項目的實施,得到了國家相關部門的重視。2006 年 4 月,全國古籍整理出版規劃領導小組確定,《陝西古籍總目》和《陝西碑刻總目提要》列爲《國家"十一五"古籍整理出版重點規劃》項目;2012 年 7 月,《陝西碑刻總目提要》和《陝西金文集成》列爲《2011—2020 年國家古籍整理出版規劃》項目。2010 年 12 月,全國哲學社會科學規劃領導小組批準,《陝西金文集成》列爲 2010 年度國家社會科學基金資助重大項目。

至 2012 年,隨着三大重點項目的逐步實施,特别是全省存藏古籍排查摸底工作的初步完成,陝西存藏古籍總數及類别的逐漸清晰,省政府決定實施《"十二五"陝西省古籍整理出版規劃》重大項目——《陝西古代文獻集成》,計劃將歷史上陝西籍作者的著述和與陝西有關的古代文獻整理出版,初步規劃 151 種,2200 餘卷,由西北大學文學院賈三强教授領銜,陝西省古籍整理出版工作領導小組辦公室組織實施,目前已經展開了前期相關工作。

二、古籍整理出版專業人才隊伍建設

陝西古籍整理出版事業經過 30 餘年的發展,按照省政府"整合資源,建設隊伍"的要求,已經初步形成了一支有實力、有水平的古籍整理出版專業人才隊伍。這支古籍整理出版專業人才隊伍,是伴隨着陝西省古籍整理出版事業不斷發展而形成的,通過院校專業培養,項目實施帶動,在崗業務培訓等方式,基本上形成了由古籍整理研究人員、古籍整理編輯出版人員、古籍整理出版工作組織管理人員構成的頗有影響的優秀專業人才隊伍。

專業人才隊伍建設的重要性,在陝西省啟動古籍整理出版工作時,就有了充分的認識和長遠的設想,在《陝西省1983—1990年古籍整理出版初步規劃》中,曾就人才隊伍建設作了專門設計,提出了院校專業培養、項目實施帶動、在崗業務培訓的設想,適時開始實施。

首先,西北大學設立了古籍整理專業——歷史文獻學碩士研究生培養教育,特聘請時任中國社會科學院歷史研究所所長、著名的古文字學家李學勤先生爲首任導師,培養了數十名古籍整理專業人才。與此同時,陝西師範大學也開設了古籍整理專業——歷史文獻學的碩士研究生教育,由著名古籍整理專家黃永年先生任首任導師,同樣培養了一批專業人才。同時,西北大學的考古學專業在全國頗具影響,爲陝西的金石文獻整理培養了大批專業人才。從上個世紀90年代開始,陝西師範大學歷史文化學院、文學院和西北大學文學院,實現了古典文獻專業碩士研究生教育向博士研究生教育的提升,20多年來,培養了大量的專業人才。兩所院校培養的人才及時充實到了省内各級古籍整理研究、出版或考古、文物存藏單位,經過一定的實踐鍛鍊,逐漸成爲了各個單位的業務骨幹。如省社會科學院古籍整理研究所目前多數研究人員、三秦出版社的多數編輯,和省圖書館古籍部的大多數管理和研究人員,均爲上述兩所院校培養的研究生。

其次,依托項目實施進行人才培養,1986年,爲加強古籍整理專業人才隊伍,省政府決定,陝西省古籍整理辦公室從省地方志辦公室剝離,正式確定人員編製,組織專門機構掛靠陝西省社會科學院,對内爲陝西省社會科學院古籍整理研究所,突出古籍整理工作的研究性質,在陝西省古籍整理出版事業中發揮了重要作用。按照省政府下達的古籍整理規劃任務,特別是幾個重大項目的實施,需要動員全省博物館、圖書館、紀念館以及不少省内高校等參與,其中有些參與者對於古籍整理和出版業務或較爲生疏,或不懂古籍分類編目及版本鑑定,或不懂出土文物記錄及信息資料登記,或不懂碑刻拓片的打制及碑別字等的鑑別,省古籍整理辦公室邀請相關專家,進行個別試點、樹立樣板、經驗推廣等有效方式,讓參與者在工作中學習,在學習中促進工作,取得了較爲滿意的效果,讓省内相關單位都有了自己的專家。

再次,組織不定期的專門在崗業務培訓,也是省古籍整理出版專業人才培養的有效途徑。根據項目實施的需要,如啟動《陝西古籍總目》和《陝西碑刻總目提要》項目時,就通過集中培訓和分散培訓的方式,由陝西師範大學歷史文化學院、西北大學文博學院、陝西省社會科學院古籍整理研究所和陝西省圖書館等單位的專家,對參與者進行了全面系統的在崗培訓;在實施全國第三次文物普查前,省文物局和省考古研究院的專家也曾對參與者進行了在崗培訓,均收到了較好的效果。

古籍整理出版事業是一項社會性事業,專業人才隊伍的構成應該具有廣泛性。經過30年的建設,陝西省古籍整理研究人員、古籍整理編輯出版人員、古籍整理出版工作組織管理人員組成的專業人才隊伍,形成了較爲合理的結構,老中青年齡結構均衡,古典文獻專業與考古專業配合相得益彰,突出表現爲形成了不同特色的學術群體,有陝西師範大學、陝西省考古文博系統、西北大學、陝西省社會科學院古籍整理研究所和陝西省圖書館系統等學術群體。陝西師範大學學術群體,以黃永年先生爲代表,見長於古典文獻學理論,後來者有賈二強、趙望秦、張懋鎔、楊恩成、周曉薇、党懷興等教授;陝西省考古文博系統見長於金石文獻整理與研究,有徐錫臺、袁仲一、吳鎮烽、王翰章、王輝、張天恩、趙力光、王其禕等研究員;西北大學學術群體,見長於漢唐典籍的整理與研究,有李之勤、薛瑞生、戴南海、閻琪、周天游、韓理洲、李浩、黃懷信、賈三強、張弘、李穎科、郝潤華、李芳民、田旭東等教授;陝西省社會科學院古籍整理研究所,既負責全省古籍整理出版領導小組的日常行政工作,協調全省古籍整理出版的具體事務,同時也進行全面的研究工作,有吳鋼、吳敏霞等研究員,王京陽、袁憲、宋英、張天池、李慧、劉蘭芳等副研究員。另外,三秦出版社作爲古籍整理專業出版社,形成了以趙建黎、淡懿成、靳疆、李郁、高峰等爲骨幹的一大批業務能力強,編輯水平高的業務隊伍,從1983年成立至今,承擔國家古籍整理重點規劃項目20餘種,已經有近40種圖書獲得國家古籍整理專項資金資助,共出版文史方志典籍文獻、出土文獻整理成果350種,發揮了極其重要的作用。上述學術群體是陝西省古籍整理出版事業的中堅力量,各個群體從不同的學術領域共同致力於古籍整理出版事業,使陝西省的古籍整理出版事業走在了全國的前列。

陝西省古籍整理出版事業的長足發展,也離不開全省各地圖書館、博物館、紀念館系統的專業人員隊伍,他們的積極參與與努力工作,爲陝西省的古籍整理出版工作做出了較大的貢獻,有的已經在學術界産生了較大的影響。如陝西省圖書館和檔案館及地方志辦公室系統,見長於典籍文獻的保護、存藏研究以及舊志的整理,有李玉虎、董健橋、康萬武、楊居讓、郎菁等教授或研究員。各個地市文管會、博物館、圖書館,亦有不少古籍整理專門人才,如張沛、康蘭英、陳顯遠、郭榮章、劉兆鶴、張江濤、王忠信、郭鵬、張英民、陳曉捷、曹發展等。

當然,在古籍整理出版專業人才隊伍建設方面,也存在着隊伍老化、人才外流、後繼乏人、隊伍分散、力量整合不夠的現狀,需要引起足夠的重視。特別是古籍整理出版事業

的"五難"問題,即人才培養難、項目立項難、成果出版難、成果獲獎難、職稱提升難,仍然
是制約古籍整理出版事業進一步發展的瓶頸,需要從機制層面給予解決。爲此,下一步
設想將加大古籍整理研究與出版人才的培養力度,解決古籍整理出版人員科研評價體系
欠公正問題,調動專業人員工作積極性,設立陝西省古籍整理出版基金項目,完善陝西省
古籍整理出版評獎機制,充分發揮古籍整理出版工作領導小組及其辦公室組織、指導、協
調、規劃的職能,以陝西省"十一五"和"十二五"古籍整理重大項目爲抓手,聯合各相關
單位、各相關部門,通力協作,將陝西省的古籍整理出版事業進一步推向深入。

三、古籍整理出版主要成果

經過全省相關單位和學者的共同努力,到目前爲止,陝西省古籍整理出版事業取得
的豐碩成果,大致有以下四類。

(一)大型系列專書

1.《全唐文補遺》,吳鋼、吳敏霞、王京陽等編,三秦出版社,1995 至 2007 年,已陸續出
版 9 輯,累計 450 餘萬字。此書的出版,受到了海内外學界的廣泛歡迎和好評。臺灣著名
學者毛漢光先生曾高度評價此書,認爲是爲學界做了一件功德無量的事情。北京大學等
高等院校文獻學專業師生將此書作爲必備資料,有關該書的好評發表在《唐研究》等雜誌
上。該書被評爲陝西省哲學社會科學優秀成果二等獎。

2.《陝西古籍總目》,是陝西省古籍整理出版規劃重大項目,國家古籍整理出版規劃
重點項目,目前已進入陸續出版分冊階段。已經出版的有:(1)《陝西省社會科學院分
冊》,李耀萍主編,三秦出版社 2008 年出版。(2)《陝西省文史研究館分冊》,李炳武主編,
三秦出版社 2010 年出版。(3)《延安中山圖書館分冊》,高巧玲主編,三秦出版社 2011 年
出版。(4)《陝西省考古研究院分冊》,譚青枝主編,三秦出版社 2011 年出版。(5)《榆林
分冊》,李博主編,三秦出版社 2011 年出版。(6)《西安市文物保護考古所分冊》,齊美亞
主編,三秦出版社 2011 年出版。(7)《陝西中醫學院分冊》,邢玉瑞主編,三秦出版社
2011 年出版。(8)《延安大學分冊》,胡俊生主編,三秦出版社 2011 年出版。(9)《陝西師
範大學分冊》,康萬武主編,三秦出版社 2012 年出版。(10)《陝西理工學院分冊》,宋文軍
主編,三秦出版社 2012 年出版。(11)《碑林博物館分冊》,趙力光主編,三秦出版社 2013
年出版。(12)《安康分冊》,楊海波主編,陝西人民出版社 2013 年出版。(13)《長安分

册》,王超峰主編,三秦出版社 2013 年出版。

3.《新中國出土墓誌》、《隋唐五代墓誌匯編》和《隋代墓誌銘彙考》。(1)《新中國出土墓誌》原爲國家文物局委託中國文物研究所主持的一部大型出土文獻類專書,設計 30 卷、60 册,分爲三期工程整理出版。現已完成第一期工程,共出版 10 卷、20 册,文物出版社出版。其中陝西承擔的陝西卷一已於 2000 年出版,李慧主編;陝西卷二已於 2003 年出版,宋英主編;2012 年,《新中國出土墓誌》獲準立項爲國家社會科學基金重大項目(滾動資助),第二期工程正式啟動。陝西卷三已完稿交付出版社,吴敏霞主編。2010 年,該項目第一期工程榮獲全國優秀古籍整理圖書一等獎。(2)《隋唐五代墓誌匯編》,是天津古籍出版社組織的一部大型叢書,全國範圍內共設計 9 卷,陝西承擔其中 4 卷,王仁波和吴鋼分任主編,於 1991 年出版。以上二書,由陝西省承擔部分的編著質量,受到了總編單位的好評。(3)《隋代墓誌銘彙考》,是國家文物局出土文獻整理項目,王其禕主編,2007 年 10 月綫裝書局出版,全 6 册。

4.《陝西金石文獻匯集》,是整理和研究陝西出土金石文獻的大型叢書,國家"八五"、"九五"古籍整理出版規劃重點圖書,主要有:(1)《周原甲骨文綜述》,徐錫臺編著,三秦出版社 1987 年出版。(2)《秦代陶文》,袁仲一編著,三秦出版社 1987 年出版。(3)《陝西金文匯編》,吴鎮烽編著,三秦出版社 1989 年出版。(4)《秦銅器銘文編年集釋》,王輝編著,三秦出版社 1990 年出版。(5)《陝西石刻文獻目錄集存》,李慧主編,三秦出版社 1990 年出版。(6)《昭陵碑石》,張沛編著,三秦出版社 1993 年出版。(7)《高陵碑石》,董國柱編著,三秦出版社 1993 年出版。(8)《陝西出土歷代璽印選編》,王翰章編著,三秦出版社 1990 年出版。(9)《陝西出土歷代璽印續編》,王翰章編著,三秦出版社 1993 年出版。(10)《安康碑石》,張沛編著,三秦出版社 1991 年出版。(11)《鴛鴦七誌齋藏石》,趙力光編著,三秦出版社 1995 年出版。(12)《漢中碑石》,陳顯遠編著,三秦出版社 1996 年出版。(13)《華山碑石》,張江濤編著,三秦出版社 1995 年出版。(14)《樓觀臺道教碑石》,王忠信編著,三秦出版社 1995 年出版。(15)《重陽宮道教碑石》,劉兆鶴、王西平編著,三秦出版社 1998 年出版。(16)《潼關碑石》,劉蘭芳等編著,三秦出版社 1999 年出版。(17)《秦封泥》,周曉陸編著,三秦出版社 2000 年出版。(18)《石門石刻大全》,郭榮章編著,三秦出版社 2001 年出版。(19)《榆林碑石》,康蘭英、宋英等編著,三秦出版社 2003 年出版。(20)《咸陽碑刻》,曹發展、李慧編著,三秦出版社 2003 年出版。(21)《户縣碑刻》,吴敏霞、劉兆鶴編著,三秦出版社 2005 年出版。(22)《大荔碑刻》,魏叔剛、党斌編著,陝西人民出版社 2013 年出版。(23)《藥王山碑刻》,吴敏霞、曹永斌編著,三秦出版社 2013 年出版。(24)《富平碑刻》,劉蘭芳、劉秉陽編著,三秦出版社 2013 年出版。(25)《黄帝陵碑刻》,吴敏霞等編著,陝西人民出版社 2014 年出版。其中部分書籍先後獲得了國家或省部級優秀科研成果獎或優秀出版圖書獎,在學術界産生了廣泛而重要的影響。

5.《古長安叢書》爲記述古代長安社會、政治、經濟和歷史地理的古代典籍研究校注叢書,已出版的有:(1)《隋唐兩京叢考》,辛德勇著,三秦出版社 1991 年出版。(2)《三輔黄圖校正》,何清谷校注,三秦出版社 1995 年出版。(3)《關中勝跡圖志》,張沛校注,三秦出版社 2004 年出版。(4)《增訂唐兩京城坊考》,李健超編著,三秦出版社 2006 年出版。(5)《兩京新記輯校·大業雜記輯校》,辛德勇輯校,三秦出版社 2006 年出版。(6)《游城南記校注》,史念海、曹爾琴校注,三秦出版社 2003 年出版。(7)《三秦記輯校關中記輯校》,劉慶柱、李毓芳輯校,三秦出版社 2006 年出版。(8)《類編長安志校注》,黄永年校注,三秦出版社 2006 年出版。(9)《南山谷口考》,李之勤校注,三秦出版社 2006 年出版。(10)《西京雜記》,周天游校注,三秦出版社 2006 年出版。(11)《三輔決録·三輔故事·三輔舊事》,陳曉捷注,三秦出版社 2006 年出版。

(二)重要古代典籍

1.《二十四史全譯·兩唐書》,黄永年主編,上海漢語大辭典出版社 2004 年出版。

2.《古代文史名著選譯叢書(十四種)》,黄永年主編,鳳凰出版社 2011 年出版。

3.《雍録》,黄永年校注,中華書局 2005 年出版。

4.《北夢瑣言》,賈二强校注,中華書局 2002 年出版。

5.《八家後漢書輯注》,周天游輯注,上海古籍出版社 1986 年出版。

6.《後漢書校注》,周天游校注,天津古籍出版社 1987 年出版。

7.《全隋文補遺》,韓理洲編著,三秦出版社 2004 年出版。

8.《全北齊北周文補遺》,韓理洲編著,三秦出版社 2008 年出版。

9.《全後魏文補遺》,韓理洲編著,三秦出版社 2010 年出版。

10.《逸周書彙校集注》,黄懷信、張懋鎔、田旭東校注,上海古籍出版社 2007 年出版。

11.《大戴禮記彙校集釋》,黄懷信整理,三秦出版社 2004 年出版。

12.《宋本史記注譯》,霍松林、趙望秦主編,三秦出版社 2011 年出版。

13.《史拾簡注》,吴敏霞校注,三秦出版社 1996 年出版。

14.《姓韻校注》,徐興海、張天池、袁憲校注,三秦出版社 2003 年出版。

15.《白話抱朴子》,吴敏霞注譯,三秦出版社 1998 年出版。

16.《唐宋八大家文鈔校注集評》,高海夫主編,三秦出版社 1998 年出版。

17.《山居慧語》,吳敏霞譯注,三秦出版社 2000 年出版。

18.《桯史》,吳敏霞譯注,三秦出版社 2004 年出版。

19.《隋唐嘉話》,袁憲譯注,三秦出版社 2004 年出版等。

20.《雍大記校注》,吳敏霞等校注,三秦出版社 2010 年出版。

(三)歷代舊志整理

1.《咸陽經典舊志稽注》叢書,張英民主編,三秦出版社 2011 年出版。

2.《嘉靖陝西通志》,董健橋等整理,三秦出版社 2005 年出版。

3.《雍正陝西通志》,三秦出版社 2012 年影印出版。

4.《乾隆西安府志》,董健橋等點校,三秦出版社 2011 年出版。

5.《嘉慶漢中府志》,郭鵬校注,三秦出版社 2012 年出版。

(四)宗教經典

1.《中華續大藏經》,任繼愈先生主編,國家新聞出版總署重大項目,陝西省社會科學院王亞榮、吳敏霞研究員,王保坤、李繼武、周玉如副研究員等,陝西師範大學宗教研究中心呂建福教授,西北大學佛教研究所李利安教授、文學院張弘教授,西安政治學院王志平教授等人參加,目前共完成 80 餘部 100 多卷近 3000 萬字的佛教典籍的標點校注工作,是爲全國分省承擔任務最多的群體,待出版。

2.《佛教文化經典叢書》,三秦出版社組織,1998 年初版,2002 年再版,2012 年第三版,共 11 種,爲《白話阿彌陀經》(魏琪注譯)、《白話壇經》(魏道儒注譯)、《白話圓覺經》(王志平注譯)、《白話觀無量壽經》(魏琪注譯)、《白話無量壽經》(文軍注譯)、《白話金剛經》(李利安注譯)、《白話法華經》(李利安注譯)、《白話地藏本願經》(郭鵬注譯)、《白話楞伽經》(荊三隆注譯)、《白話楞嚴經》(荊三隆注譯)、《白話勝鬘經》(海波注譯)等。

(五)古籍整理研究著述

陝西師範大學學術群體和西北大學學術群體,在積極參與古籍整理出版工作的同時,還出版了關於古籍整理的研究性著作,主要有:

1.《古籍整理概論》,黃永年著,上海書店出版社 2001 年出版。

2.《古文獻學四講》,黃永年著,鷺江出版社 2003 年出版。

3.《唐史史料學》,黄永年著,上海書店出版社 2002 年出版。

4.《清代版本圖録》,黄永年、賈二强編著,浙江人民出版社 1997 年出版。

5.《版本學概論》,戴南海著,巴蜀書社 1989 年出版。

6.《校勘學概論》,戴南海著,陝西人民出版社 1986 年出版。

此外,陝西師範大學的袁林教授,還開發了漢籍文獻全文電子版檢索系統,在古籍整理手段的數字化方面,進行了成功的嘗試,爲學術研究提供了便捷高效的工具。

(本文曾得到吴曉叢、賈二强、賈三强、趙建黎、楊居讓等專家學者的審閱,特致謝忱。)

作者簡介: 吴敏霞,女,1959 年生,歷史學碩士。現爲陝西省社會科學院研究員,古籍研究所所長,兼省古籍整理辦公室主任,主要從事石刻文獻研究。

· 傳統文獻研究

傳曹雪芹家族現存六軸誥命辨僞

黃一農

一、前言

目前對曹雪芹家族姻親網絡的瞭解,有些頗依賴已公佈的六軸傳爲曹家的誥命:順治八年(1651)曹振彦夫婦、康熙六年(1667)曹璽祖父母、康熙十四年曹璽父母及祖父母、雍正十三年(1735)曹宜父母及祖父母,因其上提供不少曹氏配偶的姓氏。這幾件受人關注之材料已公開數十年,但先前學界只是廣爲引録,不僅無人對其文本進行詳細分析,且抄録文字時還常出現魯魚亥豕之誤。

日本岐阜聖德學園大學的劉一之教授近從誥命的形制與文本等角度深入探究這六道誥命,她强烈質疑康熙十四年曹熙(璽)先人以及雍正十三年曹宜先人的四道誥命乃僞作,①然因目前學界對清初封贈制度的細節尚欠缺具體掌握,故此一新説的論證仍有許多值得商榷之處。下文即在劉氏的基礎之上,以前述六軸誥命爲例,略論 e-考據的新環境如何協助我們正確辨析這些對紅學頗爲重要之文獻的真僞。

----

① 劉一之《破解紅樓夢之謎》,北京:世界圖書出版公司,2011 年,第 46—76 頁。

二、清初頒賜誥命的規定與文式

　　查清初每遇覃恩或考滿時,均給官員或其親長誥敕。其中覃恩乃謂皇帝在重要典禮時賜予官民的恩宥;考滿則指在官員任職一定期間後考核其政績的制度,通常"内四品、外布政使以下各官,俸滿三年纔能考滿",康熙二年(1663)正月罷文官此途。[①] 封典中規定五品以上可得誥命,六品以下給敕命;存者曰封,殁者曰贈,自身曰授;一品封贈三代,二、三品封贈二代,四至七品封贈一代,八、九品只封本身。命婦從夫或子之官品,妻室之封贈與其夫書於同一軸上。

　　清代官員共分九品十八級,每品有正、從。覃恩封贈文武官員之階各分爲十八等,各授予相應的官階,據康熙《大清會典》,文官自正一品往下依序爲特進光禄大夫(順治九年去"特進"二字)、光禄大夫、資政大夫、通奉大夫、通議大夫、中大夫(後改"中議大夫"[②])、中憲大夫、朝議大夫、奉政大夫、奉直大夫、承德郎、儒林郎(吏員出身者授宜德郎)、文林郎(吏員出身者授宜議郎)、徵仕郎、修職郎、修職佐郎、登仕郎、登仕佐郎;對各級官員曾祖母、祖母、母親或妻室的封贈,則不分正、從品級,共九等:一品夫人、夫人、淑人、恭人、宜人、安人、七品孺人、八品孺人、九品孺人。[③]

　　清代的誥敕由吏部驗封清吏司掌管,以駢體文撰寫,内及該官員的職級與姓名,經奏定之後按品級填給。其文式有嚴格之規定,采滿漢文合璧,滿文書寫之行款從左至右,漢文則從右至左,兩者合於中幅而各書年月日,並在滿漢文的日期上分别鈐蓋"制誥之寶"或"敕命之寶"印(左滿文、右漢文)。漢文誥命還在前頭織有"奉天誥命"四篆體字,敕命之織文則爲"奉天敕命",皆繡有升降龍盤繞。

---

　　①《清聖祖實録》(各朝實録皆同此本)卷八,北京:中華書局,1986年,第132頁;常越男《清初考滿制度實行始末》,《石家莊學院學報》第5期,2011年10月,第17—21頁、第51頁。

　　②中大夫之名沿襲自明制,修改時間不詳。查劉梅於康熙十四、五年以及儲麟趾於乾隆十六年即均獲授中大夫,惟在乾隆五十二年成書的《清朝文獻通考》已改作中議大夫。參見蔡維義修、秦永清纂《(雍正)故城縣志》卷三,《故宮珍本叢刊》,海口:海南出版社,2001年,景印雍正五年刊本,第72册,第75—76頁;儲壽平等《豐義儲氏分支譜》卷七之二,《清代民國名人家譜選刊續編》,北京:燕山出版社,2009年,景印民國十年木活字本,第6—7頁;張廷玉等《清朝文獻通考》卷九十,《十通》,臺北:臺灣商務印書館,1936年,景印光緒間刊本,第5645頁。

　　③有關清初滿漢官品的演變以及封典的具體規定,詳見伊桑阿等《大清會典》卷六,《近代中國史料叢刊三編》,臺北:文海出版社,1985年,景印康熙二十九年刊本,第1—16頁;又卷十三,第8—14頁。

　　雖有清一朝所頒誥命的軸數應以萬計,然實物存留至今者卻相當零散,且學界一直未見有涉及誥命形制、文本和規定的深入專論,但 e-時代的研究環境讓我們有機會掌握許多誥命的內容,如在盛昱的《雪屐尋碑錄》中即收錄三百多通北京附近清代旗人誥封碑的碑文,①有些相關拓片的圖像也可見於《北京圖書館藏中國歷代石刻拓本匯編》、《新中國出土墓誌》。② 此外,檢索愛如生數位化技術研究中心所發行的"中國方志庫"、"中國譜牒庫"及"中國基本古籍庫",亦可見到約四千道古代誥命之內容,如其中的《湘潭縣志》即錄有明清誥敕凡一百四十九道。③ 再者,北京世紀讀秀技術有限公司發行的"讀秀中文學術搜索"資料庫,也可查得許多收在文集或家譜中之誥敕。

　　以這些材料爲分析的基礎,我們可發現清代誥命的文字多爲套語,且賜給文官配偶及尊長誥敕的日期多屬特定。如以順、康、雍三朝爲例,從《大清詔令》中所收錄康熙朝以前的恩詔、《雪屐尋碑錄》的碑文內容以及散見於文獻中的誥命文字,總共發現這段時期約有十九次特殊事件可能因恩詔而獲覃恩(圖表1)。④ 傳爲曹家所得之六道誥命,其頒佈的時間即恰好系於表中的順治八年(1651)八月二十一日皇帝大婚加上皇太后尊號、康熙六年十一月二十六日配饗天地加上太皇太后皇太后徽號、康熙十四年十二月十四日冊立皇太子胤礽,以及雍正十三年(1735)九月初三日乾隆帝登基大典等史事。

圖表 1　順、康、雍三朝可頒賜誥命之恩詔事件

時間	頒佈之恩詔	附注
順治元年十月初十日	定鼎建號詔	1
順治五年十一月十一日	太祖武皇帝配祀南郊追尊列祖詔	1
順治八年正月十二日	親政詔	1

---

　　①盛昱《雪屐尋碑錄》,瀋陽:遼海書社,1931 年。臺灣"中研院"製作的"漢籍電子文獻"收有此書之電子檔,頗方便檢索。

　　②北京圖書館金石組《北京圖書館藏中國歷代石刻拓本匯編》,鄭州:中州古籍出版社,1989 年;中國文物研究所等《新中國出土墓誌》,北京:文物出版社,1994 年。

　　③呂正音修、歐陽正煥纂《湘潭縣志》卷二五,《中國地方志集成》,南京:江蘇古籍出版社,2003 年,景印乾隆二十一年刊本。

　　④但文獻中亦見極少數例外,如山西洪洞劉氏于康雍兩朝所獲九次恩詔以及康熙三十年八月二十九日武邑翟家所獲之四道誥敕,其日期均與圖表 1 不同,原因待考。參見劉殿鳳修《山西洪洞劉氏宗譜》卷首後,《中華族譜集成》,成都:巴蜀書社,1995 年,景印光緒二十七年刊本,第 1—32 頁;許維梃修、束圖南纂《武邑縣志》卷三,《故宮珍本叢刊》,景印康熙三十三年刊本,第 36—41 頁。

續表

時間	頒佈之恩詔	附注
順治八年八月二十一日	大婚加上皇太后尊號詔	1
順治十四年三月初十日	太祖太宗配祀上帝詔	1
順治十八年正月初九日	皇帝即位恩詔	1
康熙六年七月初七日	親政詔	1
康熙六年十一月廿六日	世祖章皇帝配饗天地並加上太皇太后皇太后徽號詔	1
康熙九年五月初六日	孝康章皇后升祔詔	1
康熙十四年十二月十四日	册立皇太子詔	1
康熙十五年正月十二日	册立皇太子禮成加上太皇太后皇太后徽號詔	1
康熙二十年十二月廿四日	蕩平吳逆加上太皇太后皇太后徽號詔	1
康熙二十三年九月廿四日	省方恩詔	1
康熙二十七年十月廿三日	上孝莊文皇后尊謚詔	1
康熙三十六年七月十九日	平噶爾旦(噶爾丹)詔	1、2
康熙四十二年三月十八日	五旬聖壽恩詔	1
康熙五十二年三月十八日	六旬聖壽恩詔	1
雍正元年十二月二十三日	册立皇后詔	3
雍正十三年九月初三日	皇帝即位恩詔	4

附注:

1.《大清詔令》,《續修四庫全書》景印清鈔本。

2.《大清詔令》誤繫於三十七年,參見《清聖祖實録》卷一八四,第971—972頁。

3.盛昱《雪屐尋碑録》,參見《清世宗實録》卷十四,第254頁。

4.盛昱《雪屐尋碑録》,參見《清高宗實録》卷二,第159頁。

　　此外,筆者耙梳康熙朝以前官員本身及其配偶所獲的誥敕,在夫與妻的制文之間均發現詳列有該官員歷任的官職,此應襲自明制。[①] 如以清初名臣張鵬翮現存的八道自身誥命文爲例,[②]他於康熙九年五月初六日以"内宏文院庶吉士"初授徵仕郎,當時誥軸中

　　①如崇禎十二年六月二十四日給敕刑部主事楊希孔時,即注有其八任之官銜。參見周震榮修、章學誠纂《永清縣志》卷一,《續修四庫全書》,上海:上海古籍出版社,2002年,景印乾隆四十四年刊本,第692册,第15—16頁。

　　②胡傳淮編《張鵬翮研究》,北京:中國文聯出版社,2011年,第100—114頁。

間僅書"初任今職"四字;此後每道誥命皆詳列其歷任紀録;至五十二年三月十八日他以"户部尚書加三級"特授光禄大夫時,誥軸中間則書有"初任翰林院庶起士……二十一任刑部尚書加三級;二十二任今職"等兩百多字的冗長叙述。但當雍正元年四月二十日他以"太子太傅、文華殿大學士兼吏部尚書"特授光禄大夫時,誥軸中已無任何歷官文句,此或爲雍正帝即位之初爲簡化誥敕文書所做的重要變革。

　　我們若以"任今職"爲關鍵字,從"中國方志庫"與"中國譜牒庫"中共可查得約百道列有官員經歷之誥命,其中只有兩道繫於雍正朝之後:一是乾隆三十六年特授總督倉場劉秉恬爲光禄大夫,中列其十八任履歷;一是乾隆四十五年特授禮部右侍郎莊存與爲光禄大夫,中列其十三任履歷。① 不知此是否因其官已列極品而對體例的講求特别不同?則有待進一步探索。清初對官員獲授誥命之規定較寬鬆,允許依加級(每品分正、從,每兩級可升至上一品)後的官品授與,至康熙四十九年正月始題准:

　　　　内外文武七品、八品、九品官員加級者,俱不准過五品;五品、六品官員加級者,不准過四品;三品、四品官員加級者,不准過二品;二品官員加級者,不准過一品。惟大學士、尚書俱係頭等大臣,准照一品例,朝帽頂嵌東珠一顆,坐狼皮坐褥。②

嚴定官員加級的上限。

　　至於命婦的封典,也因出現嫡妻、繼妻、生母、嗣母等關係而顯得較複雜。如順治初年規定:

　　　　凡應封妻者,止封正妻一人;如正妻未封已殁、繼室當封者,正妻亦准追贈,其繼室止封一人。凡封贈母,止封嫡母一人、生母一人,繼嫡母不得概封。凡封贈母,而父官高于子者,如系嫡母,從父官;生母,從子官。③

此外,封典中亦可見到有關"太"字的用法:

　　　　凡命婦因子孫封者,並加"太"字;若已故或曾祖、祖父、父在,不加。④

---

　　①莊清華纂修《毗陵莊氏增修族譜》卷十六上,《清代民國名人家譜選刊續編》,景印民國二十五年鉛印本,第 61 頁;劉殿鳳修《山西洪洞劉氏宗譜》卷首後誥敕,第 9—11 頁。
　　②《清聖祖實録》卷二四一,第 397—398 頁。
　　③伊桑阿等《大清會典》卷十三,第 10 頁。
　　④同注③,第 11 頁。

《永憲錄》中即曾追溯其原委至宋代的劉安世，稱：

> 命婦爲其子孫封者，並加"太"字；若已故與夫在，則不加。昔有宋制不問生死並加"太"字，劉安世建議："'太'者事生之尊稱，所以致別於其婦，既歿並祭於'太'，不得以尊臨其夫。"猶帝母稱太后，既升祔則止稱皇后也。曰追封者，追其生前之封也。①

指出只有命婦本人尚在且其夫已故，纔可因子孫貴而加"太"字。

雍正帝曾於四年十二月戶部尚書蔣廷錫之母過世時，特加恩追封，"照生前例給與一品太夫人封誥"，此事之所以被記入《清實錄》，②應是因其乃屬極特殊之恩遇，亦顯見當時對此已頗講求。然而，我們在清代文獻中仍屢可發現"贈一品太夫人"之用例，如在康熙十九年靳輔之母納喇氏、三十七年程啟學、三十七年高承爵、五十九年梁世勳、乾隆二十四年（1759）汪由敦、以及同治八年（1869）羅應旒之母毛氏等墓誌銘即然。③ 此外，科舉的履歷中亦常可見"贈一品太夫人"之記述。④

另透過電子資料庫，我們也可查得許多誥敕中有"贈爾爲太○人"之用語，此雖出自方志和家譜中所收錄的二手文獻，但仍提供難得之材料。筆者發現這些命婦大多在生前即因子孫而誥封"太○人"，當其卒後再獲誥贈時，就仍保留"太"字，但亦見有極少數用例不符合此規則。此外，也有一些因子孫而獲誥封之命婦，雖其夫已故，卻未加"太"字。若此非轉錄時的誤抄，則亦有可能涉及貤封或貤贈（將後代所獲之封贈移轉給長輩）等行爲，詳細情形尚待深入研究。

但若官員的職銜未變，新遇恩詔時即不再給予誥命（因文字將完全相同）。以張鵬翮爲例，對照圖表1中的恩詔事件，即可發現從康熙九年五月初六日至雍正元年十二月二十三日間，只有康熙十五年正月十二日和康熙二十年十二月廿四日兩次，未見他獲授誥

---

① 蕭奭（誤作蕭奭）撰、朱南銑點校《永憲錄》卷四，北京：中華書局，1959年，第329頁。
② 《清世宗實錄》卷五一，第774頁。
③ 侯璐、趙春明《清初靳應選夫婦墓誌銘考釋》，《文物春秋》第4期，2009年8月，第70—78頁；葉燮《己畦集》卷十五，《清代詩文集彙編》，上海：上海古籍出版社，2012年，景印康熙間刊本，第362冊，第6頁；高景春《新中國出土墓誌（北京壹）》，北京：文物出版社，2003年，下冊，第324頁；董國柱《高陵碑石》，西安：三秦出版社，1993年，第194頁；錢陳群《香樹齋文集》卷二五，《四庫未收書輯刊》，北京：北京出版社，1997年，景印乾隆間刊本，第19冊，第11頁；方濬頤《方忍齋所著書·二知軒文略》，臺北：聯經出版公司，《明清未刊稿彙編初輯》，1976年，景印稿本，第49冊，第25頁。
④ 顧廷龍《清代硃卷集成》，臺北：成文出版社，1992年，第61冊，第53頁；第279冊，第290頁；第312冊，第294頁。

命,此因他於康熙十四年十二月十四日已以刑部山西司員外郎授奉政大夫,至十七年始升授禮部祠祭司郎中,而十九年雖改蘇州知府,未幾即丁內艱歸里,至二十二年纔除服任兗州知府。①

惟若職級已變,即使官階未變,仍會新賜誥命。如張鵬翮於康熙五十二年三月十八日以户部尚書加三級的品階,替其祖父張應禮和祖母周氏分別掙得光禄大夫和一品夫人之誥命,至雍正元年四月二十日,他已升任太子太傅、文華殿大學士兼吏部尚書,其祖父母遂又再誥贈光禄大夫和一品夫人。②

三、曹家現存誥命的真僞

(一)順治八年曹振彦夫婦之誥命

北京大學圖書館藏順治八年曹振彦夫婦之滿漢誥命一軸(圖表2),周汝昌先生早在《紅樓夢新證》第一版(1953)中,即全文抄録其中漢字。③ 劉一之教授近曾赴北京大學實地檢驗,詳記該誥命所用雲紋錦之尺寸、顏色與圖飾,並在對照文獻中所描述的樣式後,判斷此應爲真品。惟在其《破解紅樓夢之謎》的録文中,仍誤"錫之誥命"爲"錫之浩命"、誤"愈著匡襄以永賚"爲"愈著匡襄以永費"。④

從制文中的"初任今職"句,知曹振彦此時乃初次任官。查曹振彦雖在皇太極統治期間曾擔任旗鼓牛録章京,但于入關前或因事被免職,至順治七年(1650)始以八旗貢士又知山西平陽府吉州。⑤ 因知州爲從五品,故曹振彦獲授奉直大夫,其妻封宜人。周氏或因不熟悉誥命的體例,遂曾在《紅樓夢新證》(1953)中誤注曰:"惜此下皆未填寫,致不能考其初任何官也。"⑥其實,所謂之"今職"已見於誥命前文,故通常只書作"○任今職",而不再具稱,以避免重複。

①《張鵬翮研究》,第 26—27 頁。
②同注①,第 103—105 頁。
③周汝昌《紅樓夢新證》,上海:棠棣出版社,1953 年,第 206—207 頁、第 213—214 頁;周汝昌《紅樓夢新證》,北京:人民文學出版社,1976 年,第 272 頁。
④《破解紅樓夢之謎》,第 47 頁。
⑤黃一農《e-考據時代的新曹學研究:以曹振彦生平爲例》,《中國社會科學》第 2 期,2011 年 2 月,第 189—207 頁。
⑥《紅樓夢新證》,1953 年,第 207 頁。

圖表 2　北京大學圖書館藏順治八年曹振彥夫婦之誥命

順治捌年捌月貳拾壹日
曹振彥

奉
天承運，
皇帝制曰：國家推恩而錫類，臣子懋德以圖
功。懿典攸存，忱恂宜勱。爾山西平陽府吉
州知州曹振彥，慎以持躬，敏以蒞事。俾司
州牧，奉職無忝。官常彰廉謹之聲，吏治著
循良之譽。欣逢慶典，宜沛新綸，茲以覃恩
特授爾階奉直大夫，錫之誥命。於戲！式弘
車服之庸，用勵顯揚之志。尚欽榮命，益矢
嘉獻。

今　　職　　任
初　　　　職
制曰：靖共爾位，良臣既效其勤；黽勉同心，淑
女宜從其貴。爾山西平陽府吉州知州曹
振彥妻袁氏，克嫻內則，能貞順以宜家；載
考國常，應褒嘉以錫寵。茲以覃恩封爾為
宜人。於戲！敬為德聚，實加微戒以相成，柔
合女箴，愈著匡襄以永賚。

（二）康熙六年曹璽祖父母之誥命

　　此滿漢誥命亦藏於北京大學圖書館（圖表 3），劉一之教授在詳驗其用錦及格式後，判斷應為真品。周汝昌曾於《紅樓夢新證》（1953）中收錄其上的漢文，並在此書 1976 年版訂正"休貽大夫"句為"休貽大父"。惟在《紅樓夢新證》（1953）或《破解紅樓夢之謎》（2011）的錄文中，仍同誤"源流之自"為"源流之至"、"勸酬示後"為"勸酧示後"、"崇獎及先"為"崇獎及老"，①這些都可透過盛昱《雪屐尋碑錄》中之相近文式加以核實。由於筆者迄今未得見此軸或其圖片，疑這些錯字乃先前學者在轉引時不慎所致，否則，即非真品。

────────────

①《紅樓夢新證》，1953 年，第 213—214 頁；《紅樓夢新證》，1976 年，第 272 頁；《破解紅樓夢之謎》，第 48—49 頁。

圖表3　北京大學圖書館藏康熙六年曹璽祖父母之誥命

奉

天承運，

皇帝制曰：恩彰下逮，勉篤棐於群寮；家有貽謀，本恩勤於大父。爾曹世選，乃駐劄江南織造郎中加一級曹璽之祖父。植德不替，丕彰鴻緒。休貽大父，聿觀世澤。綿及乃孫，佑啓後人。茲以覃恩贈爾為資政大夫駐劄江南織造郎中加一級，錫之誥命。於戲！垂裕孫謀，已沐優渥之典。崇襃祖德，用邀錫類之仁。貽厥奕祚，佩此新綸。

制曰：一代襃功，勸酬示後；再世承恩，崇獎及先。績既懋於公家，寵宜追於王母。爾駐劄江南織造郎中加一級曹璽祖母張氏，爾有慈謀，裕及後昆。念茲稱職，端由壼教。爰錫襃儀之貴，用昭種德之勤。茲以覃恩贈爾為夫人。於戲！湎其家法，愛勞既殫先圖；貴乃國章，昌融益開來緒。永期丕贊，用席隆庥。

康熙六年十一月二十六日

查順治初以郎中為三品，十五年七月改正五品，十六年閏三月升正四品；康熙六年（1667）二月仍改三品，九年定正五品，遂成定制。① 故曹璽在康熙六年十一月二十六日頒賜恩詔時，理應只能以正三品郎中加一級的身分為祖父曹世選掙得從二品的通奉大夫，而非正二品的資政大夫。如康熙六年奉天府府尹加一級王胤祚之祖王産、乾隆二十六年（1761）宗人府府丞加一級儲麟趾之祖儲善慶、道光朝順天府府尹加一級李億之祖李天秀，均以覃恩誥贈通奉大夫，而奉天府府尹、宗人府府丞與順天府府尹同為正三品。②

雖曹璽祖父母的贈階似乎有違一般認知，然筆者在耙梳《雪屐尋碑録》後，發現此書收有十七名同於康熙六年十一月二十六日以覃恩獲得誥命的官員，其中共出現四名郎中，分別是户部掌印郎中加一級色黑、兵部郎中加二級卜書庫、工部郎中加一級金泰、户部郎中加一級穆成格，他們全都獲授資政大夫，③知前述曹璽祖父母誥命的文字應非訛誤。疑當時或將品秩屢遭大幅上下調整的郎中視為特例，只要加級（無論加一級或加二級）就等同於正二品官封贈？惟此説有待確定。

①《清世祖實録》卷一一九，第924頁，卷一二五，第964頁；《清聖祖實録》卷二一，第294—295頁；趙爾巽等《清史稿》卷一一四，北京：中華書局，1976年，第3272頁。

②崔啟元修、王胤芳等纂《文安縣志》卷四，《稀見中國地方志匯刊》，北京：中國書店，1992年，景印康熙十二年刊本，第8—9頁；儲壽平等《豐義儲氏分支譜》卷七之二，第4頁；李恩繼、文廉修，蔣湘南纂《同州府志》卷首，《中國地方志集成》，南京：鳳凰出版社，2007年，景印咸豐二年刊本，第57頁。

③《雪屐尋碑録》卷四，第5—14頁。

（三）康熙十四年曹璽父母及祖父母之誥命

康熙十四年曹璽祖父母的誥命由吳恩裕於 1956 年購藏，至於同時曹璽父母獲贈之誥命則爲傅吾康（Wolfgang Franke）原藏（見圖表 4）。[①] 此兩軸不知現藏何處，高清圖檔亦從不曾公佈，其文字雖廣被轉抄，[②]但在核校《雪屐尋碑錄》中之相近文式後，仍可發現曹璽父母的誥命中出現少數錯字，如將"永培厥後"誤作"永詒厥後"、"益庇昌隆"誤作"益底昌隆"。至於爲何會將曹璽寫成曹熙、將曹振彦寫成曹振嚴，此乃因旗人的檔案以滿文爲主，而滿文屬無聲調之拼音文字，遂在音譯成漢文時有此差異。

由於康熙十四年之誥命授"江寧織造、三品郎中加四級曹熙"以一品的光禄大夫，而《清會典》中有"加級多者，三品、四品官不得逾二品"之規定，劉一之教授遂認爲曹璽不可能替父、祖掙得光禄大夫之階。惟因劉氏不知這些上限乃康熙五十二年所定，故曹世選（曹錫遠）和曹振彦（曹振嚴）在十四年仍可因加級而獲贈光禄大夫。

劉氏接着指出因《清史稿》中有云："命婦……因其子孫封者加'太'字，夫在則否。"故應只能出現"贈爾爲一品夫人"或"封爾爲一品太夫人"的用語。[③] 亦即，她認爲此誥命不應將曹璽已故之母歐陽氏書作"贈爾爲一品太夫人"，然從上節的討論，知我們並無法單從"贈……太〇人"的用語，即判定一誥命乃造僞。

由於在康熙十四年曹璽父母的誥命中，稱曹璽"母歐陽氏……慈能育子"、"繼母袁氏……以異產爲己出"，而從《雪屐尋碑錄》中的誥敕碑文，發現"母"與"生母"常接連見於同一誥軸中，知兩者不等同，所謂"母"應指"嫡母"。前述之"繼母袁氏"與順治八年曹家誥命中的"曹振彦妻袁氏"，兩者的稱謂並不合榫，而"繼"字在制文中並不可省略，如滿洲副都統朱拉禪於康熙十四年十二月十二【四】日獲授光禄大夫，他當時僅獲封妻室一人，但誥命中即清楚稱之爲"繼妻覺羅氏"。[④]

---

①吳恩裕《有關曹雪芹八種》，上海：古典文學出版社，1958 年，第 113—114 頁；Wolfgang Franke, "Patents for Hereditary Ranks and Honorary Titles during the Ch'ing Dynasty," *Monumenta Serica*, vol. 7（1942），pp.38—67。

②參見《紅樓夢新證》，1976 年，第 285—287 頁。

③《破解紅樓夢之謎》，第 69—76 頁。

④《雪屐尋碑錄》卷五，第 26 頁。

圖表 4　曹璽祖父母及父母之誥命

❖ 曹璽（熙）父母之誥敕

奉
天承運，皇帝制曰：父有令德，子職務在顯揚；臣著賢勞，國典必先推錫。爾曹振嚴，乃江寧織造三品郎中加四級曹熙之父，持身有道，迪子成名。嘉予懋績之臣，實爾傳家之穀，澤

制曰：國興者，以有劬勞之母。惟是忠蓋之臣，益庇昌隆。特頒恩命，家所由興，爾江寧織造三品郎中加四級曹熙之母歐陽氏，渥靖典宜，錫維隆恩。慈能育子。色興史之光，錫光祿大夫江寧織造三品郎中加四級曹熙之母，率行式穀，澤流青史之光培共作忠；教孝作忠，榮耀紫綸之

制曰：德既著，家級既著，一品太夫人。慈因念昔，撫育同勞，恩誼不殊於始繼；典既酬勳，於忠來撫，爾江寧織造三品郎中加四級曹熙之繼母袁氏，嗣修閨範，式承國典，寵錫隆恩。茲本恩勤，實加隆！頒爵用以覃恩贈爾為母

康熙十四年十二月十四日
欽承之德，一品之寵；嘉茲令子，褒榮不替。人被異產，無慚似續！念茲良臣之功，休命

❖ 曹璽（熙）祖父母之誥敕

奉
天承運，皇帝制曰：貽厥孫謀，忠蓋識世傳之澤；繩其祖武，恩榮昭上逮之休。忠厚之道攸存，激勸之典斯在。爾曹錫遠，乃江寧織造三品郎中加四級曹熙之祖父，爾有貽謀，以啓乃孫。傳至再世，克勤王家，爰褒寵之恩，宜及大父。茲以覃恩贈爾為光祿大夫江寧織造三品郎中加四級曹熙之祖父，錫之誥命。於戲！再世奕代垂休，興

制曰：孝子之念王母之懷，無異於在慈悼；朝之獎勞臣，用慰報恩并隆。爾江寧織造三品郎中加四級曹熙之祖母張氏，爾江寧織造三品郎中加四級曹熙之祖母，襲慶，積懋國家有貽，嘉爾淑儀，宜爾爰錫寵褒。茲以覃恩贈爾為一品夫人，於戲！章服式賁，介昌隆於百禩。綸沛寵頒。永錫於家慶，以妥幽靈。

康熙十四年十二月十四日

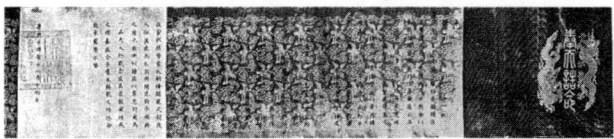

也就是説，順治八年曹振彦夫婦與康熙十四年曹璽父母的誥命最多只能有一爲真。若是後者，則曹振彦娶嫡妻歐陽氏、繼妻袁氏，曹璽在康熙六年七月初七日的恩詔中，應可以三品郎中封贈二代，但由於“封贈母，止封嫡母一人、生母一人，繼嫡母不得概封”，且有“凡嫡母在，生母不得並封”之規定，①故其嫡母歐陽氏可贈淑人，繼母袁氏則未能獲誥

①《大清會典》卷十三，第 10 頁；《清高宗實錄》卷二二一，第 853 頁。

命;同年十一月廿六日再頒恩詔時,曹璽以正二品封贈二代,歐陽氏贈夫人,曹璽之妻孫氏亦封夫人;九年五月初六日頒恩詔時,因曹璽至少在前次恩詔時加一級,[①]故其嫡母歐陽氏可贈一品夫人,璽妻孫氏亦封一品夫人;十四年十二月十四日頒恩詔時,已故的歐陽氏獲贈一品夫人,曹璽之妻因無從再加封,或將其本身一品夫人的誥命貤封給繼母袁氏。如此,雖可解釋袁氏如何封一品夫人,但卻仍無從説明爲何歐陽氏獲贈一品太夫人。

經由前述之討論,筆者傾向認定順治八年曹振彥夫婦之誥命爲真本,亦即,我們僅知袁氏爲曹璽之嫡母,至於璽是否嫡生,又有無繼母,則均不詳。至於康熙十四年曹璽祖父母的誥命,因尚未發現有違封典之處,且曹璽祖母張氏之名亦合于北大所藏康熙六年曹璽祖父母之誥命,故筆者雖未見原件,仍暫時視作真本。

(四)雍正十三年曹宜父母及祖父母之誥命

北大所藏雍正十三年(1735)曹宜祖父母的誥命(圖表5),亦被劉一之教授指爲造假。[②] 其所持理由如下:

1.文中之"追封"應書作"贈",她認爲前者乃指生前就有資格,只不過"子孫没有爲她請封"或者"没有機會爲她請封"。

2.所有的"曹宜"兩字都經過塗改,有明顯的水痕,有一處"宜"的右下腳還有未消除乾淨的捺的痕跡。

3.文中出現頗多訛漏的情形,如"五章服來"應作"五章服采"、"爾護軍參領兼佐領加一級曹宜之祖母歐陽氏"誤作"爾護軍參領加一級曹宜之祖母歐楊氏"、"祇服寵"後漏一字、"爾護軍參領兼佐領加一級曹宜之祖母袁氏"誤作"爾含芳名門護軍參領兼佐領加一級曹宜之祖母袁氏",並指"珩瑀同聲"應作"珩璜同聲"等。

4.曹世選和曹振彥在康熙六年已贈資政大夫,十四年又贈光禄大夫,故不應于雍正十三年再贈同階或低階。

5.此誥命上"制誥之寶"的滿漢文印章與北大所藏前述另兩軸略有不同。

6.以御賜的誥命而言,其墨筆字的書法水準太差。

①《大清詔令》卷五,清鈔本。
②《破解紅樓夢之謎》,第69—72頁。

圖表 5　曹宜祖父母及父母之誥命 此應爲僞作,有問題之處皆以直線標出。

❖ 曹宜祖父母之誥敕

奉
天承運,
皇帝制曰:德厚流光,溯淵源之自始;功多延賞,錫褒寵以攸宜。爾曹振彥,恪純之緒。啟門祚之繁昌,性資醇茂;廓華簪之鉅典,行誼加一級曹宜之祖父,奕葉揚休,護軍參領兼佐領,崇階宜陟之誥命,於戲!三世聲華,洵天室之隆恩,實人倫之盛事,錫命五章,令名永著。

制曰:壼範示型,母儀著媺。自邀恩於瑤肆,既比德於渥典。餘慶綿延,頒於渥典,用表芳規。護軍參領加一級曹宜之祖母歐楊氏,茲以覃恩追封爾為夫人。於戲!挺孫枝之材武;祗服寵綏,永……

制曰:天朝行慶,必推本於前徽;家世貽謀,彝章宜錫,寵命載揚。……曹宜之祖母袁氏,……貤綸之誥,於戲!緩帶輕裘,茲以覃恩追封爾為太母之顯榮。祗服寵綏,永……

制曰:壼德遠聞,詒孫謀以樹績;國恩上逮,表母範而垂型。爰沛彝章,載光家乘,爾含芳名門。佐領加一級曹宜之祖母作儷,以開祥,早見旂常雅,知珩瑀同聲,絜後先而媲美,殊族含珩瑀……昭良軌冊,……夫人。於戲!大母之顯榮……弛……

之勞。爾受自天之寵;疏榮大母,幽光無替。休命祗承,……式……酬積日……

雍正十三年九月初三日

制曰壼德遠聞

❖ 曹宜父母之誥敕

奉
天承運,
皇帝制曰:臣子靖共之誼,勇戰即為敬;朝廷數錫之恩,作忠乃以教孝。爾曹爾正,護軍參領加一級曹宜之父,今德克敦,義方有訓,衍發祥之世緒,惟令子能嫻;故懋典用,茲以覃恩追封爾為資政大夫,夫綸章於戲!顯揚殊錫,永綏夫餘一本於欽予時命,慰爾親。爾護軍參領,柔順……揚徽,……

制曰:臣能宣力愛勞,多由於慈母;固賴於嚴親。爾護軍參領兼佐領加一級曹宜之母徐氏,迫干城報國之年,恩沾鶯誥。瑞應虎臣,賢明著範,茲以覃恩追封爾為夫人。於戲!寵命祗承;子克盡忠,實翟誥……車而煥采,遺型益永。

制曰:美相繼而益彰,家有賢明之教;恩并施而斯厚,國崇褒錫之文。爾護軍參領兼佐領加一級曹宜之生母梁氏,五夜機絲,茲以覃恩贈封爾為夫人,一堂琚瑀,儉德茂傳,於戲!和氏,鳴允叶於閨幃,勤克相夫,慈能逮下。於嫻壼黨,濊澤,溥一體之榮光,戟門製慶;沛九天之……

雍正十三年九月初三日

周汝昌《紅樓夢新證》(1976)在未説明出處的情形下,提供此誥命另一文本,許多明顯之訛漏或衍字已獲訂正,①此應爲其以己意校訂所致,而非對照原件或另據它本,否則,周氏應會直指北大藏品之僞。但文中的"崇階宜陟"被周氏誤改成"榮階宜陟","珩瑀同聲"被劉氏誤改成"珩瑝同聲",兩人且均未能補出"祇服寵綏"的末字,類似套語皆可用

---

①《紅樓夢新證》,1977年,第666—668頁。

其他誥命來核實,如《雪屐尋碑錄》中記康熙三十六年七月十九日和四十二年三月十八日,曾分別誥贈關保及海章兩人的祖父母爲資政大夫及夫人,其用語幾與贈曹宜祖父母者全同;再者,雍正十三年九月初三日誥贈色爾登兩位元繼祖母的文字,也同于贈曹宜繼祖母者。①

　　高川先生亦曾于1981年略論及曹振彥誥命中之誤字,②指稱"疏榮大母"之句意未通,疑爲"貤榮大母"之誤。然查中國第一歷史檔案館所藏雍正十三年贈色爾登兩位繼祖母的誥命,皆用"疏榮大母",③其中"疏"字乃分賜之意,如《晏子春秋·問上十九》即有"君裂地而封之,疏爵而貴之"句;又,康熙二十七年十一月皇帝遣官致祭南懷仁之靈時,祭文中亦有"方疏榮於蒼佩,乃奄息于黃壚"句。④

　　至於曹宜先人誥命中屢出現的"追封"兩字,劉氏或誤解其用法,該詞雖常用在墓誌銘或賜予死者爵位的敕諭,但似乎從不曾見於誥命之官方文本上。我們從《雪屐尋碑錄》所錄的碑文中,即可發現此詞多用來描述皇帝對過世高階臣屬的特恩,如追封皇太極長子和格爾爲和碩肅親王、領侍衛內大臣兼佐領加五級馬武爲伯、李榮保爲一等公、原任內管領清泰爲三等公、來賢爲三等公,所授之銜均非文武官階,且與其生前有無資格無關。⑤檢索"中國方志庫"等資料庫中出現"追封爾爲"等詞之事例,亦與此同。

　　此外,筆者還可舉出其他有問題的內容如下:

　　　1.曹宜時任包衣護軍參領(從三品)兼佐領,加一級後亦只能爲其先人掙得通議大夫而非資政大夫之誥命。

　　　2.依誥命之體例,清末常在給官員父祖的制文中略去其職級,亦即,雍正朝的誥命不應寫成"茲以覃恩追封爾爲資政大夫,錫之誥命",⑥而應書全銜作"茲以覃恩贈爾爲資政大夫、護軍參領兼佐領加一級,錫之誥命"。且因同一軸上已先贈"曹宜之祖母歐陽氏",次書之袁氏應記明爲"曹宜之繼祖母"。查袁氏制文中的"珩瑀同聲"

①惟"令名永著"被替換作"令聞彌播"。參見《雪屐尋碑錄》卷九,第16、19頁,卷十,第18頁;中國第一歷史檔案館《清代檔案史料叢編(第七輯)》,北京:中華書局,1981年,第312頁。
②高川《曹振彥誥命中之誤字》,《紅樓夢研究集刊》第7輯,1981年,第35頁。
③《清代檔案史料叢編(第七輯)》,第312頁。
④方豪《中國天主教史人物傳》,香港公教真理學會,1970年,中冊,第166頁。
⑤《雪屐尋碑錄》卷一,第3頁,卷十二,第6頁,卷十三,第12頁,卷十五,第1頁。
⑥類似例證屢見於"中國譜牒庫",但若獲贈之長輩原爲官員時,清前期的誥命中通常亦不加子孫之職級。參見顧抑如等纂修《重修唯亭顧氏家譜》卷二,《清代民國名人家譜選刊續編》,景印光緒二十九年刊本,第7頁。

一詞,即已表明袁氏乃繼配,此因朱熹有云:"雜佩者,左右佩玉也。上横曰珩,下系三組,貫以蠙珠。中組之半貫一大珠,曰瑀。"①知珩、瑀分指配飾上的横玉與大珠,而"珩瑀同聲"乃用以形容繼妻與嫡妻後先呼應。

3.康熙十四年的誥命已贈曹璽母歐陽氏爲"一品太夫人",但雍正十三年的誥命卻將其降級爲"夫人",明顯至少有一是僞作。

4.此誥命中每行雖多爲十五字,但亦出現十二字、十三字或十四字的不規範情形。

5."壼範"和"壼德"的首字均被誤書作"壺","壼"之音義皆同"閫",乃指婦女。

前述所有這些訛誤與不規範,都强烈證實該曹宜祖父母的誥命乃僞造。

曹宜父母的誥命則由吳恩裕於 1956 年購藏,惟其所公佈之文字當中,"殊錫永綏天余慶"應作"殊錫永綏夫余慶","生母梁氏……贈封爾爲夫人"中的"贈封"兩字明顯有一爲衍字。② 周汝昌在《紅樓夢新證》(1976)中雖嘗試校訂,卻又新誤"宜沛綸章"爲"宜沛倫章"、"儉德茂傳"爲"儉德懋傳"。③

由於誥命中不會出現"追封"兩字,且曹爾正亦只能以子貴誥贈通議大夫,加上清末的誥命纔常在給官員父祖的制文中略去職級,知此軸亦應是僞作,很可能與北大所藏曹宜祖父母之誥命同出一源。

四、小結

在此 e-考據的時代,因大量文史資料已被數位化,故學習的模式可大不同於傳統方式,且論證的方式亦可多面相,甚至讓其他相近材料以旁證或反證的角度强有力地發言,但前提仍要對文本的知識內涵與呈現方式有深刻掌握,纔能以最具效率的途徑增進研究的深度與廣度。④

如以本文爲例,雖然學界一直欠缺直接討論誥命的專著,且迄今尚未發現吏部驗封清吏司處理恩詔相關事項之規典,但我們仍可透過"中國方志庫"、"中國譜牒庫"、"中國

---

① 朱熹《詩經集傳》卷三,臺北:臺灣商務印書館,1986 年,景印《文淵閣四庫全書》,第 72 册,第 6 頁。
② 《有關曹雪芹八種》,第 113—114 頁。
③ 《紅樓夢新證》,1976 年,第 667—668 頁。
④ 有關 e-考據的討論,可參見黃一農《明末至澳門募葡兵的姜雲龍小考:兼答熊熊先生對"e-考據"的批評》,《"中央研究院"近代史研究所集刊》第 62 期,2008 年 12 月,第 141—166 頁。

基本古籍庫"、"讀秀中文學術搜索"等資料庫以及《雪屐尋碑錄》等電子檔之協助,過覽大量誥命的文本,並從中分析其體例的演變以及相關術語的用例。

經由前文的討論,我們可確定康熙十四年(1675)曹璽父母的誥命以及雍正十三年(1735)的兩軸曹家誥命皆非真品。亦即,在無其他材料呼應的情形下,其中所提及之曹璽生母歐陽氏、曹宜嫡母徐氏、生母梁氏等内容,目前只能暫付闕疑。至於其他三軸曹家誥命作僞的可能性不高,尤其,因先前文博界或歷史學界對清朝前期封典的演變與特徵均較少掌握,故欲造假所需的專業門檻頗高。

譬如,僞造者要知道順、康時官員的自身誥命皆會詳記其歷官各任的履歷,而此等内容在入雍正朝後或因過於繁瑣而大多略去;且得瞭解曹璽於康熙六年所擔任的正三品江南織造郎中,在加一級後確可獲授正二品的資政大夫,而非一般認知的從二品通奉大夫;也必須諳曉"加級者得進階受封"的規定,知曹璽在康熙十四年時可以三品郎中加四級的身分獲授一品光禄大夫,而該途至康熙五十二年遭廢,此後只能授資政大夫;又或得知道曹璽之嫡母不太可能於死後以覃恩獲贈爲"一品太夫人"。由於這些知識先前學界並不曾擁有,故一般人如僅參據清代後期的體例,所擬仿出之誥命文字將很容易出錯!

本研究的進行以及文章的撰寫,僅在兩、三周内即完成,雖對誥命的一些細微變化仍有商酌之空間,但應已大幅提升學界先前對相關議題的認知,並勾勒出未來欲深入瞭解誥命時的重要方向與方法。筆者很希望透過個人近三年來在陌生之紅學領域的學研過程,説服大家傳統的史學方法正面臨前所未見的衝擊,我們有必要一起切磋並揣摩該如何有效運用此數位化的嶄新環境,以顯著拉高學術的位階與格局。

作者簡介:黃一農,男,1956年生,哥倫比亞大學(Columbia University)物理系天文學博士。曾在麻省理工學院(Massachusetts Institute of Technology)從事研究工作,現任臺灣清華大學歷史所特聘講座教授,人文社會研究中心主任,2006年榮膺"中央研究院"院士。主要研究領域爲科技史、軍事史、術數史、東西文明交流史、季風亞洲史。

國家圖書館藏八行本《禮記正義》研究

王　鍔

南宋八行本《禮記正義》,是流傳於今的宋版《禮記正義》之一。民國十六年(1927),潘宗周景刻八行本;一九八五年,中國書店依據潘宗周景刻版,第二次重印。二○○三年十二月,北京圖書館出版社再次將八行本影印出版,收入《中華再造善本》,足見八行本之珍貴和學術價值之高。自清代乾嘉以來,惠棟、陳鱣、阮元、張元濟、李盛鐸、汪紹楹及日本學者山井鼎等學者,均對八行本十分重視,細心研究,發表高見。

本文依據《中華再造善本》影印本(下簡稱"八行本"①),在前賢研究的基礎之上,從八行本《禮記正義》的版本特徵、序跋、刻工、浮簽、景刻和影印、文獻學價值、潘宗周《禮記正義校勘記》平議等方面,再次揭示八行本的價值,考察八行本在《禮記》研究中的地位。

一、八行本《禮記正義》的版本特徵

八行本《禮記正義》七十卷,漢鄭玄注,唐孔穎達正義,四函四十册,包括《曲禮上》至《喪服四制》,内容完整。分卷與單疏本《禮記正義》相同。

八行本版框高二十一·五釐米,寬十六·七釐米。半葉八行,經文大字,每行十六字,注、疏雙行小字,行二十二字,白口,左右雙邊。單魚尾,補版頁版心上記大小字數,原版頁版心不記大小字數,魚尾下題"禮記義序"、"禮記義幾",有若干頁作"禮記正義幾"、"禮記幾",惟第二十六卷前四頁和第六頁作"禮疏幾"。版心中記頁數,版心下記刻工姓名。多有補版,亦精美。

---

① 在本文討論中,因條件所限,將北京圖書館出版社 2003 年景印的"中華再造善本"等同於黄唐紹熙三年刊刻之八行本,一律簡稱爲"八行本"。

八行本書前是孔穎達《禮記正義序》，首行頂額題"禮記正義序"五字，次行低二格題"國子祭酒上護軍曲阜縣開國子臣孔穎達等奉"十九字，三行低三格題"敕撰"二字，四行頂額《禮記正義序》文"夫禮者"起①。正文每卷首行頂額題"禮記正義卷第幾"七字，次行低二格題"國子祭酒上護軍曲阜縣開國子臣孔穎達等奉"十九字，三行低三格題"敕撰"二字，卷一首頁四行低一格《禮記正義》正文。經文大字，皆頂額書寫，下緊跟雙行小字注文，孔穎達《禮記正義》文與《禮記》經文、鄭玄《注》文用一黑底圓圈白文"疏"字隔開，字大如經文；"疏"字下，以"正義曰此一節"起，用一句話先總括該段經文大意，再空一格，然後逐一解釋經文，解釋不同經文之間，均空一格；"疏"文中要解釋鄭玄《注》文時，先空一格，再用一黑底圓圈白文"注"字隔開，字大如"注疏"文，下先標"注"文起訖，後空一格，以"正義曰"三字起，解釋"注"文；解釋不同注文之間，亦均空一格。

八行本經文字大如錢，墨光似漆；注疏小字，一筆一畫，一絲不苟。書體仿石經，端莊雋美，古樸大方；刻工亦是良匠，刀法利落，恰如其分，筆筆乾淨，不失神韻。加上楮墨，爽心悅目，攬書在手，墨香襲人，不忍釋手。"其書法端凝、筆意渾厚者，當爲最初刊本；補刊較早者，字體雖尚方嚴，而鋟法已露棱角，再後，則用筆纖弱，鋟刻粗率，與初版相較，截然不同。"②這不僅是宋刻古籍善本中的精品，也是十分難得的藝術珍品。清人惠棟、陳鱣歎爲"希世之寶"，近代大藏書家袁克文、潘宗周花重金收購，也是情理之中的事。

八行本避諱字多缺末筆，凡玄、殷、徵、匡、筐、貞、恒、桓、完、敦等字，均缺末筆，然敬、讓、慎、惇字或缺末筆，或不缺。

除缺筆避諱字外，八行本也出現一些異體字，如"鬼"作"鬼"。"學"作"孝"等，"礻"、"衤"旁字經常相混，但使用異體字的情況，不像南宋紹熙年間福建建陽坊刻本《纂圖互注禮記》那樣突出，用字比較規範。

八行本第一函第一册首頁 a 面鈐蓋有"秋壑圖書"（朱文方印）、"金章世系景行維賢"（白文長印）、"北平孫氏"（朱文方印）、"季振宜字詵兮號滄葦"（朱文方印）、"寒雲秘笈珍藏之印"（朱文長印）、"北京圖書館藏"（朱文方印）等印六方。《禮記正義序》末頁 a 面鈐蓋有"滄葦"（朱文大方印）、"季振宜印"（朱文大方印）、"御史之章"（白文方印）三方。卷一首頁 a 面鈐蓋有"景行維賢"（白文小方印）、"佞宋"（朱文小方印）、"克文"（朱文小方印）、"季振宜字詵兮號滄葦"（朱文方印）、"完顏景賢字享父號樸孫一字任齋別號小如庵印"（白文方印）、

---

①"夫"，八行本誤作"天"，潘本不誤。

②潘宗周編，佘彥焱、柳向春標點《寶禮堂宋本書錄》，上海：上海古籍出版社，2007 年，第 152 頁。

"咸熙堂鑒定"(朱文方印)、"人間孤本"(白文方印)、"袁"(白文方印)①等印八方,末頁 a 面鈐蓋有"小如庵祕笈"(朱文小方印)一方。卷二首頁 a 面鈐蓋有"景行維賢"(白文小方印)一方,末頁 a 面鈐蓋有"小如庵祕笈"(朱文小方印)一方。

第二册卷三首頁 a 面鈐蓋有"秋壑圖書"(朱文方印)、"北平孫氏"(朱文方印)、"季振宜字詵兮號滄葦"(朱文方印)、"景行維賢"(白文小方印)、"袁克文"(朱文方印)等印五方,末頁 a 面鈐蓋有"小如庵祕笈"(朱文小方印)一方。卷四首頁 a 面鈐蓋有"景行維賢"(白文小方印)一方,末頁 a 面鈐蓋有"小如庵祕笈"(朱文小方印)一方。

第三册卷五首頁 a 面鈐蓋有"秋壑圖書"(朱文方印)、"北平孫氏"(朱文方印)、"季振宜字詵兮號滄葦"(朱文方印)、"景行維賢"(白文小方印)、"袁克文"(朱文方印)等印五方,末頁 b 面鈐蓋有"小如庵祕笈"(朱文小方印)一方。卷六首頁 a 面鈐蓋有"景行維賢"(白文小方印)一方,末頁 b 面鈐蓋有"小如庵祕笈"(朱文小方印)一方。

第四册卷七首頁 a 面鈐蓋有"秋壑圖書"(朱文方印)、"北平孫氏"(朱文方印)、"季振宜字詵兮號滄葦"(朱文方印)、"景行維賢"(白文小方印)、"袁克文"(朱文方印)等印五方,末頁 b 面鈐蓋有"小如庵祕笈"(朱文小方印)一方。

第五册卷八首頁 a 面鈐蓋有"季振宜字詵兮號滄葦"(朱文方印)、"景行維賢"(白文小方印)、"袁克文"(朱文方印)等印三方,末頁 b 面鈐蓋有"小如庵祕笈"(朱文小方印)一方。卷九首頁 a 面鈐蓋有"秋壑圖書"(朱文方印)、"北平孫氏"(朱文方印)、"景行維賢"(白文小方印)三方,末頁 b 面鈐蓋有"小如庵祕笈"(朱文小方印)一方。

第六册卷十首頁 a 面鈐蓋有"季振宜字詵兮號滄葦"(朱文方印)、"景行維賢"(白文小方印)、"袁克文"(朱文方印)等印三方,末頁 a 面鈐蓋有"小如庵祕笈"(朱文小方印)一方。卷十一首頁 a 面鈐蓋有"秋壑圖書"(朱文方印)、"北平孫氏"(朱文方印)、"景行維賢"(白文小方印)三方,末頁 a 面鈐蓋有"小如庵祕笈"(朱文小方印)一方。

第七册卷十二首頁 a 面鈐蓋有"季振宜字詵兮號滄葦"(朱文方印)、"景行維賢"(白文小方印)、"袁克文"(朱文方印)等印三方,末頁 a 面鈐蓋有"小如庵祕笈"(朱文小方印)一方。卷十三首頁 a 面鈐蓋有"秋壑圖書"(朱文方印)、"北平孫氏"(朱文方印)、"景行維賢"(白文小方印)三方,末頁 a 面鈐蓋有"小如庵祕笈"(朱文小方印)一方。

第八册卷十四首頁 a 面鈐蓋有"季振宜字詵兮號滄葦"(朱文方印)、"景行維賢"(白文小方印)、"袁克文"(朱文方印)等印三方,末頁 b 面鈐蓋有"小如庵祕笈"(朱文小方印)一方。

第九册卷十五首頁 a 面鈐蓋有"秋壑圖書"(朱文方印)、"北平孫氏"(朱文方印)、"季振

————————————

① 此印在"袁"字下,鐫刻白虎形。

宜印"(朱文方印)、"景行維賢"(白文小方印)、"袁克文"(朱文方印)等印五方,末頁 b 面鈐蓋有"小如庵祕笈"(朱文小方印)一方。卷十六首頁 a 面鈐蓋有"景行維賢"(白文小方印)一方,末頁 a 面鈐蓋有"小如庵祕笈"(朱文小方印)一方。

第十册卷十七首頁 a 面鈐蓋有"秋壑圖書"(朱文方印)、"北平孫氏"(朱文方印)、"景行維賢"(白文小方印)、"袁克文"(朱文方印)等印四方,末頁 a 面鈐蓋有"小如庵祕笈"(朱文小方印)一方。以上第一函。

第二函第十一册卷十八首頁 a 面鈐蓋有"滄葦"(白文方印)、"季振宜印"(朱文方印)、"景行維賢"(白文小方印)、"袁克文"(朱文方印)等印四方,末頁 a 面鈐蓋有"小如庵祕笈"(朱文小方印)一方。卷十九首頁 a 面鈐蓋有"秋壑圖書"(朱文方印)、"北平孫氏"(朱文方印)、"景行維賢"(白文小方印)等印三方,末頁 b 面鈐蓋有"小如庵祕笈"(朱文小方印)一方。卷二十首頁 a 面鈐蓋有"景行維賢"(白文小方印)印一方,末頁 a 面鈐蓋有"小如庵祕笈"(朱文小方印)一方。

第十二册卷二十一首頁 a 面鈐蓋有"秋壑圖書"(朱文方印)、"北平孫氏"(朱文方印)、"滄葦"(白文方印)、"季振宜印"(朱文方印)、"景行維賢"(白文小方印)、"袁克文"(朱文方印)等印六方,末頁 a 面鈐蓋有"小如庵祕笈"(朱文小方印)一方。卷二十二首頁 a 面鈐蓋有"景行維賢"(白文小方印)印一方,末頁 b 面鈐蓋有"小如庵祕笈"(朱文小方印)一方。

第十三册卷二十三首頁 a 面鈐蓋有"秋壑圖書"(朱文方印)、"北平孫氏"(朱文方印)、"滄葦"(白文方印)、"季振宜印"(朱文方印)、"景行維賢"(白文小方印)、"袁克文"(朱文方印)等印六方,末頁 b 面鈐蓋有"小如庵祕笈"(朱文小方印)一方。卷二十四首頁 a 面鈐蓋有"景行維賢"(白文小方印)印一方,末頁 b 面鈐蓋有"小如庵祕笈"(朱文小方印)一方。

第十四册卷二十五首頁 a 面鈐蓋有"秋壑圖書"(朱文方印)、"北平孫氏"(朱文方印)、"景行維賢"(白文小方印)、"袁克文"(朱文方印)等印四方,末頁 b 面鈐蓋有"小如庵祕笈"(朱文小方印)一方。

第十五册卷二十六首頁 a 面鈐蓋有"滄葦"(白文方印)、"季振宜印"(朱文方印)、"景行維賢"(白文小方印)、"袁克文"(朱文方印)等印四方,末頁 b 面鈐蓋有"小如庵祕笈"(朱文小方印)一方。卷二十七首頁 a 面鈐蓋有"秋壑圖書"(朱文方印)、"北平孫氏"(朱文方印)、"景行維賢"(白文小方印)等印三方,末頁 a 面鈐蓋有"小如庵祕笈"(朱文小方印)一方。

第十六册卷二十八首頁 a 面鈐蓋有"滄葦"(白文方印)、"季振宜印"(朱文方印)、"景行維賢"(白文小方印)、"袁克文"(朱文方印)等印四方,末頁 b 面鈐蓋有"小如庵祕笈"(朱文小方印)一方。卷二十九首頁 a 面鈐蓋有"秋壑圖書"(朱文方印)、"北平孫氏"(朱文方印)、"景行維賢"(白文小方印)等印三方,末頁 a 面鈐蓋有"小如庵祕笈"(朱文小方印)一方。

第十七册卷三十首頁 a 面鈐蓋有"滄葦"(白文方印)、"季振宜印"(朱文方印)、"景行維賢"(白文小方印)、"袁克文"(朱文方印)等印四方,末頁 b 面鈐蓋有"小如庵祕笈"(朱文小方印)一方。卷三十一首頁 a 面鈐蓋有"秋壑圖書"(朱文方印)、"北平孫氏"(朱文方印)、"景行維賢"(白文小方印)等印三方,末頁 b 面鈐蓋有"小如庵祕笈"(朱文小方印)一方。

第十八册卷三十二首頁 a 面鈐蓋有"滄葦"(白文方印)、"季振宜印"(朱文方印)、"景行維賢"(白文小方印)、"袁克文"(朱文方印)等印四方,末頁 b 面鈐蓋有"小如庵祕笈"(朱文小方印)一方。卷三十三首頁 a 面鈐蓋有"秋壑圖書"(朱文方印)、"北平孫氏"(朱文方印)、"景行維賢"(白文小方印)等印三方,末頁 b 面鈐蓋有"小如庵祕笈"(朱文小方印)一方。

第十九册卷三十四首頁 a 面鈐蓋有"滄葦"(白文方印)、"季振宜印"(朱文方印)、"景行維賢"(白文小方印)、"袁克文"(朱文方印)等印四方,末頁 a 面鈐蓋有"小如庵祕笈"(朱文小方印)一方。卷三十五首頁 a 面鈐蓋有"秋壑圖書"(朱文方印)、"北平孫氏"(朱文方印)、"景行維賢"(白文小方印)等印三方,末頁 b 面鈐蓋有"小如庵祕笈"(朱文小方印)一方。卷三十六首頁 a 面鈐蓋有"景行維賢"(白文小方印)印一方,末頁 b 面鈐蓋有"小如庵祕笈"(朱文小方印)一方。

第二十册卷三十七首頁 a 面鈐蓋有"秋壑圖書"(朱文方印)、"北平孫氏"(朱文方印)、"滄葦"(白文方印)、"季振宜印"(朱文方印)、"景行維賢"(白文小方印)、"袁克文"(朱文方印)等印六方,末頁 b 面鈐蓋有"小如庵祕笈"(朱文小方印)一方。卷三十八首頁 a 面鈐蓋有"景行維賢"(白文小方印)印一方,末頁 a 面鈐蓋有"小如庵祕笈"(朱文小方印)一方。以上第二函。

第二十一册卷三十九首頁 a 面鈐蓋有"滄葦"(白文方印)、"季振宜印"(朱文方印)、"景行維賢"(白文小方印)、"袁克文"(朱文方印)等印四方,末頁 b 面鈐蓋有"小如庵祕笈"(朱文小方印)一方。卷四十首頁 a 面鈐蓋有"秋壑圖書"(朱文方印)、"北平孫氏"(朱文方印)、"景行維賢"(白文小方印)等印三方,末頁 a 面鈐蓋有"小如庵祕笈"(朱文小方印)一方。

第二十二册卷四十一首頁 a 面鈐蓋有"秋壑圖書"(朱文方印)、"北平孫氏"(朱文方印)、"滄葦"(白文方印)、"季振宜印"(朱文方印)、"景行維賢"(白文小方印)、"袁克文"(朱文方印)等印六方,末頁 a 面鈐蓋有"小如庵祕笈"(朱文小方印)一方。

第二十三册卷四十二首頁 a 面鈐蓋有"滄葦"(白文方印)、"季振宜印"(朱文方印)、"景行維賢"(白文小方印)、"袁克文"(朱文方印)等印四方,末頁 a 面鈐蓋有"小如庵祕笈"(朱文小方印)一方。卷四十三首頁 a 面鈐蓋有"秋壑圖書"(朱文方印)、"北平孫氏"(朱文方印)、"景行維賢"(白文小方印)等印三方,末頁 b 面鈐蓋有"小如庵祕笈"(朱文小方印)一方。

第二十四册卷四十四首頁 a 面鈐蓋有"滄葦"(白文方印)、"季振宜印"(朱文方印)、"景行維賢"（白文小方印）、"袁克文"（朱文方印）等印四方，末頁 b 面鈐蓋有"小如庵祕笈"（朱文小方印）一方。卷四十五首頁 a 面鈐蓋有"秋壑圖書"（朱文方印）、"北平孫氏"（朱文方印）、"景行維賢"（白文小方印）等印三方，末頁 b 面鈐蓋有"小如庵祕笈"（朱文小方印）一方。

　　第二十五册卷四十六首頁 a 面鈐蓋有"滄葦"（白文方印）、"季振宜印"（朱文方印）、"景行維賢"（白文小方印）、"袁克文"（朱文方印）等印四方，末頁 b 面鈐蓋有"小如庵祕笈"（朱文小方印）一方。

　　第二十六册卷四十七首頁 a 面鈐蓋有"秋壑圖書"（朱文方印）、"北平孫氏"（朱文方印）、"滄葦"（白文方印）、"季振宜印"（朱文方印）、"景行維賢"（白文小方印）、"袁克文"（朱文方印）等印六方，末頁 b 面鈐蓋有"小如庵祕笈"（朱文小方印）一方。

　　第二十七册卷四十八首頁 a 面鈐蓋有"滄葦"（白文方印）、"季振宜印"（朱文方印）、"景行維賢"（白文小方印）、"袁克文"（朱文方印）等印四方，末頁 b 面鈐蓋有"小如庵祕笈"（朱文小方印）一方。卷四十九首頁 a 面鈐蓋有"秋壑圖書"（朱文方印）、"北平孫氏"（朱文方印）、"景行維賢"（白文小方印）等印三方，末頁 b 面鈐蓋有"小如庵祕笈"（朱文小方印）一方。

　　第二十八册卷五十首頁 a 面鈐蓋有"滄葦"（白文方印）、"季振宜印"（朱文方印）、"景行維賢"（白文小方印）、"袁克文"（朱文方印）等印四方，末頁 b 面鈐蓋有"小如庵祕笈"（朱文小方印）一方。卷五十一首頁 a 面鈐蓋有"秋壑圖書"（朱文方印）、"北平孫氏"（朱文方印）、"景行維賢"（白文小方印）等印三方，末頁 a 面鈐蓋有"小如庵祕笈"（朱文小方印）一方。

　　第二十九册卷五十二首頁 a 面鈐蓋有"秋壑圖書"（朱文方印）、"北平孫氏"（朱文方印）、"滄葦"（白文方印）、"季振宜印"（朱文方印）、"景行維賢"（白文小方印）、"袁克文"（朱文方印）等印六方，末頁 b 面鈐蓋有"小如庵祕笈"（朱文小方印）一方。

　　第三十册卷五十三首頁 a 面鈐蓋有"秋壑圖書"（朱文方印）、"北平孫氏"（朱文方印）、"滄葦"（白文方印）、"季振宜印"（朱文方印）、"景行維賢"（白文小方印）、"袁克文"（朱文方印）等印六方，末頁 a 面鈐蓋有"小如庵祕笈"（朱文小方印）一方。卷五十四首頁 a 面鈐蓋有"景行維賢"（白文小方印）印一方，末頁 b 面鈐蓋有"小如庵祕笈"（朱文小方印）一方。以上第三函。

　　第三十一册卷五十五首頁 a 面鈐蓋有"秋壑圖書"（朱文方印）、"北平孫氏"（朱文方印）、"滄葦"（白文方印）、"季振宜印"（朱文方印）、"景行維賢"（白文小方印）、"袁克文"（朱文方印）等印六方，末頁 a 面鈐蓋有"小如庵祕笈"（朱文小方印）一方。卷五十六首頁 a 面鈐蓋有"秋壑圖書"（朱文方印）、"北平孫氏"（朱文方印）、"景行維賢"（白文小方印）等印三方，末頁 a 面鈐蓋有"小如庵祕笈"（朱文小方印）一方。

　　第三十二册卷五十七首頁 a 面鈐蓋有"秋壑圖書"（朱文方印）、"北平孫氏"（朱文方印)、"滄葦"(白文方印)、"季振宜印"(朱文方印)、"景行維賢"(白文小方印)、"袁克文"(朱文方印)等印六方,末頁 b 面鈐蓋有"小如庵祕笈"(朱文小方印)一方。

第三十三册卷五十八首頁 a 面鈐蓋有"秋壑圖書"(朱文方印)、"北平孫氏"(朱文方印)、"滄葦"(白文方印)、"季振宜印"(朱文方印)、"景行維賢"(白文小方印)、"袁克文"(朱文方印)等印六方,末頁 b 面鈐蓋有"小如庵祕笈"(朱文小方印)一方。

第三十四册卷五十九首頁 a 面鈐蓋有"秋壑圖書"(朱文方印)、"北平孫氏"(朱文方印)、"滄葦"(白文方印)、"季振宜印"(朱文方印)、"景行維賢"(白文小方印)、"袁克文"(朱文方印)等印六方,末頁 b 面鈐蓋有"小如庵祕笈"(朱文小方印)一方。

第三十五册卷六十首頁 a 面鈐蓋有"秋壑圖書"(朱文方印)、"北平孫氏"(朱文方印)、"滄葦"(白文方印)、"季振宜印"(朱文方印)、"景行維賢"(白文小方印)、"袁克文"(朱文方印)等印六方,末頁 b 面鈐蓋有"小如庵祕笈"(朱文小方印)一方。卷六十一首頁 a 面鈐蓋有"秋壑圖書"(朱文方印)、"北平孫氏"(朱文方印)、"景行維賢"(白文小方印)等印三方,末頁 b 面鈐蓋有"小如庵祕笈"(朱文小方印)一方。

第三十六册卷六十二首頁 a 面鈐蓋有"滄葦"(白文方印)、"季振宜印"(朱文方印)、"景行維賢"(白文小方印)、"袁克文"(朱文方印)等印四方,末頁 a 面鈐蓋有"小如庵祕笈"(朱文小方印)一方。卷六十三首頁 a 面鈐蓋有"秋壑圖書"(朱文方印)、"北平孫氏"(朱文方印)、"景行維賢"(白文小方印)等印三方,末頁 a 面鈐蓋有"小如庵祕笈"(朱文小方印)一方。

第三十七册卷六十四首頁 a 面鈐蓋有"秋壑圖書"(朱文方印)、"北平孫氏"(朱文方印)、"滄葦"(白文方印)、"季振宜印"(朱文方印)、"景行維賢"(白文小方印)、"袁克文"(朱文方印)等印六方,末頁 a 面鈐蓋有"小如庵祕笈"(朱文小方印)一方。卷六十五首頁 a 面鈐蓋有"秋壑圖書"(朱文方印)、"北平孫氏"(朱文方印)、"景行維賢"(白文小方印)等印三方,末頁 b 面鈐蓋有"小如庵祕笈"(朱文小方印)一方。

第三十八册卷六十六首頁 a 面鈐蓋有"滄葦"(白文方印)、"季振宜印"(朱文方印)、"景行維賢"(白文小方印)、"袁克文"(朱文方印)等印四方,末頁 a 面鈐蓋有"小如庵祕笈"(朱文小方印)一方。卷六十七首頁 a 面鈐蓋有"秋壑圖書"(朱文方印)、"北平孫氏"(朱文方印)、"景行維賢"(白文小方印)等印三方,末頁 a 面鈐蓋有"小如庵祕笈"(朱文小方印)一方。

第三十九册卷六十八首頁 a 面鈐蓋有"滄葦"(白文方印)、"季振宜印"(朱文方印)、"景行維賢"(白文小方印)、"袁克文"(朱文方印)等印四方,末頁 a 面鈐蓋有"小如庵祕笈"(朱文小方印)一方。

第四十册卷六十九首頁 a 面鈐蓋有"秋壑圖書"(朱文方印)、"北平孫氏"(朱文方印)、"滄葦"(白文方印)、"季振宜印"(朱文方印)、"景行維賢"(白文小方印)等印五方,末頁 a 面鈐蓋有“小如庵祕笈”(朱文小方印)一方。卷七十首頁 a 面鈐蓋有“孔”(白文小方印)、“繼”(白文小方印)、“涵”(朱文小方印)、“補孟”(朱文小方印)、“景行維賢”(白文小方印)等印五方；末頁 a 面鈐蓋有“小如庵祕笈”(朱文小方印)、“任齋銘心之品”(朱文方印)、“九萬八千松雪書屋”(朱文方印)等印三方。黃唐跋文頁 a 面鈐蓋有“完顏景賢精鑒”(朱文方印)一方，b 面鈐蓋有“孤本書室”(朱文方印)、“寒雲主人”(白文方印)、“北京圖書館藏”(朱文方印)等印三方。惠棟跋文頁鈐蓋有“惠棟”(白文小方印)、“定宇”(朱文小方印)、“景行維賢”(白文小方印)、“虎豹窟”(篆文長印)等印四方。李盛鐸跋文末尾鈐蓋有“李氏木齋”(朱文小方印)一方，袁克文跋文頁鈐蓋有“寒雲廬”(朱文長印)、“无垢”(朱文方印)等印二方。以上第四函。

　　這些藏書印章，大致記錄了八行本的遞藏經過。“秋壑圖書”印，傅增湘認爲是僞印①。“秋壑”是南宋權臣賈似道的號，賈氏喜歡收藏古物字畫和善本書籍，國家圖書館收藏的南宋慶元六年(1200)紹興府刻《春秋左傳正義》三十六卷，也有此印，亦不知真假。“北平孫氏”、“咸熙堂鑒定”二方印，系孫承澤(1592—1676)印。

　　“季振宜字詵兮號滄葦”、“滄葦”、“季振宜印”、“御史之章”，乃季振宜印。卷七十首頁“孔”、“繼”、“涵”、“補孟”四方小印，系孔繼涵印。“金章世系景行維賢”、“景行維賢”、“完顏景賢字享父號樸孫一字任齋別號小如庵印”、“完顏景賢精鑒”、“小如庵祕笈”、“任齋銘心之品”、“九萬八千松雪書屋”等，都是完顏景賢印。

　　“寒雲秘笈珍藏之印”、“佞宋”、“克文”、“人間孤本”、“寒雲主人”、“孤本書室”、“无垢”、“寒雲廬”、“袁克文”等，均是袁克文藏書印。

　　“惠棟”、“定宇”是惠棟印章。“李氏木齋”是李盛鐸藏書印。“虎豹窟”一方，不知誰印。

　　通過這些印章，大致反映了八行本自明末清初至今的收藏經過，自孫承澤、季振宜、吳泰來、孔繼涵、盛昱、完顏景賢、袁克文、潘宗周，最後到北京圖書館，即今國家圖書館，遞藏源流十分清晰；同時也見證了歷代藏書家爲八行本之流傳所付出的艱辛②。

二、八行本《禮記正義》的序跋

　　早在清代乾嘉時期，惠棟、陳鱣等學者就對八行本十分關注，除用以校勘外，撰寫跋

---

①傅增湘《藏園群書經眼錄》，北京：中華書局，1983 年，第 1 册，第 55 頁。
②王鍔《字大如錢，墨光似漆——八行本〈禮記正義〉的刊刻、流傳和價值》，《圖書與情報》第 5 期，2006 年 10 月，第 106 頁。

文,揭示其價值。惠棟利用八行本校勘汲古閣《禮記注疏》六十三卷,並撰寫跋文曰:

> 拙庵行人購得宋槧《禮記正義》示余,余案《唐藝文志》,書凡七十卷,此本卷次正同,字體仿石經,蓋北宋本也。先是,孔穎達奉詔撰《五經正義》,法周秦遺意,與經、注別行。宋以來始有合刻,南宋後,又以陸德明所撰《釋文》增入,謂之《附釋音禮記注疏》,編爲六十三卷,監板及毛氏所刻,皆是本也,歲久脱爛,悉仍其闕。今以北宋本校毛本,訛字四千七百有四,脱字一千一百四十有五,闕文二千二百一十有七,文字異者二千六百二十有五,羨文九百七十有一,校讎是正,四百年來闕誤之書,犁然備具,爲之稱快。唐人"疏義",推孔、賈二君,第《易》用王弼,《書》用僞孔氏,二書皆不足傳。至如《詩》、《春秋左氏》、《三禮》,則旁采兩漢南北諸儒之説,學有師承,文有根柢,古義之不盡亡,二君之力也。今監板毛氏所刻諸經,頗稱完善,唯《禮記》闕誤獨多。拙庵適得此書,可謂希世之寶矣!拙庵家世藏書,嗣君博士企晉嘗許余造"璜川書屋",盡讀所藏,余病未能,息壤在彼,請俟他日。因校此書,並識於後云。己巳秋日,松崖惠棟。

乾隆時期,八行本收藏在收藏于吳用儀家。吳用儀,號拙庵,休寧(今屬安徽)人,後定居長洲(今江蘇蘇州)。惠棟此跋,是在吳用儀家"璜川書屋",利用八行本校勘汲古閣《禮記注疏》後所寫,時間是乾隆十四年(1749)。跋文指出汲古閣本《禮記注疏》訛、脱、闕、衍及異文共計一萬一千六百六十二處,説明汲古閣校對之粗疏。但惠棟認爲八行本是北宋本,是錯誤的。

陳鱣跋文曰:

> 《禮記正義》七十卷,宋刻本,首題"禮記正義卷第一",次列"國子祭酒上護軍曲阜縣開國子臣孔穎達等奉敕撰","敕"字提行;次列正義,夾行;次"曲禮上第一",自首至"夫禮者所以定親疏"節正義之後,題"禮記正義卷第一終"。每半頁八行,經每行十六字,注及正義小字雙行,行二十二字,注後不附釋文。前有《禮記正義序》,按《序》云,凡成七十卷,舊新《唐志》、《崇文總目》、《文獻通考》皆同,蓋北宋初刻《正義》單行本七十卷。《玉海》卷三十九《禮記疏》一條云:"咸平二年三月己巳,祭酒邢昺上新印《禮記疏》七十卷。"是爲《正義》原書。南宋初,與經、注合併,尚從《正義》原分之卷,厥後"附釋音本"又改爲六十三卷,而原定卷次遂亂。此必南宋初刻,與山井鼎《考文》所據本多合,而彼有缺卷,此則純全,誠希世之寶也。向爲吳門吳拙庵行人所藏,傳於其子企晉博士。乾隆十四年,惠定宇徵君取校毛氏刻本,計脱誤萬餘

字,爲跋而識之。有云"四百年來闕誤之書,犁然備具,爲之稱快。"其後,七十卷之本歸於曲阜孔氏,而定宇本間或傳校毛刻。有書賈錢聽默,竊以所儲十行本,重臨惠校,綴以原跋。十行本者,亦南宋時刻,以其每半頁十行,故稱十行本。首題"附釋音禮記注疏",亦稱"附音本",前《序》後有"建安劉叔剛宅鋟梓",又稱"劉叔剛本",實即《沿革例》所謂"建本有音釋注疏",其版漸損,遞修至明正德,故山井鼎《考文》目爲正德本。厥後,閩本、監本、毛本皆從此出。聽默所臨,每與惠校不符,蓋十行本與七十卷本合者,無庸點勘。惟毛本脱誤最甚,故惠跋計改字數如許之多。聽默詭言惠校宋本,且僞用故家收藏印記,鬻諸長安貴客,以獻伯相和珅,隨屬其黨復將毛本略校影寫摹雕,後有珅跋,下用"致齋和珅"小印,又"大學士章",又壓角印曰"子子孫孫其永寶之",時乾隆六十年事。嘉慶三年,其家籍没,版已散亡,印本流傳甚少。余家舊有十行本,惜多修版。近得和刻,因借友人所臨惠本而重校之,其所分七十卷,俱鈎識之,至於第十九卷《曾子問》第二十一頁,十行本久經全脱,閩、監、毛本因而空白者,和刻已補,其連脱數行者,縮寫補全。惟妄改處頗多,兹照惠校更正,仍目之曰宋本,以和刻亦原于宋也。世有好事,能將孔氏所藏之宋刻七十卷,精摹重梓,嘉惠士林,豈不偉歟? 豈不快歟?①

陳鱣跋文,陳述了七個關於《禮記正義》版本流傳的重要問題:

一是八行本的版式特徵。

二是《禮記正義》單疏本刊刻於北宋真宗咸平二年(999)三月,《禮記》經、注、疏匯刻之《禮記正義》即八行本刊刻於南宋初年,附釋音本《禮記注疏》六十三卷刊刻於八行本之後。這一認識修正了惠棟之誤。

三是惠棟利用吳用儀家藏八行本校勘毛本《禮記注疏》,勘正萬餘處,八行本從吳家散出後歸孔繼涵收藏。

四是惠棟所校毛本之校勘成果,常被人徵引,用以校勘毛本。

五是在乾隆年間,書估錢聽默將惠棟校勘成果謄録到自己所藏十行本《禮記注疏》上,後綴惠棟跋文,詭稱"惠棟校宋本",售予長安貴客,獻給和珅;和珅命下屬用毛本校勘貴客所獻者,補其缺漏,後附和珅跋文,重雕刊印,此即和珅刻《禮記注疏》六十三卷。書鈐蓋有"致齋和珅"、"大學士章"、"子子孫孫其永寶之"等印章,這是乾隆六十年(1795)之事。

———————

① 陳鱣《經籍跋文》,《叢書集成初編》,北京:中華書局,1991年,第50册,第17—18頁。

六是陳鱣家也藏有一部十行本《禮記注疏》,可惜多有修版。

七是陳鱣得到一部和珅刻《禮記注疏》,乃借朋友所臨惠校,校勘和珅刻本,對和珅刻本妄改之處,多有修正,因和珅刻本源於宋十行本,故仍稱"宋本"。

日本山井鼎、物觀《七經孟子考文補遺》卷一百十三曰:

> 右宋板一面八行,註細書兩行,不加"註"字,字數或十七,或二十,或二十二字,隨字粗細,參差不同,不必拘也。亦一篇之內,各章不別提起。疏下即録經文,正德板其體稍同。但嘉靖板以下,加"註"字以別經文。且各章提起,此等細碎之事,諄諄詳言者,臣慕古之念一勝,而不顧其煩,以冀異日有復古之人,彼此斟酌,寢復其舊,以洗俗本之妄作爾。又按宋板以下諸本,卷端題目,皆失鄭氏之舊,今更記古本及足利本題名於左,以寓復舊之微意①。

山井鼎(1690—1728)以崇禎本《十三經注疏》爲主,參考日本所藏諸本,校勘《周易》、《尚書》、《詩經》、《禮記》、《左傳》、《孝經》等六經經文、注文、疏文和《論語》、《孟子》經文、注文,羅列異同,補缺訂誤,撰成《七經孟子考文》二百零六卷,《四庫全書》收録此書,阮元校勘《十三經注疏》時,吸收了山井鼎之成果。山井鼎此段文字,記載了日藏八行本的行款特徵,意欲爲"復舊"者提供借鑒。

傅增湘《藏園群書經眼録》曰:

> 《禮記正義》七十卷,唐孔穎達撰,四十册。宋刊本,半頁八行,行十五字,注雙行二十二字,白口,左右雙闌。間有補版,然亦精。末頁黃唐識語録後:"六經疏義自京、監、蜀本皆省正文及注,又篇章散亂,覽者病焉。本司舊刊《易》、《書》、《周禮》,正經注疏萃見一書,便於披繹,他經獨闕。紹熙辛亥仲冬,唐備員司庾遂取《毛詩》、《禮記》疏義,如前三經編匯,精加雠正,用鋟諸木,庶廣前人之所未備。乃若《春秋》一經,顧力未暇,姑以貽同志云。壬子秋八月三山黃唐謹識。"後有進士傅伯膺、主簿高似孫等八行銜名。空一行又宣教郎兩浙東路提舉常平司幹辦公事李深等銜名三行。有惠棟長跋。每卷鈐季滄葦藏印。又有"秋壑圖書"僞印(長白盛昱伯義郁華閣藏書,壬子歲見)②。

---

①山井鼎、物觀《七經孟子考文補遺》卷一百十三,上海:上海古籍出版社,1987 年,景印《文淵閣四庫全書》。
②《藏園群書經眼録》第 1 册,第 55 頁。

1912 年，八行本收藏於盛昱郁華閣時，傅增湘觀看，並寫跋文，著錄八行本版本特徵、黃唐跋文、校正官銜名和姓名及藏書印章，指出"秋壑圖書"是偽印。

李盛鐸《木犀軒藏書題記及書録》曰：

> 《禮記正義》七十卷，唐孔穎達撰，宋紹熙三年（1192）兩浙東路茶鹽司刻宋元遞修本①。諸經疏義本自單行，注疏合刻始自何時，前人無能詳言之者。今注疏流傳僅有南宋十行本，其卷帙與單疏本不合。乾嘉諸老搜獲錢叔寶景鈔《周易注疏》十三卷、沈中賓刻《左傳正義》三十六卷，已悟十行本改移卷第之非。咸同中，仁和朱氏得五十卷本《周易注疏》②，而日本影刻《尚書正義》亦流傳中土，獨惠松崖先生所校七十卷本之《禮記正義》，相傳由璜川吳氏轉徙歸曲阜孔氏者，沉晦百餘年，嗜古者幾疑秘帙已不存天壤。光緒丁戊之交，頗聞此書復出，爲鬱華閣所收，珍秘不肯示人。余歸自東瀛，伯羲前輩已歸道山，篋册塵封，無由得見。壬子（1912）之夏，鬱華書籍散出，是書輾轉，遂歸"三琴趣齋"插架，可謂得所歸矣。按黃唐跋，本司舊刊《易》、《書》、《周禮》，正經注疏萃見一書，便於披繹，紹熙辛亥（二年·1191）唐備員司庾，取《毛詩》、《禮記》疏義如前三經編匯，校正鋟木。是紹興庚司爲第一合刻之地。《詩》、《禮》二疏目即爲唐所合編，故它經後僅附唐跋，此經獨列校正諸官銜名，於是注疏合刻之地與時無如此明白者。是此刻爲《禮記》注疏合刻第一祖本，又爲海內第一孤本，安得假瞿氏之《易》、朱氏之《周禮》並此本影寫付刊，俾注疏祖刻復得流傳宇內，不亦藝林快事耶？丙辰（1916）驚蟄後二日，盛鐸識③。

八行本於一九一二年夏自鬱華閣散出後，歸完顔景賢，後有被袁克文收藏。一九一六年驚蟄後二日，李盛鐸在袁克文"三琴趣齋"看到八行本，寫下此跋文。跋文首先考述儒家經典注疏匯刻歷史，並指出紹興是最早匯刻儒家經典注疏的地方，八行本《禮記正義》是《禮記》經、注、疏匯刻之祖；次叙述八行本自"璜川書屋"至"三琴趣齋"之遞藏源流。

袁克文跋，也記載了收藏八行本的經過，可與李盛鐸跋互相補充。袁跋云：

> 黃唐刊《禮記正義》七十卷，久著聲於人寰，陳鱣跋文，曾詳記之，且校訂異同。盛昱藏書散出，即歸其戚景賢，懸重值求沽，議者皆不諧。是時，予居天津，亦欲購而

---

① 八行本後所附李盛鐸原跋無"禮記正義"至"遞修本"三十字。
② 《周易注疏》乃《周禮注疏》之誤，八行本後所附李盛鐸原跋不誤。
③ 李盛鐸《木樨軒藏書題記及書録》，北京：北京大學出版社，1985 年，第 49 頁。

未果。旋作南游,遂絕消息。比移都下,知尚在景家,因丏庾樓妹,倩代爲論值,遂以
萬金並得《纂圖互注周禮》、小字本《春秋胡傳》、《黄注杜詩》、黄善夫刻《王注蘇詩》、
《于湖居士文集》五書,皆瑯環秘寶,因結"佞宋"之癖。經年所獲,已可盈百,爰辟一
廛以貯之,而以此書冠焉。洪憲紀元三月十三日,寒雲記於雲合樓。

袁跋不僅記述了得書經過、同得之書及價值,更有意思的是,用僅存八十三天的洪憲
年號紀年,而此跋之撰寫時間,距離一九一六年三月二十二日取消帝制,僅隔八天。

潘宗周跋文曰①:

《禮記正義》七十卷四十册。往余校刊是書時,以惠定宇所校宋本與《考文》多
有不合,定爲兩本,嘗以所見,跋附卷末。按《考文》所據宋刊《禮記正義》藏日本足
利學,至今猶存。余友張君菊生曾往展閲,歸後語余,確爲黄唐刊本。其與是本有不
合者,爲原版、補版之別,即同一補版,亦有先後之殊。其書法端凝、筆意渾厚者,當
爲最初刊本。補刊較早者,字體雖尚方嚴,而鐫法已露棱角。再後,則用筆纖弱,鋟
刻粗率,與初版相較,截然不同。余詳加檢校,原刊之葉,版心均記刻工姓名,而記字
數者甚少。補刊之葉,則刻工姓名與字數互有完闕。因以所記刻工姓名,分爲兩類,
不能謂一無淆混,然大致當不誤也。阮文達《校勘記》謂是七十卷本,爲惠氏校汲古
閣所據。先爲吳中吳泰來家所藏,後歸於曲阜孔氏,陳仲魚亦有是言。其後由孔氏
入於意園盛氏,盛氏書多爲景朴孫所攫,卷内有"孔"、"繼"、"涵"及"小如庵"印記,
其授受本末甚明。惟絕無"瓊川書屋"印記。吳志忠《瓊川吳氏經學叢書緣起》有
云:"是時載酒問奇而來者,如惠松崖徵君輩,盡吳下知名士。"又云:"書籍之散逸,若
北宋本《禮記》單疏,今歸曲阜孔氏。"然則惠跋所謂北宋本者,或即志忠所云之"單
疏",而非此經、注合刻之《正義》?《禮記》單疏殘本,近由涵芬樓覆印行世,余取與
惠校對勘,亦有合有不合,惟僅存最後八卷,窺豹一斑,難概其全,豈此之八卷,與吳
氏所藏,亦有原版、補版之別耶? 姑識於此,以殆後之讀者。

本書後序及銜名,世所罕見,特録於左:

六經疏義自京、監、蜀本皆省正文及注,又篇章散亂,覽者病焉。本司舊刊《易》、
《書》、《周禮》,正經注疏萃見一書,便於披繹,它經獨闕。紹熙辛亥仲冬,唐備員司
庾,遂取《毛詩》、《禮記》疏義,如前三經編匯,精加雕正,用鋟諸木,庶廣前人之所未

---

① 《寶禮堂宋本書録》實出自張元濟先生之手。杜澤遜《張元濟與〈寶禮堂宋本書録〉》,《古籍整理
研究學刊》第 3 期,1995 年,第 13 頁。

備。乃若《春秋》一經,顧力未暇,姑以貽同志云。壬子秋八月三山黃唐謹識。

進　　士	傅　伯膺
進　　士	陳　克己
應賢良方正直言極諫科	莊　　冶
修職郎紹興府會稽縣主簿	高　似孫
修職郎監紹興府三江錢清曹娥鹽場管押袋鹽	李　日嚴
迪公郎充紹興府府學教授	陳　自强
文林郎前台州州學教授	張　　澤
從事郎兩浙東路安撫司幹辦公事校正官	留　　駿
宣教郎兩浙東路提舉常平司幹辦公事	李　　深
通直郎兩浙東路提舉茶鹽司幹辦公事	王　　汾
朝請郎提舉兩浙東路常平茶鹽公事	黃　　唐

版式　每卷首行題“禮記正義卷第幾”,獨第二十六卷作“禮記注疏”。次三兩行題“國子祭酒上護軍曲阜縣開國子臣孔穎達奉敕撰”。半葉八行,行十六字,間有少至十四字,多至二十一字者。小注雙行,行二十一、二字,多或至二十六、七字。卷首孔穎達序,半葉十二行,行二十字。左右雙闌,版心白口,單魚尾。書名題“禮記義幾”,有若干葉作“禮記正義”、“禮記幾”,惟第二十六卷前四葉作“禮疏”耳。卷二第十、十一二葉、卷三第二十葉、卷十九第十八葉、卷二十八第八葉、卷四十一第二十一葉、卷四十六第三葉,均鈔配;又卷四十六第十三葉,闕誤,以他葉配入。

刻工姓名　馬林、馬祖、馬松、馬祐、馬春、毛俊、毛端、葛昌、葛異、方伯祐、方堅、徐仁、徐宥、徐進、徐通、王佐、王充、王恭、王宗、王茂、王椿、王祐、王祐、王示、王壽、李憲、李師正、李涓、李彥、李仁、李光祖、李良、李倚、李信、李用、李忠、李成、周全、周泉、周彥、周珍、高彥、高政、高文、高異、許貴、許才、許詠、許富、陳彥、陳文、陳顯、陳真、陳又、施俊、施珍、蔣伸、蔣信、蔣暉、張昇、張樞、張暉、張榮、吳寶、吳宗、吳志、金彥、金昇、翁祥、翁祐、賈祐、賈祚、鄭復、鄭彬、宋瑜、宋琳、朱渙、朱周、顧永、顧澄、陶彥、包端、趙通、魏奇、應俊、陸訓、楊昌、濮宣、阮祐、章東、童志、余政、姜仲、嚴信、丁拱、孫新、劉昭、沈珍、求裕。又有宣、彬、宗、春四單字。以上見於原刊之葉。楊來、楊明、楊潤、徐囦、徐珙、徐榮、徐良、徐泳、徐珣、茅化、茅文龍、朱文、朱子文、子文、朱輝、朱春、王全、王壽三、王六、王禧、王智、王渙、王桂、洪福、洪來、吳洪、吳祥、吳文昌、蔣榮、蔣佛老、陳琇、陳政、陳新、陳邦卿、陳萬二、萬二、陳思義、陳允升、鄭垫、鄭閏、何鎮、何亘、何慶、文昌、文玉、范華、范堅、李茂、李德英、李庚、李閏、葛辛、葛弗

一、葛一、張珍、張佺、張阿狗、俞聲、俞榮、石山、石寶、占讓、占德潤、德潤、孫開一、孫春、孫斌、沈祥、沈貴、高諒、高宗二、任昌、金文榮、許忠、黃亨、毛文、章文、胡昶、趙遇春、丁銓、劉仁、艮富、錢裕、婁正、麥茂、曹榮、史伯恭、周鼎、繆珍、弓華、祝明、熊道瓊、董用、龐萬五、永昌、友山、用之、盛久、大用、可山。又有徐、喜、文、沈、杞、徐、山、趙、火、史、胡、柳、鎮、斗、費、姚、何、馬、系、秦、劉、錢、仲、圭、政、滕、楊、東、景、陳、褚、成、厖、俞、永、桂、蘇、國、才、麥、寧、貴、石、元、王、霍、壽、仁、金、陶、尢各單字。以上見於補刊之葉。

　　宋諱　玄、絃、弦、眩、鉉、縣、頵、敬、警、驚、竟、鏡、弘、殷、匡、筐、胤、昃、恒、禎、貞、偵、頼、徵、讓、署、樹、豎、頊、勖、桓、完、構、搆、媾、購、韝、雊、慎、蜃、惇、敦等字闕筆。

　　藏印　"季振宜字詵兮號滄葦"、"季振宜印"、"滄葦"、"御史之章"、"北平孫氏"、"孔"、"繼"、"涵"、"誦孟"。①

《寶禮堂宋本書録》是體例最爲完備的版本目録學著作之一,是民國時期版本目録學的代表作。此跋文對八行本的版本特徵及相關問題進行全面揭示,概述如下:

　　一説明在校刊八行本時,因惠棟所校宋本與《考文》記載者多有不合,故確定爲兩本,並撰跋文附於卷末,即《禮記正義校勘記》末所附潘氏跋文也。

　　二是《考文》所據宋刊《禮記正義》與八行本之區別,據張元濟先生意見,主要是原版、補版之差異。

　　三是叙述八行本之遞藏源流,自吳泰來家以來,流傳有序。然此本無"璜川書屋"等吳氏藏書印記,加之吳家也藏有一部《禮記正義》單疏,散出後歸孔繼涵,故潘氏懷疑惠棟所校之本,非此八行本,而是單疏本《禮記正義》。

　　四是潘氏以涵芬樓所覆印之《禮記正義》單疏八卷(殘存卷六十三至七十),與惠校對勘,有合有不合,豈亦原版、補版之别乎? 存疑待考。

　　五是鈔録黃唐跋文及校正官等銜名。

　　六是詳盡記録八行本版式特徵、刻工姓名、宋避諱字和藏書印。

　　潘宗周《禮記正義校勘記》跋曰:

　　　　書末附惠棟跋云:"此爲北宋本。"而前一葉原刊板人黃唐識語,明載紹熙辛亥鋟諸木,次年壬子八月作識。紹熙爲光宗號,辛亥、壬子爲其二、三兩年。檢阮校所引

①潘宗周編《寶禮堂宋本書録》,第152—155頁。

惠校，多與此本不合。此本惠跋爲僞，惠校實另有北宋本。

惠跋言以北宋本校毛本，得是正共萬餘字，可謂快矣。顧今爲覆校，據阮校例言，所引宋本，一以惠校爲主，惠所漏者，乃據日本之《考文》本。則就阮氏所據，知惠漏校已多，而細勘更多有阮校所未及知，校書正自不易。又《考文》所據之宋本，與本書亦不盡相同，知非一本，但其合處，較多與惠本耳。本書矯正阮本，頗有特出之處，蓋阮本已經妄人竄改，多有意識之誤，此本則尚無之，洵可寶也。注疏得阮校而後信爲可讀，及校此本，乃敢言《禮記注疏》，以此本爲最不貽誤讀者矣。民國十七年一月校畢附識。

潘氏此跋，在前文基礎上進一步申説，一是説明八行本後所附惠棟跋文不是惠棟原跋，惠棟所校本非八行本，而是另一北宋本；二是説明惠棟依據校本與《考文》所據宋本，並非一本，阮元校勘《禮記注疏》時，吸收惠棟、《考文》之校勘成果，但漏校仍有不少，潘氏依據八行本校勘阮刻本《禮記注疏》，校正"妄人竄改"者不少。

潘宗周又跋曰：

今世所行《十三經注疏》合刻兼附《釋文》之本，如閩本、明監本、毛本，皆以十行本爲祖本。閩本刻於明嘉靖間閩人李元陽，監本刻於萬曆間，毛本刻於崇禎間。閩本出於十行本，監本出於閩本，毛本出於監本。當閩刻時，所據十行本已多刓缺，其十行原本版片，又迭經元明修補於正德間，所修板心，注明正德時補頁。以故山井鼎《考文》直以十行本爲正德本也。閩本於十行本缺處，頗多以意補字，遂致大失本意，必於萬不能補之大段缺文，乃始留出空缺，故雖以意填補，仍未補完。監、毛本輾轉翻刻，益多紕繆。阮氏得十行本十一經，所少者爲《儀禮》、《爾雅》兩經。其印刷較早，往往於閩本所據缺處，尚多完整，故能是正不尟，然亦頗刓缺。且附《釋文》以十行本爲始，當其逐節添附時，將章節往往移置其間，雖多所誤會。阮氏刻《注疏》時，此《禮記》一經，固用十行本，亦賴有惠氏定宇及日本山井鼎、物觀二人所校宋本之不附《釋文》注疏本，多所訂正，以故現行《十三經注疏》以阮本爲最善，而尤以阮氏《校勘記》集前此校記之大成。自黄唐本《禮記注疏》出，而世間始知尚有未附《釋文》時之真宋本，在全書除鈔配數頁外，大多完整，絶少漫漶、刓泐之處。以中國最尊尚之經書，又爲諸經中卷帙甚鉅之《禮記》，今尚有此真宋本發現，豈非絶世瑰寶。余既得是書，不敢自秘，願出巨貲，以公諸世。用新法玻璃板影映，作爲樣本，與原書上板無絲毫之異。……書末有惠定宇跋語，非真跡，乃從他本傳録作僞①。

此文首叙十行本《十三經注疏》翻刻始末和阮刻本《禮記注疏》校勘之善，次述景刻八行本之緣由及與阮刻本《禮記注疏》校勘之結果，三申述八行本後所附惠棟跋文非惠氏真跡，"乃從他本傳録作僞"。

張元濟跋文曰：

> 余曩居京邸，聞沈子培先生言盛伯羲嘗得曲阜孔氏所藏、惠氏據校之宋刻《禮記正義》，秘不示人，余心識之。清社既屋，盛書星散，大半歸於景樸孫。樸孫以是書售之袁寒雲，吾友潘明訓後得之袁氏，至是，余始得寓目焉，而子培先已下世矣。越數年，余又得此殘本於海昌孫氏（爲余僚清銓伯之後人，同時尚有宋刻《春秋正義》、《公羊解詁》，相臺本《周易》、《國語》、《後漢書》等），存者爲卷三、四，卷十一至十八，卷二十四、五，卷三十七至四十二，卷四十五至四十八，卷五十五至六十，凡二十八卷。明訓既得是書，景刻行世。兩本同出一版，取新本互校，乃有三頁行字微異，詢知原版抄補，因以攝影貽之明訓，重付手民。嗜古如子培，昔欲求一覽而不可得，而余乃得從容假觀，既見其全，又獲其半，且可以是不全之帙補彼全而偶闕之憾，豈不快歟！檢閲既竟，將以儲之涵芬樓中，因書數語，以示來者。庚午春海鹽張元濟識②。

張元濟先生跋文，一叙八行本在晚清民國初年流傳之經過，張氏最早得知八行本是沈曾植（1850—1922）字子培告訴他的；二述從孫鳳鈞（1839—1904）字銓伯後人獲得殘本《禮記正義》二十八卷之經過；三言殘本與八行本全帙之差異，有三頁行字微異，蓋指卷三第二十頁、卷四十一第二十一頁、卷四十六第三頁，八行本均是抄配，張元濟先生所得殘本是原刊頁。

八行本收藏在潘氏寶禮堂時，王國維先生亦曾觀看，並撰寫《宋越州本〈禮記正義〉跋》，其文曰：

> 南海潘氏藏《禮記正義》七十卷，每半頁八行，行大十五、六字，小二十二字，卷末有紹熙壬子三山黃唐跋，并校正官銜名十二行。其黃唐結銜爲"朝請郎提舉兩浙東路茶鹽常平公事"，餘亦多浙東官屬，乃浙東漕司所刊，即岳倦翁所謂"越中舊本注

---

①潘宗周《禮記正義校勘記》卷下，1928 年潘氏雕刻。

②鄭玄注、孔穎達正義、吕友仁整理《禮記正義》（下簡稱"吕本"），上海：上海古籍出版社，2008 年，下册，第 1371 頁。

疏"也。此書舊藏吳中吳企晉舍人家，惠定宇先生曾取以校汲古閣本，一時頗多傳錄，阮文達《校勘記》所據即是也。然惠氏校本未録黄唐跋及校正諸人銜名。日人所撰《七經孟子考文》並《經籍訪古志》雖載黄跋，而未録銜名，故世無知爲越本者。案黄跋云……又慶元庚申越帥沈作賓作《春秋正義後序》云："諸經正義既刊於倉臺，而此書復刊於郡治，合五爲六，炳乎相輝。"余曩讀黄、沈二跋，見沈跋"倉臺五經"云云，與黄跋語合。又檢寶慶《會稽續志》提舉題名，知黄唐以紹熙二年十一月任浙東提舉，因定黄唐所刊書爲越州本。今見此本校正銜名，足證余説之不謬矣。又據黄、沈二跋，則越本注疏首刊《易》、《書》、《周禮》三種，黄唐益以《毛詩》、《禮記》二疏，沈氏又益以《左傳疏》，共得六種。而黄刊《禮記》與沈刊《左傳》行款全同。今傳世宋刊注疏本與此本同行款者，如常熟瞿氏所藏《周易注疏》十三卷，日本足利學校藏《尚書注疏》二十卷，皆即越本。余又見江安傅氏所藏《周禮注疏》，僅存《春官·大司樂》職一頁，行款亦與此同。其經文大字下接以釋經之疏，小字雙行，乃以一大"注"字間之，其下爲注文，亦小字雙行，注文後空一格，乃爲釋注之疏。其體例與他注疏異，亦與越本他經注疏異，而行款則同，蓋亦越州本也。聞江右李氏有全書，惜未見。京師圖書館藏《論語注疏解經》殘卷，潘氏又藏《孟子注疏解經》殘卷，存卷二、卷三，行款全與此本同，此又在六經之外，蓋刊於慶元庚申以後，是越本殆具《十三經》矣。其書皆每半頁八行，用監中經注本行款，分卷則從單疏本，與建十行本絶不相同。目録家知有越本注疏自今日始，然非此本題跋、銜名具存，亦無以推知之矣。又慶元間別有一種注疏，與越本行款略同，如日本森立之《留真譜》所摹《周易兼義》，烏程張氏所藏《尚書注疏》，吾鄉陳氏士鄉堂所藏《毛詩注疏》，皆半頁八行，行大十八字，小二十五字，板心大小亦同越本。然張氏《尚書疏》分卷與建本同。陳氏《毛詩疏》並附《釋音》，疑用越本行款重刊建本者，不知刊於何時何地也，附記於此①。

王國維先生跋文，首先描述八行本之版本特徵，鈔録黄唐跋文，並定八行本爲"越州本"。其次考述南宋時期越州所刊諸經注疏，計有《周易注疏》、《尚書注疏》、《周禮疏》、《禮記正義》、《毛詩注疏》、《春秋左傳正義》、《論語注疏解經》、《孟子注疏解經》等八種，其中《周禮疏》的體例與他經注疏稍異，並謂《周禮疏》傅增湘藏有殘頁，李盛鐸藏有全本。其實李盛鐸所藏者也是殘本，殘存二十七卷②。三是記載宋元間別刊刻有一種注疏本，亦半葉八行，然《尚書注疏》分卷與八行本不同，《毛詩注疏》附《釋文》，故懷疑是用八

① 王國維撰、彭林整理，《觀堂集林》，石家莊：河北教育出版社，2001年，下册，第644—646頁。
② 王鍔《三禮研究論著提要》（增訂本），蘭州：甘肅教育出版社，2007年，第30—31頁。

行本行款重刻建本者。此文對於研究越州刊八行本諸經注疏甚有參考價值。

《中國版刻圖録》云：

> 《禮記正義》，唐孔穎達撰。宋紹熙三年兩浙東路茶鹽司刻宋元遞修本。紹興。圖版七二、七三。匡高21·3釐米，廣15·8釐米，八行，行十四字、十六字、二十一字不等，注疏雙行，行二十一、二字，二十六、七字不等；白口，左右雙邊。此爲《禮記》經、注、單疏合刊第一本，卷末有紹熙三年黃唐刻書跋文並校正官衔名十一行，故亦稱黃唐本。其先浙東茶鹽司刻《易》、《書》、《周禮》三部，經、注、疏萃見一書，諸官稱便，至是黃唐又取《毛詩》、《禮記》刻之，今《毛詩》黃唐本久佚，《禮記》全本亦僅此一帙，刻工茅文龍、蔣佛老、陳琇、鄭閏、何旦、何慶、張阿狗、俞聲等，皆元時杭州地區補版工人。近年潘氏寶禮堂刻本即據此帙影刻①。

趙萬里先生乃王觀堂之高足，其主持之《中國版刻圖録》，乃建國後版本目録學之代表作。此提要簡明扼要的介紹了八行本之版本特徵、刻工，尤其是在前賢研究基礎上，確定八行本是"宋紹熙三年兩浙東路茶鹽司刻宋元遞修本"，實乃卓見。

汪紹楹《阮氏重刻宋本十三經注疏考》②一文，從"清人重刊《十三經注疏》之緣起"、"重刻《十三經注疏》之準備工作"、"輯校校勘記之爭議"、"修校勘記之得失"、"重刊十行本之經過與評價"、"宋十行本注疏之本質"、"十行本注疏宋刻元刻本辨"、"越刊八行本注疏考略"、"惠松崖校《禮記正義》據本考"、"宋蜀刊本注疏考略"、"宋建刻九行本注疏考略"、"各經單疏本考略"、"單疏版刻考"、"金刻本注疏考略"、"元刻本注疏考略"、"明刊單行注疏考略"、"明閩刻監刻汲古閣刻三注疏考略"等十七個方面，考述《十三經注疏》匯刻始末。汪氏"惠松崖校《禮記正義》據本考"曰：

> 按惠氏乾隆己巳（1794）校《禮記》於汲古閣本《禮記注疏》上，……所校注疏本，戴東原在蘇州時，曾從借録。段茂堂、程魚門、姚惜抱，均從臨繕。……然惠氏據校本《禮記正義》七十卷，於校後即隱而不顯。當時如錢竹汀、段茂堂、阮雲臺、顧千里諸君，皆未見其本，僅傳録《惠跋》。……今考袁氏、潘氏所得黃唐本，似非惠氏據校原本。一、惠氏原跋，據陳仲魚《經籍跋文》，謂錢聽默已綴於十行本後，以售其欺。阮氏亦云"綴以惠棟跋語"，似不應仍附原書，潘氏不取，亦未爲無見也。二、董氏影

---

① 北京圖書館編《中國版刻圖録》，北京：文物出版社，1960 年。

② 汪紹楹《阮氏重刻宋本十三經注疏考》，《文史》第三輯，北京：中華書局，1963 年，第 25—60 頁。

印本,卷二十六第一頁首行,標題作《禮記注疏》,不作《禮記正義》,右欄外有墨書題識一行(按原書系寫於另粘一簽紙上)云:"首行別本皆作禮記正義。"細檢此卷之第一、第二、第三、第四、第六,五頁,口作"禮疏二十六",與全書版口均作'禮記義若干卷'者不同。其第三頁版心上,並刊字數,末行且有墨釘,刊工必當更晚。則此五頁,系用另一版本配合者,似無疑義矣。而惠校於卷二十六,大題仍作《禮記正義》,是非據此本明證(按此卷首頁欄外,已有"季振宜"、"滄葦"印,則配合更在季藏前。惠氏苟據此本,則此標籤題,必當是《禮記注疏》,而非《禮記正義》也)。三,此本附載"黃唐刊書後序",於刊刻時日,記載甚明。惠氏苟見此跋,似不應誤指爲北宋本。然則潘氏疑惠氏所據爲"單疏"者,是耶?曰,亦不然。……然今取涵芬樓影印《禮記單疏》核之,則更大爲刺謬。一、"單疏"每卷頁數,與惠氏校記所記每卷頁數,均不相同。二、《射義》"孔子射於矍相之圃"節注:"稱猶言也,行也。"《校勘記》云:"嘉靖本、閩、監、毛本、衛氏《集說》同。惠棟校宋本作'稱猶言也,道猶行也,言行也',多五字。岳本同。盧文弨校云:'岳云越、建本有此五字,監、興、余本皆無(見《沿革例》注文篇)。"案"道猶"二字當有,"言行也"三字衍。段玉裁曰:"依宋監本,則'言行也'三字勝。"則是惠氏據校本,同於岳氏所據越、建本,當是所謂越中舊本注疏,而絕非單疏本也。三、惠氏己巳《跋》云:"字體仿《石經》"。癸酉《跋》又云:"此本頗善,未識本自《蜀石經》否?癸酉六月,用北宋本正義校一過,南宋本間亦參焉,可謂完善矣。"則必八行經注萃疏本,正經大書,疏朗悅目,始如是評騭。若"單疏本",則密行小字,何言"字體仿《石經》"乎?然則惠氏所據,必爲別一黃唐本,而非"單疏"。惠氏以一代大師,以經書合刻本爲北宋本,實爲大誤。致顧千里有"安得有北宋初刻《禮記注疏》之誚"。而吳志忠以爲有"單疏"云云,亦似爲惠氏諱。不然,吳、顧交非泛泛,若果系"單疏",何以顧氏於《撫本禮記鄭注考異附記》云:"曲阜孔氏,別有宋槧注疏本,計必南宋初所刻。向藏吳門吳氏,惠定宇所手校,戴東原所傳校者耶?"

　　惠棟校毛氏汲古閣本《禮記注疏》之宋本,究竟是單疏本《禮記正義》?還是經、注、疏合刻之《禮記正義》?潘宗周因其家所藏八行本没有鈐蓋吳泰來家"璜川書屋"之任何藏書印章,加之惠棟認爲自己所見者是"北宋本",《吳氏經學叢書緣起》又有"北宋本《禮記單疏》歸曲阜孔氏"之語,故潘宗周認爲惠棟依據者是單疏本《禮記正義》,非經、注、疏合刻之《禮記正義》。

　　汪紹楹先生根據阮元徵引惠棟校記,利用涵芬樓影印《禮記單疏》殘卷,與八行本覈校,確認惠棟所依據者,不是單疏本《禮記正義》,而是經、注、疏合刻之《禮記正義》,此其一;惠棟依據之《禮記正義》是黃唐刻本之另一傳本,没有黃唐跋文,故導致惠棟誤認爲"北宋本",且與《考文》所引宋本多有不合,此其二。仔細考察各家跋文及汪氏之研究,我們認爲,汪氏之結論是正確的。至於八行本後所附惠棟跋文,顯然是後人傳抄僞託,今傳八行本没有吳泰來家之藏書印,也可以得到解釋。

惠棟、陳鱣、山井鼎、袁克文、傅增湘、李盛鐸、王國維、張元濟、趙萬里等先生之跋文和汪紹楹先生之文章,對八行本之版本特徵、有清以來之流傳、學術價值等,進行深入探討。汪紹楹先生之結論,更值得學術界重視。

三、八行本《禮記正義》的刻工和補版

八行本雖有補版,但原版占大多數,且有有準確的刊刻時間,首尾完整,其刻工對於鑒定宋版書,具有"標準器"式的參照作用。潘宗周跋文分原刊之頁、補刊之頁,分別記録刻工姓名。我們再次將八行本刻工姓名按卷數逐一録出,先注明每位刻工所刻頁數,其次以表格形式統計刻工所刻書版的數量和多少,再考察刻工所在的年代,並對單字刻工依據本卷署名,考察其全名,以便參稽。

《禮記正義序》有三頁,皆爲補版,刻工有楊采(一)①、茅化(二)、胡之(三)三人,每人刻一頁。

卷一有十三頁,刻工依次是永昌(一、二)、董用(三、四)、馬春(五)、德潤(六、八)、陳萬二(七)、滕(九)、徐困(十一)、楊(十二),計有刻工八人,其中單字刻工二人。第五頁第一、二行上下約三十餘字是補刻。第十頁無刻工,是補版,有浮簽曰:"又一時所補,甚草率。"第十三頁無刻工,文字雖只有兩行,但是原版。此卷原版有第五、十三頁等二頁,補版有第一至四、六、至十二頁等十一頁。

卷二有十九頁,刻工依次是余生(一)、庞万五(二)②、余(三)、朱文(四)、毛文(六)、章文(七)、毛俊(八)、王全(十二)、朱子文(十三)、葛昌(十四)、東(十五)、占德潤(十七)、馬祖(十八),計有刻工十三人,其中單字刻工二人。第五頁無刻工,整版每行下三字全是補刻。第九頁無刻工,整版每行下二字全是補刻。第十、十一頁兩頁是抄配,版心題"禮記正義二"。第十六頁無刻工,整版每行下三字全是補刻。第十九頁刻工不清晰,當是原版。此卷原版有第五、八至九、十四、十六、十九頁等六頁,補版有第一至四、六至七、

①圓括號內數字,指此刻工所刻本卷頁碼,下同。
②八行本刻工多用俗字,如"龐"作"庞"等,一律按原樣録出,下同。

十二至十三、十五、十七至十八頁等十一頁,抄配有第十、十一頁二頁。

卷三有二十七頁,刻工依次是余(一)、方伯祐(二)、徐仁(三、二十六)、葛異(四)、韋(五)、陶彥(六、九)、王全(七)、文(八、十五)、王佐(十、十七)、馬松(十二)、馬祖(十三)、包端(十四)、李憲(十六)、周泉(十八、二十三)、高彥(十九)、李師正(二十四)、王允(二十五)、王(二十七),計有刻工十八人,其中單字刻工四人。第三、十頁整版每行上三字全是補刻。第十一頁無刻工,整版每行下三字全是補刻。第十七頁最後三行末尾二字有殘缺。第十八頁整版上二至三字部分是補刻。第二十頁是抄配。第二十一頁無刻工,整版每行下三字全是補刻。第二十二頁無刻工,是補版。此卷原版有第二至四、六、九至十二、十四、十六至十九、二十一、二十三至二十七頁等十九頁,補版有第一、五、七至八、十三、十五、二十二頁等七頁,抄配一頁。

卷四有二十四頁,刻工依次是沈刊(一、十七)、李師正(二)、許貴(三)、李涓(四、七)、王允(五)、任昌(六)、陶彥(八、二十)、杞(九)、馬松(十)、方堅(十一、二十二)、高政(十二)、高彥(十三)、李憲(十四)、徐(十五、二十一)、徐仁(十六)、王恭(十八)、趙通(十九)、毛端(二十三),計有刻工十八人,其中單字刻工有三人。第二十四頁無刻工。此卷原版有第二至五、七至八、十至十六、十八至二十四頁等二十頁,補版有第一、六、九、十七頁等四頁。

卷五有二十七頁,刻工依次是王壽三(一)、陳文(二、三)、馬祐(四、十七)、胡昶(五)、洪福(六)、王宗(七)、山(八)、友山(九、二十一)、魏奇(十)、徐宥(十一)、趙遇春(十二)、施俊(十三、二十六)、王茂(十四)、陳顯(十五)、應俊(十六)、蔣伸(十八)、王六(十九)、朱子文(二十)、杞(二十二)、張具(二十四)、趙(二十五)、李仁(二十七),計有刻工二十二人,其中單字刻工有三人。第二十三頁無刻工,是補版。此卷原版有第二至四、七、十至十一、十三至十八、二十六至二十七頁等十四頁,補版有第一、五至六、八至九、十二、十九至二十五頁等十三頁。

卷六有二十七頁,刻工依次是陸訓(一)、張樞(二)、火(三)、吳洪(七)、万二(八、十五)、施俊(九)、王茂(十、十二)、楊昌(十一、二十三)、章東(十三)、應俊(十四、十六)、王椿(十七)、王祜(十八)、吳宝(十九)、濮宣(二十、二十一、二十二)、徐宥(二十四、二十五)、史(二十六)、金彥(二十七),計有刻工十七人,其中單字刻工有二人。第四、五、六頁無刻工,是補版。此卷原版有第一至二、九至十二、十四、十六至二十五、二十七頁等十八頁,補版有第三至八、十三、十五、二十六頁等九頁。

卷七有二十九頁,刻工依次是王茂(一、二十、二十一)、蔣伸(二、十)、高文(三)、李仁(四)、王宗(五、二十六)、翁祥(六、九、十一)、阮祐(七)、楊昌(八、二十七)、徐宥(十二）、吳宗（十三）、吳志（十四）、蔣信（十五、十八）、童志（十六、十七）、張暉（十九、二十八）、陳文（二十二、二十三、二十五）、金昇（二十四）、陸訓（二十九），計有刻工十七人。此卷原版有第一至二、四至二十九頁等二十八頁，補版只有第三頁。

卷八有二十頁，刻工依次是蔣荣（一）、賈祚（二）、方堅（三）、馬春（四）、李憲（五、十三、十九、二十）、葛昌（六）、李光祖（七）、用之（八、九）、李涓（十）、周泉（十一）、葛異（十二）、陳琇（十四）、毛俊（十五）、李良（十六）、王恭（十七）、許才（十八），計有刻工十六人。此卷原版有第一、三至七、十至十三、十五至二十頁等十六頁，補版有第二、八至九、十四頁等四頁。

卷九有二十五頁，刻工依次是許才（一）、毛端（二、十一）、許詠（三）、陶彥（四）、余政（五、十二）、李倚（六）、李良（七、十八、二十、二十一、二十三）、李信（八、十五）、趙通（九、十、十九）、高彥（十三）、葛昌（十四）、李光祖（十六、十七）、李憲（二十二）、李用（二十四）、鄭復（二十五），計有刻工十五人，全部是原版。

卷十有二十一頁，刻工依次是鄭埜（一）、徐仁（二、三、二十一①）、陳新（四）、李涓（六）、葛昌（七）、陶彥（八）、馬春（九）、胡（十）、胡刊（十一）、李信（十二）、王允（十三）、包端（十四）、毛端（十五、十六）、何鎮（十七）、高政（十八）、高彥（十九）、李憲（二十），計有刻工十六人，其中單字刻工一人。此卷第二頁右下角補刻十二字，第五頁無刻工。原版有第二至三、六至九、十二至十六、十八至二十一頁等十五頁，補版有第一、四至五、十至十一、十七頁等六頁。

卷十一有二十四頁，刻工依次是王恭（一、二十）、馬春（二、二十四）、李用（三、十七）、李良（四、八、十二）、毛端（六）、李信（九）、包端（十）、陳真（十一）、楊昌（十三、十八）、余政（十五）、葛昌（十六）、方伯祐（十九、二十二）、高政（二十一、二十三），計有刻工十三人，第五、七、十四頁無刻工，全部是原版。

卷十二有二十三頁，刻工依次是賈祚（一）、張暉（二）、阮祐（三）、姜仲（四）、鄭復（五）、楊昌（六、九）、宋瑜（七）、章志（八）、吳宗（十、十六）、翁祥（十一）、蔣伸（十二、十四、十七）、童志（十三）、蔣信（十五）、柳（十八）、翁祐（十九）、王宗（二十）、周彥（二十一），計有刻工十七人，其中單字刻工一人。第二十二、二十三頁無刻工。第十八頁版心有"禮記義十二"、"重刊"等七字，則此頁是補版。第十九頁第一、二、十五、十六等四行末尾二字乃補刻，其餘全是原版。此卷原版有第二至十七、十九至二十三等二十一頁，補版有第一、十八頁二頁。

---

① 此頁將"二十一"誤刻成"十"，蓋涉上"禮記義十"而誤。

卷十三有二十六頁,刻工依次是李用(一)、周泉(二、二十二、二十四)、李憲(三、十、十三、十四)、余政(四、五)、包端(六)、滕(七)、李信(八、十七)、徐仁(十一)、許富(十二)、毛端(十五、十八)、王佐(十六、二十三)、馬春(十九、二十一)、葛昌(二十)、鎮(二十五),計有刻工十四人,其中單字刻工二人。第九、二十六頁無刻工,原版有第一至六、八至二十四頁等二十三頁,補版有第七、二十五至二十六頁等三頁。

卷十四有三十三頁,刻工依次是毛俊(一、二十)、文昌(三)、范華(四)、許貴(五)、斗(六)、王桂(七)、費(八)、方伯祐(九)、王全(十)、馬春(十一、二十一)、陳万二(十二、十四)、李茂(十五、二十三)、徐進(十六)、丁銓(十七、十八)、王佐(二十二)、姚(二十四)、陳真(二十五)、李用(二十六)、包端(二十七)、王恭(二十八)、宋琳(二十九、三十)、李信(三十一)、徐通(三十二)、楊昌(三十三),計有刻工二十四人,其中單字刻工三人。第二、十九頁無刻工,第十二頁版心刻"十二之十三",則此補刻之頁,將原版兩頁合刻爲一頁。此卷原版有第一、四至五、九、十一、十六、二十至二十二、二十五至三十三頁等十八頁,補版有第二至三、六至八、十、十二至十五、十七至十九、二十三至二十四頁等十四頁。

卷十五有二十二頁,刻工依次是鄭復(一)、馬祐(二、四、五)、王椿(三)、施琮(六)、徐宥(七)、何(八、十四)、王宗(九)、張樞(十、十二)、宋瑜(十一、十三)、馬(十五、十六)、系(十七)、秦(十九)、刘(二十一)、刘仁(二十二),計有刻工十四人,其中單字刻工五人。第十八、二十頁無刻工,第十五頁版心刻"禮記十五"。此卷原版有第一至七、九至十三頁等十二頁,補版有第八、十四至二十二頁等十頁。

卷十六有二十一頁,刻工依次是錢(一、二、三)、許才(五)、馬春(六、八)、毛俊(七)、徐仁(九)、周泉(十)、許富(十一、十七)、李涓(十二、二十一)、方堅(十三)、高彥(十四)、楊昌(十五)、李倚(十六)、葛辛(十八)、包端(十九)、陶彥(二十),計有刻工十五人,其中單字刻工一人。第四頁無刻工。此卷原版有第五至十七、十九至二十一頁等十六頁,補版有第一至四、十八頁等五頁。

卷十七有二十二頁,刻工依次是葛昌(一、二十一)、李涓(二)、馬春(三)、李用(四、五)、陳真(六)、余政(七)、仲(八)、李良(九)、許富(十)、周泉(十一)、李倚(十二)、李憲(十三)、毛端(十四)、趙通(十五)、李信(十六)、王恭(十七)、毛俊(十八)、陶彥(十九)、馬表(二十)、方堅(二十二),計有刻工二十人,其中單字刻工一人。此卷原版有第一至七、九至二十二頁等二十一頁,補版只有第八頁。

卷十八有十五頁,刻工依次是徐通(一)、徐進(二)、洪來(三、四)、圭(五)、政(六)、李德瑛刊(七、八)、周泉(九)、景(十、十一)、許詠(十三)、張珨(十四)、毛端(十五),計有刻工十一人,其中單字刻工三人。第十二頁無刻工,有個別補刻文字。此卷原版有第一至二、九、十二至十三、十五頁等六頁,補版有三至八、十至十一、十四頁等九頁。

卷十九有十九頁,刻工依次是高彦(一)、陳政(三)、陳寧(四)、鄭彬(五、七、十三、十六)、王恭(六)、張佺(八)、王佐(九)、李良(十、十一)、李憲(十二)、褚(十四)、陶彦(十五)、高政(十七)、余政(十九),計有刻工十一人,其中單字刻工三人。第二頁無刻工,有個別補刻文字。第四頁版心有"重刊"二字,第十八頁是抄配。此卷原版有第一至二、五至七、九至十三、十五至十七、十九頁等十四頁,補版有三至四、八、十四頁等四頁。

卷二十有十九頁,刻工依次是葛昌(一、五)、圭(二)、方伯祐(三、十七)、李憲(四)、成(七)、高政(八)、許詠(九)、庞(十)、李信(十一)、許貴(十二)、徐通(十三、十八)、高彦(十四)、王佐(十五)、馬春(十六)、毛端(十九),計有刻工十五人,其中單字刻工三人。第六頁刻工模糊不清,是補版。此卷原版有第一、三至五、八至九、十一至十九頁等十五頁,補版有二、六至七、十頁等四頁。

卷二十一有二十頁,刻工依次是方堅(一、二)、李涓(三)、余政(四)、徐仁(五)、王恭(六、九)、李憲(七、十二)、高政(八)、趙通(十)、楊昌(十一)、毛端(十三)、周泉(十四、二十)、艮富(十五)、胡昶(十六)、周琜(十七)、包端(十八)、高彦(十九),計有刻工十六人,此卷原版有第一至十四、十七至二十頁等十八頁,補版有十五至十六頁二頁。

卷二十二有二十四頁,刻工依次是金文榮(一)、李信(二)、馬松(三)、北庫①(四)、錢裕(五)、李用(六)、俞刊(七)、高政(九、十七)、子文(十)、李良(十一、十二)、史(十三、十四)、沈祥(十五、二十一)、沈(十六)、永(十八)、俞言(十九)、王恭(二十)、陳新(二十二)、李德瑛刊(二十三)、鄭彬(二十四),計有刻工十九人,其中單字刻工四人。第八頁無刻工,是補版。此卷原版有第二至三、六、九、十一至十二、十七、二十、二十四頁等九頁,補版有第一、四至五、七至八、十、十三至十六、十八至十九、二十一至二十三頁等十五頁。

卷二十三有二十五頁,刻工依次是李涓(一)、王恭(二)、陶彦(三)、楊昌(四)、李用(五、十四)、許富(六、十八)、余政(七、十六)、馬松(八)、毛端(九)、許貴(十、十一)、桂(十二)、包端(十三)、李信(十五)、李光祖(十七)、方堅(十九)、張阿狗(二十)、鄭彬(二十一)許詠(二十二)、蘇(二十三)、許才(二十四)、趙通(二十五),計有刻工二十一人,其中單字刻工二人。此卷原版有第一至十一、十三至十九、二十一至二十二、二十四至二十五頁等二十二頁,補版有第十二、二十、二十三頁等三頁。

卷二十四有二十七頁,刻工依次是方堅(一)、庞(二)、包端(三)、陶彦(四、二十二)、

---

① "北庫"之"庫"字,難以辨認,暫釋爲"庫"字。

李光祖（五、十）、李涓（六）、徐琪（七）、毛俊（八）、王佐（九、十七、十八）、王允（十一）、方伯祐（十二）、李良（十三、二十四）、馬松（十四）、葛昌（十五）、胡昶（十六）、高政（十九）、余政（二十）、許才（二十一）、李用（二十三、二十五）、毛端（二十七），計有刻工二十一人，其中單字刻工一人。第十八頁第一、二、三行及末尾兩行上端四五字是補刻，第二十六頁無刻工。此卷原版有第一、三至六、八至十五、十七至二十七頁等二十四頁，補版有第二、七、十六頁等三頁。

　　卷二十五有二十七頁，刻工依次是蔣信（一）、徐宥（二）、鄭復（三、七）、阮祐（四）、應俊（五、十六）、楊昌（六）、施俊（八、二十、二十三）、姜仲（九、十、二十二）、嚴信（十一、十二）、馬祐（十三）、金彦（十四、二十七）、王茂（十五）、朱渙（十七）、翁祐（十八）、金昇（十九）、陳顯（二十一）、濮宣（二十四）、吳宝（二十五）、宣（二十六），計有刻工十八人，其中單字刻工一人，第八、二十七頁版心刻"禮記義十五"，"十五"乃"二十五"之誤。原版有第一至十六、十八至二十七頁等二十六頁，補版只有第十七頁。

　　卷二十六有三十三頁，刻工依次是陳又（一）、陸訓（二、十）、吳祥（三）、姜仲（四、二十八）、蔣信（五）、金彦（六、十九）、施俊（七、八、十三、十五）、馬祐（九）、嚴信（十一）、王茂（十二）、翁祐（十四）、應俊（十六）、趙（十七）、王椿（十八、二十九）、丁拱（二十）、王宗（二十一）、馬祐（二十二、二十五）、金昇（二十三、二十七）、楊昌（二十四）、娄正（二十六）、李閏（三十）、吳志（三十一）、何屋（三十二）、翁祥（三十三），計有刻工二十四人，其中單字刻工一人。第一頁首行題"禮記注疏卷第二十六"，與他卷作"禮記正義卷第幾"者異；版心作"禮疏十六"，"十六"乃"二十六"之誤。第二至四、六頁等四頁版心作"禮疏二十六"，其餘二十八頁版心作"禮記義二十六"。此卷原版有第一至二、四至十六、十八至二十五、二十七至二十九、三十一、三十三頁等二十八頁，補版有第三、十七、二十六、三十、三十二頁等五頁。

　　卷二十七有三十頁，刻工依次是王壽三（一）、鄭埜（二、四）、成（三）、陳允升（五、七）、王祐（六）、姜仲（八）、国（九）、才（十）、石山（十一）、董用（十二）、大用（十三）、夌（十四）、圭（十五、二十）、夌茂（十六）、張暉（十七、十八）、濮宣（十九）、李仁（二十一、二十二）、任韋（二十三）、吳志（二十四）、蔣信（二十五）、蔣伸（二十六）、曹荣（二十七）、翁祐（二十八）、馬昇（二十九），計有刻工二十四人，其中單字刻工五人。第三十頁刻工模糊不清。此卷原版有第六、八、十七至十九、二十一至二十二、二十四至二十六、二十八至三十頁等十三頁，補版有第一至五、七、九至十六、二十、二十三、二十七頁等十七頁。

　　卷二十八有二十七頁，刻工依次是史伯恭（一）、占讓（二）、史（三）、馬春（四）、李信（五、十八）、李涓（七）、永昌（九）、山（十）、李光祖（十一）、李庚（十二、十三）、余政（十四)、陳真(十五)、任昌(十六、十七)、包端(十九)、陳邦卿(二十)、馬松(二十二)、張阿狗(二十三)、王佐(二十四)、高彦(二十五)、楊明(二十六)、洪福(二十七),計有刻工二十人,其中單字刻工二人。第六、二十一頁無刻工,第八頁是抄配,第二十一頁有部分補刻文字。此卷原版有第四至七、十一、十四至十五、十八至十九、二十一至二十二、二十四至二十五頁等十三頁,補版有第一至三、九至十、十二至十三、十六至十七、二十、二十三、二十六至二十七頁等十三頁,抄配一頁。

卷二十九有二十三頁,刻工依次是永昌(一)、毛端(二)、寧(三)、趙通(四)、貴(五)、孫開一(六、八)、趙(七)、李良(九)、陶彦(十)、李用(十一)、余政(十二)、徐進(十三)、包端(十四)、陳真(十五)、鄭彬(十六)、宋琳(十七)、石宝(十八)、周泉(十九)、馬春(二十)、李信(二十一)、李憲(二十二)、徐通(二十三),計有刻工二十二人,其中單字刻工三人。此卷原版有第二、四、九至十七、十九至二十三頁等十六頁,補版有第一、三、五至八、十八頁等七頁。

卷三十有二十六頁,刻工依次是王恭(一)、方堅(二)、許才(三)、李憲(四)、方伯祐(五)、徐仁(六、十四)、鄭彬(七)、許詠(八)、周泉(九、十八)、李良(十)、葛昌(十一)、李用(十二)、楊昌(十三、二十五)、孫春(十五)、北庫(十六)、馬春(十七)、毛端(十九)、高政(二十)、陳真(二十一)、許富(二十二)、李涓(二十三)、陶彦(二十四)、鎮(二十六),計有刻工二十三人,其中單字刻工一人。此卷原版有第一至十四、十七至二十五頁等二十三頁,補版有第十五至十六、二十六頁等三頁。

卷三十一有二十六頁,刻工依次是石山(一)、鄭彬(二)、孫斌(三)、徐珣(四)、馬祖(五)、徐通(六、十七、二十五)、徐仁(七)、李忠(八、二十四)、徐進(九、十、十六、二十二、二十三)、彬(十一)、宋琳(十二、十三、十四、十八、十九)、毛端(十五)、高政(二十)、錢(二十六),計有刻工十四人,其中單字刻工二人。第二十一頁無刻工。此卷原版有第二、六至二十五頁等二十一頁,補版有第一、三至五、二十六頁等五頁。

卷三十二有二十九頁,刻工依次是余政(一)、东(二、三)、李光祖(四)、石山(五)、石(六)、元(七、八)、徐仁(九、十二)、馬松(十)、葛昌(十一)、褚(十四)、許貴(十五)、陶彦(十六)、李憲(十七)、李信(十八、二十五)、宋琳(十九)、包端(二十)、楊昌(二十一)、何慶(二十二)、鄭闇(二十三)、周鼎(二十四)、方伯祐(二十六)、陳真(二十七)、馬春(二十八)、文(二十九),計有刻工二十四人,其中單字刻工五人。第十三頁無刻工。此卷原版有第一、四、九至十三、十五至二十一、二十五至二十八頁等十八頁,補版有第二至三、五至八、十四、二十二至二十四、二十九頁等十一頁。

卷三十三有二十二頁,刻工依次是宋琳(一)、徐進(二)、毛俊(三、七)、李信(五、十

四、十七）、包端（六）、陶彦（八）、王恭（九、二十、二十二）、張暉（十）、葛昌（十一、十九）、高彦（十二、十五）、柳（十三、十六）、馬春（十八）、徐仁（二十一），計有刻工十三人，其中單字刻工一人。第四頁無刻工，第十三、十六頁版心有"重刊"二字，皆爲補版。此卷原版有第一至三、五至十二、十四至十五、十七至二十二頁等十九頁，補版有第四、十三、十六頁等三頁。

卷三十四有二十二頁，刻工依次是徐進（一、十五）、李信（二、三、十八）、徐通（四、十二）、王（五）、文（六）、陳真（七）、楊昌（八）、王佐（九）、周泉（十）、孫新（十一）、許富（十三）、霍（十四、十六）、成（十七）、章文（十九）、錢裕（二十一），計有刻工十五人，其中單字刻工四人。第二十頁無刻工，第二十二頁刻工模糊不清。此卷原版有第一至五、七至十、十二至十三、十五、十八、二十、二十二頁等十五頁，補版有第六、十一、十四、十六至十七、十九、二十一頁等七頁。

卷三十五有二十二頁，刻工依次是陳又（一、二十一）、馬昇（二）、陸訓（三、十三）、陳顯（四、六、七）、壽（五）、應俊（八、十六）、吳宗（十）、童志（十一）、蔣信（十二、十七）、王茂（十四）、姜仲（十五、二十二）、錢裕（十八）、沈貴（十九）、王椿（二十），計有刻工十四人，其中單字刻工一人。第九頁無刻工，第一至十二行下二字是補刻。此卷原版有第一至四、六至十七、二十至二十二頁等十九頁，補版有第五、十八至十九頁等三頁。

卷三十六有二十六頁，刻工依次是范堅（一、七）、張暉（二、二十四）、馬昇（三、十、十七）、王茂（四、十五）、蔣伸（五）、章文（六）、徐宥（八、二十五）、李仁（九、十一、二十、二十一）、刘昭（十二）、金彦（十三）、鄭復（十四）、周彦（十六）、王（十八）、吳文昌（十九）、濮宣（二十二）、成（二十六），計有刻工十六人，其中單字刻工二人。第二十三頁無刻工。此卷原版有第二至五、八至十七、十九至二十五頁等二十頁，補版有第一、六至七、十八至十九、二十六頁等六頁。

卷三十七有二十一頁，刻工依次是應俊（一、十四、二十一）、翁祥（二）、王茂（三、四）、高諒（五、九）、陳顯（七、八）、馬昇（十）、吳志（十一）、鄭復（十二）、蔣信（十三、十八）、蘇（十五）、陳又（十六）、宋瑜（十七）、張暉（十九、二十），計有刻工十三人，其中單字刻工一人。第六頁無刻工。此卷原版有第一至四、六至八、十至十四、十六至二十一頁等十八頁，補版有第五、九、十五頁等三頁。

卷三十八有二十七頁，刻工依次是馬昇（一）、馬（二）、蔣伸（三、二十四）、施俊（四）、徐宥（五、十六、二十五）、趙通（六）、仁（七）、姜仲（八）、刘昭（九）、陳又（十、十二）、金（十一）、周彦（十三）、翁祐（十四、十五）、翁祥（十七）、朱輝（十八、十九）、阮祐（二十）、鄭復（二十一）、陳顯（二十二、二十三）、蔣仲（二十六），計有刻工十九人，其中單字刻工三人。第十一頁版心有"重刊"二字,第二十七頁無刻工。此卷原版有第一、三至六、八至十、十二至十七、二十至二十七頁等二十二頁,補版有第二、七、十一、十八至十九頁等五頁。

卷三十九有二十七頁,刻工依次是金彥(二、二十一)、李倚(三、二十六)、葛辛(四)、吳志(五、六、十三)、陳顯(七)、費(八)、陸訓(十)、繆琛(十一、十四)、張暉(十二)、張樞(十五、二十)、施琛(十六)、吳宗(十七)、章文(十八)、王茂(十九、二十四)、魏奇(二十二)、鄭復(二十三)、宋瑜(二十五),計有刻工十七人,其中單字刻工一人。第一、九、二十七頁無刻工,第八、九頁版心有"重刊"二字。此卷原版有第一至三、五至七、十、十二至十三、十五至十七、十九至二十七頁等二十一頁,補版有第四、八至九、十一、十四、十八頁等六頁。

卷四十有三十三頁,刻工依次是蔣仲(一)、童志(二、四、十八)、馬昇(三、二十八、三十三)、翁祐(五)、楊昌(六、三十一)、張暉(七)、王智(八)、蔣信(九、二十六)、王宗(十、十一)、吳宗(十二、十四)、陳文(十三)、霍(十五)、翁祥(十六、二十五)、鄭埜(十七)、徐榮(十九)、王茂(二十、二十一、二十九)、章文(二十二)、周彥(二十三、二十七)、孫斌(二十四)、應俊(三十)、施俊(三十二),計有刻工二十一人,其中單字刻工一人。此卷原版有第一至七、九至十四、十六、十八、二十至二十一、二十三、二十五至三十三頁等二十七頁,補版有第八、十五、十七、十九、二十二、二十四頁等六頁。

卷四十一有二十六頁,刻工依次是吳志(一)、吳宗(二)、徐宥(三)、蔣仲(四)、王宗(五、六)、李仁(七)、姜仲(八)、金彥(九、十七)、施俊(十、十一)、馬昇(十二)、童志(十三)、宋瑜(十四、十五)、金昇(十六)、張暉(十八、十九)、應俊(二十)、黃亨(二十二)、桂(二十四)、王椿(二十五),計有刻工十八人,其中單字刻工一人。第二十一頁抄配,第二十三、二十六頁無刻工。此卷原版有第一至二十、二十三、二十五至二十六頁等二十三頁,補版有第二十二、二十四頁等二頁。

卷四十二有二十頁,刻工依次是施琛(一、二、三)、王椿(四)、濮宣(五)、吳志(六)、翁祥(七、十三)、施俊(八、二十)、吳宗(九)、李倚(十)、應俊(十一、十二)、馬昇(十四)、吳宝(十五、十七)、鄭復(十六、十九)、張樞(十八),計有刻工十三人,除第五頁a面第一至八行下三字是補刻外,其餘全部是原版。

卷四十三有二十四頁,刻工依次是吳宝(一、七)、吳志(二)、李仁(三)、濮宣(四)、陸訓(五)、姜仲(六)、施俊(八、二十二)、金彥(九)、金昇(十、二十、二十一)、吳宗(十一)、周彥(十二、十七)、張樞(十三、十五)、宋瑜(十四)、陳顯(十六、十八)、鄭復(十九)、應俊(二十三、二十四),計有刻工十六人,全部是原版。

　　卷四十四有二十三頁,刻工依次是蔣伸(一、二十二、二十三)、馬祐(二)、嚴信(三)、王茂(四)、王椿(五、六、七、九)、王祐(八)、陸訓(十)、王宗(十一)、吳志(十二、十三)、應俊(十四)、陳顯(十五、十七、十八)、張暉(十六)、周彥(十九)、可山(二十)、鄭復(二十一),計有刻工十五人。此卷原版有第一至十九、二十一至二十三頁等二十二頁,補版只有第二十頁。

　　卷四十五有二十五頁,刻工依次是方伯祐(一、四、九、十四)、許詠(二、十、十三、二十)、許才(三、五、十五)、毛俊(六)、李信(七、十一、十二、二十五)、趙通(八)、王佐(十六、十七)、許富(十八)、劉昭(十九)、毛端(二十一、二十二、二十四),計有刻工十人,第二十三頁無刻工,全部是原版。

　　卷四十六有二十三頁,刻工依次是王佐(一)、徐通(二、五、十五)、李忠(六、十八、十九)、朱周(七)、宋琳(八、九、十、十二)、王渙(十六),計有刻工六人。第三頁是抄配,第四、十一、十四、十七、二十至二十三頁等八頁無刻工。缺第十三頁,用卷四十九第二十三頁替補,大謬。此卷原版有第一至二、四至十二、十四至二十三頁等二十一頁,補版只有第十六頁。

　　卷四十七有二十八頁,刻工依次是翁祐(一)、吳宝(二)、濮宣(三)、周彥(四、二十一)、馬祐(六)、陳顯(七、二十三)、應俊(八)、張暉(十)、張樞(十一)、宋瑜(十二)、徐宥(十三、二十二)、蔣伸(十四)、毛文(十五)、馬昇(十六、二十)、文玉(十七)、翁祐(十九)、金昇(二十四)、李俊(二十五)、陳文(二十六、二十七)、王宗(二十八),計有刻工二十人。第五、九、十八頁無刻工,此卷原版有第一至十四、十六、十九至二十八頁等二十五頁,補版有第十五、十七至十八頁等三頁。

　　卷四十八有二十七頁,刻工依次是陳顯(一、二、三)、王祐(四、八、二十三、二十四、二十六)、童志(五、七)、翁祐(六、十八)、李仁(九)、葛辛(十)、周彥(十一)、王茂(十二)、鄭復(十三、十四、十五)、嚴信(十六、十七、二十二)、馬祐(十九、二十、二十一)、應俊(二十七),計有刻工十二人。第二十五頁無刻工,此卷原版有第一至九、十一至二十七頁等二十六頁,補版只有第十頁。

　　卷四十九有二十六頁,刻工依次是姜仲(一、十五、二十四)、王椿(二)、陸訓(三)、蔣信(四)、吳宝(五)、楊昌(六、十)、張暉(七)、王茂(八、九)、李仁(十一、十七)、陳文(十三)、陳顯(十四、十九、二十)、丁拱(十六)、翁祐(十八)、陳又(二十一)、蔣伸(二十二)、鄭復(二十五、二十六),計有刻工十六人,第十二、二十三頁無刻工,全部是原版。

　　卷五十有二十五頁,刻工依次是顧永(一、六)、王祐(二、二十四)、張樞(三、二十二、二十三)、姜仲(四)、許忠(五)、蔣信(七)、陸訓(八)、李仁(九)、馬祐(十)、童志(十一）、王茂（十二）、嚴信（十三）、楊昌（十四）、應俊（十五）、陳文（十六）、施俊（十七）、吳宝（十八）、金彥（十九、二十）、宋瑜（二十一）、王椿（二十五），計有刻工二十人。此卷原版有第二至四、七至二十五頁等二十二頁，補版有第一、五、六頁等三頁。

卷五十一有三十二頁，刻工依次是陳顯（一、四、七、二十四）、周彥（二、三、五）、楊昌（八、十九）、金彥（九）、應俊（十一、十二、十六）、李仁（十三）、高異（十四）、王茂（十五、二十五）、蔣信（十七）、施俊（十八、二十、二十八）、陳又（二十一、二十二）、翁祥（二十六、三十二）、張榮（二十七）、金昇（二十九）、馬昇（三十）、劉昭（三十一），計有刻工十六人。第六、十、二十三頁無刻工。此卷原版有第一至十三、十五至二十六、二十八至三十二頁等三十頁，補版有第十四、二十七頁等二頁。

卷五十二有三十四頁，刻工依次是姜仲（一、十八、三十四）、金彥（二、二十一、二十八）、陳文（三）、陳顯（四）、施俊（五、三十三）、李仁（六、十三）、翁祐（七、二十七、三十二）、徐宥（八）、蔣信（九、十）、楊昌（十一、二十）、蔣伸（十二）、應俊（十四、十九）、顧澄（十五）、宗（十六）、李成（十七）、張樞（二十二、二十三）、金昇（二十四、二十五）、吳宗（二十六）、馬昇（二十九）、陳又（三十、三十一），計有刻工二十人，其中單字刻工一人。此卷原版有第一至十四、十六、十八至三十四頁等三十二頁，補版有第十五、十七頁等二頁。

卷五十三有三十一頁，刻工依次是陳又（一）、張暉（二、七）、鄭復（三、二十四、二十七）、吳志（四）、王茂（六）、姜仲（八）、翁祐（九）、童志（十、二十三）、陸訓（十一）、朱春（十二）、楊潤（十三）、金彥（十四、三十一）、陳顯（十五）、馬祐（十六）、王宗（十七、二十六）、馬昇（十八）、應俊（十九）、李仁（二十）、張樞（二十一）、蔣信（二十二）、王椿（二十五）、蔣伸（二十九）、徐宥（三十），計有刻工二十三人。第五、二十八頁無刻工。此卷原版有第一至十一、十四至三十一頁等二十九頁，補版有第十二至十三頁等二頁。

卷五十四有三十三頁，刻工依次是王示（一）、鄭復（二、六、九）、天宗（三）、陳顯（四、十九、二十）、翁祐（五）、蔣伸（七）、王宗（八）、王椿（十、十三、十四、十五、二十五）、吳宗（十一、二十八）、吳志（十二）、王祐（十七）、王渙（十八）、施俊（二十一、二十二、二十九）、張樞（二十三）、徐宥（二十四）、金彥（二十六、二十七）、馬昇（三十、三十三）、沈琛（三十一）、宋瑜（三十二），計有刻工十九人。第十六頁無刻工。此卷原版有第一至十七、十九至三十三頁等三十二頁，補版只有第十八頁。

卷五十五有三十三頁，刻工依次是王恭（一、三十二）、許貴（二、五）、馬春（三、二十五）、高彥（四、二十三）、包端（六）、李用（七）、廖先（八）、周泉（九）、葛昌（十）、鄭彬（十一）、許詠（十二、十六、三十）、王允（十三、二十九）、陶彥（十四）、陳思義（十五）、余政

（十七）、宋琳（十九）、高文（二十）、楊昌（二十一）、李忠（二十二）、許富（二十四）、李良（二十六）、李信（二十七）、徐通（二十八）、陳真（三十一）、徐進（三十三），計有刻工二十五人。第十八頁無刻工，第八頁版心刻"廖先己未歲雕換"。此卷原版有第一至七、九至十四、十六至十九、二十一至三十三頁等三十頁，補版有第八、十五、二十頁等三頁。

　　卷五十六有二十九頁，刻工依次是許詠（一）、趙通（二、八）、李憲（三）、王恭（四、十）、方堅（五）、葛異（六）、李用（七、二十三）、葛昌（九）、高文（十一）、高彦（十二、十五）、李光祖（十三）、毛俊（十四）、許貴（十六）、鄭彬（十七）、徐仁（十八）、余政（十九）、周琮（二十、二十二）、朱春（二十一）、許才（二十四、二十七）、高政（二十五）、許富（二十六）、包端（二十八）、方（二十九），計有刻工二十三人，其中單字刻工一人。第十八頁無刻工。此卷原版有第一至十、十二至二十、二十二至二十九頁等二十七頁，補版有第十一、二十一頁兩頁。

　　卷五十七有二十八頁，刻工依次是方堅（一、二十）、余政（二）、王允（三）、包端（四、八、十）、李用（五、十五、十七）、李良（六）、陳真（九）、許貴（十一）、王恭（十二）、李憲（十三、二十四、二十五）、陶彦（十四）、李信（十六）、馬春（十八、二十二）、高彦（十九、二十三）、許富（二十一、二十六）、趙通（二十七）、周泉（二十八），計有刻工十七人。第七頁無刻工。此卷原版有第一至六、八至二十八頁等二十七頁，補版只有第七頁。

　　卷五十八有三十九頁，刻工依次是王允（一、十二）、陳真（二、二十三）、許富（三）、楊昌（四、十五、十六、三十五）、許貴（五、二十七）、葛昌（六、十一、十四、二十）、高政（七、二十二、三十四、三十六）、王恭（八、十九、二十一、二十八）、李倚（九、三十）、李憲（十）、王佐（十三）、趙通（十七）、馬春（十八）、鄭彬（二十四）、李光祖（二十五）、包端（二十九）、周泉（三十一）、李信（三十二）、李忠（三十三）、王禧（三十七）、李師正（三十八）、李涓（三十九），計有刻工二十二人。第二十六頁無刻工。此卷原版有第一至三十六、三十八至三十九頁等三十八頁，補版只有第三十七頁。

　　卷五十九有二十五頁，刻工依次是葛異（一）、李良（二、十六）、馬松（三、二十二）、鄭彬（四）、余政（五、二十三）、李光祖（六）、許才（七）、李憲（八、九）、王恭（十、十一、十五）、陶彦（十二、十三）李用（十四、十七、十八、二十四）、高彦（十九）、高政（二十）、李涓（二十一）、許詠（二十五），計有刻工十五人，全部是原版。

　　卷六十有三十七頁，刻工依次是李信（一、十三）、陳真（二、二十五）、楊昌（三、十四、三十）、毛端（四）、王允（五）、高政（六、二十六）、馬春（七）、李憲（八、三十四）、王壽（九）、許富（十）、方伯祐（十一、三十五）、李良（十二）、許才（十五）、春（十六）、弓華（十七）、許貴（十八、二十三）、馬松（十九、二十一）、包端（二十、二十四）、趙通（二十二）、王禧(二十七)、李涓(二十八)、王佐(二十九、三十三、三十六)、余政(三十一)、李用(三十二)、王恭(三十七),計有刻工二十五人,其中單字刻工一人。此卷原版有第一至八、十至十六、十八至二十六、二十八至三十七頁等三十四頁,補版有第九、十七、二十七頁等三頁。

卷六十一有三十頁,刻工依次是馬松(一)、李良(二)、李涓(三)、余政(四)、陳真(五、十六)、高政(七、十八)、李用(八、十三)、楊昌(九、十二、十五、二十五、二十六)、毛端(十)、許詠(十一)、王恭(十四、二十二)、李信(十七)、余敬(十九)、周泉(二十、二十一)、高宗二(二十三)、許才(二十四)、余生(二十七)、婁正(二十八)、高彥(二十九)、許富(三十),計有刻工二十人。第六頁無刻工。此卷原版有第一至十八、二十至二十二、二十四至二十六、二十九至三十頁等二十六頁,補版有第十九、二十三、二十七至二十八頁等四頁。

卷六十二有二十九頁,刻工依次是王宗(一、二十六、二十七)、李良(二)、李仁(三、二十三、二十八)、蔣伸(四)、李俊(五)、蔣信(六)、翁祐(七)、王茂(八)、周彥(九、十二)、吳志(十)、施俊(十一、十四)、吳宝(十三)、吳宗(十五)、馬祐(十六、十八)、陳文(十七)、金昇(十九)、陳顯(二十)、求裕(二十一)、濮宣(二十二)、馬昇(二十四、二十五)、翁祥(二十九),計有刻工二十一人。此卷原版有第一至二十、二十二至二十九頁等二十八頁,補版只有第二十一頁。

卷六十三有三十頁,刻工依次是施俊(一、十四、二十一)、應俊(二)、馬祐(三、十一)、蔣信(四、十二、十五)、翁祐(六、七)、翁祥(八)、吳宝(九、二十二)、嚴信(十)、祝明(十三)、蔣伸(十六)、熊道瓊(十七)、李仁(十八)、金彥(十九)、王椿(二十、二十四、二十六)、馬昇(二十三、二十八)、王宗(二十五)、張樞(二十七、二十九),計有刻工十七人。第五、三十頁無刻工。此卷原版有第一至十二、十四至十六、十八至三十頁等二十八頁,補版有第十三、十七頁二頁。

卷六十四有二十六頁,刻工依次是童志(二)、蔣信(三)、陳又(四)、俞榮(五、七)、陳真(六)、周彥(八、二十三)、吳宗(九、二十一)、王祜(十、十四、十五、二十六)、鄭復(十一)、金昇(十二)、王椿(十三)、張暉(十六)、應俊(十七)、馬昇(十八)、王茂(十九)、茅文龍(二十)、吳志(二十二)、茅化(二十四、二十五),計有刻工十八人。第一頁無刻工。此卷原版有第一至四、六、八至十九、二十一至二十三、二十六頁等二十一頁,補版有第五、七、二十、二十四至二十五頁等五頁。

卷六十五有二十二頁,刻工依次是童志(一、八)、王椿(二)、翁祐(三、十一)、金(四)、翁祥(五)、吳志(六)、吳宗(七)、馬昇(九)、金昇(十)、金彥(十二)、濮宣(十三)、李仁(十四)、李成(十五)、蔣信(十六)、葛弗一(十七)、葛一(十八)、阮祐(十九)、陸訓(二十、二十一)、成(二十二),計有刻工十九人,其中單字刻工二人。此卷原版有第一至三、五至十四、十六、十九至二十一頁等十七頁,補版有第四、十五、十七至十八、二十二頁等五頁。

卷六十六有二十五頁,刻工依次是陳又(一、十五)、翁祐(二)、吳宝(三、十九)、施俊(四)、應俊(五、六、二十二)、王茂(七、十八)、金彥(九)、金昇(十)、張暉(十一、十二)、章文(十三)、徐良(十四)、馬祐(十六)、楊昌(十七)、王祐(二十)、吳宗(二十一)、蔣伸(二十三)、鄭復(二十四),計有刻工十七人。第八、二十五頁無刻工,第八頁整版下端有補刻文字。此卷原版有第一至十二、十五至二十五頁等二十三頁,補版有第十三至十四頁等二頁。

卷六十七有十六頁,刻工依次是趙通(一)、姜仲(三)、應俊(四)、翁祐(五)、王茂(六)、金彥(七)、吳志(八)、金昇(九)、李仁(十、十一)、蔣信(十二)、張樞(十四、十五),計有刻工十一人。第二、十三、十六頁無刻工,全部是原版。

卷六十八有二十九頁,刻工依次是楊昌(一)、余政(二、二十四)、李良(三)、徐進(四、十九)、徐仁(五)、陶彥(六、十、二十九)、盛久(七)、葛昌(八)、陳真(九)、李用(十一、十二)、毛俊(十三)、李憲(十四)、方伯祐(十五)、趙通(十六、二十二)、李信(十七)、周泉(十八)、馬春(二十)、王允(二十三)、毛端(二十五)、包端(二十六)、蔣佛老(二十七)、許富(二十八),計有刻工二十二人。第二十一頁刻工模糊不清,且將"二十一"誤刻爲"十一"。此卷原版有第一至六、八至二十六、二十八至二十九頁等二十七頁,補版有第七、二十七頁等二頁。

卷六十九有十八頁,刻工依次是王宗(一)、張暉(二)、王椿(三、十一、十四、十七)、馬昇(四、五、七)、成(六)、嚴信(八、十二)、王祐(九)、吳志(十)、馬祐(十三)、陸訓(十五)、徐泳(十六)、鄭復(十八),計有刻工十二人,其中單字刻工一人。此卷原版有第一至五、七至十五、十七至十八頁等十六頁,補版有第六、十六頁等二頁。

卷七十有二十九頁,刻工依次是馬昇(一、十二、二十七)、施俊(二、十六、二十六)、陳文(三)、蔣伸(四、二十二、二十三)、翁祐(五)、王椿(六)、翁祥(七)、吳宗(八)、蔣信(九)、阮祐(十)、吳宝(十一)、李德瑛(十三)、錢(十四)、吳志(十五、二十)、陳顯(十七)、王茂(十八)、圭(十九)、陶(二十一)、張暉(二十四、二十五)、俊(二十八),計有刻工二十人,其中單字刻工四人。第二十九頁無刻工,版心刻"後序"二字,内容是黄唐跋文和校正官銜名。此卷原版有第一至十二、十五至十八、二十、二十二至二十九頁等二十五頁,補版有第十三至十四、十九、二十一頁等四頁。

　　據上所録，八行本原版刻工有：包端、陳文、陳顯、陳又、陳真、丁拱、范華、方堅、方伯祐、高彦、高政、葛昌、葛異、姜仲、蔣伸、蔣荣、蔣信、蔣仲、金昇、金彦、李涓、李俊、李良、李仁、李憲、李倚、李信、李用、李忠、李光祖、李師正、刘昭、陸訓、馬表、馬春、馬昇、馬松、馬祐、毛俊、毛端、濮宣、阮祐、沈珎、施俊、施珎、宋琳、宋瑜、天宗、陶彦、童志、王椿、王恭、王祜、王茂、王示、王允、王宗、王佐、翁祥、翁祐、魏奇、吴宝、吴志、吴宗、徐進、徐仁、徐通、徐宥、許才、許富、許貴、許詠、嚴信、楊昌、應俊、余政、趙通、張樞、張暉、章志、鄭彬、鄭復、周泉、周彦、周珎、朱周、彬、春、方、俊、王、徐、宣、宗，計九十四位刻工，其中單字刻工八位①。

　　補版刻工有：北庫、曹荣、陳邦卿、陳寧、陳琇、陳新、陳万二、万二、陳思義、陳允升、陳政、大用、丁銓、董用、范堅、高諒、高文、高異、高宗二、葛弗一、葛辛、葛一、艮富、弓華、顧澄、顧永、何亘、何慶、何鎮、洪福、洪來、胡之、胡昶、黃亨、蔣佛老、可山、金文榮、賈祚、李成、李德瑛、李庚、李茂、李閏、廖先、刘仁、夌茂、娄正、馬祖、毛文、茅化、茅文龍、繆珎、庞万五、錢裕、求裕、任昌、任韋、沈貴、沈祥、盛久、史伯恭、石宝、石山、孫春、孫斌、孫開一、孫新、王桂、王涣、王六、王全、王壽、王壽三、王禧、王智、文玉、吴文昌、文昌、吴洪、吴祥、熊道瓊、徐珙、徐良、徐榮、徐珣、徐泳、徐困、許忠、楊采、楊明、楊潤、永昌、用之、友山、余敬、余生、俞榮、俞言、占德潤、德潤、占讓、趙遇春、張阿狗、張具、張佺、張榮、張珎、章東、章文、鄭閏、鄭埜、周鼎、朱春、朱輝、朱涣、朱文、朱子文、子文、祝明、才、成、褚、斗、东、貴、圭、桂、国、費、何、胡、火、霍、金、景、刘、柳、夌、馬、寧、庞、庀、杞、錢、秦、仁、王、韋、文、山、沈、史、石、壽、蘇、陶、滕、系、楊、姚、永、余、俞、元、趙、鎮、政、仲，計一百六十八位刻工，其中單字刻工四十九位。

　　原版和補版總計刻工二百六十二位。單字刻工是全名的省寫，與全名肯定有重複。在同一卷中，既出現刻工全名，又出現單字，應該説此單字就是刻工全名之省寫。如卷六十中單字刻工“春”，就是本卷“馬春”的省寫。依據此法推理，則原版單字刻工“彬”就是鄭彬（卷三十一）②，“春”是馬春（卷六十），“方”是方堅（卷五十六），“俊”是施俊（卷七十），“王”是王佐（卷三十四），“徐”是徐仁（卷四），“宣”是濮宣（卷二十六），“宗”是吴宗（卷五十二）。則原版單字刻工皆得以知其全名，去除重複，原版刻工有八十六位。

　　補版刻工中，“成”是李成（卷六十五），“夌”是夌茂（卷二十七），“刘”是刘仁（卷十五），“韋”是任韋（卷二十七），“文”是章文（卷三十四），“山”是友山（卷五），“沈”是沈

<hr />

　　①張麗娟先生統計八行本原版刻工有七十九人。張麗娟《宋代經書注疏刊刻研究》，北京大學博士論文，2010年，第124頁。
　　②卷三十一指單字刻工與全名所在之卷數，下同。

祥(卷二十二),"石"是石山(卷三十二),"史"是史伯恭(卷二十八),"徐"是徐仁(卷四),"余"是余生(卷二),"俞"是俞言(卷二十二),"趙"是趙遇春(卷五),"錢"是錢裕(卷七十),則補版單字刻工四十九位中得以知全名者有十四位。又,補版中"万二"即陳万二,"文昌"即吳文昌,"子文"即朱子文,"德潤"即占德潤。去除重複,補版刻工有一百五十位。

參加八行本原版和補版的刻工共計有二百三十六位。當然,如果剔除補版中不能確定全名且重複的單字刻工,則刻工人數還要少一些,但無論如何,刻工人數超過兩百位,是可以肯定的。

根據以上所述,現將八行本每卷原版和補版頁數統計如下:

表 1　八行本原版、補版頁數統計表

卷數	原版	補版	抄配	卷數	原版	補版	抄配
序		3		36	20	6	
1	2	11		37	18	3	
2	6	11	2	38	22	5	
3	19	7	1	39	21	6	
4	20	4		40	27	6	
5	14	13		41	23	2	1
6	18	9		42	20		
7	28	1		43	24		
8	16	4		44	22	1	
9	25			45	25		
0	15	6		46	21	1	1
11	24			47	25	3	
12	21	2		48	26	1	
13	23	3		49	26		
14	18	14①		50	22	3	
15	12	10		51	30	2	
16	16	5		52	32	2	

---

①卷十四實際只有三十二頁,第十二頁版心刻"十二之十三",缺第十三頁。

續表

卷數	原版	補版	抄配	卷數	原版	補版	抄配
17	21	1		53	29	2	
18	6	9		54	32	1	
19	14	4	1	55	30	3	
20	15	4		56	27	2	
21	18	2		57	27	1	
22	9	15		58	38	1	
23	22	3		59	25		
24	24	3		60	34	3	
25	26	1		61	26	4	
26	28	5		62	28	1	
27	13	17		63	28	2	
28	13	13	1	64	21	5	
29	16	7		65	17	5	
30	23	3		66	23	2	
31	21	5		67	16		
32	18	11		68	27	2	
33	19	3		69	16	2	
34	15	7		70	25	4	
35	19	3					

據上表統計,八行本七十卷,原版一千四百九十頁,補版三百頁,抄配七頁,共計一千七百九十七頁。

爲方便討論,將原版刻工和補版刻工所刻頁數統計如下:

表 2　八行本原版刻工刊刻頁數統計表

序號	姓名	頁數	序號	姓名	頁數	序號	姓名	頁數
1	楊昌	42	30	吳志	21	59	濮宣	12
2	施俊	37	31	周泉	21	60	馬松	12
3	陳顯	34	32	吳宗	20	61	毛俊	12

續表

序號	姓名	頁數	序號	姓名	頁數	序號	姓名	頁數
4	李信	33	33	王宗	20	62	宋琳	12
5	應俊	33	34	張樞	20	63	李光祖	11
6	王茂	32	35	高彥	19	64	宋瑜	11
7	馬昇	31	36	徐仁	19	65	王允	11
8	李憲	30	37	陳真	18	66	嚴信	11
9	王恭	30	38	趙通	18	67	李倚	8
10	李用	29	39	周彥	18	68	李忠	7
11	王椿	29	40	金昇	17	69	阮祐	6
12	鄭復	27	41	徐宥	17	70	施珍	5
13	蔣信	26	42	許富	17	71	葛異	4
14	李良	26	43	王祜	17	72	刘昭	4
15	馬春	26	44	翁祥	17	73	李師正	3
16	翁祐	26	45	方伯祐	16	74	章志	3
17	蔣伸	25	46	李涓	16	75	周珎	3
18	金彥	25	47	陳又	15	76	丁拱	2
19	李仁	25	48	陸訓	15	77	蔣仲	2
20	張暉	25	49	吴宝	15	78	李俊	2
21	毛端	23	50	許詠	15	79	魏奇	2
22	陶彥	23	51	方堅	14	80	范華	1
23	余政	23	52	童志	14	81	蔣榮	1
24	包端	22	53	徐進	14	82	馬表	1
25	高政	22	54	徐通	14	83	沈珎	1
26	馬祐	22	55	許才	14	84	天宗	1
27	王佐	22	56	許貴	14	85	王示	1
28	葛昌	21	57	鄭彬	14	86	朱周	1
29	姜仲	21	58	陳文	13			

據上表,原版刻工中,最多者刻四十二頁,最少者刻一頁,楊昌、施俊、陳顯、李信、應俊、王茂、馬昇、李憲、王恭、李用、王椿、鄭復、蔣信、李良等刻工,是刊刻八行本的主力軍,

八行本原版刻工姓名可考的頁數達一千四百二十二頁。

表 3　八行本補版刻工刊刻頁數統計表

序號	姓名	頁數	序號	姓名	頁數	序號	姓名	頁數
1	章文	10	52	張阿狗	2	103	余敬	1
2	李成	6	53	朱春	2	104	占讓	1
3	友山	6	54	朱輝	2	105	張具	1
4	陳万二	5	55	曹榮	1	106	張佺	1
5	沈祥	5	56	陳邦卿	1	107	張榮	1
6	史伯恭	5	57	陳寧	1	108	張珎	1
7	李德瑛	4	58	陳琇	1	109	章東	1
8	李茂	4	59	陳思義	1	110	鄭閏	1
9	石山	4	60	陳政	1	111	周鼎	1
10	永昌	4	61	大用	1	112	朱涣	1
11	余生	4	62	高異	1	113	朱文	1
12	趙遇春	4	63	高宗二	1	114	祝明	1
13	鄭埜	4	64	葛弗一	1	115	求裕	1
14	董用	3	65	葛一	1	116	圭	5
15	高文	3	66	艮富	1	117	錢	5
16	葛辛	3	67	弓華	1	118	东	3
17	胡昶	3	68	顧澄	1	119	霍	3
18	馬祖	3	69	何垕	1	120	柳	3
19	茅化	3	70	何慶	1	121	馬	3
20	錢裕	3	71	何鎮	1	122	褚	2
21	任昌	3	72	胡之	1	123	桂	2
22	王全	3	73	黃亨	1	124	費	2
23	吳洪	3	74	金文榮	1	125	何	2
24	占德潤	3	75	蔣佛老	1	126	胡	2
25	朱子文	3	76	可山	1	127	金	2
26	北庫	2	77	李閏	1	128	杞	2
27	陳新	2	78	廖先	1	129	蘇	2

續表

序號	姓名	頁數	序號	姓名	頁數	序號	姓名	頁數
28	陳允升	2	79	茅文龍	1	130	滕	2
29	丁銓	2	80	庞万五	1	131	元	2
30	范堅	2	81	沈貴	1	132	鎮	2
31	高諒	2	82	盛久	1	133	才	1
32	顧永	2	83	石宝	1	134	斗	1
33	洪福	2	84	孫春	1	135	貴	1
34	洪來	2	85	孫新	1	136	國	1
35	賈祚	2	86	王桂	1	137	火	1
36	李庚	2	87	王六	1	138	景	1
37	刘仁	2	88	王壽	1	139	寧	1
38	麦茂	2	89	王智	1	140	龐	1
39	娄正	2	90	文玉	1	141	庀	1
40	毛文	2	91	吳祥	1	142	秦	1
41	繆珎	2	92	熊道瓊	1	143	仁	1
42	任韋	2	93	徐琪	1	144	王	1
43	孫斌	2	94	徐良	1	145	壽	1
44	孫開一	2	95	徐榮	1	146	陶	1
45	王渙	2	96	徐珣	1	147	系	1
46	王壽三	2	97	徐泳	1	148	楊	1
47	王禧	2	98	徐困	1	149	姚	1
48	吳文昌	2	99	許忠	1	150	永	1
49	用之	2	100	楊采	1	151	政	1
50	俞榮	2	101	楊明	1	152	仲	1
51	俞言	2	102	楊潤	1			

據上表,補版刻工中,最多者刻十頁,最少者刻一頁,八行本補版刻工姓名可考的頁數達二百八十四頁。

八行本中没有刻工者有七十九頁,其中原版六十四頁,補版十五頁;刻工模糊不清者五頁,其中原版四頁,補版一頁,合計八十四頁。

八行本原版有刻工者一千四百二十二頁,補版有刻工者二百八十四頁,沒有刻工者七十九頁,刻工模糊不清者五頁,加上抄配七頁,正好是一千七百九十七頁。

將我們所録刻工與《寶禮堂宋本書録》記載的刻工姓名進行比較,有一定差異。就原版刻工而言,區别有五:

一是八行本原版刻工有九十四位,其中單字刻工八位;《寶禮堂宋本書録》記載原版刻工九十八位,其中單字刻工四位。

二是馬林、王祐、李彦、周全、陳彦、蔣暉、張昇、賈祐等八位刻工,不見於八行本,《寶禮堂宋本書録》誤收。

三是馬祖、王壽、李成、高文、高異、張榮、賈祚、朱涣、顧永、顧澄、章東、孫新、求裕等十三位是補版刻工,《寶禮堂宋本書録》誤列入原版刻工。

四是《寶禮堂宋本書録》少收范華、蔣榮、蔣仲、李俊、馬表、馬昇、天宗、章志、方、俊、王、徐等十二位原版刻工。

五是將刻工"王允"誤寫爲"王充",蓋形近而誤,王允刊刻八行本原版十一頁。

補版刻工區别有四:

一是八行本補版刻工有一百六十八位,其中單字刻工四十九位;《寶禮堂宋本書録》記載補版刻工一百五十一位,其中單字刻工五十一位。

二是楊來、俞聲、陳、徐、九等五位刻工,不見於八行本,《寶禮堂宋本書録》誤收。

三是范華、蔣榮等二位是原版刻工,《寶禮堂宋本書録》誤列入補版刻工。

四是《寶禮堂宋本書録》少收北庫、陳寧、胡之、任韋、楊采、廖先、余敬、余生、俞言、占讓、張具、庀、余等十三位補版刻工,且重收"徐"單字刻工。

《古籍宋元刊工姓名索引》"採用書版本簡介"説:"因以所記刊工姓名,分爲原刊、補刊兩類,不能謂一無混淆,然大致當不誤也。"王肇文先生所録八行本刻工完全依據《寶禮堂宋本書録》的記載,主要區别一是將單字刻工全部删去,二是將"占德潤、德潤、孫開一"三位刻工,誤標點爲"占德、潤德、潤孫、開一"四位,其餘全部照録。

所以,我們對八行本刻工的重新清理,不僅可以修正《寶禮堂宋本書録》、《古籍宋元刊工姓名索引》的記載,而且爲學術界編纂"宋元刻工名録"之類的工具書提供新的借鑒。

八行本既然有原版、補版和抄配之别,哪麽最早的補版始於何時呢?卷五十五第八頁版心有"廖先已未歲雕换"七字。卷二第八頁有墨筆浮簽曰:"已未,南宋寧宗慶元六年。此書以光宗紹熙三年壬子成,至慶元已未,凡八年。"由此可知,此浮簽本應該黏貼在卷五十五第八頁,非卷二第八頁。八行本刊刻完成於南宋光宗紹熙壬子年,即紹熙三年(1192),至已未年,即南宋寧宗慶元六年(1199),廖先已經重雕卷五十五第八頁,更换原版,時間相隔僅僅八年。之所以更換,可能是因爲原版第八頁有錯誤,或許是殘損嚴重。

八行本部分版頁有殘損和補刻,如卷二第五頁、第九頁、第十六頁、卷三第三頁、第十頁、第十一頁、第十九頁、第二十一頁等,説明距離刊刻之紹熙三年,已經有一段時間。就是廖先雕刻的卷五十五第八頁,已有個别文字筆劃不清,與鄭墊、徐泳等人雕刻之補版頁比較,後者十分清晰,二者差異較大。所以,我們認爲,八行本最早印刷時間應該在南宋末期,甚至在元代。

利用《古籍宋元刊工姓名索引》,可以知道八行本中之刻工,尚參與刊刻了浙本中的其他典籍。毛昌、王恭、方堅等三位刊刻兩浙東路茶鹽司之《周禮疏》五十卷,王恭、高異、陳文等三位刊刻宋嘉定九年(1216)興國軍學之《春秋經傳集解》三十卷,王禧、王智、王恭、永昌等四位刊刻宋單疏本《春秋公羊疏》二十八卷(殘存七卷),方堅、王恭、吳志等三位刊刻宋本《廣韻》五卷,王恭、金彦、余政、徐通、姜仲、李忠、周彦、張暉、翁祐等九位刊刻宋本《南史》八十卷(存卷二十至二十六、目録一卷),毛昌、周彦等二位刊刻宋乾道四年(1168)紹興蓬萊閣本《元氏長慶集》六十卷(存三卷)。

宋慶元六年(1200)紹興府刊《春秋左傳正義》三十六卷,原版刻工與八行本相同者有:宋瑜、丁拱、毛俊、許詠、方堅、葛昌、蔣信、徐仁、許貴、徐宥、李光祖、張暉、楊昌、李師正、李信、劉昭、吳志、李倚、馬松、王宗、蔣伸、李洇、李忠、魏奇、張樞、高異、王壽三、王壽、孫新、史伯恭、朱渙等三十一位,由此可證明,八行本補版刻工王壽三、王壽、孫新、史伯恭、朱渙等六人位,是宋寧宗時期的刻工。補版刻工與八行本相同者有鄭墊、何鎮、孫開一、朱輝、永昌、徐榮、徐困、王六、洪福、何慶、陳允升、陳邦卿、繆琮、曹榮、葛弗一、丁銓、葛辛、洪來、趙遇春、陳琇、孫斌、夒正等二十二位。

王壽、王涣、王恭、毛端、余政、吳志、徐琪、馬祖、馬松、顧永、顧澄、求裕、劉昭等十三位參與刊刻宋本《古史》六十卷,該書缺筆至"慎"字,是宋代中期刻本,則八行本補版刻工王壽、王涣、徐琪、顧永、顧澄、求裕是宋代中期刻工。王恭、王桂、毛端、吳宗、吳志、徐仁、馬祖、馬松、劉昭、蔣榮、蔣信、王禧、丁銓、徐珣、陳琇、何慶、高文、高異、賈祚、繆琮、李茂、顧澄、孫春等二十三位是宋刊元修本《南齊書》五十九卷的原版刻工,"王恭"至"蔣信"等十一位是八行本的原版刻工,"王禧"至"孫春"等十二位是八行本的補版刻工;陳邦卿見於此書和八行本之補版。

許貴、許詠、毛俊、李信、楊昌、宋瑜、丁銓、徐仁、范華、占讓、章文等十一位刊刻宋寧宗時期《孟子注疏解經》十四卷,占讓、章文當是宋寧宗時期的刻工。王恭、毛端、陳邦卿等三位刊刻《爾雅疏》十卷,陳邦卿是宋寧宗時期刻工。宋紹定平江刻本《吳郡志》五十卷刻工徐琪、徐珣、楊潤、馬松、余政等五位刻工,見於八行本,其中補版刻工徐琪、徐珣、楊潤等三位，應該是宋理宗時期的刻工。

毛端、方堅、王恭、徐仁、吳宗、宋琳、李忠、范華、蔣榮、蔣信、馬祖、馬松、余政、劉昭、石宝、毛文、繆琮、胡昶、高巽、高文、王禧、王涣、王桂、丁銓、賈祚、何慶、徐泳、徐珙、吳祥、顧永、顧澄、李成、求裕、趙遇春、茅文龍、曹榮、陳琇、俞榮、陳邦卿、陳允升等四十位是宋眉山刊本《南齊書》五十九卷的刻工，“毛端”至“劉昭”等十四位是八行本的原版刻工，“石宝”至“陳允升”等二十六位是八行本的補版刻工。

宋兩浙茶鹽司刊遞修本《周易注疏》十三卷刻工分爲三期，第一期是南宋初期刻工，與八行本相同者有毛端；第二期是南宋中期杭州地區刻工，與八行本相同者有求裕、劉昭、馬祖、徐珙、馬松、高巽；第三期是元代杭州地區補版刻工，與八行本相同者有李德瑛。

宋紹興間吳興刊遞修本《唐書》二百二十五卷刻工分三期，第一期是南宋初浙中刻工，與八行本相同者有包端；第二期是南宋中期杭州地區刻工，與八行本相同者有王恭、吳志、求裕等三位；第三期是元代杭州地區補版刻工，與八行本相同者有鄭垫、蔣佛老二位。

史伯恭、李德瑛、范堅、鄭垫、徐泳等曾參加《説文解字》十五卷的補刊工作。鄭垫、繆琮、王桂、盛久、茅文龍、友山、熊道瓊、占德潤、王全、李庚、楊采、石山、徐泳、吳祥、葛辛、俞榮、胡昶等十六位參與宋刻元明遞修本《史記》一百三十卷補版的雕刻。文玉、王全、李庚、俞榮、茅文龍、張阿狗、張琮、章文、陳允升等九位參與《漢書注》一百卷補版的雕刻工作。趙遇春、何慶、徐友山、熊道瓊、陳琇、蔣佛老等六位參與宋紹興江南東路轉運司刊宋元遞修本《後漢書注》九十卷補版的雕刻工作。

楊昌、范華、馬松、徐仁等四位八行本原版刻工和趙遇春、胡昶、婁正、俞榮、盛久、弓華、葛辛、任韋、徐泳、洪來、石宝、陳邦卿、張琮、文玉、占讓、周鼎、陳琇、王全、葛弗一、孫斌、王智、吳祥、高巽、熊道瓊、洪福、陳允升、何慶、陳萬二、庞萬五、繆琮、蔣佛老、范堅、毛文等三十三位補版刻工，參與南宋紹興初刊《後漢書》九十卷《志》三十卷補版的雕刻工作。

宋公序本《國語》二十一卷刻工有兩類，版心上記字數之刻工陳新、丁銓、徐良、盛久、繆琮、熊道瓊、王桂、文玉、陳允升、徐泳、洪福、徐榮、茅文龍、周鼎、王六、蔣佛老、趙遇春、王壽三、祝明、李庚、何慶、陳寧、曹榮、沈貴、李德瑛等二十五位刻工，與八行本補版刻工相同，王肇文認爲是元代補刻，不確。從刻工判斷，補刻的時間應該是宋代中期至元代。

元至治二年（1322）饒州路總管府刊印本《文獻通考》三百四十八卷刻工鄭垫、用之、王六、大用、李庚等五位，是八行本補版刻工，這六位當然應該是元代刻工。

元至正五年（1345）刊《金史》一百三十五卷的刻工鄭垫、徐泳二位，是八行本補版刻工，由此可知八行本最晚之修補當在元惠宗至正年間。

鄭埜、何屋、徐困、李德瑛等元代刻工,參與《周禮疏》元代補版的刊刻,八行本補版刻工"友山"很有可能就是參與《周禮疏》補版刊刻的"徐友山"。

通過以上典籍修版的情況進行綜合判斷,八行本補版刻工中南宋時期的刻工可以確定者有陳邦卿、高文、高異、顧澄、顧永、賈祚、李茂、繆珎、求裕、馬祖、廖先、孫春、王渙、王壽、王壽三、王禧、王智、孫新、徐琪、徐珣、楊潤、永昌、占讓、章文、朱渙等二十五位,元代刻工可以確定者有陳琇、大用、何屋、何慶、蔣佛老、李德瑛、李庚、王六、徐泳、徐困、用之、鄭埜等十二位,八行本最晚修版時間是元惠宗至正時期。

張麗娟先生説:

> 從今存八行本傳本情況看,八行本諸經書版曾經多次修補。如《周易注疏》、《尚書正義》、《周禮疏》刻成於高宗紹興時,在宋代就曾經修補。宋修葉一般在版心上部刻有本版總字數,與原版不刻字數不同,字體也較原版方正。……元代修版葉的特點是,在版心上部一般刻有本版大小字數,字體已失宋版的流暢。還有的修版是版面部份損壞,而加以部份整治。如《周易注疏》卷二第二十八葉,國圖本本葉大部份與足利本同,爲宋刻原版,版面漫漶;但下部兩排字明顯字體有異,版面清晰,與足利本不同。此爲嵌入小條木板,局部加以修版之例。元代修補葉版心下亦有刻工名,這些修版刻工如李德瑛、詹德潤、徐友山、鄭埜、陳琇、王百九,在許多宋刻元修版本中出現過①。

張先生所言八行本諸經修版的特點,也符合八行本《禮記正義》修版的特徵。由此可知,八行本修版時間從南宋寧宗慶元六年(1199)開始,一直持續到元惠宗至正時期,八行本很有可能是元代末年印刷的。

四、八行本《禮記正義》的浮簽

八行本在流傳過程中,閱讀者題寫浮簽十九條,黏貼於書,内容與《禮記正義》密切相關。

1.卷一第十頁有浮簽曰:"又一時所補,甚草率。"

此頁無刻工,是補版。將此頁文字與阮刻本核對,除體例不一外,文字没有大的出入。謂"甚草率",不知何指?

---

① 《宋代經書注疏刊刻研究》,第126—127頁。

2.卷二第八頁有浮簽曰:"己未,南宋寧宗慶元六年。此書以光宗紹熙三年壬子成,至慶元己未,凡八年。"

此頁是原版,浮簽所言,與本頁不符。卷五十五第八頁版心刻"廖先己未歲雕換"七字,疑卷二第八頁之浮簽,原本在卷五十五第八頁,前已闡明。

3.卷五第三頁有浮簽曰:"正得避公家之諱。'正'字與'焉'字本合,阮本作止。""尊君諱也。阮本重'君諱也'一字。""若於宮外則不諱也。無'則'字。""故臣對君前不諱也。無'前'字。"

此浮簽內容涉及四條疏文,是八行本與阮刻本之異文,應該是清人所爲。

第一條,阮刻本亦作"正",浮簽所言非。阮元《校勘記》曰:"閩本同,監、毛本'正'作'止',衛湜《集説》同。"①吕先生謂古鈔本《禮記正義·曲禮下》作"正",八行本同②。

第二條"阮本重'君諱也'一字",浮簽"一",疑是"三"字之誤。阮元《校勘記》曰:"尊君諱也君諱也。毛本同,閩、監本'君諱也'三字不重。"八行本不重。

第三條無"則"字,浮簽所言非。八行本、阮刻本俱有"則"字。

第四條無"前"字,八行本有"前"字,阮刻本無"前"字,阮刻本、吕本俱未出校,浮簽所言是。

4.卷五第六頁有浮簽曰:"黑塊本係空格。"

此浮簽字體紅色。第六頁 a 面第三行有"■",他頁間有之。此條疑是宋元人所題。

5.卷十九第十八頁浮簽曰:(此)"頁疏首誤增標目。後一行'天子'下,近本有'者'字。後三行共擠凡十四字,蓋宋本此頁面文每行十七字也。"

"疏首誤增標目",是指第十八頁 a 面第七行"疏"字下,有"天子至國用"五字。阮元《校勘記》曰:"惠棟校宋本無此五字。"③潘宗周《校勘記》曰:"惠校原闕此葉,今此本亦係抄補,與相合。此葉內疏文標明起訖語,有'天子至國用'一語。阮引惠校宋本無此五字,當係惠據又一宋本。"④"天子至國用"五字,係補抄者據他本抄入。

"後一行'天子'下,近本有'者'字。"第十八頁 b 面第一行有"質於天子"二,校之阮刻本,"天子"下俱無"者"字,不知抄補者所言"近本"指何本?然第三行有"三官以其成從質於天子者",八行本、阮刻本俱有"者"字,莫非抄補者以第三行之文校第一行乎?

①阮元校刻《十三經注疏》,北京:中華書局,1983 年,上冊,第 1255 頁,上欄。

②《禮記正義》,上冊,第 144 頁。

③同注①,第 1350 頁,上欄。

④潘宗周《禮記正義校勘記》卷上。

"後三行共擠凡十四字"云云,是指第十八頁 b 面後三行文字,排行較密。b 面前五行每行二十二字,與原刻本同;第六行右行二十六字,第七行右行二十九字,第八行右行二十六字。

另,浮簽旁有紅筆書寫"司會上"三字。經文有"司會以歲之成質於天子",該頁注文有"從於司會也",故標注"司會",意謂此段經文與《周禮·天官·司會》有關。

6.卷二十六第一頁浮簽曰:"首行,別本皆作'禮記正義'。"

第一頁首行題"禮記注疏卷第二十六",與他卷作"禮記正義卷第幾"者異;版心作"禮疏十六","十六"乃"二十六"之誤。第二至四、六頁等四頁版心作"禮疏二十六",與其餘二十八頁版心作"禮記義二十六"亦異。

7.卷二十七第六頁浮簽曰:"'祥是以'、'除之大'、'但此論'、'則之君'、'也各有'、'正義曰',板頭橫斷,缺十八字。'祭'、'親存',後末行,缺三字。"

缺文二十一字是主筆書寫。此頁在刷印時,因木板右上端和左上端殘缺,導致殘缺二十一字。第五、六頁相關文字如下:

庾蔚云:"今月除君服,明月可小祥,又明月可大祥,猶若久喪不葬者也。若未有君服之前,私服已小祥者,除君服後,但大祥而可己。有君服之時己私服,或未小 祥, 是以 總謂之殷祭,而不得云再祭。殷,大也。小、大二祥,變 除之大 祭,故謂之殷祭也。禘、祫者,祭之大,故亦謂之殷祭。" 但此論 大夫、士,則不應有禘、祫。此殷是釋除之祭也,有殷事 則之君 所。鄭以爲朔月、月半薦新之奠,此又比朝夕爲大 也。 各有 所指,不嫌殷名同也。注"謂主人也,支子則否"。《正義》曰:"主人,謂適子仕官者。適子主祭祀,故二祥待除君服而後行也。若支子仕官,雖不得除私服,而其家適子已行祥祭,庶子於後無所復追祭,故云否也。"①

"祥是以"、"除之大"、"但此論"、"則之君"、"也各有"、"正義曰"十八字,正好位於第六頁 a 面前三行雙行小字之最上端,因板壞而缺。

第六頁 b 面相關文字如下:

且今年春夏雖過時,至明年會應復有春夏,故當時則 祭,過時不補前祭。祥非爲

---

①《十三經注疏》下冊,第 1397 頁,中欄。

感時,正是孝子爲存 親 , 存 親則前後無異,故除君服已伸孝心也①。

"祭"、"親"、"存"三字,位於第六頁 b 面末行雙行小字最上端,亦因板壞而殘缺。

此十八字缺文,潘本已補足,但潘宗周《校勘記》没有出校。吕本删去"正義曰"三字②,它處類此。

8.卷二十八第九頁浮簽曰:"抄補之頁末行末字下,俗本有'之禮皆小樂正詔之於東序謂祭與養老乞言及合語',凡二十一字,下乃接'之禮皆小樂正之官'云云。未審俗本之衍,抑此本抄補之脱,俟考。玩文義,似非脱者。"

卷二十八第八頁是抄補之頁。八行本經文"凡祭與養老"至"詔之於東序",下接注、疏文字;後接經文"大樂正學舞"至"大樂正授數",下接注、疏;後接經文"大司成論説在東序",下接注、疏文。

就此三段經、注、疏文字而言,阮刻本次序與八行本不一致,阮刻本是先經文,次注文,次疏文,即將三段疏文合併在一起,導致阮刻本多出"大樂至授數"、"大司成論説在東序"等十三字,否則,解釋後二段經文之疏文,便没有着落。這一經、注、疏文字次序的變化,可能始於十行本《禮記注疏》。

八行本第九頁開頭是"之禮皆小樂正"六字,但此段文字中,"之禮皆小樂正"六字出現有兩次,抄補者以爲是第二處,漏抄"之禮皆小樂正詔之於東序謂祭與養老乞言及合語"等二十一字,故第八頁 b 面第五、六、七、八行文字,與前四行相比,較爲鬆散。從上下文義而言,當補足此二十一字。潘宗周《校勘記》曰:

> 八後五以下,每行字數太疏,且疏中標起訖之"凡祭與養老至在東序"九字及下一空格,依本書例,未必有。況本書分節,將阮本此節分爲三節,皆不標起訖,尤見此處無此句,此本增此句,而字數反不足,可知其非原文。又疏文後七行至八行,"又明司成之官考課才藝深淺也"句,闌入後二節中,在阮本,三節相併其疏,着此文猶可,此本則不當着此句。凡此疑竇甚多,恐宋本原文不如此,殆宋本闕後,十行本即以意補綴,而各本從之,非原文也③。

"八後五以下",指第八頁 b 面第五行以下。潘氏所言,有一定道理。此等差異詳情,

---

① 《十三經注疏》,下册,第 1397 頁,下欄。
② 《禮記正義》,中册,第 792 頁。
③ 潘宗周《禮記正義校勘記》卷上。

不得而知,待考。吕本於此缺文,未出校語。

9.卷四十第二頁浮簽曰:"'朝服以日視朔于内朝'上,别本有'皮弁以聽朔於太廟'及注'皮弁下天子也',凡十四字。"

此浮簽本應在卷三十九第八頁上,八行本有脱文十四字,潘本已補。

10.卷四十一第二十一頁浮簽曰:"抄補之頁前七行'稱'訛'禰',前末行'由'訛'由','魯'俱訛'曾','嘗'俱訛'嘗',後十二行'辭'訛'辤'。"

第二十一頁是補抄之頁,故有此類錯誤。

11.卷四十五第十一頁浮簽曰:"第十一頁末行'事神大禮'下,别本有'並在室中'四字,下乃接'故'字云云。此本無,疑接寫時脱去。"

阮刻本亦無"並在室中"四字,不知"别本"何所指也?

12.卷四十六第十三頁浮簽曰:"缺第十三頁,誤將卷四十九第二十三頁充補。"

此卷是《學記》,缺第十三頁,而八行本用卷四十九第二十三頁《樂記》篇内容替補,蓋當時裝訂時所爲,大謬。潘本影刻時將其删去,吕本整理時據阮刻本抄補所缺文字。阮元《校勘記》曰:"大學之法節。惠棟校此節疏'不越其節分而教之','分'字起,至'自是學者之常理','自'字止,宋本闕。"①潘宗周《禮記正義校勘記》曰:"十三頁闕。阮校引惠校於'大學之法節'下,明載此處闕文,正是此一頁之起訖處。但惠即言闕文,又於闕文中有校宋語六條,可用阮本去'釋文'抄補,而以惠校正之。"②惠棟明言宋八行本缺一頁,又有"校勘記"六條,原因不明。

13.卷四十九第二十三頁浮簽曰:"子贛節,近本'吾子自執焉'注下,接'愛者'云云,至'遺聲也'五十一字;下接'寬而靜'云云,至'肆直而慈'(下更衍一'愛'字),凡二十九字;下有注三十七字,下更衍'商之遺聲也'五字;下接'商人識之'至'故謂之齊'二十四字,下更有注三十字,此本無。按疏文,疑此本訛,俟考。《石經》及元版注疏並同今本。"

八行本此段文字如下:

> 子贛見師乙而問焉,曰:"賜聞聲歌各有宜也。如賜者宜何歌也?"子贛,孔子弟子。師,樂官也。乙,名。聲歌各有宜,氣順性也。師乙曰:"乙,賤工也,何足以問所宜? 請誦其所聞,而吾子自執焉。樂人稱工。執,猶處也。寬而靜、柔而正者,宜歌《頌》。廣大而靜、疏達而信者,宜歌《大雅》。恭儉而好禮者,宜歌《小雅》。正直而靜、廉而謙者,宜歌《風》。肆直而慈愛者,宜歌《商》。温良而能斷者,宜歌《齊》。夫歌者,直己而

---

①《十三經注疏》,下册,第1526頁,上欄。
②潘宗周《禮記正義校勘記》卷下。

陳德也,動己而天地應焉,四時和焉,星辰理焉,萬物育焉。故《商》者,五帝之遺聲也,商人識之,故謂之商。《齊》者,三代之遺聲也,齊人識之,故謂之《齊》。"

阮刻本此段文字如下:

　　子贛見師乙而問焉,曰:"賜聞聲歌各有宜也。如賜者宜何歌也?"子贛,孔子弟子。師,樂官也。乙,名。聲歌各有宜,氣順性也。師乙曰:"乙,賤工也,何足以問所宜? 請誦其所聞,而吾子自執焉。樂人稱工。執,猶處也。愛者,宜歌《商》。溫良而能斷者,宜歌《齊》。夫歌者,直己而陳德也。動己而天地應焉,四時和焉,星辰理焉,萬物育焉。故《商》者,五帝之遺聲也。寬而靜、柔而正者,宜歌《頌》。廣大而靜、疏達而信者,宜歌《大雅》。恭儉而好禮者,宜歌《小雅》。正直而靜,廉而謙者,宜歌《風》。肆直而慈愛。此文換簡失其次。"寬而靜"宜在上,"愛者宜歌商"宜承此下行。讀云"肆直而慈愛者,宜歌商。"《商》。宋詩也。愛,或爲"哀"。直己而陳德,各因其德,歌所宜。育,生也。商之遺聲也,商人識之,故謂之《商》。《齊》者,三代之遺聲也,齊人識之,故謂之《齊》。"云"商之遺聲也",衍字也,又誤。上所云"故《商》者,五帝之遺聲也",當居此衍字處也。

此條浮簽所言,是指《樂記》中"子贛"一節經文、注文有錯亂,阮元、潘宗周《校勘記》也指出此問題,但他們的依據都是鄭玄注。鄭玄注在"肆直而慈愛"注曰:

　　此文換簡失其次。"寬而靜"宜在上,"愛者宜歌商"宜承此下行。讀云"肆直而慈愛者,宜歌商。"《商》。宋詩也。愛,或爲"哀"。直己而陳德,各因其德,歌所宜。育,生也。

在"故謂之《齊》"下注曰:

　　云"商之遺聲也",衍字也,又誤。上所云"故《商》者,五帝之遺聲也",當居此衍字處也。

從鄭玄注文可知,鄭玄看到的版本,此段經文已經錯亂,故鄭玄説"此文換簡失其次"。鄭玄注文,糾正此段經文四處錯誤:

(1)"寬而靜"至"慈愛"四十九字當在上,下接"愛者宜歌《商》"五字;

(2)"肆直而慈愛愛者,宜歌《商》",讀云"肆直而慈愛者,宜歌《商》",即衍一"愛"字;

(3)"商之遺聲也"五字,是衍文;

（4）"故《商》者，五帝之遺聲也"九字，當在"商之遺聲也"位置。

八行本正是依據鄭玄注文，將此段經文乙正，並將鄭注"此文換簡失其次"至"當居此衍字處也"八十七字注文全部刪除，但並没有將孔穎達解釋注文之疏文刪除，導致疏文無法與注文對應。孔穎達説："此經倒錯，上下失叙，今依鄭之所注，次而解之。所次依《史記·樂書》也。"

將八行本此段經文與《史記·樂書》①相校，除"正直而静廉"，《史記》作"正直清廉"；"識"，《史記》作"志"外，其餘全同。

阮元《校勘記》曰：

> 而吾子自執焉。此下經注，各本及《石經》並同，惟《考文》云："宋板自'執焉'下，接'寬而静'云云；'而慈愛'下，接'者宜歌商'云云；'五帝之遺聲也'下，接'商人識之'云云。校各本，經文刪去一'愛'字及'商之遺聲也'五字，又刪去注'此文換簡'以下五十七字及云'商之遺聲也'以下三十字。"山井鼎云："宋本此經次序，與諸本異，注亦有闕略，蓋隨《注》意改其次序，併刪去《注》文也。"按：陳澔《集説》本經文"自而吾子自執焉"以下至"商人識之"以上，多所倒置，蓋依用興國于氏本，亦與宋板合。

阮元校語，謂日本山井鼎所見宋板和衛湜《禮記集説》，此段經文次序，與八行本相同。

潘宗周《校勘記》曰：

> 二十三前七，"寬而静"以下，至"五帝之遺聲也"，直接"商人識之"句，次序與阮本不同。阮本有注，言其"換簡失次"，據阮校各本及《石經》皆同。惟《考文》宋本，一遵注説移置，遂去其注，正與此本同。所刪之注，除明換簡失次之外，尚有"商宋詩也愛或爲哀直己而陳德者因其德歌所宜育生也"二十三字，此本並刪。《史記·樂書》所用《樂記》文，正同此本。其引鄭注，多"肆直也"三字，而少"商宋詩也愛或爲哀"八字。按：《史記集解》引鄭不必全，但所引必爲《禮》注原有，宜補三字。此本所刪之注，其文曰"此文換簡失其次寬而静宜在上愛者宜歌商宜承此下行讀云肆直而慈愛者宜歌商商宋詩也愛或爲哀直己而陳德因其德歌所宜育生也"。此下經文"商人識之"句上，阮本又衍"商之遺聲也"五字，而於"齊人識之"句下，又多注文云"云

---

① 司馬遷《史記》，北京：中華書局，1982 年，第 4 册，第 1233 頁。

商之遺聲也衍字也又誤上所云故商者五帝之遺聲也當居此衍字處也"三十字,此本皆删①。

潘氏校記,揭示三個問題:

(1)八行本此段經文次序,與《考文》所言宋板相同,但與阮刻本及所依據之各校本不同;

(2)八行本此段經文次序,與《史記·樂書》所引一致,但裴駰《史記集解》徵引鄭玄注文,多"肆直也"三字,而少"商宋詩也愛或爲哀"八字,可補鄭注之缺。

(3)指出八行本删除鄭注八十七字。

但潘氏所言,脱漏"各因其德"之"各"字。

對此段之錯亂,王夢鷗先生認爲:"今按所指換簡失次之處,《史記·樂書》所載者皆未失次,可見其換簡失次,乃在此篇文章補入《史記》之後。易言之,《禮記·樂記》出在《樂書》之後,其理甚明。"②王氏所言,可備一家之言。

吕本《校勘記》曰:

"愛者宜歌商"至"故謂之商"。此段經文及注文,乃據阮本、岳本、撫本、互注本,非據八行本。八行本此段經文順序與《唐石經》及他本異,且有逕删經文及鄭注等情,蓋據興國于氏本也。此種做法雖事出有因,但全失經注原貌,不足爲訓,且與八行本全書體例亦異。因此,此段經注未用八行本,而代之以岳本③。

吕先生整理《禮記正義》,底本爲潘宗周所影刻之八行本,但鑒於"此種做法雖事出有因,但全失經注原貌,不足爲訓,且與八行本全書體例亦異",故"此段經注未用八行本,而代之以岳本"。這樣,就使得八行本解釋鄭注之疏文有了着落,不至於有"無的放矢"之嫌疑。

阮元《校勘記》曰:"陳澔《集説》本經文'自而吾子自執焉'以下至'商人識之'以上,多所倒置,蓋依用興國于氏本,亦與宋板合。"吕先生校語亦曰:"八行本此段經文順序與《唐石經》及他本異,且有逕删經文及鄭注等情,蓋據興國于氏本也。"興國于氏本《樂記》此段經文次序,是否就與八行本一致,尚難以確定。阮元所言,有推測嫌疑。

興國于氏本《禮記注》,是與余仁仲本《禮記注》相提並論的宋代善本,它的特點是經

①潘宗周《禮記正義校勘記》卷下。
②王夢鷗《禮記校正》,臺北:臺灣藝文印書館,1975 年,第 297 頁。
③《禮記正義》,中册,第 1570 頁。

文、注文均有句讀，附有釋文，且釋文不是分散在原文之下，而是將釋文逐段散入該段經注之下，形成釋文"率隔數頁，始一聚見"的局面①。這種體例是釋文附錄在經注之後的較早形式。陳澔《禮記集説》"凡例"曰："校讎經文：蜀大字本、宋舊監本、興國于氏本、盱郡重刊廖氏本、建本注疏、南康《經傳通解》。"②陳澔依據校讎《禮記》經文版本達六種之多，就《樂記》此段經文之更改，阮元確定爲依據興國于氏本，證據不足。陳澔之校改，不排除參考八行本之可能。

14.卷五十一第二十七頁浮簽曰："廿七頁前四行云：'有父母之喪'下，近本有'當在殯宮者既遭父母之喪'十一字，下方接'兄弟'云云，此本無，俟考。"

浮簽所言是疏文，阮刻本疏文如下：

> 云"有父母之喪，當在殯宮"者，既遭父母之喪，兄弟悉應同在殯宮③，不得有在異宮而死之④。所以在異宮死者，以其疾病或有歸者，故得異宮而死⑤。

此段疏文是解釋注文"有父母之喪，當在殯宮而在異宮者，疾病或歸者。"家有父母之喪事，兄弟本應在殯宮，然因疾病等原因，死於異宮。八行本脱"當在殯宮者既遭父母之喪"十一字，如果沒有此十一字，則疏文不完整。

15.卷五十二第十五頁浮簽曰："第十四頁後末行'二十五家爲'下，近本有'閭閭置一胥中士也六遂之内二十五家爲'，凡十七字。此本無，疑脱。"

浮簽所言是疏文，阮刻本疏文如下：

> 按《周禮》六鄉之内，二十五家爲閭，閭置一胥，中士也。六遂之内⑥，二十五家爲里，里置一宰，下士也⑦。

此段經文言，如果姑姑或姊妹出嫁以後沒有兒子，丈夫去世後就讓丈夫家的族人來

---

①《宋代經書注疏刊刻研究》，第47頁。
②陳澔撰，虎維鐸校點《禮記集説》，北京：北京大學出版社，2009年，《儒藏》精華編，第55冊，第11頁。
③阮元《校勘記》曰："閩、監、毛本同。盧文弨云：'宋本脱"當在殯宮者既遭父母之喪"十一字。'"
④阮元《校勘記》曰："閩、監、毛本同。盧文弨云：'"之"下疑脱一"理"字。'孫志祖云：'"之"下當脱"事"字。'"
⑤《十三經注疏》，下冊，第1561頁，上欄。
⑥阮元《校勘記》曰："閭閭置一胥中士也六遂之内二十五家爲，閩、監、毛本同。《考文》云：'宋板此十七字無，衛氏《集説》同。'"
⑦《十三經注疏》，下冊，第1566頁，上欄。

主持喪事;如果連族人也沒有,就請鄰居來主持喪事;如果沒有鄰居,就請里尹等地方長官主持喪事。故鄭玄注曰:"喪無無主也。里尹,閭胥、里宰之屬。""按《周禮》"以下疏文,正是解釋"閭胥、里宰之屬"疏文的。所以,沒有"閭閭置一胥中士也六遂之內二十五家爲"十七字,則疏文不完整。

16.卷五十三第二十一頁浮簽曰:"近本以下'君設大盤'一節、注及疏凡七百餘字,在'始死'節上。"

經文"君設大盤"至"君大夫士一也"及其注、疏文字約七百餘字之位置,諸本不一。阮刻本在經文"始死遷尸於牀"之上。阮元《校勘記》曰:

> 惠棟校云:"'君設'節,宋本自在'管人汲授御者'節之後。"按:坊本、陳澔《集說》依用興國于氏本,移置亦如此①。

八行本將這七百餘字,移置在經文"管人汲授御者"至"濡濯棄於坎"及其注、疏文字之後,其依據是鄭玄注文。鄭玄在"君設大盤"一節後注曰:

> 此事皆沐浴之後,宜承"濡濯弃於坎"下,札爛脱在此耳②。

則此段文字錯亂,是因爲簡册爛脱,鄭玄所見,即是如此。八行本、陳澔《禮記集説》將其更正,是正確的。但阮元又謂陳澔依據興國于氏刻本,不知何據?

17.卷五十八第二十三頁浮簽曰:"廿二頁後四行疏十七字,近本無。近本以下'子曰慎聽之'節疏'正義曰'云云至廿五頁後四行'和合者也'千餘字,爲'子貢越席而對'節疏。下'禮也者'三節,在'慎聽之'節注下,疏並附後。"

此浮簽所説,是指八行本《仲尼燕居》篇經、注、疏的排列次序,與阮刻本不同。

八行本《仲尼燕居》篇排列次序是:"仲尼燕居"至"無不徧也"爲第一節,"子貢越席而對曰"至"給奪慈仁"爲第二節,"子曰師"至"不能教也"爲第三節,"子貢越席而對曰"至"以禮樂相示而已"爲第四節,"子曰禮也"至"於禮虚"爲第五節,"子曰制度"至"其在人乎"爲第六節,"子貢越席而對曰"至"古之人也"爲第七節,"子張問政"至"若發矇矣"爲第八節,每節注文分列經文之下,疏文置於每節之後。

阮刻本《仲尼燕居》分爲六節,第一、二、三節經、注、疏次序,與八行本相同。阮刻本第四節自"子貢越席而對曰"至"如此則無以祖洽於衆也",第五節自"子曰慎聽之"至"古

---

① 同注《十三經注疏》,下册,第 1578 頁,中欄。
② 同注①,第 1575 頁,下欄。

之人也",第六節就是八行本第八節之内容。也就是説,阮刻本將八行本之第四、五、六、七四節,合併爲第四、五兩節。每節注文分列經文之下,疏文仍然是置於每節之後。但因阮刻本將八行本四節合併爲兩節,導致四節之疏文也合併爲兩節。

阮刻本的具體合併法是將八行本第四節中之"子貢越席而對曰"至"如此則無以祖洽於衆也"變爲第四節,將八行本第四節中之"子曰慎聽之"至"以禮樂相示而已"一節,與八行本第五、六、七節合併爲第五節。故阮元《校勘記》曰:

> 惠棟校云:"'子曰慎聽之節',宋本分'以禮樂相示而已矣'之上,合'子貢退節'爲一節。'子曰禮也者'至'其在人乎'另爲一節,'子貢越席'至'古之人也'另爲一節。"①

惠棟所言宋本,正是八行本。

18.卷五十九第十三頁浮簽曰:"十三頁前四行疏'正義曰'三字,當在'注車於至位等'六字下,此訛。"

按照八行本體例,往往是在解釋文字前,加"正義曰"三字,而此處將"正義曰"三字置於所疏注文起訖之上,有悖體例,故指出其錯訛。

19.卷六十一第三十頁浮簽曰:"末頁末行尾'分'字疑衍。"

第三十頁a面第七行下端有一"分"字,與上文相距三字空格,意思不連,當是衍文。潘宗周《校勘記》曰:"三十前七行雙上已畢,後懸空,於行末着一'分'字,衍文。"②甚是。

這十九條浮簽,筆跡一致,蓋出自一人之手。第三條浮簽中提及"阮刻本",則撰寫浮簽者曾將八行本與阮刻本對校,發現如上許多差異,一一寫於浮簽,黏貼於八行本相關頁面之上,撰寫時間應該是在清代嘉慶二十年(1815)以後。

浮簽涉及内容大致分爲四個方面:一是指出八行本與他本之間的文字異同,二是揭示八行本部分章節經、注、疏的排列次序與他本的差異,三是説明八行本依據鄭注對部分因簡册錯亂而導致的經文錯亂做了順序調整,四是提出八行本最早補刻時間是慶元己未年,即一一九九年。這些浮簽内容,對於我們瞭解八行本,有很好的幫助作用。

五、八行本《禮記正義》的文獻學價值

爲了進一步説明八行本的文獻學價值,我們以八行本爲底本,用《中華再造善本》影

①《十三經注疏》,下册,第1616頁,上欄。
②潘宗周《禮記正義校勘記》卷下。

印的南宋孝宗趙昚淳熙四年(1177)二月撫州公使庫刻本(簡稱"撫州本")、南宋孝宗時期余仁仲刻本(簡稱"余仁仲本")、南宋紹熙年間福建建陽坊刻本《纂圖互注禮記》(簡稱"紹熙本")、南宋孝宗乾道初年婺州義烏酥谿蔣氏崇知齋刻巾箱本《禮記注》(簡稱"婺州本")、阮元校刻《十三經注疏》本《禮記注疏》爲對校本,將《王制》篇中文字差異一一列出,考量八行本的文獻價值。

八行本《王制》篇始於《禮記正義》卷十五,終於《禮記正義》卷二十,共計六卷。

(一)八行本優勝者

1.卷十五第四頁 a 面第二行①"唯天子畿内不增",余仁仲本、婺州本、紹熙本、阮刻本同,撫州本"畿内"下有"千里"二字,非。

2.卷十五第七頁 a 面第四行"不命於天子",撫州本、婺州本、紹熙本、阮刻本同;余仁仲本"天子"作"夫子",非。

3.卷十五第九頁 b 面第三行"下當其上大夫",撫州本、余仁仲本、婺州本、阮刻本同,紹熙本脱"上"字,非。

4.卷十五第九頁 b 面第五行"其位爵同",撫州本、婺州本同,余仁仲本、紹熙本、阮刻本作"爵位"字,非。

5.卷十五第十一頁 a 面第八行"并四十六",余仁仲本、婺州本、紹熙本同,撫州本、阮刻本"四十六"作"四十九"字,非。上既云"一州封地方五百里者四,四百里者六,三百里者十一,二百里者二十五",綜四、六、十一、二十五計之,共應"四十六",則非"四十九"明矣。

6.卷十五第十四頁 a 面第八行"雖其致仕",撫州本、婺州本、《正義》②同,余仁仲本、紹熙本、阮刻本"其"作"有"字,非。

7.卷十五第十六頁 a 面第六行"方千里者二十五也",撫州本、婺州本同,余仁仲本、紹熙本、阮刻本脱"也"字,非。

8.卷十六第十頁 b 面第五行"下卿再命",撫州本、余仁仲本、紹熙本、阮刻本同,婺州本"再命"作"再拜"字,非。

9.卷十六第十二頁 a 面第四行"亦弗故生也",撫州本、余仁仲本、婺州本、紹熙本、阮刻本同,撫州本墨筆改"亦"作"示",非。阮元《校勘記》曰:"亦弗故生也,《石經》、岳本、

---

①此卷數、頁數和行數,是指八行本之卷數、頁數和行數,下同。
②《正義》指孔穎達《禮記正義》文字。

嘉靖本、宋監本同，惠棟校宋本‘亦’作‘亦’，閩、監、毛本‘亦’誤‘示’，衛氏集說同。按：《正義》云：‘非但不使，意在亦不欲使生。’正疏經文‘亦’字。《石經考文提要》云：宋人大字本、余仁仲本、劉叔剛本、《禮記纂言》皆作‘亦’。”阮說是。

10.卷十七第五頁a面第三行“鹹或爲國”，撫州本、余仁仲本、婺州本、阮刻本同，紹熙本“鹹”上有“○”號，將“鹹或爲國”四字混入《釋文》，非。

11.卷十七第十七頁a面第四行“別子始爵者”，撫州本、余仁仲本、婺州本、阮刻本同，紹熙本“別子”作“別祖”，非。

12.卷十八第八頁a面第二行“不稅其物”，撫州本、余仁仲本、婺州本、阮刻本同，紹熙本脫“其”字，非。

13.卷十八第八頁a面第三行“則無門關之征”，《周禮·地官·司關》、余仁仲本、婺州本、紹熙本、阮刻本同，撫州本重“征”字，非。

14.卷十八第十一頁a面第五行“觀寒燠燥濕”，撫州本、余仁仲本、紹熙本、阮刻本同，婺州本“寒”作“塞”字，非。

15.卷十八第十二頁a面第四行“謂氈裘與絺綌”，撫州本同。余仁仲本、紹熙本、阮刻本作“旃裘”，婺州本作“氈裘”，阮元《校勘記》曰：“氈，正字；旃，假借字。”余仁仲本、紹熙本、阮刻本作“絺綌”，婺州本“綌”作“綌”，非。

16.卷十九第一頁b面第五行“使轉徙其序”，婺州本同，撫州本、余仁仲本、紹熙本、阮刻本“序”作“居”，非。

17.卷十九第三頁a面第二行“使之偪寄於夷狄”，撫州本、余仁仲本、紹熙本、阮刻本同，婺州本“寄”作“守”，非。

18.卷十九第十一頁a面第六行“一宥曰不識”，撫州本、余仁仲本、婺州本、阮刻本同，紹熙本“識”作“職”，非。

19.卷十九第十一頁b面第六行“爲其爲害大”，撫州本、余仁仲本、婺州本、阮刻本同，紹熙本“害”作“善”，非。

20.卷十九第十七頁b面第七行“群臣奏歲事”，撫州本、余仁仲本、婺州本、阮刻本同，紹熙本“奏”作“奉”，非。

21.卷十九第十七頁b面第八行“質猶平也”，撫州本、婺州本同，余仁仲本、紹熙本、阮刻本脫“猶”字，非。

22.卷十九第十八頁a面第五行“此三官之屬”，撫州本、余仁仲本、紹熙本、阮刻本同，婺州本“三”作“正”，非。

23.卷二十第一頁a面第七行“在王宮之左”，撫州本、余仁仲本、紹熙本、阮刻本同，婺州本“宫”作“言”,非。

24.卷二十第七頁b面第二行“有虞氏十二章”,撫州本、婺州本、阮刻本同,余仁仲本、紹熙本“二”作“三”,非。

25.卷二十第七頁b面第三行“其冠則牟追”,撫州本、婺州本同,余仁仲本、紹熙本、阮刻本“牟”作“弁”,非。

26.卷二十第十一頁b面第一行“方十里者”,撫州本、余仁仲本、婺州本、阮刻本同,紹熙本“十”作“七”,非。

八行本是經、注、疏合刊本,不附陸德明《釋文》;余仁仲本、紹熙本是經注本,阮刻本是經、注、疏合刊本,均附有《釋文》;撫州本、婺州本是經注本,未附《釋文》。在以上二十六條中,均是八行本中涉及經文、注文者,涉及經文者有四條,涉及注文者有二十二條。

八行本文字正確者有二十六條。其中撫州本文字正確者二十二條,訛文者二條,衍文二條;余仁仲本文字正確者十八條,訛文者五條,脱文二條,倒文一條;婺州本文字正確者二十條,訛文者六條;紹熙本文字正確者有十一條,訛文九條,脱文四條,倒文一條,注文和《釋文》混淆者有一條;阮刻本文字正確者十九條,訛文四條,脱文二條,倒文一條。

若將訛文、脱文、衍文、倒文和注文與《釋文》混淆者全部計算爲文字錯誤,在八行本二十六條全部正確的經、注文中,撫州本文字正確者有二十二條,文字錯誤者有四條;余仁仲本文字正確十八條,文字錯誤者八條;婺州本文字正確者有二十條,文字錯誤者有六條;紹熙本文字正確者有十一條,文字錯誤有十五條;阮刻本文字正確者有十九條,文字錯誤者有七條。

(二)八行本錯誤者

1.卷十五第二十一頁b面第七行“服治田出穀税”,撫州本、婺州本、阮刻本同,余仁仲本、紹熙本“服”作“能”,是。王大隆曰:“各本‘能’皆作‘服’,惟日本三井鼎《七經孟子考文》引足利本作‘甸服能治田出穀税者’,正有‘能’字,與此本合。案《考文》所引足利本,雖往往有增字以引申其義者,然此注則必有所本。《正義》引定本直云‘服治田出穀税者’,必以‘甸’已見經,不煩重出‘能者’二字,文皆可省,不有此本,何從見鄭注真面。至嘉靖本遂誤‘能’爲‘使’矣。”①王説是。

① 王大隆《余仁仲本〈禮記注〉跋》,《禮記鄭注》,臺灣:臺灣學海出版社,1979年,第866—867頁。

2.卷十八第十二頁 b 面第二行"衣毛羽穴居",撫州本、余仁仲本、婺州本、紹熙本、阮刻本作"羽毛",是。

3.卷十九第二頁 a 面第四行"造之也",撫州本、余仁仲本、婺州本、紹熙本、阮刻本"之"作"成",是。

4.卷十九第二頁 b 面第七行"■棄賢者子孫",撫州本、余仁仲本、婺州本、紹熙本、阮刻本"■"作"重",是。

5.卷十九第十八頁 a 面第一行"質王受之",阮刻本同,撫州本、余仁仲本、婺州本、紹熙本"質"作"贊",是。

八行本五條錯誤中,涉及經文者一條,涉及注文者四條;其中訛文三條,倒文一條,缺文一條。撫州本文字正確者四條,訛文一條;余仁仲本文字正確者五條;婺州本文字正確者四條,訛文一條;紹熙本文字正確者五條;阮刻本文字正確者三條,訛文二條。

若將訛文、脱文、衍文、倒文和注文《釋文》混淆者全部計算爲文字錯誤,八行本文字錯誤者五條;撫州本文字正確者四條,文字錯誤者一條;余仁仲本文字正確者五條;婺州本文字正確者四條,文字錯誤者一條;紹熙本文字正確者五條;阮刻本文字正確者三條,文字錯誤二條。

八行本《王制》篇六卷中,就經、注文字而言,八行本與撫州本、余仁仲本、婺州本、紹熙本、阮刻本等文字有差異者,前後相加共計三十一條。八行本文字正確者二十六條,文字錯誤者五條;撫州本文字正確者二十六條,文字錯誤者五條;余仁仲本文字正確者二十三條,文字錯誤者八條;婺州本文字正確者二十四條,文字錯誤者七條;紹熙本文字正確者十六條,文字錯誤者十五條;阮刻本文字正確者二十二條,文字錯誤九條。文字錯誤由少到多的版本順序依次是八行本、撫州本、婺州本、余仁仲本、阮刻本、紹熙本。

比較諸本文字差異而言,撫州本、八行本質量最好,婺州本、余仁仲本、阮刻本次之,紹熙本最差。八行本的文獻校勘價值,於此可見。

六、八行本《禮記正義》的影印與景刻

八行本在儒家經典流傳史上佔有獨特地位,學術價值極高,故備受歷代藏書家和學者的重視。潘宗周收藏到八行本以後,不僅名其家藏書處曰"寶禮堂",又委託董康以珂羅版影印八行本,然後又花鉅資景刻八行本,並邀請張元濟仔細校勘八行本,撰寫《禮記正義校勘記》二卷,足見潘氏對八行本之重視。

橋本秀美先生《東京大學東洋文化研究所所藏古籍綫裝書·禮記正義》①一文,對董康珂羅版影印之《禮記正義》有詳盡描述,其内容可綜述如下:

1.東京大學東洋文化研究所收藏兩部《禮記正義》,分别是基礎收藏和大木干一文庫收藏。《東京大學東洋文化研究所漢籍目録》著録混亂,著録基礎收藏作"禮記正義七十卷民國□年南海潘氏用家藏宋紹熙本景印",著録大木文庫收藏作"禮記正義殘二十二卷存卷第一第二第五至第二十二第六十九第七十民國□年用拙庵藏宋本景印(大)",好像是兩種不同的影印本,其實是同版,"南海潘氏用家藏宋紹熙本景印"没錯,"用拙庵藏宋本景印"是誤解惠棟跋的結果。

2.兩部影印本均是用珂羅版技術影印。當時,八行本《禮記正義》用珂羅版技術只影印二十部。珂羅版最初由歐洲産生,從其發生、興盛到最後失傳,前後不到百年時間。珂羅版影印古籍的盛行,僅僅是短暫的二三十年間的事情。日本巧匠小林氏用珂羅版影印古籍,在二十世紀二三十年代極負盛名,董康、傅增湘、羅振玉等都找他在京都做影印本。當時做珂羅版影印本,往往同時也做景刻本以便流傳。南海潘氏八行本《禮記正義》除了珂羅版影印本外,也有影刻本傳世,而且影刻本版片流傳至今,十多年前中國書店還用來重印,賣過不少。同屬越刊八行的《周禮注疏》也是珂羅版和影刻本並行。

3.兩部珂羅版影印本,基礎收藏是全本,大木文庫收藏是殘本,殘本有頭有尾,即第一本包括孔穎達序三頁、惠棟跋一頁、第一卷十三頁、第二卷十九頁,總共三十七頁;最後一本包括第六十九卷十八頁、第七十卷二十八頁、黄唐識語並校刊衘名一頁,共四十七頁,用紙極薄。中間九本,都相對厚些,内容從第五卷至二十二卷,卷次没有中斷,共計一函十一册。

4.介紹了一部八行本《禮記正義》南宋原刻的零本,只存卷第六十三。此本有據縮微膠卷還原的複製本,與基礎收藏影印本相對照,可知此本與影印本的底本是同版,但是刷印時間相當晚。文章展示了兩個本子第五頁的左半頁。圖版一是基礎收藏之影印本,所據宋本第七、第八行兩行行末二字經過修補,即"戈之"、"天作"、"故云"、"道者",共八字;圖版二是原刻零本,行末二字的修補部分已擴大爲從第二行後半至第八行,可明顯地看出版片進一步損壞的跡象(參看圖像一、二)。

①http://www.ioc.u-tokyo.ac.jp/hidemi/ajideji/2.html。

圖像一　　　　　　　　　　　圖像二

5.原刻八行本第六十三卷零本,是長澤規矩也爲日本東方文化學院東京研究所購買,時間大概在一九二八年前後,從北平琉璃廠路南韓氏翰文齋弟子高鴻猷手中購得,"東方文化學院東京研究所"後被取消,所藏古籍悉歸東京大學東洋文化研究所。至於當時長澤規矩也自己買下的另一册,當是"京都大學附屬圖書館谷村文庫"現藏的第六十四卷。這兩卷都是民國初年由清内閣大庫流出廠肆的零本,現藏日本。

通過橋本秀美先生的文章,我們得知董康用珂羅版技術影印之《禮記正義》,日本東京大學東洋文化研究所收藏兩部,一部完整,一部殘缺;另外,日本東京大學東洋文化研究所和京都大學附屬圖書館收藏有南宋原刻八行本《禮記正義》的零本,分別是第六十三卷、第六十四卷。

潘世兹先生《重印〈禮記校勘記〉弁言》曰:

> 先君以《禮記》一書卷帙之繁爲群經冠,今獲此絶世瑰寶,不欲自私,亟出矩資,依樣刻印,冀能公之於世。因延版本專家董康先生主其事,聘良工影刻精印百部,校原書略無遜色,一時傳爲美談。明訓公複取阮氏《校勘記》及歷年不同版本,與黄唐本反復讎校,並蒙張菊生世伯朝夕切磋,驗其異同得失,幾至廢寢忘餐,綜得前人所忽者不下數千條,成《禮記正義校勘記》上下卷。昔文達公拳拳以求古聖賢經傳之本

源,不爲虛浮孤陋兩途所誤云乎者。先君之用心,庶幾不負前脩之厚望矣。既脱稿,仍委董康先生募工刻印,以酬闡揚國故、昌明經學之夙願,非爲牟利計也。《校勘記》仍印百部,其字體款式一如《禮記正義》,不失宋本榘度,附于《禮記正義》之後,儼然若一整體。建國之初,世兹即稟先人遺志,將《禮記正義》並吾家寶禮堂所有宋版珍本一百餘種一千餘册,全部獻諸政府,俾此曠代寶籍,永爲人民所享用。《禮記正義》雕版,繼亦獻出,而《校勘記》版片,則因闕損甚多,仍留寒齋。動亂頻仍,早年印行之書,竟已不可多得。今中國書店有重印《禮記正義》之舉,聞之曷勝忻慶。惟《校勘記》未予付印,致令人歎惋。幸有江蘇廣陵古籍刻印社以整理古籍傳播民族文化爲己任,願設法補鐫所有闕損版片,于焉新印《禮記正義校勘記》終以問世。先人九原有知,亦當頷首稱善。曩者,是書之成篇,端賴菊生世伯弗辭勞瘁,悉心教正。先君未敢掠美,特乞一併署名,無如因辭不許。菊生世伯以畢生精力傾注於整理國粹,與夫發展現代文化事業,其勳績早爲世人景仰,區區數語,誠不足以表其萬一,聊志感戴之忱云爾①。

潘世兹先生《弁言》,專爲廣陵書社一九八六年重印《禮記正義校勘記》而作,此文有四點值得注意:一是寶禮堂影刻八行本《禮記正義》一事,也是潘宗周邀請董康主持其事,精印百部;二是潘宗周《禮記正義校勘記》上、下卷,是在張元濟先生襄助下完成;三是潘世兹先生將《禮記正義》版片及宋版古籍一百餘種一千餘册全部捐獻給政府,後中國書店據所捐獻版片重印《禮記正義》,而《禮記正義校勘記》因版片殘損而未印;四是廣陵書社曾將《禮記正義》版片補鐫完整後重印。

蕭新祺先生《景刻宋本〈禮記正義〉重印述要》説:

一九四九年新中國成立後,潘氏將辛勤搜集世代相傳的珍貴古籍並宋版《禮記正義》一齊贈給北京圖書館入藏(附見《北京圖書館善本書目》)。另景刻宋版《禮記正義》書版,贈送給上海市文物保管委員會保存。一九八四年春,中國書店與該會商妥,預備重印,今已運到北京,現已重新刷印。紙墨精良,以廣流傳,實嘉惠士林之盛舉也。附注:按此書紙本闊大,長約一尺零,寬約七寸,刊式古樸,猶有北宋榘範,因此惠棟在跋語中謂北宋槧本②。

①潘世兹《重印〈禮記校勘記〉弁言》,《復旦學報(社會科學版)》第 1 期,1987 年,第 105 頁。
②蕭新祺《景刻宋本〈禮記正義〉重印述要》,《古籍整理研究學刊》第 4 期,1986 年,第 35 頁。

　　蕭新祺先生文章,可印證潘世兹先生《弁言》所說。但更清楚地説明八行本《禮記正義》原書捐獻給北京圖書館,即今國家圖書館;請董康景刻之《禮記正義》書版捐獻給上海文物保管委員會,一九八四年,中國書店與上海文物保管委員會協商,將書版運至北京,重新刷印,紙墨精良,版式閣大。

　　關於八行本的刊刻年代及其流傳,拙文《八行本〈禮記正義〉傳本考》①、《字大如錢,墨光似漆——八行本〈禮記正義〉的刊刻、流傳和價值》及拙著《三禮研究論著提要》中"《禮記正義》七十卷"條提要②皆有揭示。結合以上所述,將八行本《禮記正義》流傳版本及其影印、景刻情況綜述如下。

　　八行本《禮記正義》七十卷,是南宋兩浙東路茶鹽司提舉黃唐於紹熙三年(1191)八月在兩浙東路茶鹽司刊刻,原藏潘宗周寶禮堂,今藏國家圖書館,卷帙完整。

　　八行本《禮記正義》七十卷之殘本現存六部:一藏國家圖書館,殘存二十八卷(卷三至四、十一至十八、二十四至二十五、三十七至四十二、四十五至四十八、五十五至六十),四册,原藏涵芬樓,有張元濟跋。據《中國古籍善本書目·經部》③載,一藏北京大學圖書館,殘存二卷,即卷一至二,共三十三頁,蝶裝;一藏上海圖書館,殘存卷數不詳。一藏日本足利學校,殘存六十二卷,缺八卷,即卷三十三至四十。一藏日本東京大學東洋文化研究所,殘存一卷,即卷六十三;一藏日本京都大學附屬圖書館,殘存一卷,即卷六十四。

　　依據潘宗周所藏八行本影印者兩次:一次是民國時期潘宗周委託董康利用珂羅版技術影印的二十部,日本東京大學東洋文化研究所收藏兩部,一部完整,一部殘缺,殘存二十二卷,即卷一至二、卷五至二十二、卷六十九至七十,共計十一册;一次是二〇〇三年十二月,北京圖書館出版社影印的二百部,每部計四函四十册,收入《中華再造善本》。

　　一九二七年,潘宗周委託董康景刻八行本《禮記正義》,重新雕版,刷印一百部;一九八五年,中國書店依據潘氏雕版重印。潘氏景刻印本和中國書店重印本,目前流傳較多,容易看到。截至目前爲止,在近九十年間,八行本《禮記正義》已經影印、景刻和重印四次,從一個側面反映了八行本《禮記正義》之珍貴。

---

①王鍔《八行本〈禮記正義〉傳本考》,《古籍整理研究學刊》第 6 期,2001 年,第 58 頁。
②《三禮研究論著提要》(增訂本)第 269—274 頁。
③中國古籍善本書目編輯委員會《中國古籍善本書目·經部》,上海:上海古籍出版社,1986 年。

七、八行本《禮記正義》與潘氏景刻本之差異

潘宗周景刻八行本《禮記正義》時,是原樣雕刻,還是有所改動? 學術界對此問題,並未措意。基本認爲潘氏景刻本與八行本完全一致。吕友仁先生整理《禮記正義》,介紹所用校勘底本時説:

> 此次點校,以中國書店一九八五年出版的景宋紹熙本《禮記正義》爲底本。此本初刻成於南宋光宗紹熙壬子(一一九二),爲《禮記》注疏合刻之第一祖本。因此本每半頁八行,故習稱八行本。因主持此本編印者爲黄唐,故又稱黄唐本。因此本初刻於越州(今浙江紹興),故又稱越州本。論者咸以此本爲"稀世之寶"。清人惠棟嘗以此八行本校毛本(即明汲古閣本),校出毛本各種錯誤凡數千條,即阮元《校勘記》中所稱"惠棟校宋本"者是也。然惠棟以八行本爲北宋本貝誤。阮元校勘《禮記注疏》時,固知八行本之佳處又在十行本之上,惜乎未能得到八行本,不得不退而求其次,以十行本爲底本,另外再借重於惠棟所校。……此八行本則是惠棟所據宋本之影刻,二者同爲一書更是毫無問題。即令二者之間小有異同,亦不及千分之一。説者有執此千分之一不合而遽斷二者爲非一書,我期期以爲不可,更幸讀者勿爲所誤①。

吕先生將中國書店重印潘氏景刻本,完全等同於八行本。

我們將八行本與潘氏景刻本(下簡稱"潘本")、中國書店重印本(下簡稱"書店本")對比,主要差異如下:

1.説明景刻時間。潘本在書首雕刻"景宋紹熙本禮記正義七十卷"、"民國丁卯仲冬南海潘氏重雕"等字,書店本同。

2.删除部分藏書印和跋文。潘本在景刻時,將各卷首頁和末頁之藏書印章,只保留部分,如第一頁未刻"寒雲秘笈珍藏之印"(朱文長印),卷一第一頁只保留"季振宜字詵兮號滄葦"(朱文方印)一方,删除其他七方印章;書尾末頁即校正官銜名頁藏書印全部删除,書尾惠棟、李盛鐸、袁克文三人跋文,全部删除,書店本同。

3.删除墨釘,補充文字。八行本卷三十九第八頁 b 面第八行最後一墨釘,潘本改作"大"字;第十一頁 b 面墨釘,潘本改作"仍不",書店本同。

----

① 《禮記正義》,上册,第8—9頁、第13頁。

　　4.更正次序,刪除衍文。八行本卷五十四第十一頁誤標爲第十頁,並置於第十頁前,頁碼排序成第十一頁、第十頁,潘本已改正。

　　5.文字殘缺或不清晰者,潘本全部補足。八行本卷二第十九頁a面第一行末尾兩字殘缺,潘本補刻"掩人"二字;卷三第十七頁b面第六、七、八三行末尾兩字,八行本很不清晰,潘本補刻,十分清楚;卷三十一第十五頁b面第一、二行上端數字殘缺,潘本補刻"各有職主"、"凡所行禮"、"下也"等字;卷六十八第十九頁b面第二至八行下端三字皆殘缺,潘本補刻"天地溫"、"之微氣"、"主人東"、"秋始其"、"象也"、"立而將"、"以恭敬"、"禮以體"、"重釋稱"、"古之"、"才藝之"、"術道今"、"令名"、"故聖人務"等四十字。

　　《禮記正義校勘記》卷上曰:"八頁原闕,今從十行本去其釋文補刻,字數正合。"此指卷三十九第八頁。八行本卷三十九有第八頁,版心計大、小字數,有"重刊費"三字,乃姓費一刻工補刻者。不知潘宗周爲何言闕?將八行本與潘本之第八頁進行校對,則知潘本於第八頁a面第一行補刻"皮弁以聽朔於太廟"八字經文和"皮弁下天子也"六字注文,第七行脱"朔月少牢"之"牢"字(參看圖像三、四)。

图像三　八行本　　　　　　　　图像四　潘本

　　潘本卷三十九第八頁b面第一行"同庖"下脱"不特殺也"四字,"疏"字下多"諸侯至同庖"五字;第五行"白牡",潘本誤刻作"白牝"(參看圖像五、六)。

圖像五　八行本　　　　　　　　　　圖像六　潘本

　　潘本補刻"皮弁"至"天子也"十四字是對的,諸本皆有;然脱"牢"、"不特殺也"等五字,"白牡"訛爲"白牝",是錯誤的,呂先生於此出校記曰:"'朔月少牢'。'牢'字原脱,據《唐石經》及諸本補。""'不特殺也'此四字原脱,他本皆有,據補。""周公白牡。'牡',原作'牝',據阮本、魏氏《要義》改。"①其實八行本有"牢"、"不特殺也"五字,潘本景刻時脱漏;"白牝"作"白牡",潘本誤刻。若以八行本作底本,則可删除此三條校勘記。

　　又,八行本卷四十六第十三頁缺,内容是《學記》疏文"分而教之"至"自是學者之常理"之"自"字止;八行本誤用卷四十九第二十三頁即《樂記》内容充補,大誤,潘本已删除。呂友仁先生《校勘記》曰:"分而教之。自此句始,至下節疏文'自是學者之常理'之'自'字止,此八行本脱一頁,惠棟校宋本同,此頁之抄補,乃據阮本而去其釋文。"②

　　一九八五年中國書店依據潘氏雕版重印時,有無更改,不得而知,經筆者抽查核對,幾乎没有差别,故將書店本與潘本視爲同一版本,是完全可以的。

　　潘宗周在景刻八行本時,極力模仿原書,字體筆劃,惟妙惟肖。如卷二第十頁是抄配者,潘本景刻,酷似原本(參看圖像七、八)。

————————

　　①《禮記正義》,中册,第 1208 頁。
　　②同注①,第 1452 頁。

圖像七　八行本　　　　　　　　　　圖像八　潘本

儘管如此，但將潘本與八行本視爲同一版本，是絕對不可以的，二者有明顯的文字差異。潘氏在景刻時，對八行本訛、脱、衍、倒等文字，多有修正，是經過仔細校勘後雕版景刻，《禮記正義校勘記》二卷就是明證。

八、潘氏《禮記正義校勘記》平議

潘宗周在景刻八行本《禮記正義》前，利用阮元校刻《十三經注疏》本《禮記注疏》，對八行本進行了仔細校勘①。潘宗周曰：

> 仍爲悉心讎校，以驗其與世行諸本之異同，計校出前人所未校及者數千條。然則昔時以阮校爲集成，今乃校出前所漏校者，若是其夥，并多有前人因校而反誤者，則以未見真本，輾轉過録他人校語，不免又生郢書燕説之誤。經書之爲國粹，自秦火已降，歷劫凡幾，次而其與天壤永爲不朽者，如故後有覯《禮記注疏》之善本者，必皆覯余所校，庶易檢尋其異同之跡，則亦與阮氏諸賢分一席於校經之列，何其幸也！……書中異同之處，與惠合者固多，不合者正不少，不合惠校而合《考文》校本者

---

①《禮記正義校勘記》首頁首行"禮記正義校勘記"七字下，有"用阮文達公校勘記覆校"十字。

尤多。阮校謂《考文》之宋板《禮記注疏》，與惠校宋本是一書，"間有不合處，不及千分之一，亦傳寫之譌，非二書有不同也"云云，亦殊未確。惠本與《考文》本，的是兩本，其證據多在逐條校語中。至黃唐本，則與其冒託爲惠校本，無甯謂其大致合於《考文》宋本，凡此皆於校語中證明之。其中發前人校記所未發，《小戴》一經之著述真相，得此本而回復不少。傳刻之功，自信不在阮氏之下，亦在校語中可指而數之。惟余自問，亦尚有漏校，覆寫時往往發現，則未發現者，必不少也。後之能讀書者，補綴而匡正之，又非徒一校者之幸！乃《禮記》一經，有以貽萬世之學者，共肩此責也矣。十七年一月十七日覆寫畢再記。南海潘宗周①。

潘氏跋文，首叙在景刻八行本《禮記正義》前，對八行本悉心校勘，撰寫"校勘記"數千條，所取得的成績，可與阮元《禮記注疏校勘記》媲美。次言惠棟校本與《考文》所據宋本，確是兩種不同的版本；八行本與《考文》所據宋本大致相合，是南宋初刻八行本《禮記正義》的不同遞修傳本。三説明潘氏景刻之八行本，就《禮記》流傳而言，功勞不在阮刻本之下，然尚有漏校，望來者匡正之。

二〇一一年三月十八——十九日，在臺灣大學文學院召開"第四節中國經學國際學術研討會"，臺灣東華大學中國文學系程克雅先生提交《民國初年南海潘氏重印本〈禮記正義〉源流及其文獻價值析論》一文，對《禮記正義校勘記》相關問題予以揭示。文章認爲潘氏《禮記正義校勘記》有六點長處：一是附經注疏標明起訖的問題，二是從書版款式文句辨惠校與此本不同的例證，三是從書版款式文句存惠校與此本相同的例證，四是此宋本與惠校宋本、《考文》宋本、衛湜《禮記集説》、阮刻本等諸版本的異同，五是校勘阮本誤字，六是阮校删字與缺字，皆言之成理，有益於學術。

那麽，潘氏《禮記正義校勘記》究竟如何？我們以《禮記正義校勘記》爲基礎，將八行本與阮元校刻《十三經注疏》本《禮記注疏》進行對比，再次加以評判。

爲方便討論，先將《禮記正義校勘記》之校記條數統計如下：

《禮記正義校勘記》卷數、條數統計表

卷數	條數	卷數	條數	卷數	條數	卷數	條數
序	3	18	23	36	36	54	79
1	12	19	16	37	18	55	33

①潘宗周《禮記正義校勘記》卷下，1928 年潘氏雕刻。

續表

卷數	條數	卷數	條數	卷數	條數	卷數	條數
2	29	20	14	38	26	56	40
3	42	21	26	39	48	57	35
4	37	22	40	40	38	58	30
5	40	23	19	41	37	59	33
6	28	24	30	42	21	60	38
7	18	25	30	43	32	61	32
8	16	26	34	44	52	62	25
9	21	27	33	45	58	63	23
10	17	28	23	46	20	64	25
11	16	29	27	47	37	65	28
12	16	30	26	48	48	66	34
13	28	31	48	49	43	67	25
14	35	32	59	50	38	68	49
15	24	33	48	51	39	69	28
16	12	34	38	52	42	70	37
17	19	35	40	53	61		

　　從上表可知，潘氏校勘八行本之校勘記多達二千二百七十五條，平均每卷多達三十二條。

　　據筆者統計，阮元校刻《十三經注疏》本《禮記注疏校勘記》有校勘記七千三百三十三條，吕友仁先生整理的《禮記正義》有校勘記二千六百○二條，二書都是彙校諸本，包括對《禮記》經文、注文、正義和釋文的校勘。而潘氏校勘記不包括對《禮記釋文》的校勘，校勘記就超過兩千條，潘氏謂"悉心讎校"，所言不虛。

　　潘氏《禮記正義校勘記》的體例是首列卷次，其次逐一排比該卷校記。每條校記先標明頁碼和前後，"前"指每頁 a 面，"後"指每頁 b 面。次注明行數和所校字之位置，"行"字下所標上、下字，"上"指雙行小字之右邊一行，"下"指雙行小字之左邊一行；"上"、"下"字下之數字，代表所校字之位置，即從本行上端往下數之第幾字，下接校勘內容。仔細閱讀潘氏《禮記正義校勘記》，潘氏校勘內容包括八個方面。

　　1.改正八行本訛誤。《禮記正義校勘記》卷上首條校記曰：

序一後七行十四字"延",當依阮本作"廷"。

鍔按：八行本"延"字，潘本、書店本、吕本均作"廷"，已改正。

《禮記正義校勘記》卷上卷第一校記曰：

三後七雙下十"一一"，此是壞字，當依阮本作"云"。

鍔按：八行本卷一第三頁 b 面第七行左第十字"一一"，潘氏認爲是"云"字之壞字。阮刻本作"云"，潘本、書店本、吕本均作"云"，是。

《禮記正義校勘記》卷上卷第三校記曰：

十後三雙上二"去"，當依阮作"云"。

鍔按：潘説是。然潘本、書店本皆作"去"，沿襲八行本之誤；吕本作"云"，未出校。潘氏景刻時，對八行本錯字，有改，有不改，沒有一定原則。若卷六第二頁 a 面第八行"公事不私議"下注文"謙若姦也"之"謙"字，當是"嫌"字之誤，潘本、書店本已改作"嫌"；卷四十九第一頁 b 面第三行"鐘聲竽瑟"之"聲"字，當是"磬"字之誤，潘本、書店本仍作"聲"。

2.指出八行本缺字。《禮記正義校勘記》卷上第二條校記曰：

二後十二行一字墨釘，阮本作"玄"。

鍔按：八行本是一墨釘，潘本、書店本、吕本均作"玄"，已補足。八行本之墨釘，潘本、書店本多據他本補足文字，若卷五第二十三頁 a 面第七行墨釘，補"昏"、"子"二字。

《禮記正義校勘記》卷上卷第三校記曰：

十前一行首"坐"字，注文略有空格，當從阮補二字。其經文云："客踐席，乃坐。"注云："客安，主人乃敢坐也。講問宜坐。"今缺"客"字、"坐"字，蓋此板右上角已缺一大"坐"字，兩小"客"字及"坐"字，補板時補經文"坐"字太大，而遺其注文兩字耳。

鍔按：八行本所缺"客"、"坐"二字，潘本、書店本同，潘氏指出缺字原因，吕本已補。吕本《校勘記》曰："'客'與下'安'字原脱，據阮本、岳本、撫本、互注本、嘉靖本補。"①

––––––––––––––––––

①《禮記正義》，上册，第83頁。

3.注明八行本之倒文。《禮記正義校勘記》卷上卷第一校記曰：

> 五前一雙上四、五"仁孫"二字，阮本倒作"孫仁"，阮校引惠校及《考文》宋本皆作"仁孫"，而皆據《漢·儒林傳》定爲宋本之誤。

鍔按："仁孫"是"孫仁"之倒文，意謂楊榮字子孫，橋仁爲大鴻臚，八行本、惠棟和《考文》所據宋本、潘本、書店本皆作"仁孫"，非，阮本是。

4.補出八行本之脱文。《禮記正義校勘記》卷下卷第四十八校記曰：

> 六後七注下，阮本有疏，除阮本疏標起訖六字，因經注並不繁重，宋本例不衍此五字，一"〇"外尚有一千零十四字。夫文字如此之多，此本竟削去，且阮亦無校語，可知諸家皆未校及。在惠校及《考文》，皆據宋本，並不校及，當是各家見宋本者，皆與阮本同，此黃唐本之可異者。錄疏文如下：

《正義》曰：皇氏以爲自此以下至"君子賤之也"是《樂言》之科。各隨文解之。此一節"民有血氣"以下，至"淫亂"以上，論人心皆不同，隨樂而變。夫樂聲善惡，本由民心而生。所感善事則善聲應，所感惡事則惡聲起。樂之善惡，初則從民心而興，後乃合成爲樂，樂又下感於人。善樂感人，則人化之爲善；惡樂感人，則人隨之爲惡。是樂出於人而還感人，猶如雨出於山而還雨山，火出於木而還燔木，故此篇之首，論人能興樂。此章之意，論樂能感人也。"故民有血氣心知之性"者，人由血氣而有心知，故血氣、心知連言之。其性雖一，所感不恒，故云"而無哀樂喜怒之常"也。"應感起物而動"者，言内心應感，起於外物，謂物來感己，心遂應之，念慮興動，故云"應感起物而動"。"然後心術形焉"者，術，謂所申道路也。形，見也。以其感物所動，故然後心之所由道路而形見焉。心術見者，即下文是也。"是故志微噍殺之音作，而民思憂"者，志微，謂人君志意微細。噍殺，謂樂聲噍戚殺小。如此音作而民感之，則悲思憂愁也。"嘽諧慢易，繁文簡節之音作，而民康樂"者，嘽，寬也。諧，和也。慢，疏也。繁，多也。簡節，易少也。康，安也。言君若道德嘽和疏易，則樂音多文采而節奏簡略，則下民所以安樂也。"粗厲猛起，奮末廣賁之音作，而民剛毅"者，粗厲，謂人君性氣粗疏威厲。猛起，謂武猛發起。奮末，謂奮動手足。廣賁，謂樂聲廣大，憤氣充滿。如此音作而民感之，則性氣剛毅也。"廉直勁正莊誠之音作，而民肅敬"者，君若廉直勁正，則樂音矜莊嚴栗而誠信，故民應之而肅敬也。"寬裕肉好，順成和動之音作，而民慈愛"者，肉，謂厚重者也。君上如寬裕厚重，則樂音順序而和諧動作，故民皆應之而慈愛也。"流辟邪散，狄成滌濫之音作，而民淫亂"者，流辟，謂君志流移不静。邪散，謂違辟不正，放邪散亂。狄成、滌濫，皆謂往來速疾。謂樂之曲折，速疾而成，疾速而止。僭濫止謂樂聲急速，如此音作，民感之，淫亂也。此六事所云“音”者，皆據君德及樂音相雜也。君德好而樂音亦好，君德惡而樂音亦惡。皆上句論君德，下句論樂音。其意易盡者，則一句四字以結之，“志微噍殺”是也。其狀難盡者，則兩句八字以結之，“嘽諧慢易，繁文簡節”之類是也；意稍可盡者，或六字以結之，“廉直勁正莊誠”是也。注“志微”至“貌也”。《正義》曰：云“志微，意細也”者，謂君德也，言君意苟細，樂聲亦苟細也，故鄭引襄二十九年吳公子札聽《鄭風》云“其細已甚”，是聽《鄭風》而知君德苟細也。云“簡節，少易也”者，謂樂聲曲折雖繁多，其節簡少，謂緩歌而疏節也。云“奮末，動使四支也”者，以身爲本，以手足爲末，故云“動使四支”。云“賁讀爲‘憤’。憤，怒氣充實也”者，以經之“賁”字，於《易》卦，賁爲飾，賁又爲大，皆非猛厲之類，故讀爲“憤”。引《春秋傳》以證之。案僖十五年《左傳》稱晉侯欲乘鄭之小駟，慶鄭諫云：小駟，鄭之所入也。言馬之血氣狡作憤怒也。云“肉，肥也”者，言人肉多則體肥，以喻人之性行敦重也。云“狄滌，往來疾貌也”者，詩云：“趚趚周道”，字雖異，與此“狄”同。詩又云“滌滌山川”。皆物之形狀，故云“往來疾貌”，謂樂之曲折，音聲速疾也。

鍔按：八行本於此脱漏疏文一千零一十四字。八行本小字雙行，每行二十二字，千餘字之脱文，幾乎是八行本兩頁的字數，然惠校和《考文》皆未提及，難以理解。呂本據阮刻本補足，並出校記曰：“‘皇氏’上，原有‘正義曰’三字，依本次整理體例删。自原書‘正義曰’三字始，至本節疏末尾之‘音聲速疾也’止，凡一千零十四字，八行本脱，據阮本鈔補。”①

5.説明八行本與惠棟所據宋本之異同。《禮記正義校勘記》卷上卷第一校記曰：

五前一雙上末“始皇深惡之”，此本“始”字缺右上角，“皇”字誤作“星”，“之”字缺。阮校引惠校云：“宋本‘皇’誤‘星’，‘之’字脱。”則此譌脱之迹，此本亦與惠校本相合，亦可以信爲即惠校本矣。然全書可證明其非惠校本者甚夥，此處之相合，殆爲黃唐本出於北宋祖本之證。

鍔按：此處差異，與惠校所據宋本合。潘本已補足“始”、“之”二字，改“星”爲“皇”，書店本、呂本同。

---

① 《禮記正義》，中册，第 1530 頁。

《禮記正義校勘記》卷上卷第一校記曰：

十二前四雙下“是決嫌疑者”句，阮校云：“閩、監、毛本同，惠校宋本‘嫌’下有‘也’字，無‘疑者’二字，是也。衛氏《集説》同。”據此，則此文作“是決嫌也”，與下文“是決疑也”爲對文。今此本不然，則非惠校之宋本。

又曰：

十三前三行“禮記正義卷第一”。阮校於“禮聞來學不聞往教”句下校語云：“惠棟校宋本，此節以上爲第一卷，卷末標‘禮記正義卷第一終’”。以下各卷之末皆有此行，皆有“終”字，今此本無“終”字，可知非惠校本。

鍔按：此二條説明八行本與惠棟所據宋本之差異。

6.説明八行本與《考文》所據宋本之異同。《禮記正義校勘記》卷上卷第三校記曰：

二前六“教於州里鄉射注云先生鄉大夫致仕者”，阮本“州里”誤作“周禮”。阮校：“閩本同，監、毛作‘教於州里’。《儀禮·鄉射》注云：‘《考文》引宋版無“儀禮”二字。’盧文弨云：‘《儀禮·鄉射》無此注，惟《鄉飲酒》注云：先生，鄉中致仕者。’”案：此本正同《考文》之宋本。自十行本譌“州里”爲“周禮”，閩本因之，監、毛本以《鄉射》爲《儀禮》篇名，遂改“周禮”爲“儀禮”，又據文義補“州里”二字，此本出而始見宋本真面。凡疏引《儀禮》各篇，但舉篇名足矣，原不必有“儀禮”字。至盧文弨，又生疑義，其實不然。《鄉射》經文“以告於鄉先生君子可也”句下注：“鄉先生，鄉大夫致仕者也。”正本文所引。惠棟以宋本校毛本，此條失校。

鍔按：此條説明八行本與《考文》所引宋本同，並辨閩、監、毛本、阮本誤“州里”爲“周禮”、“儀禮”之緣由，指出惠校於此條失校。

7.標注阮本訛誤。《禮記正義校勘記》卷上卷第一校記曰：

三前八雙上廿一“哉”，阮誤作“故”，以前無校語①。

鍔按：八行本卷一第三頁a面第八行右第二十一字“哉”，阮刻本作“故”，非。
《禮記正義校勘記》卷上卷第五校記曰：

①潘氏於卷第一第七條校記下曰：“凡今所舉，皆前校所未及。以下不更注‘前無校語’字。”

二十一前八雙上十二"觀",阮誤作"周"。案,此實《儀禮·覲禮》"乃朝以瑞玉有繅"注文,此本可貴。

鍔按:"觀",阮本作"周",非。

8.考辨前人校勘記之是非。《禮記正義校勘記》卷上卷十三校記彐:

八行七雙下廿一"同",阮本亦作"同"。阮校引盧文弨云:"此'同',亦當作'司'。"案:盧説非也。惠校於此"同"字,即不言宋有異同,觀下文兩見"同處"字樣,此句所云"爾當同此婦人與男子在一處",即下文"同處"二字所由來。

鍔按:潘説是。盧文弨認爲"同"字是"司"字之誤,非。

《禮記正義校勘記》卷上卷二十校記曰:

十一前五雙上"父齒者也"句,阮本同。阮校:"監本作'老',衛氏《集説》同。此本'老'誤'者',閩、毛本同。"案:阮校大誤。上文"父之齒隨行,兄之齒雁行",本文"輕任并,重任分,斑白者不提挈",《正義》以此爲所以待父齒者,不闌及兄齒者也。若作"老"字,成何文理?

鍔按:潘説極是。阮校"者"字是"老"字之誤,非。

潘氏校勘,不僅羅列八行本與阮刻本、惠校和《考文》所據宋本之異同,而且以按語形式,訂正訛誤,考辨是非,這是繼惠棟、阮元和日本山井鼎、物觀等學者之後,再次全面校勘《禮記正義》的傑出成果,具有重要的學術價值。

《禮記正義校勘記》之學術價值體現在四個方面:一是在參考前人研究成果的基礎上,對八行本《禮記正義》進行詳細校勘;二是指出八行本《禮記正義》文字優於他本之處及其訛錯衍倒等錯誤;三是訂正阮刻本《禮記注疏》之訛誤;四是羅列八行本與惠棟和《考文》所據宋本之異同。所以,潘氏之校勘成績,對後人研究《禮記正義》的内容和八行本之流傳,意義重大。

一九九二年至一九九五年,吕友仁先生以中國書店重印潘氏重雕本《禮記正義》爲底本,遍參諸本及阮元、潘宗周等人校勘成果,整理《禮記正義》,撰寫校勘記兩千六百多條,於二〇〇八年由上海古籍出版社出版發行,實後出轉精之作①。該書出版之後,吕先生時

---

① 王鍔《三種〈禮記正義〉整理本平議——兼論古籍整理之規範》,《中華文史論叢》第 4 期,2009 年,第 363 頁。

刻關注,後又撰寫長達六萬餘字之《校點本〈禮記正義〉諸多失誤的自我批評》一文①,其文《緣起》曰:

> 這裏所説的校點本《禮記正義》,是指二〇〇八年九月上海古籍出版社出版的由我校點的《禮記正義》(簡稱"上古本")。校點這部書,使我學到了不少東西,得以進入禮學之門,這是我要對上海古籍出版社衷心説一聲"謝謝"的。這部書的書稿是一九九二年動手,一九九六年五月交稿。現在重讀此書,發現失誤很多。承蒙北京大學《儒藏》編纂中心不棄,二〇一一年,約我重新校點《禮記正義》,給我一個難得的重讀此書的機會。温故知新,乃發現上古本《禮記正義》的失誤很多。今粗爲梳理,計有失校者四百七十九條,誤校者三十二條,破句者三百二十四處,引號失誤者一百〇三處,頓號失誤者四十二處,書名號失誤者四十四處,專名號失誤者三處,附録中失誤者五處。因爲這次校勘使用的底本是中華再造善本中的八行本《禮記正義》,而上古本使用的是中國書店一九八五年重印的景刻八行本《禮記正義》,兩家底本雖屬一個系統,但終有不同之處,所以又有僅僅適用於上古本《禮記正義》的失校十三條。此外,還有出版社在編輯過程中造成的失誤八十二條,作爲附録,綴於文後。

文章對整理本之失誤,逐一指出,甚有益於學界。吕先生之謙恭、勤奮,令後學景仰。

九、結論

八行本《禮記正義》七十卷,漢鄭玄注,唐孔穎達正義,四函四十册,包括《曲禮》上至《喪服四制》,内容完整。八行本版框高二十一·五釐米,寬十六·七釐米。半葉八行,經文大字,每行十六字,注、疏雙行小字,行二十二字,白口,左右雙邊。單魚尾,補版頁版心上記大小字數,原版頁版心不記大小字數,魚尾下題"禮記義序"、"禮記義幾",有若干頁作"禮記正義幾"、"禮記幾",惟第二十六卷前四頁和第六頁作"禮疏幾"。版心中記頁數,版心下記刻工姓名。多有補版,亦精美。真是"希世之寶"。

八行本避諱字多缺末筆,凡玄、殷、徵、匡、筐、貞、恒、桓、完、敦、等字,均缺末筆,然敬、讓、慎、惇字或缺末筆,或不缺。除缺筆避諱字外,八行本用一些異體字,但使用異體字的情況,不像南宋紹熙年間福建建陽坊刻本《纂圖互注禮記》那樣突出,相對而言,用字

---

① 吕友仁《校點本〈禮記正義〉諸多失誤的自我批評》,未刊稿。癸巳年春節前夕,吕先生發送此大作之電子版,祝賀新春,故得以拜讀。

較爲規範。

八行本鈐蓋"秋壑圖書"、"北平孫氏"、"咸熙堂鑒定"、"季振宜字詵兮號滄葦"、"滄葦"、"季振宜印"、"御史之章"、"孔"、"繼"、"涵"、"補孟"、"金章世系景行維賢"、"景行維賢"、"完顏景賢字享父號朴孫一字任齋別號小如庵印"、"完顏景賢精鑒"、"小如庵祕笈"、"任齋銘心之品"、"九萬八千松雪書屋"、"寒雲秘笈珍藏之印"、"佞宋"、"克文"、"人間孤本"、"寒雲主人"、"孤本書室"、"无垢"、"寒雲廬"、"袁克文"、"惠棟"、"定宇"、"李氏木齋"等藏書印,通過這些印章,大致反映了八行本自明末清初至今的收藏經過,自孫承澤、季振宜、吳泰來、孔繼涵、盛昱、完顏景賢、袁克文、潘宗周,最後到國家圖書館,遞藏源流十分清晰。

八行本在流傳過程中,惠棟、陳鱣、山井鼎、袁克文、傅增湘、李盛鐸、王國維、張元濟、趙萬里、汪紹楹等先生先後撰寫跋文,對八行本之版本特徵、有清以來之流傳、學術價值等,進行深入探討。汪紹楹先生認爲,惠棟據校之宋本《禮記正義》,是黃唐本之另一傳本的結論,值得學術界重視。

八行本原版有刻工者一千四百二十二頁,補版有刻工者二百八十四頁,沒有刻工者七十九頁,刻工模糊不清者五頁,加上抄配七頁,正好是一千七百九十七頁。參加八行本原版和補版的刻工共計有二百三十六位。《寶禮堂宋本書録》記載八行本的刻工姓名,與實際情況有差異,少收范華、蔣榮、蔣仲、李俊、馬表、馬昇、天宗、章志、方、俊、王、徐等十二位原版刻工和北庫、陳寧、胡之、任韋、楊采、廖先、余敬、余生、俞言、占讓、張具、庀、余等十三位補版刻工,合計少收刻工二十五人;多收馬林、王祐、李彥、周全、陳彥、蔣暉、張昇、賈祐、楊來、俞聲、陳、徐、九等十三位刻工。從補板刻工得知,八行本印刷時間可能在元代末期,八行本應該是"宋紹熙三年兩浙東路茶鹽司刻宋元遞修本"。

八行本有十九條浮簽,筆跡一致,蓋出自一人之手。第三條浮簽中提及"阮刻本",浮簽作者曾將八行本與阮刻本對校,題寫浮簽的時間應該是在清代嘉慶二十年(1815)以後。浮簽內容或指出八行本與他本之間的文字異同,或揭示八行本經、注、疏文排列次序與他本的差異,尤其是提出八行本最早補刻時間是慶元己未年,即一一九九年,甚有價值。

通過對八行本《王制》篇即《禮記正義》卷十五至二十計計六卷之校勘,就經、注文字而言,八行本與撫州本、余仁仲本、婺州本、紹熙本、阮刻本等文字有差異者,前後相加共計三十一條。八行本文字正確者二十六條,文字錯誤者五條;撫州本文字正確者二十六條,文字錯誤者五條;余仁仲本文字正確者二十三條,文字錯誤者八條;婺州本文字正確者二十四條,文字錯誤者七條;紹熙本文字正確者十六條,文字錯誤者十五條;阮刻本文字正確者二十二條,文字錯誤九條。文字錯誤由少到多的版本順序依次是八行本、撫州本、婺州本、余仁仲本、阮刻本、紹熙本。比較諸本文字差異而言,撫州本、八行本質量最好,婺州本、余仁仲本、阮刻本次之,紹熙本最差。

近九十年間,八行本先後四次影印、景刻和重印,即一九二七年,潘宗周委託董康用珂羅版技術首次影印八行本,同時又景刻八行本;一九八五年,中國書店依據潘氏景刻版重印;二〇〇三年,北京圖書館出版社依據國圖所藏又一次影印。潘氏景刻本即潘本與八行本之間有明顯的文字差異,不可視爲同一版本,應當做兩個版本對待。

潘宗周《禮記正義校勘記》上下卷羅列八行本與阮刻本、惠校和《考文》所據宋本之異同,訂正訛誤,考辨是非,是繼惠棟、阮元和日本山井鼎、物觀等學者之後,全面校勘《禮記正義》的又一重要成果。呂友仁先生整理的《禮記正義》,以一九八五年中國書店重印之潘本爲底本,充分吸收阮元、潘宗周等人校勘成果,是目前學術界最好的《禮記正義》整理本。

二〇一三年六月四日初稿
二〇一四年三月七日二稿

作者簡介:王鍔,男,1965 年生,古典文獻學博士。現任南京師範大學文學院古典文獻專業教授,博士生導師。主要研究方向爲古文獻學、《三禮》。

清考據學家洪頤煊著述存佚考[*]

胡正武

　　清朝考據學家洪頤煊(1765—1837),字旌賢,號筠軒,晚號倦舫老人,清浙江省台州府臨海縣(今浙江省臨海市)人,活躍於嘉慶道光間。少時與兄坤煊、弟震煊皆致力於學問,才華穎發,不可自掩,時人有"三洪"之目。嘉慶二年(1797)著名學者浙江學政阮元視學台州,嘉其兄弟好學有識,親書"鄂不館"額以贈之,並調頤煊與震煊入省城杭州敷文書院肄業①。嗣後阮元建立詁經精舍,收羅嗜學之士深造之,頤煊與震煊得以問學門下,學業益進。在杭州求學深造期間,幫助阮元編纂《經籍纂詁》,被《經籍纂詁》的主要編纂者臧鏞堂目爲"大洪淵博、小洪精銳,兩君卓識,吾不及也"②。其間洪頤煊又得到著名學者孫星衍(淵如)、王昶(蘭泉)等人的賞識、指導與揄揚,其才其學遂在學林中聲名鵲起。嘉慶辛酉(1801),浙江學使劉信芳取充選拔科。嘉慶壬戌(1802),入都應朝考,未中式,遂留館於山東督糧道孫星衍德州使署七年。後以累薦不得售,援例入貲就直隸州州判,簽發廣東試用,歷署羅定州州判及攝新興縣事。適值阮元調任兩廣總督,(阮)深知洪頤煊爲人短於吏治而長於文學,遂邀與隨轅爲巡捕官,不以名位論尊卑,而以師弟禮優待之,暇時輒與談經辨史。平日讀書買書藏書著書,從無虛時。道光八年(1828)回歸鄉里,優游林下,仍然手不釋卷,讀書著述不輟。一生著述頗豐,内容廣涉四部,其中以經史考據之作爲多。著有《筠軒詩鈔》、《筠軒文鈔》、《台州札記》、《平津讀碑記》、《孔子三朝記》、《管子義證》、《漢志水道疏證》、《讀書叢録》、《禮經宫室答問》、《竹書紀年考證》、《穆天子傳校正》、《經典集林》、《孝經鄭注補證》、《諸史考異》、《尚書洪范五行傳論集

　　* 本文爲全國高等院校古籍整理研究工作委員會 2010 年度直接資助項目《洪頤煊文集校點整理》(校點者胡正武、徐三見)研究成果之一,編號 1067。

　　①何奏簧等撰、丁伋點校《臨海縣志·儒林·洪頤煊》,北京:中國文史出版社,2006 年,第 112 頁。
　　②同注①,第 112 頁。

本》、《鄭康成年譜》（以上爲已經刊刻著作）和《倦舫書目》、《倦舫碑目》（未刊著作）等20餘種，170餘卷。卒年七十三①，《清史稿·文苑》、《清史列傳》、《清代樸學大師列傳》、《台州府志·儒林》、《臨海縣志·儒林》以及《台臨洪氏宗譜》等均有傳。

一、官私史料記載洪頤煊著述概覽

洪頤煊生平勤於著述，著作等身，現在考察其生平經歷和著述的基本依據通常有如下幾種：一是正史中有關洪頤煊的記載，主要是《清史稿·文苑三·洪頤煊傳》。二是地方志中有關記載，主要是府縣志所載史料，如民國《台州府志·儒林·洪頤煊傳》，《臨海縣志·儒林·洪頤煊》等。三是私乘所載，如民國年間臨海洪氏宗族所纂《台臨洪氏宗譜》中的《洪頤煊傳》和《藝文》等。四是洪頤煊友朋交游的有關記載，特別是台州臨海本地與之同時及其後文人學者書目或其他著作中記載的有關文字。這些從國史到私乘各類史籍所載材料大致相類，基本框架差不多，並無特別削去什麼，也無特別記載什麼。考察洪頤煊一生著述的依據，除了上述諸種官修史書與私乘所載人物傳記之外，還有《台州府志·藝文略》，《臨海縣志·藝文》等，這是專門記載地方名人著述的可靠史料，也是本文所依託的最重要的基礎。

趙爾巽、柯劭忞等纂《清史稿·文苑三·洪頤煊》載："洪頤煊字旌賢，臨海人……著《禮經宮室答問》《孔子三朝記》《管子義證》《漢志水道疏證》《讀書叢録》《台州札記》《筠軒詩文集》。"②國史限於體例與篇幅，只能簡之又簡，此地僅列舉洪頤煊著作八種（《筠軒文鈔》和《筠軒詩鈔》被合稱《筠軒詩文集》，作兩種計），遠未見洪氏著述之全貌。

喻長霖等纂《民國台州府志·儒林·洪頤煊》（此《志》成書於民國20年，民國25年上海游民習勤所承印）載："洪頤煊字旌賢，號筠軒，臨海人……館山東督糧道孫星衍署，爲撰《平津館讀碑記》十二卷……著有《禮經宮室答問》二卷、《孔子三朝記注》八卷、《管子義證》八卷、《讀書叢録》二十四卷、《台州札記》十二卷、《筠軒文鈔》十卷、《筠軒詩鈔》五卷、《校正穆天子傳》六卷、《竹書紀年》二卷（書名當作《竹書紀年考證》，《府志》是省稱）、《經典集林》三十二卷、《漢志水道疏證》五卷、《尚書古文叙録》二卷、《尚書洪范五行傳論集本》五卷、《鄭康成年譜》一卷、《孝經鄭注補證》一卷、《諸史考異》十八卷、《倦舫書

---

①《臨海縣志·儒林·洪頤煊》，第113頁。

②趙爾巽、柯劭忞等《清史稿》，《二十五史》，上海：上海古籍出版社，上海：上海書店，1986年，第10328頁。

目》十卷、《碑目》七卷。"①凡 19 種，合計 170 卷。

何奏簧等纂《臨海縣志·儒林·洪頤煊》載洪氏："館山東督糧道孫星衍署，爲撰《孫氏書目》及《平津讀碑記》二十卷……鍵戶著書，終日不倦。所著有：《禮經宮室答問》二卷、《孔子三朝記注》八卷、《管子義證》八卷、《讀書叢録》二十四卷、《台州札記》十二卷、《筠軒文鈔》十卷、《筠軒詩鈔》五卷、《校正穆天子傳》六卷、《竹書紀年》二卷（當作《竹書紀年考證》，《縣志》亦是省稱）、《經典集林》三十二卷、《漢志水道疏證》五卷、《尚書古文叙録》二卷、《尚書洪范五行傳論集本》五卷、《鄭康成年譜》一卷、《孝經鄭注補證》一卷、《諸史考異》十八卷、《倦舫書目》十卷、《碑目》七卷。"②《臨海縣志》所載共二十種，178 卷。收羅較豐。《臨海縣志》所列洪頤煊著述種數與《台州府志》合，但是卷數多出八卷。問題似出在《孫氏書目》及《平津讀碑記》二十卷，如果算兩種著作合計二十卷，則應當是一個準確的數字，若是僅《平津讀碑記》一種，則二十當爲十二之訛。今查《叢書集成初編》所收《孫氏書目》，其書名作《孫氏祠堂書目》，分内外編，内編四卷，外編三卷，整理者陶湘宣在跋中稱"《孫祠書目》内外編七卷，分部十二，略依《七志》，附益數門"云云。不知台州、臨海府縣《志》之《孫氏書目》是否就是《孫氏祠堂書目》？《臨海縣志》所稱該書目及《平津讀碑記》二十卷，看來也不能確定正是把兩種書加起來的結果。

編纂於中華民國癸未年（1943）的《台臨洪氏宗譜》卷十《洪頤煊傳》載："公生平著述甚富，名布海内，不特上充秘閣之選，高麗外使亦購其書以歸。可知流傳之甚廣矣。所著有《文鈔》《詩鈔》《台州札記》《平津讀碑記》《孔子三朝記》《管子義證》《漢志水道考證》《讀書叢録》《禮經宮室答問》《竹書紀年考證》《穆天子傳校正》《經典集林》《鄭康成年譜》《孝經鄭注補證》《尚書洪范五行傳論集本》等書，俱刊刻行世。其未梓者則有《諸史考異》《倦舫叢書》存焉。"《宗譜》所志共計 17 種，只是未載每種書的卷數。

《台臨洪氏宗譜》卷十三《藝文》載其族曾孫洪文灝《重刻地齋詩鈔跋》所載列洪頤煊著述："《尚書洪范五行傳論集本》五卷，《禮經宮室答問》二卷，《孔子三朝記》七卷，目録一卷，《孝經卷注補證》一卷，《諸史考異》十六卷，《漢志水道疏證》四卷，《校正竹書紀年》二卷，《校正穆天子傳》七卷，《鄭康成年譜》一卷，《台州札記》十二卷，《平津讀碑記》八卷，《續記》一卷，《再續》一卷，《三續》二卷，《倦舫書目》九卷，《補遺》三卷，《管子義證》八卷，《讀書叢録》二十四卷，《續録》四十二卷，《經典集林》三十五卷，《筠軒文鈔》八卷，

① 喻長霖等《台州府志》卷一百零五《儒林·洪頤煊》，上海游民習勤所承印，民國 25 年（1936），第 9 頁。
② 《臨海縣志·儒林·洪頤煊》，第 113 頁。

《筠軒詩鈔》四卷,曾叔祖諱頤煊公著。"①共 17 種,203 卷。其中計算原則同上,凡同一種著作,其後續者均不另外計算。洪文灝所羅列者卷數出入較大,其中最明顯者爲《讀書叢錄》之《續錄》四十二卷,爲其他書目所未見,亦爲刊刻傳世《讀書叢錄》(清道光二年正月初吉廣東省城西湖街富文齋刊行本,今《續修四庫全書》第 1157 册子部雜家類所收《讀書叢錄》即據此本影印)所無者。其或爲未刊稿藏諸家者?

　　清人馮登府(1783—1841,字雲伯,號勺園,又號柳東,浙江嘉興人)記載洪頤煊著述"足以不朽"者有十二種,其中《平津讀碑記》及其《續記》作一種計,不作爲兩種看,因爲此書還有《再續》和《三續》,以馮氏之記載也應當與《讀碑記》一起作爲一種來看。馮氏《小停雲山館圖記》載:"雖然寓形宇宙其跡耳,古今惟名之留爲可久。君所著書有《禮經宮室答問》二卷,《孔子三朝記注》八卷,《管子義證》八卷,《讀書叢錄》二十四卷,《平津讀碑記》八卷,《續記》四卷,《台州札記》十二卷,《筠軒文鈔》十卷,《詩鈔》五卷,《校正穆天子傳》六卷,《竹書紀年》二卷,《經典集林》三十二卷,《漢志水道疏證》四卷。皆刊播藝林,海内爭重其名,自足以不朽。"②此 12 種著述共 125 卷。這是朋友作文頌揚之事,舉其犖犖大者而載之,非如書目、藝文之類細大不捐,自然有所區別,其著述種數出入較大也合乎情理。

　　有關洪頤煊著述數量之記載肯定不止上述幾種,但是這幾種是各種書目記載之基礎則自當不容置疑。

二、洪頤煊著述存佚考察

　　斗轉星移,歲月如流。在洪頤煊去世以後,不僅其生前積聚之書籍碑版等藏品發生了重大變化,而且其著述之流傳也有較大改變。主要是清咸豐辛酉年(1861)太平天國李世賢部佔領台州,府城中著名藏書樓洪頤煊"小停雲山館"之珍藏頃刻之間灰飛煙滅,化爲烏有,洪頤煊著述亦難免遭殃。概言之,洪氏著述存世居多,少數佚失,分述如下:

(一)洪頤煊著述尚存世者

　　從上述諸種官私記載史料來看,洪頤煊全部著述除《臨海縣志》所載達到 20 種外,均

---

① 《台臨洪氏宗譜》卷十三《藝文》,臨海下塘園洪氏藏。
② 《台臨洪氏宗譜》卷十三《藝文》。

少於 20 種。但是從方志記載洪氏著作材料計算,稱其總數有"二十餘種"還是有根有據,不是向壁虛造之言。據《台州府志·藝文略》所載以及有關出版行世尚可得見爲準,洪頤煊著作如今尚存人世間者計有:

1.《筠軒文鈔》八卷。雕板印刷本,清嘉慶甲子年(1804)刊本,臨海博物館收藏,有邑人潘日初(字俊卿,號旭齋,臨海西礜人)藏書樓"三之齋"收藏印記,係潘氏舊藏之物。據有關史料記載,潘日初之收藏來自邑人前輩郭石齋"八磚書庫"藏品爲多①,石齋是洪頤煊朋友、藏書家郭協寅之號。然此本《筠軒文鈔》鈐有"黃岩九峰圖書館藏書印"和"子常"(即子裳,清末黃岩人學者王詠霓字子裳,"常"、"裳"古爲異體字②)之印,應該是 20世紀 50 年代初期土改時,台州知名學者項士元擔任台州文管會負責人到黃岩檢收回來,免遭灰燼之物。

但此本流轉已經數手,至少是從潘日初手裏轉到王詠霓,再藏于黃岩九峰書院,土改時屬遭橫掃舊物,此書散出,得遇項士元收回,也算逃過一劫了。

2.《筠軒詩鈔》四卷。清嘉慶九年刻本,又有晚清邑人藏書家黃瑞(字玉潤,一字藍叔,號子珍,其藏書樓曰"秋籟閣")鈔本,爲黃氏手鈔,行草兼備,字跡老練,可視爲黃氏晚年所鈔,封面鈐有"黃氏秋籟閣寄存"長方紅印③。臨海博物館收藏。

3.《台州札記》十二卷。其書題識爲:"清道光十三年太歲癸巳十月廿六日,臨海洪頤煊識於小停雲山館,時年六十有九。"卷首題"道光十四年(甲午,1834)孟春刊",爲洪氏家刻本,小停雲山館藏版。據《民國台州府志》卷六十九《藝文略》六《經籍考》六《史部》三記載:是書"刻入《傳經堂叢書》中,今存"。今藏臨海博物館本鈐有"臨海朱氏知止書巢藏書"之印,則係清末民初藏書家朱湛林之藏品④。

4.《平津讀碑記》八卷,《續記》一卷,《再續》一卷,《三續》二卷。此書爲洪頤煊生平代表作之一,據《民國台州府志》卷七十一《藝文略》八《經籍考》八《史部》五載:"是書客孫星衍德州使署時,見其所藏平津館碑,自周秦迄五代凡二十餘匣,因各加考證,録爲是書。翁方綱爲之序,稱其精密過於王昶《金石萃編》。又有李鑾宣、許宗彥序及自序。嘉慶二十一年(丙子,1816)刻本。再續一卷,道光六年(丙戌,1826)刊。三續二卷,十四年(甲午,1834)刊。編入《傳經堂叢書》中。今李盛鐸、朱記榮俱有重刻本。"臨海博物館收

---

① 徐三見《默墨齋續集》,北京:中國社會科學出版社,2006 年,第 96 頁。
② 許慎《説文解字》,北京:中華書局,1963 年,第 159 頁。
③《默墨齋續集》,第 97 頁。
④ 同注③,第 100 頁。

藏刻本係項士元藏品，鈐有"臨海項氏寒石草堂鑒藏書畫"之印①。清張之洞《書目答問》卷二《史部·金石第十三》載洪頤煊《平津讀碑記》八卷，《續記》一卷，《再續》一卷，《三續》二卷，爲"《傳經堂》"本。范希曾《補正》："光緒間德化李氏木犀軒、吳縣朱氏槐廬，皆刻正續九卷。"②可與《府志》所載相印證。

5.《孔子三朝記》七卷，《目錄》一卷。此書洪頤煊自序作于嘉慶十六年（辛未，1811），當時尚在山東德州孫星衍平津館，據《台州府志》所載，其刻本似以《傳經堂叢書》本爲早。此書名《民國台州府志》、《民國臨海縣志》和馮登府《小停雲山館圖記》均作《孔子三朝記注》，其《宗譜》洪《傳》與《藝文》兩處均作《孔子三朝記》，今《續修四庫全書》第 0108 册經部禮類亦作《孔子三朝記》，無注字，當以此爲正。據《民國台州府志》卷六十五《藝文略》二《經籍考》二《經部》二載："刻入《傳經堂叢書》中，《學海堂經解》本删并爲二卷。"

6.《管子義證》八卷。嘉慶己卯（嘉慶廿四年，1819）仲春刊本。此時洪頤煊尚在廣東阮元幕下爲巡捕官，與阮元談經辨史，處較爲暢快之期。據《民國台州府志》卷七十二《藝文略》九《經籍考》九《子部》一載："是書自刻入《傳經堂叢書》中，又有《積學齋叢書》本。"清張之洞《書目答問》卷三《子部·周秦諸子第一》載洪頤煊《管子義證》八卷，"《傳經堂》本"，范希曾《補正》："光緒間南陵徐乃昌積學齋重刻本。"③

7.《漢志水道疏證》四卷。此書書名前後有過改動，《洪氏宗譜》卷十《洪頤煊傳》書名作《漢志水道考證》者，當是原名，見《筠軒文鈔》卷五《漢志水道考證序》。府縣志、馮登府《圖記》及《洪氏宗譜》卷十三《藝文》載洪文灝《重刻地齋詩鈔跋》所列均作《漢志水道疏證》，且今通行本《叢書集成》初編所收《漢志水道疏證》可證，而清廣雅書局刻本亦作《漢志水道疏證》，可見洪《傳》作《考證》乃是原名，後改爲《疏證》。據《民國台州府志》卷六十七《藝文略》四《經籍考》四《史部》一載："《漢志水道疏證》四卷，國朝洪頤煊撰。是書大旨具自序，刻入《問經堂叢書》中，今廣雅書局及長洲蔣氏俱有重刻本。"清承德孫馮翼輯《問經堂叢書》，刻于嘉慶間，收書 21 種，第一種即《漢志水道疏證》。清張之洞《書目答問》卷二《史部·正史第一·正史注補表譜考證之屬》載此書作《漢志水道疏證》，爲"《問經堂》本"，范希曾《補正》有"光緒九年長洲蔣氏刻《心矩齋叢書》本，廣州局

---

①《默墨齋續集》，第 100 頁。
②張之洞撰、范希曾補正《書目答問》，南京：江蘇古籍出版社，2000 年，第 151 頁。
③《書目答問》，第 162 頁。

本"①。與《府志》所載正好可相印證。

8.《禮經宮室答問》二卷。有洪頤煊嘉慶壬申(嘉慶十七年,1812)三月五日所作題識。據《民國台州府志》卷六十五《藝文略》二《經籍考》二《經部》二載:"是書宗廟一、路寢二、明堂三、大學四,俱附以圖,刻入《傳經堂叢書》中。嚴傑又編入《學海堂經解》、《經義叢鈔》中,光緒初馬彥森有重刻本。"另有光緒十六年(1890)湖南船山書局《皇清經解依經分訂》刻本。《傳經堂叢書》既有洪氏自刻本,又有臨海馬氏師竹山房於清光緒十年(1884)二月重刻刊行之本。清張之洞《書目答問》卷一《經部·正經正注第一》載洪頤煊此書有"自著《傳經堂叢書》本,《學海堂叢書》本"②,正好與《府志》所載相印證。而未載臨海馬氏重刻本,今浙江圖書館收藏者正是馬氏師竹山房重刻本,爲"《傳經堂叢書》之一",書心魚尾下有"師竹山房重刊"字樣。

9.《校正竹書紀年》二卷。此書名《台州府志》、《洪氏宗譜·洪頤煊傳》作《竹書紀年考證》,《臨海縣志》、馮登府《圖記》作《竹書紀年》,《洪氏宗譜》卷十三《藝文》載其族曾孫洪文灝《重刻地齋詩鈔跋》作《校正竹書紀年》,則《竹書紀年考證》者殆爲原名,作《竹書紀年》是省稱,後改爲《校正竹書紀年》。據《筠軒文鈔》卷三洪頤煊《竹書紀年序》云:"庚申(嘉慶五年,1800)夏,頤煊游學武林,孫淵如觀察屬重校是書,因仍取今本,歷證群書所引,訂正於每年之下,並補脱五十餘條。"其書名或作《考證》,或作《校正》,前後據所考證進展而變。據其所作校勘訂正補脱删衍諸事,改題《校正》更爲得當。《叢書集成》初編於此書卷首版本題記中説:"《叢書集成》初編所選《范氏二十一種奇書》《三代遺書》《古今逸史》《漢魏叢書》《秘書二十一種》及《平津館叢書》皆收有此書,平津本爲洪頤煊校正厘定沈約注文,並補脱原文五十餘條。故據以排印。"則平津本《竹書紀年》是洪頤煊校正之本。故可推知此書完成於嘉慶五年,初刻於孫星衍山東德州使署時,《民國台州府志》卷六十七《藝文略》四《經籍考》四《史部》一載是書有"孫氏平津館刻本"。國家圖書館有吳縣朱記榮槐廬家塾清光緒十一年(1885)刻本洪頤煊《校正竹書紀年》,編入《平津館叢書》乙集。清張之洞《書目答問》卷二《史部·古史第四》載洪頤煊《校正竹書紀年》二卷,平津館本。范希曾《補正》:"又《四部叢刊》影印明天一閣刻本。"③

10.《校正穆天子傳》六卷。此書一名《穆天子傳校正》。府縣志、洪文灝《重刻地齋詩鈔跋》、馮登府《圖記》作《校正穆天子傳》,《洪氏宗譜·洪頤煊傳》作《穆天子傳校正》,與

①《書目答問》,第 78 頁。
②同注①,第 25 頁。
③同注①,第 97 頁。

《竹書紀年》相似，此書有可能用過《穆天子傳校正》之名，後按《竹書紀年》之例改名，止是將"校正"置於《穆天子傳》前而已。《叢書集成》初編此書卷首版本題記亦相似："《叢書集成》初編所選《范氏二十一種叢書》《三代遺書》《古今逸史》《漢魏叢書》《龍威秘書》及《平津館叢書》皆收有此書。平津本爲洪頤煊聚集各本所校定，故據以排印。"《民國台州府志》卷六十七《藝文略》四《經籍考》四《史部》一載《校正穆天子傳》六卷，"刻入《平津館叢書》中，今存"。國家圖書館藏有《竹書穆天子傳》六卷，清洪頤煊校，鄂不館於嘉慶九年（1804）刻本，即洪氏家刻本，應當是本書最早的版本。又有吳縣朱記榮槐廬家塾清光緒十一年（1885）刻本洪頤煊校正《穆天子傳》，編入《平津館叢書》。

乙集，當即此書。清張之洞《書目答問》卷二《史部·古史第四》載："《穆天子傳郭璞注》七卷，洪頤煊校。平津館本，又《古今逸史》本。"范希曾《補正》："嘉慶間鄂不館刻洪校本，潮州鄭氏龍溪精舍重刻平津館本。"①

11.《經典集林》三十二卷。此書卷數唯洪文灝《重刻地齋詩鈔跋》所載爲三十五卷，其他記載均作三十二卷，疑《重刻地齋詩鈔跋》之"三十五"爲排印錯誤。今《續修四庫全書》第1200册子部雜家類《經典集林》正是三十二卷。據《民國台州府志》卷七十三《藝文略》十《經籍考》十《子部》二載：有孫馮翼《問經堂叢書》重訂本。又《台州府志》卷七十《藝文略》七《經籍考》七《史部》四載洪頤煊有《臨海記》輯佚本一卷，"刻入《經典集林》中"。《府志》雖以《臨海記》輯本自爲一種書，但以其書本爲《經典集林》之組成部分，故不另外計算。

12.《孝經鄭注補證》一卷。據《民國台州府志》卷六十六《藝文略》三《經籍考》三《經部》三載："是書刻入《傳經堂叢書》中及《知不足齋叢書》中。"《知不足齋叢書》所收洪氏《孝經鄭注補證》一卷，係清嘉慶六年（1801）刻本②。《叢書集成初編》即據《知不足齋叢書》本排印。還有一種和刻本，書名作《孝經鄭氏解》，題"清洪頤煊補證，日本東條弘增考"，東條弘在提要中稱洪氏補證"蒐羅賅洽，斑斑可嘉"，書末跋中評"獨洪旌賢以《（群書）治要》本爲根據，而作之補證，卓乎出於二家（指朱彝尊《經義考》、余仲林《鈎沈》）之上"。係日本蜾蠃窟於文化甲戌（1814）出版。蓋爲《孝經鄭注補證》改名者③。

13.《讀書叢録》廿四卷。道光二年（壬午，1822）正月初吉廣東省城西湖街富文齋刊行本。《民國台州府志》卷七十三《藝文略》十《經籍考》十《子部》二載是書"首有宋翔鳳

①《書目答問》，第97頁。
②據國家圖書館古籍館普通古籍閱覽室藏書目録所收清鮑廷博輯《知不足齋叢書》第二十一集第1種，索書號8824。
③據日本《全國漢籍データベース》（《日本所藏中文古籍數據庫》）檢索所得。

序及自序。刻入《傳經堂叢書》中。嚴傑取其説經諸卷刻入《學海堂經解》中"。如此則選入《學海堂經解》中者僅爲"説經諸卷"而已。據國圖目録,國家圖書館藏有吳氏醉六堂刻本《讀書叢録》六册,清光緒十三年(1887)出版。清王先謙輯《皇清經解續編》刻本《讀書叢録》一册,南菁書院於清光緒十四年(1888)出版。又有《皇清經解續編》石印本《讀書叢録》一册,上海蜚英館光緒十五年(1889)出版。又有《讀書叢録節鈔》一卷本,係清姚慰祖輯《晉石厂叢書》之一種。清張之洞《書目答問》卷三《子部·儒家類第二·儒家類考訂之屬》載洪頤煊《筠軒讀書叢録》二十四卷,《台州札記》十二卷,傳經堂本①。范希曾《補正》未提供其他版本。

14.《諸史考異》十八卷。有光緒十五年(己丑,1889)廣雅書局《廣雅叢刻》本,卷終處有"南海潘乃成初校,番禺黃濤覆校"字樣。此書撰成於道光十六年(丙申,1836),洪氏自序云"道光十六年太歲丙申八月七日,臨海洪頤煊撰,時年七十有二"。是書係洪氏晚年最重要之著作,與錢大昕《廿二史考異》後先相映,並與王鳴盛《十七史商榷》、趙翼《廿二史札記》爲治中國古代史者所必讀之書。洪頤煊在此書識語中也自以爲可以自立於"考據史學"之林,"撲塵掃葉,聊補錢氏之闕"。據《民國台州府志》卷六十七《藝文略》四《經籍考》四《史部》一載此書:"始《三國志》,終《南》、《北史》,多所考證。今廣雅書局有新刻本。"清張之洞《書目答問》卷二《史部·正史第一·正史注補表譜考證之屬》"錢大昕《廿二史考異》一百卷"條下范希曾《補正》載:"洪頤煊《諸史考異》十八卷,附《讀書叢録》,廣州局本。"②據國圖目録,嗣後有清光緒二十五年(1899)上海文瀾書局石印本《諸史考異》,清光緒二十八年(1902)上海焕文書局點石齋石印本《史學叢書》四十二種第三十二册《諸史考異》。又有同年上海文瀾書局石印本《史學叢書》四十三種第32册《諸史考異》本。此書又有臺灣省臺北廣文書局於1978年影印版本。今臨海博物館所藏一種鈔本,鈐有"赤城項氏藏書"之印,係邑人著名學者項士元藏品。

15.《倦舫碑目》七卷。據《台州府志》卷七十一《藝文略》八《經籍考》八《史部》五載《倦舫碑目》七卷:《倦舫碑目》六卷,《續目》一卷,合計七卷。其書著録"正目凡一千三百六十三種,續目凡二十五種。""見《臨海新志稿》,有鈔本。"此本今尚存台州府城私人收藏家手中。詳下文。

16.《國朝名人詞翰》二卷,道光三年(1823)刊本。兩卷由名人書翰一卷,題跋一卷構成。是書爲洪頤煊所收藏之名人手跡,據書家里貫,蒐集有關資料加以編輯而成之物。

①《書目答問》,第184頁。
②《書目答問》,第89頁。

收入《傳經堂叢書》中，見下文《傳經堂叢書》。《中國叢書綜錄》作洪頤煊編，但《台州府志》卷七十三《藝文略》十《經籍考》十《子部》二將此書署名權歸於頤煊之子洪瞻墉，其提要稱："國朝洪瞻墉編。瞻墉，頤煊子也。頤煊藏有李來泰、姚文燮、米漢雯、任克溥、張士甄、甄鴻基、李念慈、嚴繩孫、劉如漢、張永祺、毛奇齡、胡會恩、周之麟、李因篤、尤侗、杜臻、徐元文、王揚昌、彭定求、黃機、曹鑒、高層雲、查培繼、吳正治、陸棻、孫在豐、邵吳遠、蔣伊、伊辟、錢中諧、方象瑛三十二人墨蹟，皆題贈臨海馮甦者。馮氏式微，此册歸洪氏，頤煊因請翁方綱、秦瀛、陳崇本、阮元、法式善、洪瑩、孫星衍、李賡芸、孫原湘、張問陶、劉鐶之、胡長齡、陳嵩慶、朱文翰、曹振鏞、王引之、胡承珙、吳榮光、姚文田、姚元之、王澤、周兆基、趙慎畛、劉彬華、張鑒、楊思敬二十七人各爲題跋，頤煊自書其後，並考三十二人爵里，刻入《傳經堂叢書》中。其真跡今藏洪氏後人。"因藏品是洪頤煊所搜集，題跋是洪頤煊請名人所作，又自己考證詞翰作者三十二人之爵里，並自書其後，由此可見《中國叢書綜錄》將此書署爲洪頤煊理由充分。然此書僅爲洪頤煊收藏當時名人書翰，非學術著作之原創，與洪氏其他學術考據之作有所不同。又因爲此書係洪頤煊之手編，頤煊"自書其後"，考證三十二人爵里等，總有其學識存於其中，故列入存書之末。

（二）洪頤煊著述已亡佚或疑爲亡佚者

1.《尚書洪范五行傳論集本》五卷。雖然據《民國台州府志》卷六十四《藝文略》一《經籍考》一《經部》一稱"有刻本"，然此書今已無覓，既無單行本，亦未見叢書本。應該就是在《民國府志》編纂成書到現在這段時間中亡佚了。

2.《古文叙録》三卷。據《民國台州府志》卷六十六《藝文略》三《經籍考》三《經部》三載洪頤煊著作尚有《古文叙録》三卷："國朝洪頤煊撰……是書第一卷言西漢古文之學，第二卷言東漢古文之學，第三卷言魏晉以後古文之變暨古文存逸，而以自漢迄唐治古文書目見於國史者終焉。大旨具自序中，今未見。"案：此書自序見《筠軒文鈔》卷三《古文叙録》，除説明三卷内容梗概外，還列有三卷所收篇目，如"弟一卷"爲"古文之始""古文篇次""西漢倡明古文之學"三個部分，"弟二卷"爲"東漢表章古文之學""東漢治古文之學"兩個部分，"弟三卷"爲"魏人變亂古文之學""魏晉以後古文之學""唐人重修古文之學""古文著録"四個部分。但不知此書何時亡佚？何以亡佚？亦未見此書刊刻、收入《傳經堂叢書》或其他叢書之類記載，蓋亡佚較早，無從稽考之故。

3.《倦舫書畫金石目録》三卷。據《民國台州府志》卷七十三《藝文略》十《經籍考》十《子部》二載洪頤煊著作尚有《倦舫書畫金石目録》三卷："國朝洪頤煊撰……是書臨海潘氏藏有鈔本。"此書逸出收列洪頤煊著述最多的《臨海縣志》記載之外,《縣志》所載"《倦舫書目》十卷、《碑目》七卷",不僅書名不同,且卷數也差異很大,應當是獨立之書,與《倦舫書目》十卷、《碑目》七卷不是異名關係。但此書鈔本今已不可得見,蓋未能幸免於難。

4.《台州金石略》一卷。《台州府志》卷七十一《藝文略》八《經籍考》八《史部》五載洪頤煊有《台州金石略》一卷,"見《倦舫書目補遺》,有刊本。今未見"。

5.《倦舫叢書》。除了《洪氏宗譜》記載外未見於其他史料,且屬於"未梓"者。疑其書爲未完成之編,或屬稿未完,亦未梓行,遂自散失不傳。

6.《倦舫書目》。《台州府志》卷七十一《藝文略》八《經籍考》八《史部》五載《倦舫書目》九卷《補遺》三卷,定爲其子洪瞻墉編。且言"是書承其父頤煊命而作。倦舫,頤煊晚年自號也",然而據洪頤煊自序:"予少年即好聚書……歷年既久,因得積有卷冊,歸里後,復多方購求,漸臻富有。今夏無事,寫成書目十一卷,計書若干卷,聊以存諸家塾"云云,則此書爲洪頤煊所手編,至少《倦舫書目》正編九卷爲自編,《補遺》三卷屬之洪瞻墉比較屬實。《書目》所錄藏書數量,《府志》據藏書家學者黃瑞稱"正編所録書凡二千四百十六部,二萬五千六卷;補遺凡四百二十部,七千六百六十九卷。總凡二千八百三十六部,三萬二千六百七十五卷。首有頤煊自序,末有瞻墉記"。洪頤煊自序作於"道光十二年太歲壬辰四月五日",即 1832 年,洪頤煊六十八歲。可惜洪頤煊之藏書及其它收藏品,在太平天國侍王李世賢部到達台州府城時幾乎全毀,《府志》引黃瑞稱:"咸豐辛酉(1861),其書悉災於寇,今存者無幾矣。"洪頤煊兄洪坤煊之曾孫洪文瀾在《重刻地齋詩鈔跋》中亦説:"自遭辛酉寇變,祖屋焚如,書板並毀。"據此,洪頤煊所編纂目録《倦舫書目》、《碑目》,雖當時未毀於兵燹,然流傳告危,迄今未見。據台州府城有關收藏家見告,《倦舫碑目》七卷尚存,並且還有洪頤煊之子洪瞻墉所續編之內容,而卷數未詳。由於收藏秘密之關係,目前難以公佈,令人扼腕。雖然如此,總比亡佚不存者差可告慰人心。至於《倦舫書目》,則已經毫無音信,也無人經眼,恐怕已經不存於人間。

7.《鄭康成年譜》一卷。《洪氏宗譜》卷十記載爲已經"刊刻行世"者,然如今無處發現,蓋佚失已久。

另外,洪頤煊著作與《傳經堂叢書》之編刻也要於此略加交代。《台州府志》記載洪氏有若干種著作刻入《傳經堂叢書》中,且據洪頤煊自己所述,傳經堂爲洪氏祖宅之一部分,洪頤煊《筠軒文鈔》卷五《宅記》云:"甬道北大門內爲傳經堂,余家所居也。……傳經堂後爲'鄂不館',嘉慶丁巳春,阮雲臺閣學視學至台,楄以贈余與樾堂者。青浦王少寇昶作《記》,錢唐徐西澗錻、朱渭卿壬繪爲圖,一時交游俱有題詩。"可見《傳經堂叢書》係洪氏自編自刻之書。如《民國台州府志·藝文略》載洪氏《平津讀碑記》即編入《傳經堂叢書》中,有李盛鐸、朱記榮刻本。另外《台州府志》記載洪頤煊之子洪瞻墭據其父藏書所編《國朝名人詞翰》一卷《題跋》一卷也刻入《傳經堂叢書》中。清張之洞《書目答問》卷一《經部·正經正注第一·儀禮之屬》錄有洪頤煊《禮經宮室答問》二卷,著錄版本爲"自著《傳經堂叢書》本,《學海堂叢書》本",又《書目答問》同卷洪震煊《夏小正疏義》四卷,附《釋音異字記》亦有"《傳經堂叢書》本,《學海堂叢書》本",范希曾《補正》云"極善"①。《書目答問》卷五《叢書目·國朝一人自著叢書目》載《傳經堂叢書》,其著者署爲洪頤煊洪震煊昆弟,並注云:"未盡。"范氏《補正》:"十三種,刻本。"②據國家圖書館古籍藏書目錄檢索,國圖收藏《傳經堂叢書》亦係臨海馬氏師竹山房編輯刊行之書,刊刻時間爲光緒十年(1884),與前文所舉浙江圖書館藏品屬同一版本。據上海圖書館編《中國叢書綜錄》第一册《彙編·獨撰類》(清代前期)載:"《傳經堂叢書》,(清)洪頤煊撰。清嘉慶道光間臨海洪氏刊本。"共收入《禮經宮室答問》二卷、《孔子三朝記》七卷目錄一卷(洪頤煊注,嘉慶十六年刊)、《夏小正疏義》四卷《異字記》一卷《釋音》一卷(洪震煊撰)、《管子義證》八卷、《讀書叢錄》二十四卷(道光二年刊)、《平津讀碑記》八卷《續記》一卷《再續》一卷《三續》二卷(《再續》道光六年刊,《三續》道光十四年刊)、《雪薖老人詩稿》四卷(洪枰撰)③、《地齋詩鈔》二卷(洪坤煊撰)、《樹堂詩鈔》一卷(洪震煊撰)、《筠軒文鈔》八卷《詩鈔》四卷、《國朝名人詞翰》二卷(洪頤煊輯,道光三年刊)、《台州札記》十二卷,凡十二種④。又據《中國叢書綜錄》所列《收藏情況表》,此叢書爲洪頤煊輯撰,首都圖書館、中國科學院圖書館、上海圖書館、浙江圖書館藏有全書,南京圖書館藏有殘本,國家圖書館未收藏⑤。收錄叢書更多更全的《中國古籍總目·叢書部·獨撰類·清代前期》所收《傳經堂叢書》十二種⑥,亦與《中國叢書綜錄》合若符契,唯其標收書爲十二種,是將《筠軒文鈔》與《詩鈔》合爲一種計算之結果。而今國家圖書館目錄檢索中可以檢索到《傳經堂叢書》,未完全。則《中國叢書綜錄》記載國圖未收藏《傳經堂叢書》亦未必準確,止是國圖所藏者爲殘本,出版者題爲臨海馬氏師竹山房本。

---

①《書目答問》,第28頁。
②同注①,第295頁。
③洪枰字平木,號雪薖,爲洪頤煊之父。
④上海圖書館《中國叢書綜錄》,上海:上海古籍出版社,1982年,第516頁。
⑤同注④,第1012—1013頁。
⑥中國古籍總目編委會《中國古籍總目·叢書部》,北京:中華書局,上海:上海古籍出版社,2009年,第1176—1177頁。

三、洪頤煊著述存佚小結

　　綜上所述,洪頤煊生平著述宏富,就瀏覽所及,其著述總共23種,今天尚存世者16種(包括私家收藏未便公佈者1種),已經亡佚或疑爲亡佚者7種(包括可能未成書者1種)。因此籠統地説洪頤煊生平著述二十餘種,一百七十餘卷,大體反映了洪頤煊著述的概貌。書籍之存亡,自有不以人的意志爲轉移者,洪頤煊著述之存之佚,亦即其例。然總體而言,其著述中學術精密,見解超卓,影響深遠者尚多留存於人世間;而其亡佚之書多非基幹之作,如有關收藏目録之類。洪頤煊不僅是清朝乾嘉學派諸大師衣鉢的傳承者,也是繼往開來的考據學家,其一生之所造就,以考據爲根基,廣泛涉獵經部、史部,成就卓著,著述繁多,爲同時和後人多所稱引,甚至遠涉重洋,爲日本學者所增考;而於子部、集部亦有所研究,其見解與主張多以論文表達之,主要收入《筠軒文鈔》中。這正是今天整理洪頤煊遺著之基礎,也是洪頤煊著作值得整理流傳之意義所在。

　　作者簡介:胡正武,男,1960年生。現任浙江台州學院中文系教授,主要研究領域爲漢語史、文獻學與浙東歷史文化。

柳詞校勘四議

陶　然　姚逸超

　　詞籍校勘，雖肇端於宋，但直到晚清王鵬運、朱孝臧、鄭文焯諸家移乾嘉學派校訂經史之法於詞籍，方成專門之學。王鵬運與朱孝臧合校《夢窗詞》，定正誤、校異、補脱、存疑、删複五例。朱孝臧《彊村叢書》則進一步發展完善了校詞之法。吳熊和先生將朱氏校勘之學總結爲尊源流、擇善本、別詩詞、補遺佚、存本色、訂詞題、校詞律、證本事八例①。這些原則對於現今之詞籍校勘仍有重要意義。鄭文焯對《樂章集》、《夢窗詞》的校勘亦用力極勤、校詞有法。晚清這三大家的校詞實踐及其體例，均較爲强調詞籍校勘的特殊性。這是由於詞體源起於音樂文藝的本質屬性所決定的，故校詞之法與校經史、詩文，頗有不同。對於唐宋時期以精通音律而著稱的幾位詞家如柳永、周邦彦、吳文英、姜夔等之詞集，校者衆多，故精善之本亦夥。但其中柳永《樂章集》雖歷經諸名家讎校，但問題尚遺留不少，對其進行重新整理，仍有必要。謹針對柳詞校勘，略述幾方面體會和思考，以就正於方家。

一、《樂章集》依調以類詞之意義

　　唐宋詞別集中詞調之宮調歸屬的標注，約有兩端：一爲依調以類詞。如《知不足齋叢書》本張先《子野詞》，乃鮑廷博據綠斐軒鈔本二卷付刻，按宮調編排，共用十四個宮調，猶存宋時編次。柳永之《樂章集》，朱孝臧以毛扆據宋本校補本刻入《彊村叢書》，亦按宮調編次，共用十六個宮調。二爲就詞以注調。如南宋嘉定刻本陳元龍注周邦彦《片玉集》，

---

　　①吳熊和《〈彊村叢書〉與詞籍校勘》，《吳熊和詞學論集》，杭州：杭州大學出版社，1999年，第150—157頁。

按春景、夏景等分類編排,每類以調編次,調下注明宮調。《彊村叢書》本吳文英《夢窗詞》則標注宮調者六十四首。又姜夔《白石道人歌曲》中之自度曲亦間注宮調。

柳永通曉音律,擅於"變舊聲,作新聲"①,故"教坊樂工每得新腔,必求永爲辭,始行於世"②。而張先、周邦彥、吳文英、姜夔等,亦與柳永同爲宋代最負知音識律之名的詞家,其詞集均依宮調編排或標注宮調,應當不是偶然的,很可能它們原來都是作爲唱本行世的。

依調以類詞,可以便利地顯示出柳永詞在北宋燕樂宮調體系中的覆蓋情況以及柳詞的宮調偏好。《樂章集》中所用宮調的分佈非常廣泛,計正宮十闋、中呂宮六闋、仙呂宮二闋、大石調二十四闋、雙調十八闋、小石調八闋、歇指調九闋、林鐘商四十四闋、中呂調十九闋、平調六闋、仙呂調三十八闋、南呂調十闋、般涉調七闋、黃鐘羽一闋、散水調二闋、黃鐘宮一闋、越調一闋。其中詞作最爲集中的是五個宮調,即大石調、雙調、林鐘商、中呂調和仙呂調。由此對柳詞涵蓋之音域及各宮調下詞作分佈的多寡、詞作的聲情特點等作進一步考察,則有可能爲考察宋代燕樂系統中俗樂、宮調、辭樂配合等問題,提供重要的啟示,對於進一步認識柳詞與宋代俗樂的關係有重要意義。

如關於宋代詞樂各宮調的聲情色彩和音韻特點,頗見於各類文獻。蘇軾嘗譏秦少游詞入小石調,《孔氏談苑》亦載少游和王仲至詩,仲至笑曰:"又待入小石調也!"③周德清《中原音韻》對北曲十七宮調的調性色彩作了描述,其中講到小石調"旖旎嫵媚",或與宋詞聲情未遠。夏承燾先生《詞律三議》一文曾討論宮調聲情問題:"正宮乃中原音韻所謂惆悵雄壯者也。今存詞調屬此者,有張子野之《醉垂鞭》,柳永之《黃鶯兒》、《玉女搖仙佩》、《雪梅香》、《早梅芳》、《鬥百花》、《甘草子》等。除柳永《早梅芳》(海霞紅)一首乃酬獻貴人者外,餘皆風情燕旎之作……凡此'旖旎嫵媚'之辭,不以入小石而以填'惆悵雄壯'之正宮,非可怪耶。"④從而得出宋人填詞但擇腔調聲情而不盡顧宮調聲情。然其中仍有可進一步思考之處。周德清《中原音韻》主要針對金元北曲,十七宮調涉及仙呂調、正宮、高平、雙調、越調、黃鐘宮、小石、商角、宮調、中呂宮、大石、歇指、角調、南呂宮、道宮、般涉、商調。其中商角、角調都屬角均。琵琶四弦,故燕樂有宮、商、角、羽四均,至南宋,角聲不用,只行七宮十二調。北宋雖有角聲,然據柳永《樂章集》、張先《張子野集》所涉宮調來看,也未涉及角均之調。元曲的音樂系統應與宋樂系統既頗有差別,而宮調之

①胡仔《苕溪漁隱叢話後集》,北京:人民文學出版社,1962年,第254頁。
②葉夢得《避暑錄話》,上海:上海古籍出版社,2012年,第137頁。
③孔平仲《孔氏談苑》卷四,《叢書集成初編》,北京:中華書局,1991年,第2861冊,第51頁。
④夏承燾《夏承燾集》,杭州:浙江古籍出版社,1997年,第2冊,第6頁。

聲情,更是複雜豐富難以一語概括,又兼周氏此説針對北曲而發,雖具有一定參考價值,但在何種程度上作對應研究,還是值得進一步探討的。以《傾杯樂》一調爲例,柳永所作八首,分屬仙吕宫、大石調、林鐘商、散水調、黄鐘羽五個宫調。據《中原音韻》謂仙吕宫清新綿邈、大石調風流藴藉、林鐘商悽愴怨慕、散水調急並虚歇。同一詞調如何分屬聲情如此不同的宫調呢? 萬樹《詞律》列八首爲八體,於《傾杯樂》(皓月初圓)下謂:"調更長,句亦更亂,愈難分晰矣。以上惟一百六字可學,餘但羅列,以備體格,不能强爲論定也。或云……因調異,故曲異也。然又有同調而長短大殊者。總之世遠音亡,字訛書錯,只可闕疑而已。"故關於詞調、宫調、聲詞配合的一些問題,很難輕易得出結論。但正如萬樹"但羅列以備體格"的做法一樣,《樂章集》依宫調編排的形式,或許就保留了一些可能藴含的音樂資訊,這對於研究詞這一音樂文藝形式是具有重要意義的。

　　按宫調編排與編年排序事實上不僅僅只是形式上的區别,前者暗含着音樂文藝的概念,後者則更多地從詞人行跡及文學創作的角度出發。朱孝臧校《東坡樂府》,開創以編年方式校詞之例,但東坡詞與《樂章集》仍有差異。鄭文焯曾謂:"《樂章集》中,多存北宋故譜,故繁音促拍,視他家作者有别。南渡後樂部放失,古曲墜佚,太半虚譜無辭。白石補亡,僅數闋爾。賴柳集傳舊京遺音,亦倚聲家所宜研討者也"①。作爲當代的整理本來説,以編年方式重排舊籍固然有助於學者的進一步研究,但無形中也就失去了按宫調編排的舊意,儘管這一舊意目前尚難完全考釋明瞭。尤其是對於柳永詞,在缺少非常確切的鐵證進行作品繫年的情況下,與其强行編年排列,不如保存舊體,或許是更爲謹慎的做法。

二、新見之三種柳詞校記

　　舊本《樂章集》中,今所常見者略有毛晉《宋六十名家詞》本、吴訥《宋元百家詞》本、吴重熹《石蓮庵山左人詞》本、勞權鈔毛斧季校正本、朱孝臧《彊村叢書》本等。其中石蓮庵本及《彊村叢書》本附有繆荃孫《樂章集校勘記》、曹元忠《樂章集校勘記補遺》及朱孝臧《樂章集校記》等多種名家校記,其中廣引宋本或舊本,有些久佚的版本如梅禹金鈔本、焦弱侯本等,皆賴這些校記而略存面目,對於校勘柳詞無疑有着非常重要的價值。近十餘年來又有三種柳詞校記面世,爲校勘柳詞提供了不少新的資料,值得校詞者注意。

---

　　①鄭文焯《與夏敬觀書》,見孫克强、楊傳慶輯校《大鶴山人詞話》卷二《論詞書》,天津:南開大學出版社,2009年,第227頁。

　　1.鄭文焯校批《樂章集》。鄭氏爲晚清詞學大家,精於校詞訂律,其所校《清真詞》、《夢窗詞》均以精審著稱。鄭氏校批《樂章集》之底本爲石蓮庵初印本,全書丹黄爛然,眉批滿紙。鄭氏自謂批校該書,"據宋本校訂補正","又依顧汝所、陳鍾秀校草堂詩餘本","又明梅禹金鈔校三卷本,多有佳證","明鈔花草粹編、天籟閣、嘯餘圖譜、梅苑、全芳備祖、花庵詞選、陽春白雪、樂府指迷諸本,間爲徵據",略可見其取資之廣泛宏富。書版前批三則,分別爲:"己亥之歲中春校過"、"戊申春晚發明柳三變詞義爲北宋正宗"、"己酉秋再斠",書末跋語署"辛亥夏五"。按己亥爲光緒二十五年(1899),戊申爲光緒三十四年(1908),己酉爲宣統元年(1909),辛亥爲宣統三年(1911)。可見鄭氏至少前後四校此集,歷時十三年之久,用力之勤,可與其所校《夢窗詞》媲美。是書今有臺灣廣文書局據張壽平所藏稿本影印本。

　　2.秦巘《詞繫》校本。秦巘爲清代詞學家秦恩復之子,秦恩復有《詞學叢書》六卷,其家所藏詞籍亦多珍本。秦巘家學淵源,撰《詞繫》二十四卷,成書於道光、咸豐間,爲未刊稿本,不爲人所知。夏承燾先生《天風閣學詞日記》曾載該書流傳情況,並托龍榆生付印之,但未能面世。後鄧魁英、劉永泰於北京師範大學圖書館發現此書,經整理後於 1996年由北京師範大學出版社排印出版。該書所録柳詞較爲齊備,且每闋之後均據宋本詳細出校。其所長者在於精於考律,頗能糾正《詞律》、《欽定詞譜》諸書的缺失,對於柳詞斠律有重要的參考價值。

　　3.陳運彰所録傅增湘過録趙元度校焦弱侯本校語。陳運彰(1905—1955),原名彰,字君漢,一字蒙安,精書畫篆刻。其早年曾從況周頤學詞,爲入室弟子。該校語手録於石蓮庵本《樂章集》之上,原書爲平湖葛渭君先生所藏。趙元度校焦弱侯本校語,《彊村叢書》本校記中亦有引用,但陳氏所録與之頗有異同。例如《樂章集》開卷第一首《黄鶯兒》詞下片"恣狂蹤跡,兩兩相呼,終朝霧吟風舞"句,朱孝臧校、繆荃孫校皆引梅禹金鈔本謂"跡"字前空一格。曹校根據本集本證謂:"本集《征部樂》調有'每追念狂蹤舊跡'句,則□或是'舊'字。"鄭文焯批語亦謂:"梅禹金本多一字",並夾批添一"舊"字。可見諸家校語多傾向此句作"恣狂蹤舊跡"。但陳運彰所録校記則作"恣狂蹤浪跡",這也從勞權校本中得到支持:"'跡'上陸校有'浪'字。斧季云:宋本無。"《黄鶯兒》這個詞調宋代詞人填的不多,此句究竟是四字句還是五字句,究竟是"浪跡"還是"舊跡",雖看似無關大礙,但詞之爲體,句有定字,字有定聲,這一個字眼卻也涉及到了這首詞的詞律,涉及到了文字的精微要眇。雖陳氏所録未必即爲柳詞原貌,但其文獻校勘價值是值得重視的。

三、所謂宋本《樂章集》之不盡可據

就宋代詞籍而言,宋本的校勘價值自無庸置疑,但《樂章集》的情況比較特殊。明陳耀文《花草粹編》、清秦巘《詞繫》以及鄭文焯手批《樂章集》等,均謂曾見宋本,所引異文亦來源於宋本,《彊村叢書》本《樂章集》中所附各家校記亦多引宋本。這些所謂宋本是否可據,至少存在三個問題:一是目前没有可見的宋本存世,《樂章集》現存的所有版本都在明代以後;二是後世藏書家輾轉傳抄和過録校記的過程中,也會出現許多異文,三是柳詞主要傳唱於市井民間,在傳播過程中樂工歌妓的再創造或不可避免地帶來各種異文。所以這些所謂宋本是否保留了柳詞的原貌仍然是有疑問的。

兹以《樂章集》中二詞爲例,以見所謂宋本與異文修改之關係。《玉女揺仙佩》下片云:"且恁相偎倚。未消得、憐我多才多藝。願奶奶、蘭心蕙性,枕前言下,表余深意。"其中"願奶奶"三字,秦巘《詞繫》引宋本、繆荃孫校記引宋本及天籟本均作"但願取"。而毛晉《宋六十名家詞》本、吳氏石蓮庵本、勞權鈔本均作"願奶奶",鄭文焯校引顧本亦同,唯"奶奶"作"嬭嬭"之異體耳。按"奶奶"爲宋元時俗語中對女子的昵稱,如"姐姐"。很明顯,作"願奶奶",更接近民間俗語的使用習慣和柳詞的俗詞特性,而所謂宋本的"但願取"三字,體現出雅化與修飾化的可能性。作"但願取",意思並無不通順之處,但卻遠不如"願奶奶"三字生動,而且也丢失了北宋時對青樓女子稱呼之文化資訊。又如《集賢賓》一詞有"就中堪人屬意,最是蟲蟲"句。朱孝臧校、繆荃孫校引宋本以及勞權鈔本,"蟲蟲"均作"春風"。而曹元忠按語則謂:"'蟲蟲',當時妓名,本集《征部樂》調'但願我,蟲蟲心下,把人看待,長似初相識';《玉樓春》調'蟲娘舉措皆温潤'是也。宋本於'蟲蟲'字皆改去,此等處似皆不如梅本。"所言是也。

可見,所謂宋本之不盡可據,主要與柳詞在傳唱過程中的被改編,以及編選、刻印、傳鈔過程中向詞句的文雅化方向修改的可能性,有較大關聯,這在校訂柳詞時不可輕忽。

四、王喆之和柳詞的校勘價值

詞在擇調、句法、用韻、字聲方面都有嚴格的限定,故唱和詞或追和詞的創作較之於詩歌的和作,限制更多。但這種亦步亦趨的創作形式,卻爲校勘原作提供了極富價值的資料。如周邦彦《片玉詞》在南宋影響極大,方千里、楊澤民、陳允平諸人幾乎遍和其詞,後人校勘周詞及校訂詞律,就多取資於此。柳永詞歷來和者似不甚多,但金代全真教祖師王喆卻曾遍和《樂章集》,趙道一《歷世真仙體道通鑑續編》載:"師至南京憩於王氏旅邸,時孟宗獻友之以同知單州丁母憂歸……友之就謁,師閱書而不爲禮,問讀何書,亦不答,就視,《樂章集》也。問:'全乎?'師曰:'只一帖爾。'友之曰:'家有全集,可觀也。'即爲送至……友之頗惑,默然念:'道人看《樂章集》,已非所宜'……他日問:'《樂章集》徹乎?'師不言,但付其舊本。友之檢閱其空行間逐篇和訖。不覺歎曰:'神仙語也。'即還沐浴更衣,焚香請教,日益加敬。"①王喆的這些"和柳詞"今存其集中者尚有《黃鶯兒》、《尾犯》、《夏雲峰》等十調十二闋。王喆距離柳永生活的時代相對較近,對柳詞又極爲熟悉,其《解佩令》詞序中所謂"愛看柳詞,遂成"云云,即自道之語。其所作和柳詞,足可取以校勘《樂章集》。其文獻價值略有如下數端:

1. 校舊本之脱誤。前引關於《黃鶯兒》"恣狂蹤跡"句,諸家校語或作"恣狂蹤舊跡",或作"恣狂蹤浪跡",雖似皆有所本,"舊跡"、"浪跡"語意亦皆通順,然晁補之《黃鶯兒》此句爲"算人間事"、王詵詞此句爲"算知空對"、《梅苑》引無名氏詞此句爲"就中妖嬈",皆作四字句,更爲重要的是,王喆和韻柳永此詞正作"本元初得",遂可證宋金所傳柳詞此句本爲四字句,作添一字者誤。又《樂章集》卷上《尾犯》"想丹青難貌"句,曹元忠校引顧、陳本"丹青"上無"想"字。鄭文焯批謂:"顧、陳無'想'字,非是。以吳文英是詞考訂,字例還依柳詞,無一出入,足徵舊譜。"復校以王喆的和韻詞,作"趂輕肥爲作",可證顧、陳本之脱誤。又《樂章集》卷中《夏雲峰》"時換新音"句,毛校本脱"時"字。《詞律》卷十三云:"'時換新音'正如後之'虛費光陰'也,趙(長卿)作'體段輕盈'、盧川(張元幹)作'玉燕投懷',俱同"。今以王喆和詞校之,作"三迭琴心",與趙、王一致,證明柳詞原本應爲"時換新音"。

2. 定異文之是非。《樂章集》卷上《甘草子》"池上憑闌愁無侶"句,石蓮庵本作"飄散露華無似"。陳運彰所録傅增湘過録趙元度校焦弱侯本校記、《詞律》作"池上憑闌無似",毛本作"池上憑欄愁無似"。《詞律》云:"'似'字非韻,乃借叶也。"然證以王喆的和柳,作"直待陰公教來取",此處"取"字爲用韻處,知此處當爲"侶","侶"、"似"因形近而誤,且應是七字句。又《樂章集》卷下《望遠行》"瑶臺瓊樹"句,曹元忠校引顧本謂"榭"作"樹"。但校之以王喆的和韻詞,此句作"蓬萊亭榭","榭"爲用韻處,足證顧本之非,此韻必爲"榭"字。

3. 證斷句之訛舛。柳永《黃鶯兒》詞,萬樹《詞律》云:"向讀此詞,於'暖律'下,難以

———————————

① 張宇初等編《道藏》,北京:文物出版社、上海:上海書店、天津:天津古籍出版社,1988 年,第 5 册,第 417 頁。

句豆。《嘯餘》强分'和'字住,爲八字句,'黃鸝'以下爲八字句。心嘗疑之,無可考證。後讀晁無咎詞,亦有此調,方喜得以校正矣,而晁詞此數句,比柳更多一字,尤難分斷。其首句七字,用韻起與柳同,其下云'兩兩三三修篁新筍出初齊猗猗過牆侵户',共十七字,再四紬繹,不得其理。既而悟曰:此晁詞誤多一'出'字耳。蓋柳第二句是'暖律潛催幽谷'六字,用鄒衍事,'吹'字誤'催',其'穀'字,乃以入聲叶首句'主'字韻。《中州韻》云'谷'叶'古'是也。晁詞'修篁','篁'字乃是'竹'字之訛,其詞首句'暑'字,亦是魚虞韻,故以'竹'字叶。《中州韻》云'竹'叶'主'是也。柳詞'喧和黃鸝'是四字句,'翩翩乍遷芳樹'是六字句,'和'字去聲,謂當春暄,鶯聲相和而鳴,或是'喧'字之誤。晁詞'新筍初齊'四字句,'猗猗過牆侵户'六字句,蓋'竹'至'過牆',不宜言'新出',但言'新筍'爲是。如此則兩詞皆字字相合,而於文理條貫無聱牙矣"。而《欽定詞譜》則以王詵詞"北圃人來,傳道江梅,依稀芳姿,數枝新發"、陳允平詞"南陌嚶嚶,喬木初遷,紗窗無眼,畫闌憑曉"爲例,認爲《詞律》點作六字一句,四字一句,又六字一句者誤。今按王喆的兩首和韻之作,前段第二句至第五句分別作"酒色纏綿,財氣沈埋,人人都緣,四般留住"、"鍛煉金丹,津液交流,澆淋無根,有苗瓊樹",皆爲四字四句,且句中"氣"、"液"均非叶韻,皆可證《詞律》斷句之誤。

另一方面,以王喆之"和柳詞"校勘柳詞,也有需謹慎處,如《尾犯》下片"佳人應怪我,別後寡信輕諾"二句,朱校、繆校引《詞律》、《詞繫》引宋本"別"上均有"自"字。鄭校據吳文英詞謂:"萬氏《詞律》'別後'上有'自'字,妄加,此不足據,夢窗正作六字。"然王喆和柳詞此句作"體爛應追卻",卻作五字句,只能存疑。

清人校刊《樂章集》及《詞律》、《欽定詞譜》諸書,往往僅據傳世的文人詞校勘訂律,對於全真道士詞的作品多未寓目,而王喆的"和柳詞"實爲校勘《樂章集》的重要材料來源,其在校詞訂律方面的價值尚待進一步挖掘。

校書不易,校詞尤難。詞籍的校勘既需要與其他類型的文獻校勘一樣,廣泛掌握材料,運用科學精密的方法加以整理,同時,更需要精研詞律,細究字聲,與校勘詩文是有所不同的。近現代詞學在詞籍校勘方面已達到一個高峰,其進一步發展,既有待於新文獻的發現,也有賴於新視角的開拓。

作者簡介:陶然,男,1971年生,文學博士,浙江大學中文系教授、浙江大學宋學研究中心主任,主要從事詞學及宋金元文學研究。

姚逸超,女,1989年生,浙江大學中文系博士研究生。

明代書學考證三事[*]

赵阳阳

一、明代著名書論家項穆生卒年考

項穆,初名德枝,後更名穆,號貞元,亦號蘭臺、無稱子,浙江嘉興人。穆爲明代大收藏家項元汴之子,生於博古鑒賞之家,耳聞目染,故於書法特工,有《雙美帖》行世,晚年又撰《書法雅言》一卷,爲明代書學論著之代表。《中國書法》2008 年第 7 期刊載楊亮《項穆生卒年考》一文(以下稱楊文),對於項穆的生卒年都進行了考察。然而此文引用網路材料作爲證據,實不合學術規範,且其考定項穆生於 1552 年卒於 1599 年之前的結論也不正確。今不揣譾陋,重考其生卒年如下:

(一)生年

《書法雅言》萬曆項氏初刊本載姚思仁《書史會要後叙》曰:

余與項氏辱世講小學之歲即識貞玄,貞玄少余四齡,弱冠同業,互相切劘,出入起臥計十餘載,相知之深,莫我二人若也。……余居去貞玄邇甚,恒令人瞰之,秉燭焚香,正襟披校,侍婢分立,肅若廟旅,略無狎容。①

---

* 本文受 2011 年度教育部人文社會科學研究青年基金專案"明代書學文獻整理與研究"(編號 11YJCZH252)資助,特此致謝。

① "國立中央圖書館"編《"國立中央圖書館"善本序跋集録》子部(二)藝術(上),"國立中央圖書館"出版,1993 年,第 186 頁。

由姚序知,項穆比姚思仁年齡小四歲。因此考知姚氏的生年,就可以確認項穆的生年。按,明末談遷在其《國榷》中較爲詳細地記載了姚思仁的生平資料。以下以《國榷》卷次爲序,詳列相關文獻如下:

《國榷》卷八五:

> (癸亥天啟三年)二月甲子,吏科都給事中魏應嘉等拾遺,糾兵部尚書黄嘉善、崔景榮、張鶴鳴,工部尚書姚思仁,南京兵部右侍郎徐必達,前保定巡撫韓浚,太僕少卿李之藻。上命進姚思仁太子太保,免之。調李之藻南京,黄嘉善、崔景榮、張鶴鳴許致仕。韓浚免。①

《國榷》卷八八:

> (丁卯天啟七年)十二月戊午,工部尚書姚思仁進太子太傅。②

《國榷》卷九六:

> (丁丑崇禎十年)四月丁丑,故太子太傅、工部尚書姚思仁卒。思仁字□□,秀水人。萬曆癸未進士,授行人,擢□□道御史,歷今官,致仕。辛未存問,尋追坐陵工削籍。年九十一。③

又《嘉禾徵獻録》卷十一載姚思仁事頗詳,與《國榷》所載可以互補:

> 姚思仁,字善長,號羅浮,秀水人。……思仁萬曆改元舉人,癸未進士。授行人,丁内外艱,繼持大父喪,注《大明律例解》。服闋,擢江南道御史,出視長蘆鹽課。……巡按山東……入掌河南道。己亥,畿南大祲,上疏請米三十萬賑饑。辛丑出巡宣大,上《便宜十策》,轉通政司參議、大理寺少卿。戊申,請告歸。丙辰即家,拜應天府尹。己未,遷通政使……遷右都御史,升協理工部尚書……尋即真,蔭一子,加太子太保。癸亥正月,織造中官李實訐有司不行屬禮,抗疏,劾之不問,尋勒令致仕,時年七十七。崇禎改元,加柱國太子太傅。存問於家。壬申,大雨壞慶陵寶頂,落職。卒年九十一。④

①談遷《國榷》,北京:中華書局,1958 年,第 5214—5215 頁。
②同注①,第 5409 頁。
③同注①,第 5778 頁。
④盛楓《嘉禾徵獻録》,清鈔本。

據以上《國榷》與《嘉禾徵獻録》中資料,知丁丑崇禎十年即 1637 年,是年姚思仁 91 歲。由此可推知其生於 1547 年。又據前揭姚序"貞玄少余四齡",知項穆生於 1551 年。王穉登《無稱子傳》云:"方誕時,王父夢吕仙入室,母亦夢羽衣道士卧幃中,懸弧以四月十四,爲純陽仙誕,易名蓋相符。"可知項穆生日爲四月十四日。古時風俗,生男則於門左掛弓一張,後引申出稱男子生日爲懸弧令旦。其實,也正是因爲項穆與吕純陽生日相同,故而始名德枝,後改爲德純①。

據以上考證,我們可以確定項穆的準確生時爲嘉靖三十年(1551)四月十四日。

(二)卒年

關於項穆的卒年,迄今並無明確可考資料記載。楊文引用支大綸《書法雅言原》中相關資料:

> 貞玄之子皋謨,雖未暇攻書,而藻業偉修,令聞蔚起,色養之暇,亟圖爲其父不朽計,如子思之尊宣尼,此又逸少之所不得望者……萬曆己亥孟夏既望華平支大綸撰。②

楊文認爲支大綸撰序之年——1599 年孟夏以前項穆已經去世。我們仔細體味支文,支大綸只是在誇讚項皋謨侍奉父親的餘暇,爲了能讓父親流芳百世,故而刊刻《書法雅言》,似不能通過"不朽"一詞斷定所序之時項穆已經去世。

事實上,明代費元禄所撰《甲秀園集》(明萬曆刻本)卷二九《文部》之《吴越紀行》游記一首,有項穆最後見於文獻記載之行跡:

> 余以萬曆辛丑(萬曆二十九年,1601 年)孟春(一月)走武林,候查虞皋先生兼往檇李吊黄葵陽太史之喪,卜廿八日丁卯束裝……(三月)初一日,偕元卿乘輿往天竺……(三月)初九日,宋化卿招飲西湖,出湧金門登舟,設伊蒲塞之饌,與者虞僧孺、徐伯陽、鍾天毓、項貞玄諸君。項,嘉禾人,工書法。諧善謔,自言飲博散千金。僧孺、化卿各吐奇談,一座盡歡……(三月)十七日,同元卿買舟至新堤。於時緑暗紅稀,柳花紛下,如回風舞雪,謝道蘊風流猶可想見已。過三賢祠,訪項貞玄,未遇。蕩

---

①事載王穉登《無稱子傳》:"無稱子姓項,名穆,字德純,號貞玄,檇李世家也。始名德枝,郡大夫徐公奇其才,易爲純。"見《書法雅言》卷首。

②"國立中央圖書館"編《"國立中央圖書館"善本序跋集録》子部(二)藝術(上),"國立中央圖書館"出版,1993 年,第 185 頁。

舟至湖心亭,復返岳王廟就舟,循堤而東,至孤山吊和靖之墳,低回放鶴亭下而不能去……再訪項貞玄,貞玄出右軍墨蹟相示,古色蒼然,咄咄逼人。①

可知萬曆二十九年(1601)三月十七日,項穆尚在杭州,並與費元禄等友人共賞王羲之墨蹟。

至此,我們可以將項穆生卒年重新界定,其生年爲1551年,卒年必在1601年三月十七日之後。也就是説項穆至少享年51歲。

二、舊題項藥師《歷代名家書畫題跋》瑣考

《歷代名家書畫題跋》四卷,題明代項藥師編。此書輯録自晉至明凡106件書畫作品,書多於畫,間雜碑帖。頗多名跡,亦多見於他家著録,鑒賞甚精。編次不盡按時代,亦不分類,法書原文有載有不載,名畫題款則必載,間或載及印章。有長洲章氏四當齋傳鈔本,今藏國家圖書館。分四册,半頁十三行,行二十二字,藍口,左右雙邊,雙魚尾。其館藏目録定此書編者爲項德新,所依當爲余紹宋説:"藥師名德新,嘉興人,元汴子。"②

關於此書的編纂體例,余紹宋認爲:"此編體例略同於朱氏《珊瑚木難》,郁氏《書畫題跋記》,汪氏《珊瑚網》,蓋一時風氣如是。大約明代著録之書多偏重於題跋,故跡僞跋真者仍采入。……實則著録之體不應爾也。"余文中稱許此書體例"亦頗不苟",又謂"此書雖近時傳抄,尚仍原本之舊觀"③。可見對此書的評價之高。隨後,民國學者吳辟疆在《書畫書録解題補編》中對此書之真僞產生質疑:"其所録凡百有六種,而十九見於汪砢玉之《珊瑚網》,依樣葫蘆,一字不易,甚至汪録舛訛亦仍其舊。此或明人著録風尚,多屬輾轉傳抄,乃其低二格或三格寫所謂'藥師自跋'者,案之汪録,亦剽竊自墨林題語,則其出於後人僞託,無復疑義矣。"④黃苗子曾親自到北京圖書館考察是書,他認爲:

　　此書現藏北京圖書館,係"算鶴量鯨室"藍格紙,精楷小字,每卷首頁上角有章鈺(式之)"四當齋"印,經細閲一過,並以汪氏《珊瑚網》校之,果如吳氏所言。案項元

---

① 費元禄《甲秀園集》,《四庫禁燬書叢刊》,北京:北京出版社,1997年至1999年,景印明萬曆間刻本,第62册,第487頁。
② 余紹宋《書畫書録解題》卷六,北京:北京圖書館出版社,2003年,第441頁。
③ 同注②。
④ 吳辟疆《書畫書録解題補甲編》之《歷代名家書畫題跋》條,《畫苑秘笈》本,附《書畫書録解題》後,第785—786頁。

汴第三子德新,字復初,號又新,即項孔彰(聖謨)父,史傳未載其字藥師。①

可見此書確爲抄撮之僞書,殆無疑義。然而余紹宋謂項藥師名德新,黃苗子雖云"史傳未載其字藥師",但仍因襲余紹宋之説,皆有失考之誤。按《滂喜齋藏書記》卷一"宋刻《名臣碑傳琬琰集》"條②,此本鈐有"檇李項藥師藏"、"浙西世家"、"萬卷堂藏書記"等印。此外,《"國立故宮博物院"善本舊籍總目》著録《纂圖互注毛詩》二十卷《附舉要圖》一卷,其收藏印記中恰包括"萬卷堂藏書記"、"檇李項藥師藏"、"浙西世家"三方印③,可見這三方印當爲一人之藏印。按,萬卷堂爲項篤壽藏書之所,世所共知,據此則項藥師當指項篤壽。《"國立故宮博物院"善本舊籍總目》即認定此書經項篤壽收藏,應屬有據。項篤壽字子長,號少溪,別署蘭石主人。項元汴之兄。浙江秀水人,嘉靖壬戌進士,官至兵部侍郎。好藏書,藏書處名"萬卷樓",享有盛名。項氏除藏書外也刻印書籍,所刻之書品質很高,被葉德輝稱爲"明代私刻精品"。

三、《四庫全書》本《珊瑚網》的竄亂

《珊瑚網》在書成之後,終清一代,皆以鈔本傳世。《四庫全書》抄録之後,流布稍廣。文淵閣《四庫全書》本作爲目前被廣泛使用的版本,④今人在使用該書時,往往直接引用而不加考辨,殊不知此本脱漏舛誤頗多。兹舉一例,以見一斑,亦爲使用該書的學者敲一警鐘。

《珊瑚網》卷二四下《法書題跋》最後三條内容爲李日華《李君實評帖》、汪砢玉《墨花閣雜志》、陸應暘《樵史品三吴書》,其中《樵史品三吴書》末有"譚子國轉運汪砢玉輯於坴山房半",謂《樵史品三吴書》爲汪砢玉所輯,着實令人生疑。

考"李君實評帖"條末云:

> 姑壇記尤獨步者。莫方伯、張南安以草書勝;陸詹事臨摹趙松雪大佳;二沈公則有楷書蒙宸眷最渥;陳别駕自成一家,亦頗遒勁。吴中草書當以祝京兆第一,然略少

---

① 黃苗子《畫籍求疵——談幾本古畫書》,《讀書》,1980 年第 4 期。
② 潘祖蔭撰、余彦焱標點《滂喜齋藏書記》,上海:上海古籍出版社,2007 年,第 26 頁。
③ 見於宋紹熙間建陽書坊刊本漢毛亨傳、漢鄭玄箋、唐陸德明音義《纂圖互注毛詩二十卷附舉要圖一卷》,載"國立故宮博物院"編《"國立故宮博物院"善本舊籍總目》(上册),臺北"國立故宮博物院"出版,1983 年,第 46 頁。
④ 汪砢玉《珊瑚網》,上海:上海古籍出版社,1987 年,景印《文淵閣四庫全書》,第 818 册。

風骨耳;文太史、陸尚寶則楷書勝太史,如文賦小楷尤精絶可愛;王太學行書自一種風度,而白雀寺臨没之筆尤奇;陳方伯唯扁額大字擅長書家;彭徵君作楷近顏真卿;俞山人作楷近虞世南;陸尚寶子傳廷試時,内閣夏公言手其卷,歎曰:"文漢魏而書晉唐。"擬第一,上嫌其名,置之二甲,命矣。①

其中首云"姑壇記"顯然指顏真卿《麻姑仙壇記》而言,但此條内容不全,恐怕是錯簡所致。我們終於在《樵史品三吳書》第二條中發現了這段文字的開始:

識者謂先君子行草真楷出入晉唐,而仿顏魯公麻畫……②

此行文字顯然與《李君實評帖》最末一條内容承接,"畫"字當爲衍文。據此,我們對《李君實評帖》、《墨花閣雜志》、《樵史品三吳書》的内容進行重新編連,則知《李君實評帖》中"宋嚴羽卿論詩"、"元大德間"、"趙松雪"三條及《樵史品三吳書》中"雲間陸應暘"條、"識者謂"條前半部分内容竄入《墨花閣雜志》第四條"張愛賓雲"條之後,致使這三部分内容的次第也發生了變動,因而産生了《樵史品三吳書》爲汪砢玉所輯的怪現象。

事實上,在《式古堂書畫彙考》和《六藝之一録》所引《珊瑚網》中,這三部分的次序是正確的。因此文淵閣《四庫全書》本或其原據的鈔本應當是錯簡的源頭。

作者簡介:趙陽陽,男,1983 年生,文學博士。現爲西北大學文學院講師,主要研究方向爲書學文獻學、石刻文獻學。

---

①《珊瑚網》,第 60 頁。
②同注①,第 62 頁。

晚明東南文士淨土信仰的流行及評價

——以屠隆手寫《園居雜詠五十首》及題跋爲例

徐美潔

一、屠隆《園居雜詠五十首》的佛學旨趣

屠隆《園居雜詠五十首》是一個手寫册頁,民國期間屠氏後人拿出影印流布,這五十首詩未見存於屠隆現有的詩文集中,在題材與形式上都有一定的獨特性。内容描寫鄉居生活,而多談禪理頓悟,現摘録幾首,以資討論。

> 早起繁花盈條,晚來落英滿路。所以桃花比丘,卻向桃花得悟。(其一)
> 昨夜才觀燈夜,明朝又賞花朝。至人知是苦趣,凡夫認做逍遥。(其三)
> 著境乃屬攀緣,離境又增公案。解得不著不離,纔是英雄手段。(其四)
> 超升淪墮何常,地獄天堂迅速。念好火輪在頭,言善蓮花生足。(其二十九)
> 清虚一定超升,穢惡必然淪墮。何須身後差排,此是眼前因果。(其四十三)
> 黄蘗心印直截,天台教觀多般。雖然蹊徑各别,到來同是長安。(其四十九)①

開篇第一首"向桃花得悟",即是禪宗萬法皆是開悟機緣的思想,禪宗中有一個重要的理論命題,即"青青翠竹,總是法身;鬱鬱黄花,無非般若",《祖堂集》卷三中對這一理論有深入闡述:

---

① 屠隆《手寫園詠五十首》,民國景印本,上海圖書館藏。

又問:"古德曰:青青翠竹盡是真如,鬱鬱黃花無非般若。有人不許,是邪説;亦有人信,言不可思議。不知若爲?"師曰:"此蓋是普賢、文殊大人之境界,非諸凡小而能信受。皆與大乘了義經相合,故《華嚴經》云:'佛身充滿於法界,現於一切群生前;隨緣赴感靡不周,而恒處此菩提座。'翠竹既不出於法界,豈非法身乎? 又《摩訶般若經》曰:'色無邊故,般若無邊。'黃花既不越於色,豈非般若乎? 此深遠之言,不省者難爲措意。"①

這是闡明於眼前、身邊事物隨處體悟佛理的禪宗頓悟思想。第三首分別聖、凡,"苦趣"與"逍遥",凡人所樂之"逍遥",即聖人眼中之"苦趣",這是佛教"一切皆苦"的基本思想,佛家有"苦諦、集諦、滅諦、道諦"之"四諦",苦諦居其首。蓮池大師《彌陀經疏鈔》卷二:"四諦者,苦、集、滅、道,苦居最先。知苦,乃斷集修道證滅也。"②故世人"觀燈"、"賞花",看似樂事,卻不過是六道輪回中的無常因緣聚會,只能是"苦趣"之一罷了。第四首解"不著不離",大乘空宗、三論宗、禪宗等皆以中道爲第一義諦,不著不離即是"中道"。第二十九首寫"地獄天堂迅速",佛法修行的目標便是要了脱生死,超越輪回,對於這個目標,淨土宗給出了一個直截方便的法門,便是"以信、願、行"爲三大綱宗,只要堅信西方極樂淨土的存在,願離現實的污濁世界,且一心念佛,便能往生西方。《佛説阿彌陀經》言"正念往生淨土",正是此首"念好火輪生頭"的注腳。第四十三首述善惡果報,佛教講業報,即人的身、口、意三方面的"業"(梵文 karma,造作之意),可召感後來的果報。"何須身後差排",指果報不必驗在身後,而是現世即能應驗。第四十九首是佛教各宗派相容並包的想法。黃蘗即希運法師,開創了臨濟禪學,主張"心即是佛","以心印心,心心不異"。而天台宗主張"一念三千具足",心在迷時,含三千法,對之執着不捨;心在悟時,亦含三千法,但對之並不起執,而是視爲方便,視爲性德。屠隆"到來同是長安"的提法,是當時"禪淨合流"思想的一種表現。

總之,這五十首詩都是表述佛學禪理的,題爲"園居",故又緊扣風物,以桃花、杏花、梨花、朝雨、素月、鳥啼、雀食、水流等日常景色爲素材入詩,於日常生活中得參佛之喜,是禪宗與淨土宗的共同主張。蓮池大師在《阿彌陀經疏鈔》中述十樂,以與十苦相對,此十樂是:1.花開見佛,常得親近之樂;2.水鳥、林樹皆宣妙法之樂;3.諸上善人俱會一處樂;4.諸佛護念,遠離魔事之樂;5.橫截生死,永脱輪回之樂;6.惡道永離,名且不聞之樂;7.受用自然,不俟經營之樂;8.壽與佛同,更無限量之樂;9.入正定聚,永無退轉之樂;10.一生行

---

① 釋靜、釋筠《祖堂集》,卷三,高麗藏本。
② 袾宏《蓮池大師全集》,臺灣:華宇出版社,1989年,第2册,第1046頁。

滿,所作得辦之樂①。屠隆的《園居雜詠》與上述"十樂"的意旨是十分符契的。如其中第三十首:"自笑婆蘿道人,癖性耽玩芳春。歲歲撰得綺語,深深拜禱花神。"即是"花開見佛,常得親近之樂";第三十一首:"鳥啼山客猶眠,花落家童未掃。無論詩句能工,會見胸懷自好。"即同"水鳥、林樹皆宜妙法之樂";第三十二首:"白楊墓上悲啼,紅粉筵中歡鬧。看來都没來由,布袋闍黎大笑。"即"横截生死,永脱輪回之樂";第三十九首:"舊説芝葷香油,學道須求良友。鑒湖湖上隱跡,虎林林中圍波。"即同"諸上善人聚會一處樂"。屠隆這五十首園詠,在談禪論佛的基調上强調的是"念好火輪生頭"的心淨土觀念,淨土傾向是明顯無疑的,這跟屠隆與蓮池等淨土大師的密切交往亦不無關係。

這五十首類似佛教偈頌的詩歌,據卷首所題"柬雲將道丈"五字,當爲贈詩。又據卷後十首題跋中的一首"沈嶽憲跋"所述,該册頁或是當日屠隆贈沈雲將詩所留的底稿。沈雲將是屠隆的鄞縣同鄉,名沈泰鴻,字雲將,首輔沈一貫之子,曾任尚寶司丞。關於這位首輔之子,沈德符記有一則軼事,稱述:"自江陵諸子鼎甲以來,政府象賢,例爲建言者所議。……已而四明繼蘭溪,其長子沈泰鴻,有聲諸生間,人皆以高揆期之。偶至京師省父,四明紿之曰:'汝盍授蔭爲試中書舍人,就北雍試,不勝浙闈逐隊耶?'泰鴻信之,四明竟題爲尚璽丞,得旨供職,蓋絕其登進,可超然免於評論也。泰鴻大恨,請急歸家,視其父若深仇。四明有所愛庶子,百端虐侮之,家庭之間,無聊生矣。四明在位久,卒被惡聲以去,歸里至與璽丞不相見。初不難借其子以市公,終於攢鋒聚鏑,受前人未有之彈射。"②沈德符記錄的是當時科舉情狀的一條實錄,從中可見沈泰鴻之遭際蹭蹬。關於其人記錄其少,《明史·藝文志》録其《兹向集》十二卷,《千頃堂書目》録其《閑止樓詩掄》二十卷③,但這兩個集子或已失傳④。《鄞縣志》中録其詩二首,一爲《送寂庵上人歸普陀詩》,一爲《題佛跡庵詩》。後一首云:

　　茅庵佛跡定堪求,落葉蕭蕭到上頭。岫日不侵林影寂,山風半送磬聲幽。三生

<hr/>

①《蓮池大師全集》,第 2 册,第 1046 頁。
②沈德符《萬曆野獲編》卷十六"宰相子應舉",北京:中華書局,1959 年,第 420 頁。
③黄虞稷《千頃堂書目》卷十六,清刻本。
④按:鄧之誠曾得二十八卷康熙鈔本《閒止樓詩掄》,此鈔本不知現藏於何處。《鄧之誠文史札記》一九五八年十二月十五日記:"以九十元得《閒止樓詩掄》二十八卷,沈泰鴻撰。泰鴻,字雲將。一貫子,以蔭官尚寶司丞。卷首有萬曆四十五年虞淳熙序,泰鴻已前卒矣!詩近弇州,多與方外往還,時有出世之想,唯《列朝詩集》採其詩,《明詩綜》、《明詩紀事》不及泰鴻一字,疑其集從未付梓。此本是康熙時所鈔。"(鄧之誠《鄧之誠文史札記》,南京:鳳凰出版社,2012 年,第 1066 頁。)

有覺飛香缽,五性無迷度慧舟。塵劫未消留弗得,野鷗驚散越江秋。①

從這些有限的記載中,亦可見沈泰鴻當日於佛學的留意與傾心。沈一貫於萬曆二十三年(1595)入內閣,參與機務。萬曆二十九年(1601)十一月,成爲首輔。史載“一貫之入閣也……輔政十有三年,當國者四年,枝柱清議,論者醜之”②。沈泰鴻任尚寶司丞,並與其父反目的具體時間已不可考,但在沈一貫入內閣與任首輔期間爲限,當無疑。屠隆此册頁末署:“萬曆辛丑,道弟屠隆緯真書於娑蘿園之天中天室。”辛丑年即萬曆二十九年(1601),此年沈一貫任首輔,而屠隆于萬曆十二年冬(1584)被罷官,十三年歸鄞縣,至此已鄉居十六年。從兩人的現實遭際來看,仕途蹉跎,沉淪之感大約相同。

二、屠隆所受淨土影響與東南地域的關係

屠隆五十首《園居雜詠》中濃郁的佛學意味、淨土思想,考察他居鄉後的交游及所受的影響,便會識其所由,從而解其所道。屠隆于萬曆十二年冬被罷官③,其後家居,於佛道兩教均有留意,與衆多名僧及居士交游甚好,其中不乏知交好友。他與晚明“四大師”中的袾宏(蓮池大師)、德清(憨山)、達觀(紫柏真可)皆有密切的交往,而這幾位當時的佛教領袖人物,都是主張禪淨雙修,並以淨土宗爲旨歸的。據屠隆自述,他持齋奉佛是在萬曆二十四年前後,《曇花記自叙》云:“余四十奉道,五十四始長齋持梵行。念罷官早,生平壯心不少展,則手取如來前楊枝灑之。”④他與蓮池大師的交往早在萬曆十四年左右,通過當時的著名居士虞淳熙引薦從而師禮之,在《與陳思進督府》書中寫道:“春盡,某入武林,與沈蓮池法師、虞德園居士參出世大道,屏居南山三月,遂長齋持戒,倏然發僧。……第有上事老母,今春秋曆九十有八。”⑤當時蓮池大師在杭州創立放生會,有衆多文人居士參與其中,如虞淳熙等人,屠隆亦是其中較知名與活躍的一員。馮夢禎《快雪堂日記》壬寅年記:“閏二月,十六,早尚雨。內入天竺還願,余赴放生會,屠緯真、朱大復、沈士安與焉。”⑥屠隆師事蓮池,在另一位大師憨山德清的書信中亦有記載。《憨山老人夢游集》卷

①《乾隆鄞縣志》卷二十五《寺觀》,乾隆五十三年刻本,第39頁。
②張廷玉等《明史》卷二百十八,北京:中華書局,1974年,第5759頁。
③參《明神宗實錄》卷一百五十四“萬曆十二年十月”,臺灣“中研院”校印紅格鈔本,1977年。
④《甬上屠氏宗譜》卷三十六,民國八年木活字本。
⑤屠隆《鴻苞》卷四十,明萬曆刻本。
⑥馮夢禎《快雪堂集》卷五十九,明萬曆刻本。

十五《與屠赤水》:"於丙申春仲抵戍所,時值其地連遭三災,真同火宅。……因知居士長齋繡佛,與德園居士伯仲,結制西湖之上,切究此事。喜得蓮師爲證盟,貧道遥空合掌,讚歎不已。竊念利根大志如居士,友如德園,師如蓮池,可謂諸緣具足,何患不一超直入,真宇宙間千載奇事。"①德清集中亦有詩贈屠隆,亦可見屠隆與德清的交游甚密。屠隆好友馮夢禎師紫柏真可,故屠隆亦與之有交集,兹列表如下:

屠隆與萬曆三大師的交游

萬曆三大師	身份	佛學主張	出生地	主要修行棲居地	交往時間	關係
蓮池袾宏 (1535—1615)	淨土八代祖師	禪淨雙修	杭州仁和	杭州雲棲寺	約萬曆十四年(1586)	師徒
紫柏真可 (1543—1603)	晚明四大師之一	禪淨雙修	江蘇吳江	虎丘雲巖寺,後雲游五臺、京師等地	約萬曆十六年(1588)	友朋
憨山德清 (1546—1623)	晚明四大師之一	禪淨雙修	安徽全椒	南京報恩寺,後雲游嵩山、五臺、嶗山等	約萬曆二十三年(1595)	友朋

屠隆雖與萬曆三大師皆有交往,但獨師事蓮池。蓮池創放生會,作《戒殺放生文》②,得到衆多的回應,以戒殺放生爲修持法門,勸導世人遵行善行善報的佛誠,以期往生淨土。屠隆亦作有多篇文字,如《鴻苞》卷二十九中即有《戒妄殺》、《戒殺文示諸子》、《戒殺放生文序》等多篇,闡述萬物平等、戒殺修行、往生淨土的觀念。關於蓮池與紫柏的行徑異同,當時人沈德符曾有評價,云:

> 竺乾一時尊夙,盡在東南,最著則爲蓮池、達觀兩大宗主。然二老行徑迥異,蓮專以西方直指化誘後學,達則聰明超悟,欲以機鋒言下醒人。蓮枯守三條,橡下跬步不出,達則折蘆飛錫,所在皈依。二老各立教門,雖不相下,亦不相笑。……大抵蓮老一派主于靜默,惟修淨土者遵之。而達老直捷痛快,佻達少年驟聞無不心折③。

紫柏真可原本希望在京師大弘其法,結果卻得罪當時首輔沈一貫,並因事連慈聖太后,以致獄事不可解,遂死獄中。萬曆三大師之一的憨山亦因道觀過廣,招人嫉恨,驚動宮闈,被萬曆帝下令逮至京師,並謫發廣東充戍。唯有蓮池大師"枯守三條"而得無恙。故沈德符評說:"兩年間喪二導師(指李贄與紫柏真可),宗風頓墜,可爲怪歎。雖俱出四明相公力,然通

---

① 德清《憨山老人夢游集》,北京:北京圖書館出版社,2004 年,上册,第 264 頁。
②《蓮池大師全集》,第 6 册,第 3324 頁。
③《萬曆野獲編》卷二十七"禪林諸名宿"條,第 693 頁。

人開士,只宜匿跡川巖,了徹性命,京都名利之場,豈隱流所可托足耶? 郭泰、申屠蟠,所以不可及也。"①屠隆早年罷官後曾一度醉心於道教修煉,其自述潛心研佛時,已是五十四歲,但他的傾心於佛教,當更早於此。如萬曆十六年,他應當時寧波總兵官侯志高邀請,主持編纂《普陀洛伽山志》②,並作有《補陀洛伽山》詩八首,又代馮夢禎、沈一貫、陸與繩等人作《補陀洛伽山》詩,收於志中③。屠隆早歲由縣令遷禮部儀制司主事,旋因遭人誣陷被罷,且汙以"淫縱"之名,還鄉後,一時間交好幾盡,"管鮑成路人",故於人生遭際,別有感慨。所以在行徑迥異的三大師中,他師事蓮池,專守靜默,應是與自身遭際有關。

在屠隆的友人中,馮夢禎對他的影響是較大的。馮夢禎(1548—1605),字開之,號具區,又號真實居士,嘉興人。兩人爲萬曆五年丁丑科同年進士,在京會試時一見莫逆,遂爲金石交。馮夢禎潛心佛學,屠隆在被罷後,一度醉心於道教修煉,馮夢禎去信規勸:"足下比道業何似? 玄門中人自聖賢至盜賊種種俱有,聖賢不常得而盜賊比比。且其所挾,人人異端,汪洋汗漫,莫知適從。如治氣養心之術則熟聞之矣,擇一而從,行久自效,豈賴此輩? 願足下屏之毋溷。"④他與另一著名居士陸與繩亦往來密切。陸與繩,字光祖,號五臺居士,嘉興平湖人。嘉靖二十六年成進士,後累遷至吏部尚書。陸在朝力持清議,推轂豪俊,對屠隆多有賞識,在他罷官後,亦多有資助。屠隆《棲真館集》卷十九《與陸與繩司寇》言及二人的交誼:"老母九十,辱長者捐月俸見餉,今春無漏瓶上人金陵還,又承遠寓尺素,仰見先生拳拳念山民至情。"⑤陸與繩曾助紫柏真可刻《大藏經》,晚亦師事蓮池⑥。屠隆與之往來論佛學之理,在《五臺居士頌》中論道:"修佛無別徑,在悟明心地。心靈炯空洞,纖塵俱不立。即心即是佛,即佛即是心。天堂與地獄,一切惟心造。"⑦屠隆在罷官後的萬曆十三年,結識了錢塘人虞淳熙,從之而師事蓮池。虞淳熙,字長孺,杭州錢塘人,萬曆十一年進士,爲父廬墓守孝三年,後更辭歸,皈依受戒于蓮池,成爲蓮池放生會的主要一員。屠隆在《虞長孺》書中述及二人相識及受問于虞長孺佛學義理的情狀:"余杭虞長孺天姿絕異,朗潔澄湛,德器夙成,再來人也。居山中調御,時有殊勝光景,余心慕之。歲乙酉與余晤於清源舟中,時余鄉余君房亦在……(問曰)'余近被詬辱,了無嗔恚,不近

---

①《萬曆野獲編》卷二十七"二大教主"條,第691頁。

②參屠隆《棲真館集》卷十九《與馮開之》,明萬曆刻本。

③各詩作參《重修普陀山志》卷五《詩類》,清刻本;及《棲真館集》卷七、卷八,明萬曆刻本。

④《快雪堂集》卷三十九《與屠長卿》。

⑤《棲真館集》卷十九,明萬曆刻本。

⑥參彭際清《居士傳》卷四十,揚州:江蘇廣陵古籍刻印社,1991年,第531頁。

⑦《鴻苞》卷三十,明萬曆刻本。

於超脱乎?'長孺曰:'非謂汝不超,謂不持戒也。戒乃生定,定乃生慧。夫超脱者慧也,不戒而定,遽自生慧,無是理也。且超脱者,了地道位也,不戒何能了道? 不了道遇境能不動心? 止名排遣,不名超脱。'余懼然曰:'敬聞命。'"①在家居期間,屠隆又于萬曆十七年訪管志道,與之往來辯論佛理。管志道(1536—1608),字登之,號東溟,江蘇太倉人。隆慶五年進士,官南京兵部主事、廣東按察僉事等。管志道在早年貢選入京時,至西山碧雲寺閱《華嚴經》,悟《周易》乾元用九之義,以爲理則互融,教必不濫,遂主三教合一之論,旨在會同儒佛。屠隆于萬曆十七年至蘇州,同管志道等游,《栖真館集》中有《冬日同韓承志管登之錢功父吳元卿過開元寺訪湛公》記此事②。又同集卷一有《贈管登之先生》詩,云:"至人去世遠,三教理晦蝕。儒釋尋干戈,緇黃相掊擊。庸愚局小方,拘閡逞肝臆。户捷難度垣,朝營詎及夕。此是則彼非,我玄則毀白。壞蟲不離壞,核蟲不離核。宇宙一何大,人乃自迫迮。總之屬迷倒,罪業日以積。頹波疇爲障,世界轉傾仄。天命我登之,人中作標則。始窺孔孟門,兼綜仙與釋。圓悟三教宗,靡不破其的。"③而管志道集中,則有《答屠儀部赤水丈書》長文一篇④,與屠隆論三教之理。

於上述諸人外,屠隆於晚年又結識袁宏道,二人于佛學義理相論甚契。袁宏道於萬曆二十七年(1599)撰成《西方合論》⑤十卷,該書宣揚淨土宗旨,分述毗盧遮那淨土、惟心淨土、恒真淨土、變現淨土、寄報淨土、分身淨土、依他淨土、諸方淨土、一心四種淨土、阿彌陀佛西方淨土等十種淨土。除了《西方合論》這本重要的文人居士的淨土著作外,在萬曆二十七年至二十八年間,袁宏道與其兄袁宗道等衆多知名文士,在京師講談佛學,形成居士佛教的一股熱潮。如《萬曆野獲編》卷二十七記載:"己亥、庚子間,楚中袁玉蟠太史同弟中郎,與皖上吳本如,蜀中黃慎軒,最後則浙中陶石簣以起家繼至,相與講談禪學,旬月必有會,高明士大夫翕然從之。"⑥而在此前的萬曆二十三年(1595),屠隆訪袁宏道於吳縣,《袁宏道集箋校》卷五《王以明》書中有記:"吳中人無語我性命者。……游客中可語者,屠長卿一人。"⑦又同卷《屠長卿》:"欲與長卿一别,而竟未能,俗吏之縛束人甚矣。

①《鴻苞》卷三十九,明萬曆刻本。
②《栖真館集》卷四,明萬曆刻本。
③《栖真館集》卷一,明萬曆刻本。
④參管志道《續問辨牘》卷一,《四庫全書存目叢書》,濟南:齊魯書社,1994—1997年,景印明萬曆間刻本,第87册,第660頁。
⑤袁宗道《西方合論叙》,彭紹升《歷代著名居士傳》卷四十六,成都:成都古籍書店,2000年。
⑥《萬曆野獲編》卷二十七"紫柏禍本"條,第420頁。
⑦袁宏道著、錢伯城箋校《袁宏道集箋校》,上海:上海古籍出版社,1981年,第222頁。

明年將掛冠從長卿游,此意已決。"①可見二人相契之狀。

今將屠隆與當時著名的文人居士的交游列一簡表,以備參考:

文人居士	籍貫	出身	交游時間	佛學主張
馮夢禎	浙江嘉興	進士	萬曆五年(1577)	淨土
陸與繩	浙江嘉興	進士	萬曆五年(1577)	淨土
虞淳熙	浙江杭州	進士	萬曆十三年(1585)	淨土
管志道	江蘇太倉	進士	萬曆十七年(1589)	淨土
袁宏道	湖北公安	進士	萬曆二十三年(1595)	淨土

上表所列,均爲晚明著名居士,清人彭際清編《居士傳》,上述諸人皆入傳中。與《居士傳》中人物分佈一致,多爲江浙人士,袁宏道雖爲公安人,但屠隆結交是在吳縣任期内,可説受當時東南文人影響較多。上述諸人在詩文創作上均有聲名,與紫柏真可、蓮池袾宏、憨山德清等均有師友關係。可以説,在當時東南士人流風所被的大背景下,屠隆又身處這個潮流的旋渦之中,交游諸人多爲當時居士佛教的中堅,爲佛教淨土宗直截方便的法門所吸引,而持淨土觀念,作與之相關之文字,便在情理之中了。

三、清中期東南學人對屠隆淨土信仰的評價

屠隆的佛教信仰在清初是受到了嚴厲批評的。如王弘撰(1622—1702)《山志》:"東海屠隆著《鴻苞》四十八卷,天文、地理、人事、物情,無所不談,而尤諄諄於三教一理之説,乃其意實以尊佛。……而即此數端觀之,其誣聖害道不在李贄之下。"②王弘撰對其佛學思想的評價可用"深惡痛絶"來形容,但處在由清入明,大部分知識人都在反思晚明"虚談"的思想背景下,也不足爲怪。

在此卷《園居雜詠》之後,有屠氏後人收集的名人題跋九則,題跋者包括嘉慶辛酉科狀元顧皋,以及黃定文、顧蓴、劉逢禄、何紹基等著名文人學士。題跋時間從道光三年(1823),迄於同治二年(1863)。由於册葉所書五十首詩具有濃郁的佛學思想,故題跋者對

---

① 《袁宏道集箋校》,第225頁。
② 王弘撰《山志》"初集"卷四,北京:中華書局,1999年,第98頁。

此也有着重的關注,多有評價。兹拈出朱爲弼與劉逢禄跋,以見與清初時評價的異同。朱爲弼跋爲六絶句,之一云:"從來夙慧具前因,揮灑千言筆有神。貝葉頌翻聊説法,何妨偶現宰官身。"之四云:"園啟婆筆蘿粲花,平生詩酒是生涯。卻得禪識談儒理,香國長春月放華。"①朱爲弼(1770—1840),嘉興平湖人,字右甫,號椒堂。通經學,尤嗜金石,爲阮元所器重。曾任順天府尹、兵部右侍郎等。《光緒嘉興府志》卷五十八有傳:"爲弼在諫垣,疏凡二十餘上,侃直不阿。服官内外三十餘年,不喜躁進,以勤慎廉潔受知,没後家無餘貲,士夫重之,請入祀鄉賢祠。"有《椒聲堂文集》、《椒聲堂詩集》、《續纂積古齋彝器款識》、《吉金文釋》、《鉏經堂集》、《古印證》等著作。他在跋中把屠隆詩中的禪學意味歸結爲"卻得禪識談儒理",即認爲屠隆之傾心談禪,只不過是借禪學的外殼,而充儒家濟世懷人倫理之實罷了。雖然這是清代樸學家出於自身學問取向的結論,但也是與屠隆當時情狀相契的。

再看劉逢禄之跋:

> 彌天花雨添新賦,腕底蛟龍起雲霧。仙令風流夙昔欽,九峰三泖耽幽趣。當年飛舄遍游翱,萬頃詞源湧怒濤。此邦竟誦甘棠蔭,樂府爭稱紙價高。無端謡諑橫衢路,芳草天涯何足數。桑麻因裏話前因,梵唄聲中開覺悟。茅堂罨靄柳當門,歡飲頻傾北海尊。咳唾隨風珠錯落,對案傳鈔對榻論。賓朋過從恣觴詠,豈假逃禪見心性。暫顯維摩説法身,簫卜林中辟詩境。淋漓墨瀋帶餘香,五絶才名舊擅場。三昧試參最上乘,雙豪時燦寶花光。即今展卷文猶緑,想見高懷絶塵俗。留香小草繼清芬,真如密諦還相屬。吁嗟乎天仙草聖安歸乎,尺幅怳現金人圖。此詩此字足千古,儒宗佛理總同途。②

劉逢禄(1776—1829),字申受,號申甫,又號思誤居士,江蘇武進人。嘉慶十九年(1814)進士,改翰林院庶起士,授禮部主事,道光四年補儀制司主事。劉逢禄外祖莊存與,舅莊述祖,是著名的經學家,劉逢禄盡得家傳,亦成爲一代經學大師。劉逢禄爲學務通大義,是龔自珍的老師。龔曾從其學《公羊春秋》,《己亥雜詩》中有"東南絶學在毗陵"之句,稱頌劉逢禄的學問卓絶一代。著有《尚書今古文集解》、《春秋左氏考證》、《公羊春秋何氏解詁箋》等經學著作③。跋作於道光八年(1828),跋之前半部分,追述了屠隆萬曆年間任青浦令時的風流瀟灑,既賞山水之勝,吟詩作賦,作高朋之會;亦關心民之疾苦,於民造福甚多,爲人所稱頌。劉逢禄爲江蘇武進人氏,屠隆在當時結交遍佈東南,而所宰青浦,亦

---

① 所引跋選自《園居雜詠五十首》。
② 同上。
③ 趙爾巽等《清史稿》卷四百八十二《儒林傳》,北京:中華書局,1977 年。

與江蘇所隔非遥,其影響又近了一層,故劉跋言"仙令風流夙所欽"。對於屠隆的信佛参禪,劉逢禄的評價是"想見高懷絶塵俗"與"儒宗佛理總同途"。

　　從清初的批評到清中葉較冷靜客觀的評議,雖與清代學術思想轉變有關,但與題跋者皆處東南地域,受到區域内淨土信仰的影響,或不無關係。按題跋順序來看,題跋者顧皋爲江蘇無錫人、黄定文爲浙江鄞縣人、童槐爲浙江鄞縣人、朱爲弼爲嘉興平湖人、錢儀吉爲嘉興海鹽人、顧蒓爲江蘇吴縣(今蘇州)人、劉逢禄爲江蘇武進人、沈嶽憲爲浙江鄞縣人。雖多爲屠氏後人交遊所及,但跋中對屠隆佛學思想的注意及評價,趨向於比較一致的"儒佛同宗"的看法,當非偶然所致。這與屠隆所上承的淨土思想淵源本身即帶有的東南地域性關聯是分不開的。

　　屠隆是晚明居士佛教的代表人物之一,他於淨土的理論與實踐都有代表性。屠隆《鴻苞》卷二十八《禪淨土》云:

> 永明壽禪師曰:"有禪無淨土,十人九蹉路。無禪有淨土,萬修萬人去。上根上器由禪以得土,中根下器由土以得禪。"其實一也,合禪土而一之者,其上上根,知者乎!永明既悟達摩直指之禪,又能致身於極樂上品,是禪土合一者也,不特永明爲然,如文殊普賢大菩薩也。……當知淨土唯心,心外無土。唯心淨土,土外無心。心垢土垢,心淨土淨。此天如禪師之言也①。

可見,屠隆在淨土信仰上堅持"唯心淨土"的觀念,這是由永明延壽禪師提出的,旨在救治禪宗的弊病。永明延壽禪師爲唐末五代時著名僧人,被尊爲淨土六祖,俗姓王,臨安府余杭(今杭州)人,在今寧波境内的四明山龍册寺出家,後修行於國清寺、雪竇寺、靈隱寺、淨慈寺等浙江境内名山大刹。"有禪無淨土"語出他著名的"四料簡",即推崇禪淨雙修,認爲只念佛不参禪,還可證得極樂,得悟西方;只参禪不念佛,易入歧路。由於"不立文字"、"教外別傳"的禪宗宗旨既促進了禪宗的發展,亦帶來了末流的弊病,即由這宗旨本身,導致了禪學莫衷一是,衆説紛紜的局面。故永明提出了禪淨雙修,力挽頹波,也造就了淨土的別開生面。

　　屠隆在《禪淨土》一文中提及的"天如禪師",即元代天如惟則禪師(? —1354),俗姓譚,江西永新(今江西吉安)人,後遊天目山,得法於中峰明本禪師,爲其法嗣,後住蘇州師子林②,著有《淨土或問》。"心垢土垢,心淨土淨"即出《淨土或問》。屠隆著有《天如答

---

①《鴻苞》卷二十八,明萬曆刻本。
②參彭希涑《淨土聖賢録》卷四,《續修四庫全書》第 1287 册,上海:上海古籍出版社,2002 年,第256 頁。

問》一文①,對這位淨土宗禪師尊仰有加。從宗仰的永明延壽、天如惟則禪師,到師事的蓮池大師,屠隆的淨土信仰不出東南淨土宗師的脈路,且聚集在浙江、江蘇兩地。在這些淨土大師流風所布的地域,世受熏習,如鹽入水,該地域文人士子對於淨土信仰的同情與理解有一種自然而然的風度在。

　　除了縱向的地域影響外,屠隆的淨土信仰,也有晚明時代的烙印。屠隆在淨土觀上上承永明觀點,主張唯心淨土而不否認彌陀淨土的存在,與永明的出發點實是有相似性。當時王學末流已類似狂禪,士人言行不一,人心亦多佚蕩少修持,故在儒家倫理外,提出淨土的信仰,從日常生活開始,欲以糾正士風人心,類似於永明禪師欲以"淨土"救"狂禪"的初衷。對陽明學在實踐中的懷疑思想,在屠隆論三教的文中多有表現,限於篇幅,暫不引述,但他在戲曲作品中,借劇中人口吻生動形象地表述了陽明學的理論基礎,即心體先天善的不可靠性,以及"行"的困難性與矛盾性。《曇花記》中的奸臣盧杞唱道:"地獄苦難自支,史書罵没了期,誰知依舊多盧杞。""我盧杞做秀才時,也曾罵過李林甫來,不知怎的輪得到我,卻又迷了……只怕從今此以後,罵我盧杞的不少,做我盧杞的還多。"②這道出了當時代表社會思想中堅的士人——在思想上墮落而無可挽救的社會現狀。程朱理學的式微,士人們失去了傳統倫理威權(唱詞中提及的史書罵)的束縛;而陽明學以"人心"爲主動的善之本源,故世俗之敬畏亦蕩然無存(唱詞中提及的地獄苦)。

　　對晚明士人階層精神狀態的描述及提出的答案,從屠隆這裏考察,似乎有將淨土信仰救王學之弊的努力。淨土信仰雖然有與陽明心學相通的地方,比如強調心的重要性,但淨土信仰與王學心性論最大的不同在於,王學強調心之本體的"至善"與"無善無惡",而淨土把善並不設定爲内心自足,而是說可以通過内心的修持達到,不管"唯心淨土"還是"彌陀淨土",這至善的理想境地要有一修爲的過程。雖然王學也強調"知行合一",知與行的統一卻存在先天的理論矛盾性。在王學後繼者的分流別派中,這種分歧也越來越大,這或許也是當時士人紛紛從王學轉向禪宗淨土的内在原因之一。所以,劉逢祿以一位經學家的身份,發出"儒宗佛理總同途"的感歎,從而把清初學者對屠隆"佞佛"的批評,轉爲了一種儒學發展狀態下變通的理解,可看作是同一東南地域内,對晚明士人淨土信仰的一種歷史延續性的冷靜反觀。

――――――――――――

　　①《鴻苞》卷三十七,明萬曆刻本。
　　②屠隆《曇花記》第四十五出《凶鬼自歎》,見毛晉編《六十種曲》,北京:文學古籍刊行社,1955 年,第 11 册,第 154 頁。

作者簡介：徐美潔，女，1975 年生，文學博士，現於上海交通大學人文學院“《王世貞全集》整理與研究”課題組從事博士後研究工作，主要研究領域爲元明清文學、古典文獻學。

· 新出與稀見文獻研究

仿真新印美國哈佛燕京圖書館藏
《永樂大典》二支兒字史料價值略述

辛德勇

　　明初,燕王朱棣,在公然以武力攘奪帝位之後,爲了粉飾其承續大統的合理性,不惜耗費民脂民膏,通過編纂或是刊印大型典籍,搞了一系列"形象工程",試圖妝點出一派稽古右文,昇平盛世的景象。譬如,由官府組織,在南北兩京相繼雕印《永樂南藏》和《永樂北藏》這兩部《大藏經》,就是典型的事例,而永樂元年,朱棣甫一登基即詔命纂集的《永樂大典》,更是中國書籍編著史上一件空前絕後的奇特"創舉"。觀朱棣《御制永樂大典序》,自言"朕嗣承鴻基,勵思纘述,尚惟有大混一之時,必有一統之制作"①,實際上已經點明其"纘述"動機。

　　《永樂大典》是一部極其怪異的書籍。它在結構形式上類似韻書卻規模過於龐大,完全不適於韻書之用;在内容上近似於類書而又不做門類劃分。不管是制作韻書,還是輯錄類書,除了短篇著述之外,對於篇幅較長的書籍,通常只是摘取其中與某字或某事目直接相關的部分章句,以便查閱,可是,在《永樂大典》中卻將一些部頭很大的書籍,整部迻錄其中,例如北魏酈道元所著煌煌四十卷之巨的《水經注》,便是連同序言在内,一字無遺地寫入《永樂大典》"八賄"韻部"水"字之下。單純看這樣的做法,它又頗有幾分類同叢書的特性,可是其總體編纂形式,實與叢書迥然有別。取法於西洋現代圖書的分類,還有

---

　　① 解縉等《永樂大典》,北京:中華書局,1986 年,單色影印本之《永樂大典目録》卷首《明成祖文皇帝御制永樂大典序》,第 1 頁。

人説《永樂大典》是一部百科全書,甚至是世界上最大的百科全書。這樣的説法,更不着邊際,因爲二者之間猶如風馬牛之了不相及,完全没有共通的地方。

所以,儘管朱棣吹嘘此書"用韻以統字,用字以繫事。揭其綱而目畢張,振其始而末具舉。包括宇宙之廣大,統會古今之異同,巨細精粗,粲然明備。……使觀者因韻以求字,因字以考事,自源徂流,如射中鵠,開卷而無所隱"①,實際上《永樂大典》卻不三不四,什麽都不是,做什麽書用也都很不合用,是一件大而不當的廢物。就一部書籍的著述形式而言,可謂愚蠢至極,荒唐至極。故明萬曆時人李維楨就很不客氣地批評説:"其書冗濫可厭,殊不足觀,絶非《太平御覽》諸書可比。"②清官修《四庫全書總目》亦指斥云:"其書割裂龐雜,漫無條理,……殊乖編纂之體。"③在中國古代,大概只有像朱家出生的這些先天神智欠佳的君主,纔會做出如此乖張的舉止。

就是這樣一種"四不像"的怪物,長久以來,其編録方式,在當代中國學術界卻受到普遍的讚譽。以余之固陋所見,唯業師黃永年先生不循衆議,斷然貶斥此書"是一種將做詩用的每個字注有故實的韻書,加以無限制地擴大而產生的怪物"④,所説最契合其本來面目。這也是我們今天在評價《永樂大典》在中國古代書籍編著史上的地位和價值時所應站定的基本立場。

不過,我們今天對歷史典籍的評價,除了其作爲一種著述在當時的性質與意義之外,還有一重史料價值,即藉助這些典籍的記載,我們能夠瞭解古代多少史事,特別是其他書籍所無法提供的歷史事實。在這一方面,由於纂録時間早在明初,在豐富的宮廷藏書的基礎上,尚且遣使以"購天下之遺籍"⑤。爲確保獲得充足的書籍,明成祖在"擇通知典籍者四出購求遺書"時,特諭之曰:"書籍不可較價直,惟其所欲與之,庶奇書可得。"⑥經過這樣的努力,《永樂大典》採録的書籍,範圍確實比較廣泛,而如清人全祖望所説,當初編

①同前頁注①。
②沈德符《萬曆野獲編》之《補遺》卷一"總裁永樂大典"條,北京:中華書局,1959 年,第 788—789 頁。
③紀昀等《四庫全書總目》卷一三七《子部·類書類存目》"永樂大典"條,北京:中華書局,1965 年,景印清浙江刻本,第 1165 頁。
④黃永年《古文獻學四講》之《目録學·子部》第十七節《類書》,廈門:鷺江出版社,2003 年,第 137 頁。案黃永年《從〈永樂大典〉的性質談如何利用》一文對《永樂大典》的性質有更詳悉的論述,請參看。黃文見作者文集《學苑與書林》,上海:上海書店出版社,2006 年,第 176—178 頁。
⑤《永樂大典》之《永樂大典目録》卷首《明成祖文皇帝御制永樂大典序》,第 1 頁。
⑥傅維麟《明書》卷七五《經籍志》,《叢書集成初編》,上海:商務印書館,1936 年,排印《畿輔叢書》本,第 1524 頁。余繼登《皇明典故紀聞》卷六,北京:書目文獻出版社,1995 年,景印明萬曆刻本,第 363—364 頁。

篆《永樂大典》時明朝皇家藏書樓文淵閣中藏弆的書籍,"自萬曆重修書目,已僅有十之一,繼之以流寇之火,益不可問"①,進入清代以後,《永樂大典》賴以編纂的很多書籍,其原本已經毀失不存,其中又有相當一批書籍,天壤間再亦別無傳本,僅賴《永樂大典》的徵引,或殘或全,得以存世。另一方面,由於編纂和抄錄時間較早,當時依據的底本,多爲宋元舊刻古鈔,與其他明清傳本相比,往往保存着古代典籍的本來面目。所以,即使是別有他本行世,《永樂大典》收錄的文字,常常也有很高的校勘價值。

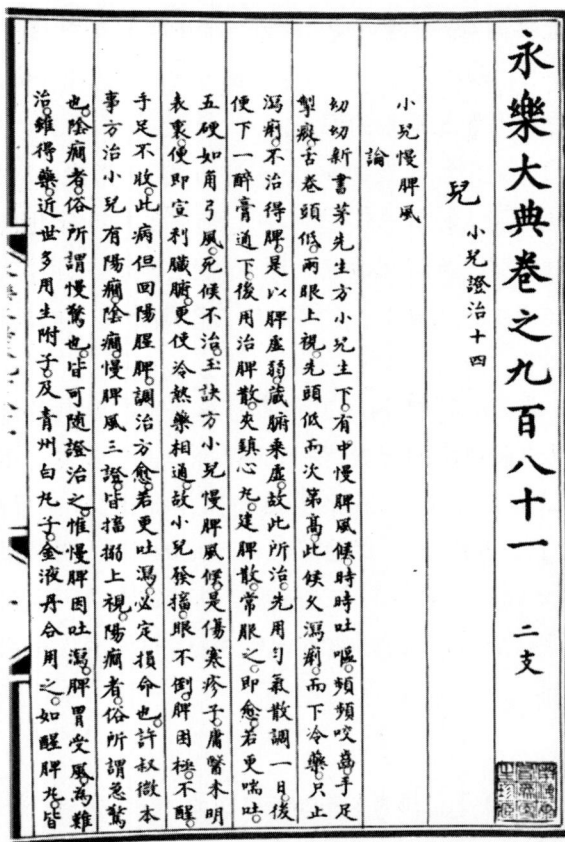

美國哈佛燕京圖書館存康有爲舊藏《永樂大典》卷九八一"二支"兒字册

---

① 全祖望《鮚埼亭集外編》卷一七《鈔永樂大典記》,《四部叢刊初編》,上海:商務印書館,民國八年,景印清嘉慶姚江借樹山房刻本,第11頁 b。

　　談到《永樂大典》在輯佚校勘方面的價值,還有一事,需要略加説明。此即清人施國祁在研治金人史事時曾經指出:"近僅取《金史》傳及《中州》、《遺山集》所載金人著書各種録出,凡雜著八十餘種、詩文集八十餘種,外若《拙軒》、《滏水》、《溽南》、《歸潛》等書中有間見者,尚未采入,而《閣目》(德勇案:指《文淵閣書目》)所收止存雜著二十一種,詩文十四種而已。自金末及明初,約百年,不應卷帙散佚至此。想見當日徵書時,捆載滿前,汗牛塞棟,在局者稍識文字,皆驚爲無主之奇貨,中間諸家小集,大可假裝門面,於是相互没入;没入不已,競相盗販。至所存,經史、釋道、醫律各種,實無取而備數者也;韻學算法,尤不解而無用者也。惟党、趙、元、王諸集,畏其大名,不敢公肆攘竊,自餘可以全偷者没之,可以抽取者缺之。諸人既已各飽所欲,視閣藏反爲棄物,不過按部計册,艸艸録目,隨着翰林一員典籍了事。是以雜著十亡其七,詩文十亡其八,豈非金源文士之不幸,遭此狗鼠之奇禍耶?"[1]雖然施氏所説,在很大程度上,恐怕只是基於清代纂修《四庫全書》時館臣偷竊《永樂大典》之事所做的推斷,但所説順情合理,或亦勢所必然之事。

　　永樂年間寫成的《永樂大典》正本,在明朝滅亡以前,就已不知所終。至清代,僅有嘉靖年間轉録的一部副本,雖亦略有殘缺,但還算比較完整地留存下來。雍正年間,全祖望和李紱最早注意到此書雖然"不無汗漫陵雜之失,然神魄亦大矣",特别是採録典籍"皆直取全文,未嘗擅減片語",故兩人相約"定爲課,……但鈔其所欲見而不可得者",而以經史子集之要籍爲先,"其餘偏端細目,信手薈萃,或可以補人間之缺本,或可以正後世之僞書,則信乎取精多而用物宏,不可謂非宇宙間之鴻寶也"[2]。儘管此事,殊非全、李二人區區個人之力所可成就,全氏"甫爲鈔宋人《周禮》諸種而遽罷官"[3],無法繼續鈔録,但全氏已經慫恿當時纂修三禮者注意利用相關佚書[4],而且他們這一想法,後來在乾隆年間纂修《四庫全書》時,復由朱筠等人倡議施行,在《永樂大典》已經缺失一千多册、兩千四百多卷的情況下,還陸續輯出業已失傳的各類典籍近四百種,總卷數將近五千卷,諸如薛居正《舊五代史》這樣重要的正史,亦在其中。這種輯佚工作,後來在嘉慶年間和光緒年間,還有人做過一些,譬如著名的《宋會要輯稿》,就是嘉慶年間徐松利用編纂《全唐文》的機會,從《永樂

　　①施國祁《吉貝居雜記》,北京:北京圖書館出版社,2000年,景印民國上虞羅氏鉛字排印《雪堂叢刻》本,第708—709頁。
　　②《鮚埼亭集外編》卷一七《鈔永樂大典記》,第10頁a—13頁a。
　　③《鮚埼亭集外編》卷一七《書樓記》,第5頁a。案關於全祖望所輯録佚書的情況及其下落,張昇《全祖望輯〈大典〉佚書之下落》、史廣超《全祖望輯〈永樂大典〉佚書考》兩文曾有所考述,可參考。張文刊《圖書館研究與工作》第2期,2003年,第68—69頁。史文刊《圖書館理論與實踐》第2期,2010年,第62—64頁。
　　④同注②,第12頁b。

大典》中輯録出來的①。至於這部奇書在版本校勘方面的價值,四庫館臣戴震宣稱用《永樂大典》寫本來勘正通行《水經注》的文字譌誤,就是一個非常有名的事例。

由於《永樂大典》的規模實在太過龐大,不管是輯佚,還是校勘,清代自乾隆年間迄至清末的工作,都還相當疏略,有待進一步完善。然而,令人遺憾地是,在《四庫全書》纂修之後,《永樂大典》陸續又有散失,最後在庚子事變時因義和團圍攻使館,久攻不下,便縱火爲兵,結果殃及鄰近英國公使館的翰林院,存放在院内的《永樂大典》或被焚燬,或遭劫掠②,倖存於世者已經寥寥無幾,而在這當中,還有很多先後流散到世界各地。因此,現在要想在清朝學者的基礎上,比較全面地重新利用《永樂大典》來從事古籍的輯佚和校勘,已經絕無可能。儘管如此,劫後剩存下來的這一小部分《永樂大典》,還是能够提供很多無以替代的史料,研究者應當給予充分的關注。

2013 年 5 月,國家圖書館出版社以宣紙包背裝形式,按照原大仿真影印了美國哈佛燕京圖書館收藏的三册《永樂大典》。其中卷九八一"二支"兒字一册("二支"之第一百二十八册),雖然中華書局在 1984 年 6 月續印的《永樂大典》當中,就已經依據現爲膠卷將其收入,1986 年復又洋裝縮印此本,但限於當時的條件,印製效果不是很好,洋裝縮印本閱讀更爲不便。這次仿真重印,開本闊大,字跡鮮明,開卷展讀,賞心悦目,自然更容易引發研究揣摩的興趣。

此"二支"兒字一册,係康有爲舊藏。在篇首"兒"字下題寫有附記云"小兒證治十四"。檢《永樂大典目録》,知自卷九六八題"醫書,小兒證治一"起,直至卷一○四二題"小兒證治七十五"止,連續七十五卷,都是"小兒證治"這一内容③,而對照 1986 年 6 月中華書局出版的精裝影印本總目,可知其中卷九七五"小兒證治八"、卷九七六"小兒證治九"、卷九七八"小兒證治十一"、卷九八○"小兒證治十三"、卷一○三六"小兒證治六十九"和卷一○三七"小兒證治七十"諸卷,也都有嘉靖時期寫録的副本存世,並且均已影印出版。這些卷册的内容,密切相關,相互結合,自然可以比較完整地復原和認識相關問題。不過,由於牽涉面稍廣,一時也不易很全面地把握。在這裏,我只是想在賞鑑之餘,對其卷九八一"二支"兒字"小兒證治十四"這一册所體現的史料價值,簡單談一下我的初步印象。

①張忱石《永樂大典史話》第六節《〈永樂大典〉的價值和利用》,又附録一《〈永樂大典〉中輯出的佚書書目》,北京:中華書局,1986 年,第 24—100 頁。

②(日)服部宇之吉《北京籠城日記》,服部氏自印非賣品,大正十五年,第 67—68 頁;又該書所附《北京籠城回顧録》十四《翰林院の火》,第 159—160 頁。

③《永樂大典》之《永樂大典目録》,第 30—31 頁。

這册《永樂大典》,包含"小兒慢脾風"、"小兒慢肝風"、"小兒胎驚"和"小兒驚悸"四類症候,每一症候之下,復分作"論"與"方"兩個部分,載述對症候診治的論述和具體方劑。書中引述的醫學典籍名目如下:

幼幼新書·茅先生方(或徑稱"茅先生方")

玉訣方

許叔微本事方(或引作"徐叔微普濟本事方")

楊仁齋直指方

演山省翁活幼口議

湯民望嬰孩妙訣總要

經濟小兒保命方書

惠眼觀燈

劉氏家傳

張氏家傳

莊氏家傳

孔氏家傳

王氏手集(有注明"載幼幼新書"者)

吉氏家傳

朱氏家傳

安師傳

長沙醫者毛彬傳

長沙醫者鄭愈傳

濟急捷用單方

李檉小兒保生要方

楊倓家藏方

十便良方

魏氏家藏(或稱"魏氏家藏方")

郭彌明方便集

備急纂要方

艾元英如宜方

孫氏仁存方

曾世榮活幼新書

危亦林得效方

袁當時大方

和劑局方

張涣醫方妙選

石壁經

顱顖經

太平聖惠方

聖濟總録

外臺必效方

靈苑方

鄭端友全嬰方

陳自明管見大全良方

御藥院方

下面讓我們首先檢覈南宋紹興時人劉昉撰著的《幼幼新書》和日本學者丹波元胤在仁孝天皇文政時期撰著的《中國醫籍考》等相關書籍,初步落實一下上述諸書中已經散逸失傳的書籍。

《玉訣方》:撰人待考,丹波元胤《中國醫籍考》未著録。劉昉在《幼幼新書》中考述前代方書時,列舉有一種《玉訣》,内有"三十六種,四十八候",云乃"太元真人譔,三十六種,四十八候,皆託神仙所傳,得之長沙諸醫"①,實際很可能就是北宋時人或南宋初的著作。

湯民望《嬰孩妙訣論》:本册《永樂大典》引述的"湯民望嬰孩妙訣總要",《宋史·藝文志》著録題作"湯民望《嬰孩妙訣論》三卷"②,陳振孫《直齋書録解題》著録的情況,則與此不同,乃作:"《湯氏嬰孩妙訣》二卷,東陽湯衡撰。衡之祖民望,精小兒醫。有子曰麟,登科。衡,麟之子,尤邃祖業,爲此書九十九篇。"③應是孫述祖學,撰爲此書,而三卷、二卷之歧異,或有一誤。明人熊均(字宗立)撰《醫學源流》,記湯民望爲"宋南渡時東陽

①劉昉《幼幼新書》卷四○《論藥叙方·前代方書》,明萬曆陳履端刻本,第24頁b。
②脱脱等《宋史》卷二○七《藝文志》六,北京:中華書局,1977年,第5319頁。
③陳振孫《直齋書録解題》卷一三《醫書類》,上海:上海古籍出版社,1987年,第395頁。(日)丹波元胤《中國醫籍考》卷七四《方論》五十二,北京:人民衛生出版社,1956年,第1283頁。

人,精小方脈,求者不擇貧富,悉治療如法。其子麟登進士第,人以爲陰德之報。麟子衡尤邃於此學,因以得官,遂述其家傳。"①似亦以湯衡爲編録傳刻乃祖著述之人。此湯衡仕歷不詳。今此《永樂大典》引"湯民望嬰孩妙訣總要"之救治"小兒胎驚"方,自言"此法諸家方書並不曾載,自余傳之。始東宮吳觀察新得一子,及一月病此,因用之,驗。今已一周"②。這一記載或可爲考定湯衡的身份,提供有用的線索。

又疑《大典》所記"湯民望嬰孩妙訣總要",即《嬰孩妙訣論》之總論病理醫法部分。蓋本册《永樂大典》所引述三段"湯民望嬰孩妙訣總要"的文字,有兩段分別出自"小兒慢脾風"、"小兒胎驚"兩類症候"論"的部分,另一條雖然出自"小兒胎驚"的"方"這一部分之下,但也是"方"與"論"相間雜,甚至有更多"論"的色彩,因而有理由推斷,所謂"湯民望嬰孩妙訣總要"當即湯民望《嬰孩妙訣論》篇首的概説,故以"總要"名之。

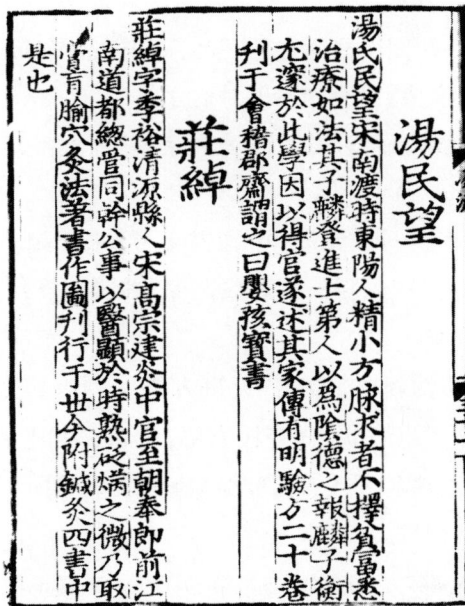

日本享禄元年翻刻明景泰初年熊氏《醫書大全》附刊《醫學源流》

《經濟小兒保命方書》:撰人不詳,丹波元胤《中國醫籍考》未著録。

《惠眼觀燈》:劉昉《幼幼新書》謂此書乃"宜黃戴師憫術,翰林醫學梁逢老譔。得之

①熊均《醫學源流》(疑日本享禄元年於堺地翻刻明景泰初年熊氏《醫書大全》附刊本),第31頁 b。
②見國家圖書館出版社新印《永樂大典》卷九八一之"二支"兒字"小兒證治十四",第21頁 a。

前宗正丞蔡衛子周家藏”①。

《劉氏家傳》：劉昉《幼幼新書》叙述“士大夫家藏”之方書,謂此書乃“旦先公大中所傳,並平日所抄方”②。案劉昉在紹興十九年末更名爲“旦”,事見《建炎以來繫年要録》,云“直龍圖閣知潭州劉昉言,姓名偶與前代不令之臣相犯,請更名旦,從之”③。因知此方書即出自劉昉本人家傳。

《張氏家傳》：劉昉《幼幼新書》叙述“士大夫家藏”之方書,謂此書乃“知撫州張徽猷家藏”④。

《莊氏家傳》：劉昉《幼幼新書》叙述“近世方書”,列有《脈法要略》、《膏肓灸法》和《莊氏家傳》三書,謂“三書皆知筠州莊公手集,得之其子監潭州都作院念祖衆伯”⑤。案明熊均《醫學源流》記“莊綽字季裕,清源縣人。宋高宗建炎中官至朝奉郎,前江南道都總管同幹公事,以醫顯於時。熟砭炳之微,乃取膏肓腧穴灸法,著書作圖,刊行於世,今附鍼灸四書中是也”⑥。因知莊綽固以醫術名於一時,而宋人另有記述謂其在高宗紹興十二年嘗出知筠州⑦,故此《莊氏家傳》自是出於莊綽之手。

《孔氏家傳》：劉昉《幼幼新書》叙述“士大夫家藏”之方書,列有此書,謂乃“孔參議家藏,號‘東家書’”⑧。

《王氏手集》：撰人待考。丹波元胤《中國醫籍考》未著録。惟劉昉《幼幼新書》叙述“士大夫家藏”之方書,記有一《睢陽王氏家藏》,係“前潭州簽判王昇伯陽家藏”⑨,未知與此《王氏手集》是否具有關聯。

《吉氏家傳》：劉昉《幼幼新書》叙述“近世方書”,列有《鳳髓經》、《飛仙論》、《寶童方》、《聯珠論》、《保信論》、《惠濟歌》、《吉氏家傳》七書,謂“七書得之前岳州平江令吉撝之謙伯家藏,並不載作書人姓名,惟《吉氏家藏》謙伯手集”⑩。

---

①《幼幼新書》卷四〇《論藥叙方·近世方書》,第 27 頁 b—28 頁 a。
②《幼幼新書》卷四〇《論藥叙方·士大夫家藏》,第 31 頁 a—31 頁 b。
③李心傳《建炎以來繫年要録》卷一六〇紹興十九年十二月戊午條,《叢書集成初編》,上海：商務印書館,1936 年,排印《史學叢書》本,第 2600 頁。
④同注②,第 29 頁 a。
⑤同注①,第 28 頁 a—28 頁 b。
⑥《醫學源流》,第 31 頁 b。
⑦黃彦平《三餘集》卷四《高安郡門記》,民國五年李氏宜秋館刊《宋人集》乙,第 1 頁 b。
⑧同注②,第 29 頁 b。
⑨同上。
⑩同注①,第 28 頁 b—29 頁 a。

　　《朱氏家傳》：劉昉《幼幼新書》叙述"士大夫家藏"之方書，列有兩種《朱氏家傳》，一爲"潭州司理參軍朱如山季高家藏"，一爲"朱不倚家藏"①。

　　《安師傳》：撰人待考。丹波元胤《中國醫籍考》未著錄。惟劉昉《幼幼新書》叙述"士大夫家藏"之方書，列有一《安師所傳方》，爲"建安僧惠安傳"②，似即此書。

　　案以上自《劉氏家傳》至《安師傳》，依醫家方劑之書往往省略書名之末"方"字的慣例，其正式的全稱，似均應如"楊倓家藏方"一樣，在末尾綴加一"方劑"之"方"字。如本册《永樂大典》在"小兒慢脾風"這一症候下引述有"魏氏家藏"，而在"小兒慢肝風"症下又引述有"魏氏家藏方"③，二者即應同屬一書。此書作者爲宋人魏峴，日本宮內廳書陵部藏有宋刊殘本，曾見於森立之《經籍訪古志》著錄，便是題作"魏氏家藏方"④，故知應帶有"方"字者爲準確的書名。

　　《長沙醫者毛彬傳》：劉昉《幼幼新書》記毛彬爲宋時"長沙醫工"⑤。

　　《長沙醫者鄭愈傳》：劉昉《幼幼新書》記鄭愈爲宋時"長沙醫工"⑥。

　　《濟急捷用單方》：撰人待考。丹波元胤《中國醫籍考》未著錄。

　　李樫《小兒保生要方》：本册《永樂大典》引述的"李樫小兒保生要方"，《宋史·藝文志》著錄三卷⑦，陳振孫《直齋書錄解題》著錄爲"《小兒保生方》三卷，左司郎姑蘇李樫與幾撰"⑧。

　　《郭彌明方便集》：郭氏身世待考。丹波元胤《中國醫籍考》未著錄。

　　《備急纂要方》：撰人待考。丹波元胤《中國醫籍考》未著錄。惟《宋史·藝文志》著錄有《備急簡要方》一卷，書名與此相近⑨，可供進一步考究。又陳樂素《宋史藝文志考證》於此《備急簡要方》下附記云："《崇文目》作《備要簡急方》，疑誤。《隋志》有《備急草要方》三卷，許澄撰。"⑩今案"草要"似爲不辭，疑乃"簡要"之譌。

----

①《幼幼新書》卷四〇《論藥叙方·士大夫家藏》，第30頁a—30頁b。

②同注①，第30頁b。

③見國家圖書館出版社新印《永樂大典》卷九八一之"二支"兒字"小兒證治十四"，第10頁a，第29頁b。

④森立之《經籍訪古志》之《補遺·醫部》，《海王邨古籍書目題跋叢刊》，北京：中國書店，1990年，景印清光緒十一年徐承祖鉛印本，第145—146頁。

⑤《幼幼新書》卷四〇《論藥叙方·近世方書》，第29頁a。

⑥同注⑤，第31頁a。

⑦《宋史》卷二〇七《藝文志》六，第5319頁。

⑧《直齋書錄解題》卷一三《醫書類》，第393頁。

⑨《宋史》卷二〇七《藝文志》六，第5314頁。

⑩陳樂素《宋史藝文志考證》第一篇《宋史藝文志考異》之《醫書類》，廣州：廣東人民出版社，2002年，第370頁。

《孫氏仁存方》:《文淵閣書目》著録"《孫氏仁存方》一部四册,闕"①。此文淵閣殘存之書,當即纂修《永樂大典》時所依據的底本。惟《永樂大典》卷九七六"二支"之《小兒證治》九另引有"孫氏仁存活法秘方"②,疑與此書同爲一事。

此書在中國久已失傳,丹波元胤《中國醫籍考》記乃父在日本曾見到有殘本,題作"仁存孫氏治病秘方",分作十卷:"先子曰是書鄉有同僚藏去〔弄〕者,借而閱之。舊人鈔本,蓋二百年前物。闕自首卷至第四卷,所存第五卷以下,僅六本。是雖零殘,然希世之異編,因鈔而藏之。甲子冬,偶詣少將雲州公(治卿)邸。座間有書數卷,公舉見示,乃是書鋟本。亦恨闕第一卷,然文字端雅,紙刻精妙,實元板也。余遂貸歸,鈔補前四卷。雖未至完,然各病門類,於是始具矣。但無序跋,故不得知孫氏何代人。熊均《醫學源流》曰:'《仁存孫氏治法方》,雖有板刻以行,未詳其年代出處。'今考其書體例,論病集方之旨,亦爲元人無疑矣。《本草綱目》附方引《孫氏仁存堂經驗方》,考諸是書,靡有載者。豈別有其書者歟?"③今案丹波氏引《醫學源流》所述《仁存孫氏治法方》,余所見日本翻刻明初刻本《醫學源流》,乃書作《仁存孫氏活法方》④,森立之《經籍訪古志》著録同書題作"仁存孫氏治病活法秘方"⑤,知應以作"活"字者爲是。

《袁當時大方》:袁氏身世待考。丹波元胤《中國醫籍考》未著録。

張渙《小兒醫方妙選》:本册《永樂大典》引述的"張渙醫方妙選",陳振孫《直齋書録解題》和《宋史·藝文志》著録書名爲《小兒醫方妙選》,三卷。⑥ 陳振孫云張渙的身份爲成安大夫惠州團練使,書中有靖康元年張氏自序⑦。劉昉《幼幼新書》稱"張渙編總方四百二十道,長沙兒醫丘松年又得遺方四十首,分載諸門"⑧。

《石壁經》:撰人待考。丹波元胤《中國醫籍考》未著録。宋人劉昉云此《石壁經》"或謂黄帝時書,疑未必然。得之湘陰士人朱中立(不倚)"⑨。從唐以前諸書未見引用的情況來看,很可能是北宋時期的著述。

_____

①楊士奇等編《文淵閣書目》卷一五《列字號第二廚書目·醫書》,《國學基本叢書》,上海:商務印書館,1937 年,第 195 頁。

②《永樂大典》卷九七六之"二支"兒字"小兒證治九",第 473 頁。

③《中國醫籍考》卷五二《方論》三十,第 889 頁。

④《醫學源流》,第 41 頁 a。

⑤《經籍訪古志》之《補遺·醫部》,第 149—150 頁。

⑥《直齋書録解題》卷一三《醫書類》,第 391 頁;《宋史》二〇七《藝文志》六,第 5315 頁。

⑦《直齋書録解題》卷一三《醫書類》,第 391 頁。

⑧《幼幼新書》卷四〇《論藥叙方·近世方書》,第 26 頁 b。

⑨《幼幼新書》卷四〇《論藥叙方·前代方書》,第 24 頁 a。

　　《外臺必效方》：《舊唐書·經籍志》著録有"《孟氏必效方》十卷，孟詵撰"①，《新唐書·藝文志》徑稱孟詵著"《必效方》十卷"②，而《舊唐書》本傳記孟詵撰"《補養方》、《必效方》各三卷"③，前人如錢大昕等人稽考兩《唐書》，亦未詳孰是④。檢孫思邈《千金要方》即屢屢引述此書，知其書當時就很流行。疑本册《永樂大典》引述的《外臺必效方》即孟詵此書。

　　《靈苑方》：《宋史·藝文志》著録二十卷。《郡齋讀書志》記云："《靈苑方》二十卷。右皇朝沈括存中編。本朝士人，如高若訥、林億、孫奇、龐安常，皆以善醫名世，而存中尤喜方書。此中所載，多可用。"⑤

　　以上所述，只是這些書籍的大致狀況，其中有些名目，情況可能還比較複雜。比如本册《永樂大典》引述的兩個沈括《靈苑方》的方子，文末注云"已上二方載《幼幼新書》"⑥，似由南宋初年劉昉撰著的《幼幼新書》中轉引，而不是直接從《靈苑方》中録出，而《永樂大典》卷九七五引述此沈括《靈苑方》，卻又没有輾轉出自他書的標識⑦。類似的情況，如這册《大典》中既單獨引述有"茅先生方"，又有標記爲"幼幼新書茅先生方"的藥方，可知所謂"茅先生方"，多半也是指《幼幼新書》中録用的"茅先生方"的内容⑧。對此，還有待日後進一步比勘分析。

　　雖然人民衛生出版社在早在1986年印行的《永樂大典醫藥集》中即已編入這卷《永樂大典》，但由於這部書只是録文，並非影印原本⑨，不管是利用《永樂大典》的原文，還是據以輯録編綴相關醫書，其準確性都難免會受打一定的折扣，而這一點，對於治病救人的醫書來説，尤爲不容稍有含糊。

　　今有王瑞祥輯録《永樂大典醫書輯本》，按照《永樂大典》原書韻目的次序，逐一輯録

---

　　①劉昫等《舊唐書》卷四七《經籍志》下，北京：中華書局，1975年，第2050頁。《中國醫籍考》卷四散《方論》二十一，第694頁。

　　②歐陽修、宋祁等《新唐書》卷五九《藝文志》三，北京：中華書局，1975年，第1571頁。

　　③《舊唐書》卷一九一《方技傳·孟詵》，第5102頁。

　　④錢大昕《廿二史考異》卷四五《唐書》五，《叢書集成初編》，上海：商務印書館，1937年，排印《史學叢書》本，第822頁。

　　⑤晁公武《昭德先生郡齋讀書志》卷三下《醫家類》，《中國歷代書目叢刊》，北京：現代出版社，1987年，景印宋淳祐袁州刻本，第967頁。《中國醫籍考》卷四五《方論》二十三，第737頁。

　　⑥見國家圖書館出版社新印《永樂大典》卷九八一之"二支"兒字"小兒證治十四"，第25頁b—26頁a。

　　⑦《永樂大典》卷九七五之"二支"兒字"小兒證治八"，第455頁。

　　⑧案《幼幼新書》卷四〇《論藥叙方·近世方書》（第25頁b）謂此《茅先生方》爲"少室山無夢茅先生"所著，既然列在"近世"範疇之内，似應視爲宋人。

　　⑨蕭源等輯《永樂大典醫藥集》，北京：人民衛生出版社，1986年，第246—283頁。

各種佚傳醫書,已經在 2010 年 9 月由中醫古籍出版社出版第一册,據云其第二册和第三册爲兒科部分,書稿也早已完成,不知輯録過程中,這册《永樂大典》的内容,是否得便能够直接利用原書。不過,即使王氏是從原書直接採録,對於更深入的研究、甚至更爲準確地參考古方行醫用藥來説,同樣需要使用保持原本面目的影印本。

　　這册《永樂大典》引述的《顱顖經》,是中醫兒科疾病診治史上一部非常重要的著述。因其託名爲黄帝之書而在周穆王時爲“師巫”得之于崆峒①,故舊時往往視爲上古醫書。然而清四庫館臣考述此書撰著年代,卻提出了完全不同的看法:“考歷代史志,自《唐藝文志》以上,皆無此名。至《宋藝文志》始有‘師巫顱顖經二卷’,……當即此本。疑是唐末宋初人所爲,以王冰《素問》註第七卷内有‘師氏藏之’一語,遂託名師巫,以自神其説耳。”②藉助“師巫”其名,固然是爲自神其説,不過《顱顖經》的成書時間,是否會晚至唐末宋初,似乎仍然需要進一步探討。檢隋巢元方在大業年間撰著的《諸病源候總論》,嘗謂“經説年六歲已上爲小兒,十八已上爲少年,二十已上爲壯年,五十已上爲老年也。其六歲已還者經所不載,是以乳下嬰兒病難治者,皆無所承按故也。中古有巫方立《小兒顱顖經》,以占夭壽,判疾病死生,世所相傳有小兒方焉。”③巢氏所説《小兒顱顖經》與《顱顖經》應爲一書,蓋如四庫館臣所述:“其名顱顖者,案首骨曰顱,腦蓋曰顖,殆因小兒初生,顱顖未合,證治各别,故取以名其書。”④據此,則至遲在隋代,《顱顖經》一書,已經相當流行,這也可以説是中國醫學史上,最早見於著録的小兒專科著述。

　　雖然將其成書年代,推斷過晚,但四庫館臣對《顱顖經》一書的評價,卻是很高,乃謂其書“首論脈候至數之法,小兒與大人不同。次論受病之本與治療之術,皆極中肯綮,要言不煩。次論火丹證治,分别十五名目,皆他書所未嘗見。其論雜證,亦多祕方,非後世俗醫所可及。蓋必别有師承,故能精晰如此。《宋史·方技傳》載錢乙始以《顱顖經》著名,召至京師,視長公主女疾,授翰林醫學。錢乙幼科,冠絶一代,而其源實出於此書,亦可知其術之精矣。”不過清臣在纂修《四庫全書》時,世間便已“别無傳本,獨《永樂大典》内載有其書”,於是只好“據《永樂大典》所載,裒而輯之,依《宋志》舊目,釐

<hr />

①《幼幼新書》卷四〇《論藥叙方·前代方書》,第 23 頁 b。

②《四庫全書總目》卷一〇三《子部·醫家類》“顱顖經”條,第 860 頁。

③巢元方《巢氏諸病源候總論》卷四五《小兒雜病諸候》一《養小兒候》,臺北:臺灣商務印書館,1986年,景印《文淵閣四庫全書》,第 734 册,第 1 頁 a—1 頁 b。

④《四庫全書總目》卷一〇三《子部·醫家類》“顱顖經”條,第 860 頁。

爲二卷。俾不至無傳於後焉"①。本册《永樂大典》的引文雖然只有一條治"小兒胎驚"方②,但仍然有助於我們覈實四庫館臣輯本的準確性,以便更好地研究和利用這部醫學名著。

至於其他那些仍有完本存世的醫書,由於寫録世間早在明初,這册《永樂大典》引文,同樣會在不同程度上具有校勘價值,在這裏就不再一一舉述了。

通觀《永樂大典》在"小兒證治"項下引述的這一大批小兒醫學論述和方劑,除了其具體的醫學應用和在醫學診治方法歷史發展過程研究中的價值之外③,它還有助於豐富和深化我們對宋元時期兒科醫學發展總體狀況的認識,而這樣的認識,在很大程度上已經超出醫學本身之外,成爲社會史研究的一項重要内容。

繼《顱顖經》之後,又相繼出現過一些診治小兒病症的專書,在其他一些重要的通述性醫學著述,如孫思邈的《千金要方》當中,也有"少小嬰孺方"專篇,但直至進入宋代以後,小兒專科醫學,纔出現突飛猛進的發展。陳邦賢著《中國醫學史》,在其"中古醫學書目"部分,曾經排列一個表格,羅列漢宋間書目中所見小兒科的方論。爲簡便起見,我們姑且轉據這一書目所提供的情況,來看一看相關著述的發展變化情況④。

除了《顱顖經》以外,見於這份書目的小兒科方論書籍,有《俞氏療小兒方》、《徐叔嚮療少小百病方》、《療少小雜方》、《范氏療小兒藥方》、《王末療小兒雜方》、《少小方》、《療小兒丹法》、《小兒經》、《王超仙人水鏡圖訣》、《姚和衆童子秘訣》和《孫會嬰孺方》共十一部著述,分別見於阮孝緒《七録》、《隋書·經籍志》和《新唐書·藝文志》的著録,而此後見於《宋史·藝文志》和《通志·藝文略》等書著録的小兒方論專書,則總共有《小兒秘録集要方》、《楊大鄴嬰兒論》等共二十三部書籍。因爲這二十三部書籍絕大多數都是宋代新出現的著述,較諸此前漢魏晉南北朝隋唐這一漫長時期的十一二部書籍來説,不能不説是一種突飛猛進的巨大變化。即使不考慮《永樂大典》"小兒證治"部分其他卷册引述的書籍,僅僅就國家圖書館新影印的這一册而言,如以上考述所見,上述諸書,主要也都

---

①《四庫全書總目》卷一〇三《子部·醫家類》"顱顖經"條,第860頁。

②見國家圖書館出版社新印《永樂大典》卷九八一之"二支"兒字"小兒證治十四",第18頁 b。

③案關於《永樂大典》引述的"小兒證治"内容在具體的醫學應用和在醫學診治方法歷史發展過程研究中的價值,張如青、張雪丹《現存〈永樂大典〉兒科文獻研究》一文,已經有所論述。張文刊《中醫文獻雜誌》第 2 期,2008 年,第 2—6 頁。

④陳邦賢《中國醫學史》第二編第九章第九節《方論(小兒之部)》,上海:商務印書館,1954 年,第168—169 頁。

是宋代或元代的著述,而且其中大部分並未見載於陳邦賢開列的書目,儘管這些書並不一定都是小兒科專著,但其中起碼含有不少小兒專方,從而可知宋朝社會實際流行的小兒科專書或是專方,還要更爲龐多(其他如陳邦賢的書目,列舉有陳文中撰《小兒病源方論》,而熊均《醫學源流》記陳氏尚另有《小兒痘經驗方》①,應即收入明人薛己《薛氏醫案》並爲之做注的《陳氏小兒痘疹方論》一卷),而藉助《永樂大典》引述的這些小兒科佚書,有助於我們更爲清楚地瞭解進入宋代以後,社會對小兒科重視的增强,在其背後,自然是兒童社會地位和價值的相對提昇。

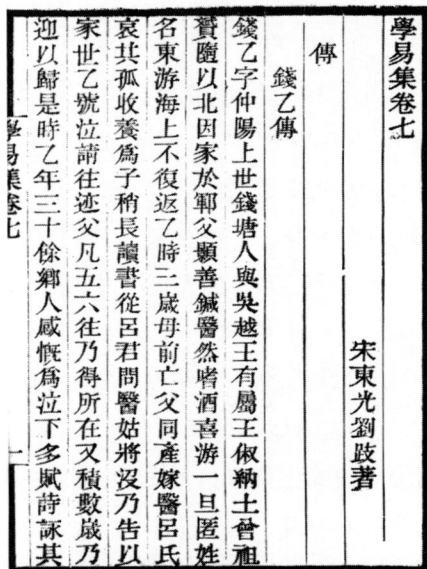

清光緒五年定州王氏謙德堂刊《畿輔叢書》本《學易集》

宋朝小兒醫學的發達,還體現爲出現了一批特以診治兒科疾病著名的醫者。在這當中,應以北宋時人錢乙聲名最爲卓著。晁公武《郡齋讀書志》著録有錢乙著"《錢氏小兒方》八卷"②,陳振孫《直齋書録解題》則著録有"《錢氏小兒藥證真訣》三卷,太醫丞東平錢乙仲陽撰,宣教郎大梁閻季忠集。上卷言證,中卷敘嘗所治病,下卷爲方。季忠亦頗附以己説,且以劉斯立所作仲陽傳附於末。宣和元年也"③。史載錢乙"始以《顱顖方》著名山東。元豐中,長公主女有疾,召使視之,有功,奏授翰林醫學,賜緋。明年,皇子儀

①《醫學源流》,第 34 頁 a。
②《昭德先生郡齋讀書志》卷三下《醫家類》,第 967 頁。
③《直齋書録解題》卷一三《醫書類》,第 389—390 頁。

國公病瘦瘵,國醫未能治。長公主朝,因言錢乙起草野,有異能。立召入,進黃土湯而愈。神宗皇帝召見褒諭,因問黃土所以愈疾狀。乙對曰:'以土勝水,水得其平,則風自止。且諸醫所治垂愈,小臣適逢之。惟陛下加察。'天子悦其對,擢太醫丞,賜紫衣金魚。自是戚里貴室,逮士庶之家,願致之無虛日。其論醫,諸老宿莫能持難"①。逮清朝四庫館臣統貫古今評價錢乙在兒科疾病診治史上的地位,更高度評價説:"錢乙幼科,冠絶一代。"②今人論中國古代醫學史,以爲"直到宋代,小兒科專家——錢乙撰《小兒藥證直訣》一書,使我國兒科學的進步達到了新的高度,該書是我國現存第一部内容豐富的兒科專著"(如上所述,今所見《顱顖經》屬輯佚之本,已非完書),仍然給予了充分肯定。

其他如與錢乙同鄉同時人董汲所撰《小兒斑疹論》一卷③,也被譽爲"論述小兒痘疹證治的第一部專著"④,同樣是宋代兒科醫學成就的突出代表。又如上引《郡齋讀書志》所述,從北宋時期開始,包括沈括、高若訥、林億、孫奇、龐安常(本名安時,字安常)、劉昉等人在内,另外還有掌禹錫、蘇頌、朱肱等人⑤,出現了一大批以精擅藥性醫術而名世的士大夫。劉昉在《幼幼新書》中"論藥叙方"時特地列出一節,專門叙述"士大夫家藏"之方論⑥,説明兒科病症的診治,也是這些士大夫關注的重要内容。結合《永樂大典》引述的小兒病症診治理論和方劑,我們會更爲全面地認識宋代社會對小兒疾病重視的普遍程度。

談到宋人重視小兒疾病的普遍性問題,我們還應該看到,在這册《永樂大典》引述的醫學著述當中,有像《長沙醫者毛彬傳》和《長沙醫者鄭愈傳》這樣具有明顯地方特色的書名。這兩位長沙醫者的藥方被載入其中,首先與劉昉《幼幼新書》的採録和傳播具有一定關聯。劉氏門人李庚,記此《幼幼新書》編纂始末云:"湖南帥潮陽劉公鎮拊之暇,……取古聖賢方論,與夫近世聞人家傳,下至醫工技工之禁方,閭巷小夫已失之秘訣,無不曲意尋訪,兼收並録,命幹辦公事王曆義道主其事,鄉貢進士王湜子是編其書。

①劉跂《學易集》卷七《錢乙傳》,清光緒五年定州王氏謙德堂刊《畿輔叢書》本,第 1 頁 a—1 頁 b。

②《四庫全書總目》卷一〇三《子部·醫家類》"顱顖經"條,第 860 頁。

③《直齋書録解題》卷一三《醫書類》,第 390 頁。

④李經緯《中國醫學史》第七章第十一節《臨床醫學豐富多彩》,海口:海南出版社,2007 年,第 196—199 頁。

⑤《宋史》卷二九四《掌禹錫傳》,第 9807—9808 頁;又卷三四〇《蘇頌傳》,第 10859—10868 頁。方勺《泊宅編》卷七,北京:中華書局,1983 年,第 41—42 頁。

⑥《幼幼新書》卷四〇《論藥叙方·士大夫家藏》,第 29 頁 a—31 頁 b。

雖其間取方或失之詳,立論或失之俗,要之,皆因仍舊文,不敢輒加竄定。"①蓋此書爲
南宋高宗紹興年間劉昉在湖南安撫使任上所纂,具體從事者亦皆劉昉帥府幕下僚
佐,故包括此毛彬和鄭愈在内,收録了大量湖南醫工或是官員、士大夫家中流傳收藏
的小兒方書,像《陳防禦家傳》,乃"湖南城路鈐家藏",《吳氏家傳》爲"湖南運幹吳
衮魯山家藏",《董氏家傳》係"知潭州醴陵縣董瑛堅老家藏",《陶氏家傳》亦"知潭
州善化縣陶定安世家藏",等等②。但在另一方面,像湖南這樣的地方,能够蒐集到如
許之多的小兒方論,這本身也顯示出當地醫學的進展。從更大的地域範圍來看,這種
發展變化,還不僅僅是湖南一地的問題,而是進入南宋以後,整個南方地區醫學面貌的
改變。

　　隨着宋室南渡,大批北人南遷,尤其是士大夫家族移居江南各地,推動南方醫學向
前發展,這本來是勢所必然的事情,毋須爲之稱奇。不過,值得注意的是,在中醫診治
中,本一向關注環境與病症的關係,《黄帝内經》即謂善治病者必明地理之常,生化之
道,具體而言,若"西北之氣散而寒之,東南之氣收而溫之,所謂同病異治也"③。至南
宋初年,大批北方中原地區的民衆,集中遷徙到江南的山間水鄉,南方地區隨之人口
猛增,開發速度加快,原來適應於北方氣候的用藥,在新環境下,必然要做出調整。
譬如元朝醫者曾世榮在評價前述宋人張渙的《小兒醫方妙選》時,就講過這樣一
段話:

　　　宋朝徽宗太子壽王聰慧,幼時常發癇疾,諸大名醫莫之安愈。時有草澤醫士
　　張渙,挾盎貨藥于都下。召之入内,用藥即效。官至翰林醫正。張氏,北人也,留
　　方五百有餘,逐病敘説,深參其要。近傳于世,目曰《張氏妙選》。四方士夫,樂而
　　用之。殊不知南人淂病,以北人處方,自是道地相反,意議不同。所謂北人水氣
　　多,南人瘟疫盛,地氣天時,使之然也。北人水氣盛,盛則就濕,濕即與燥之;南人
　　瘟疫盛,盛即作熱,熱宜發散,更加燥熱之藥,病熱傳作它證,藥既不宜,疾何
　　能愈?④

---

①《幼幼新書》卷首李庚序文(案此明萬曆陳履端刻本題作《幼幼新書古序》),第 1 頁 b。
②《幼幼新書》卷四〇《論藥叙方·士大夫家藏》,第 29 頁 a—30 頁 a。
③《黄帝内經·五常政大論》,據唐王冰(啟玄子)撰、宋林億等奉敕校正《重廣補註黄帝内經素問》
卷二〇,明嘉靖二十九年顧從德翻刻宋本,第 25 頁 a—26 頁 a。
④曾世榮《新刊演山省翁活幼口議》卷三《議張氏方》,日本文正間鈔本,第 7 頁 a—7 頁 b。

日本正保二年翻刻明嘉靖刻本《明醫雜著》

同時,還有很多南方特有的病症出現,在新開發的山區,這一點會尤爲突出。後來明人王綸著《明醫雜著》,就特別強調"五方所生異病及治之異宜"這一原則。王氏且進一步深入講述地勢氣候這些地理要素影響疾病治療的複雜性説:"南東雖熱,然地卑多濕,辛熱食藥,亦能劫濕;西北雖寒,然地高多燥,辛熱食藥,卻能助燥……。治病用藥者,宜識此意。"①明白這一點,我們也就能够理解,湖南長沙等長江中下游流域及其迤南地區小兒方論的集中湧現,並不僅僅是宋代醫學的縱向發展問題;在空間上,也體現了醫學地理格局的重要變化。全面、有效地利用《永樂大典》引述的這些南方醫學新著,自是我們認識宋代醫學史和醫學地理方面這些重要變化的基本途徑。

作者簡介:辛德勇,男,1959 年生,歷史學博士。現任北京大學歷史學系教授,博士生導師。主要從事中國歷史地理學、歷史文獻學研究,兼事地理學史研究。

---

① 王綸《明醫雜著》卷一,日本正保二年翻刻明嘉靖刻本,第 2 頁 a—2 頁 b,第 45 頁 b—46 頁 a。

洛陽出土唐楊漢公墓誌考論[*]

胡可先

　　中晚唐著名的政治人物和文學人物楊漢公,一直以牛李黨爭的骨干爲古今學者所重視。新出土墓誌中有鄭薰所撰的《楊漢公墓誌銘》①,同時還有楊漢公妻《鄭本柔墓誌銘》②、楊漢公繼室《韋嫒墓誌銘》③,加以楊氏家族的其他墓誌,爲全面研究中晚唐楊氏家族文學情況及其産生的背景提供了豐富的原材料。這組墓誌曾經引起國内外學者的注意,李獻奇、周錚有《唐楊漢公及妻鄭本柔繼室韋嫒墓誌綜考》④,高橋繼男、玉野卓也、竹内洋介有《唐〈楊漢公墓誌〉考釋》⑤,爲以楊漢公爲中心的楊氏家族研究打下了一定的基礎,本文則結合傳世文獻對於楊漢公的文學家世、士族婚姻、科第出身、仕宦經歷和文學成就諸方面進行探討。

---

　　* 基金項目:2010 年國家社會科學規劃基金一般項目《唐代的文學家族與家族文學——以新出石刻爲依據的考察》[10BZW029]。

　　① 全稱爲《唐故銀青光禄大夫檢校户部尚書使持節鄆州諸軍事守鄆州刺史充天平軍節度鄆曹濮等州觀察處置等使御史大夫上柱國弘農郡開國公食邑二千户弘農楊公墓誌銘并序》,《洛陽新出土墓誌輯繩》,北京:中國社會科學出版社,1991 年,第 699 頁。按,該誌録文載于周紹良、趙超編《唐代墓誌彙編續集》,上海:上海古籍出版社,2001 年,第 1036—1038 頁;吴鋼等編《全唐文補遺》第六輯,西安:三秦出版社,2003 年,第 178—181 頁。

　　② 全稱爲《唐華州潼關防禦判官朝請郎殿中侍御史内供奉驍騎尉賜緋魚袋楊漢公故人滎陽鄭氏(本柔)墓誌銘并序》,吴鋼等編《全唐文補遺》第八輯,西安:三秦出版社,2005 年,第 132—133 頁。

　　③ 全稱爲《我大唐故天平軍節度副大使知節度事鄆曹濮等州觀察處置等使銀青光□□夫檢校户部尚書使持節鄆州諸軍事兼鄆州刺史御史大夫上柱國弘農郡開國公食邑二千户贈司徒楊公(漢公)夫人越國太夫人韋氏(嫒)墓誌銘并序》,洛陽古代藝術館編《隋唐五代墓誌彙編》洛陽卷,天津:天津古籍出版社,1991 年,第 13 册,第 191 頁載有拓片圖版,《全唐文補遺》第六輯,第 199 頁載有録文。

　　④《碑林集刊》第九輯,西安:陝西人民美術出版社,2003 年,第 16—26 頁。

　　⑤《アジア文化研究所研究年報》,2003 年號(第 40 號),東洋大學アジア(亞洲)文化研究所 2006年 2 月發行,第 37—49 頁。該項資料由日本關西大學文學部長谷部剛教授提供,特予致謝。

一、文學家世

　　弘農楊氏是漢代曾顯赫一時的大家族,出現過楊惲、楊喜、楊震這樣影響當時及後世的重要人物。適應漢代經學的發展,楊惲精研儒學,爲其家族奠定了甚爲穩定的家學傳統,因而在東漢時以楊震爲代表的弘農楊氏的聲望達到巔峰。但到了魏晉南北朝時期,隨着與政治的疏離以及儒學衰微的社會政治環境,楊氏一族也走上了衰落的道路。隋朝弘農楊氏開國,結束了南北朝分裂的局面,弘農楊氏與皇族合而爲一,一時鼎盛,氣象非凡。然國祚短暫,不久即更替易主。初唐以後,李武韋楊雖形成了婚姻集團,對於唐代政治的發展具有重大的影響,但這到盛唐時的楊國忠而終結。而這一集團中的楊氏與中晚唐時期的通過科舉等途徑進入政治舞臺的楊氏頗不相同。《楊漢公墓誌》於其家世淵源叙述得頗爲詳盡:

　　　　公諱漢公,字用乂,弘農華陰人也。楊氏之先,與周同姓,自文王昌之子唐叔虞,虞生燮父,燮父生六。當昭王時,以六月六日生,故以六名之。生而有文在其手,左曰楊,右曰侯。昭王曰:其祖有之,天所命也。遂封六爲楊侯,國於河洛之間,字之曰君牙,爲穆王司徒。書曰:"穆王命君牙爲周大司徒。"此得姓之源也。君牙十六世孫伯喬,就封于楊,楊氏始大。自伯喬四十一世而震生焉,爲漢太尉,所謂四代五公者。震十三世生鈞,後魏司空、臨貞郡公。生儉,後魏黃門侍郎、夏陽公。儉姪孫素,隋室之元勳,封越國公。故臨貞之子孫,皆以越公爲房號。夏陽次子曰文異,即公之七代祖也。派蔓千祀,招賢相望,宜乎光耀於當時矣。曾祖隱朝,皇同州郃陽縣令,夫人京兆杜氏。祖燕客,皇汝州臨汝縣令,贈工部尚書。皆以貞適養志,自肥其家,故位不稱德。夫人南陽張氏,即大儒碩德司業張公參之妹也。烈考諱寧,皇國子祭酒,贈太尉,始用經學入仕,嘗游陽諫議城之門,執弟子禮,潔白端介,爲諸儒所稱。其舅司業公尤所嗟賞。……前夫人鄭氏,……生二子:曰籌,曰範,皆登進士第,有令名於當時。籌長安尉,範今襄州節度蔣公系從事,試大理評事。公之長子思願,鄭夫人鞠之同於己子,有清文懿行,今爲國子周易博士。繼夫人韋氏,……生二子:曰符,曰篆,皆稟訓端愨,以文學舉進士。……別七子曰諲,以志學取禮科,今爲著作佐郎;曰郡,曰同,曰艮,曰巽,曰渙,曰升。①

新出土《楊寧墓誌》也有所記述:

---

①洛陽市文物工作隊編《洛陽出土歷代墓誌輯繩》,北京:中國社會科學出版社,1991年,第699頁。

　　本蓋姬姓,周宣王之子曰尚父,邑諸楊,得氏於後。至漢赤泉侯喜、安平侯敞,徵君寶繼家華,下爲關西令族焉。公而上六代隋内史令曰文異,五代皇朝銀青光禄大夫瀛州刺史曰峻,高祖賀州臨賀令諱德立,大王父檀州長史諱餘慶,大父同州郃陽令隱朝,王考汝州臨汝令贈華州刺史諱燕客。①

新出土《楊思立墓誌》也有所記述:

　　東漢太尉震,儒學之宗,時人號爲關西孔子,即其後也。曾祖諱燕客,汝州臨汝縣令,贈工部尚書;大父諱寧,國子祭酒,贈太尉;先考虞卿,京兆尹,贈太尉;先妣江夏李氏,贈趙國太夫人。外祖鄜,門下侍郎平章事。郡即太尉第六子也。②

關於楊漢公之子,漢公子楊篆所撰楊漢公妻《韋媛墓誌》則言:

　　余之昆姊弟妹二十有一人焉。其五夫人所出也:一兄一姊皆早世。次兄符,皇鹽鐵巡官、監察御史,從今河中相國李公都之重府也。……兄篝,進士及第,皇監察御史;范,皇曆太常博士、虞祠金職方四外郎。別十三人,其九:即長兄思顧,前韶州刺史;次兄諲,前洺州刺史,俱拖金紫。知章,前京兆府昭應令。弟筠,進士及第,攝荆南支使。思厚,前陝府士曹。……弟曰籩、曰籏。③

　　就這些墓誌而言,這一支楊氏,在隋朝越國公之前尚較顯耀,然進入唐朝,就甚少聞人,直到楊寧一代始又發跡,至漢公一世,更爲强盛。鄧名世《古今姓氏書辨證》卷一三:“汝士兄弟四人,共有二十七子、三十六孫,其間多知名者。”④楊氏興盛之後,居於長安的靖恭、新昌、修行、永寧等坊,並相傳數世,以至於時人以坊里代稱家族。其宗族家風,頗能恢復漢代以後的聲望,追溯其始,亦源遠而流長。

　　唐代越國公房一系,文化發達,文學鼎盛,大要分支有三個族系:一是楊漢公一系,一是楊嗣復一系,一是楊收一系。這裏我們將楊漢公與楊嗣復族系在這裏列出《楊漢公家族世系表》、《楊嗣復家族世系表》⑤。

---

①周紹良編《唐代墓誌彙編》,上海:上海古籍出版社,1992年,第2023頁。
②吳鋼等編《全唐文補遺》第一輯,西安:三秦出版社,1994年,第419頁。
③《全唐文補遺》第六輯,第199頁。
④鄧名世《古今姓氏書辨證》卷一三,南昌:江西人民出版社,2006年,第187頁。
⑤本表據《新唐書·宰相世系表》,新出土墓誌,參考趙超《新唐書宰相世系表集校》、王靜《靖恭楊家——唐中後期長安官僚家族之個案研究》之《靖恭楊家譜系》(《唐研究》第11卷,北京:北京大學出版社,2005年,第396—397頁)製成。

楊漢公家族世系表

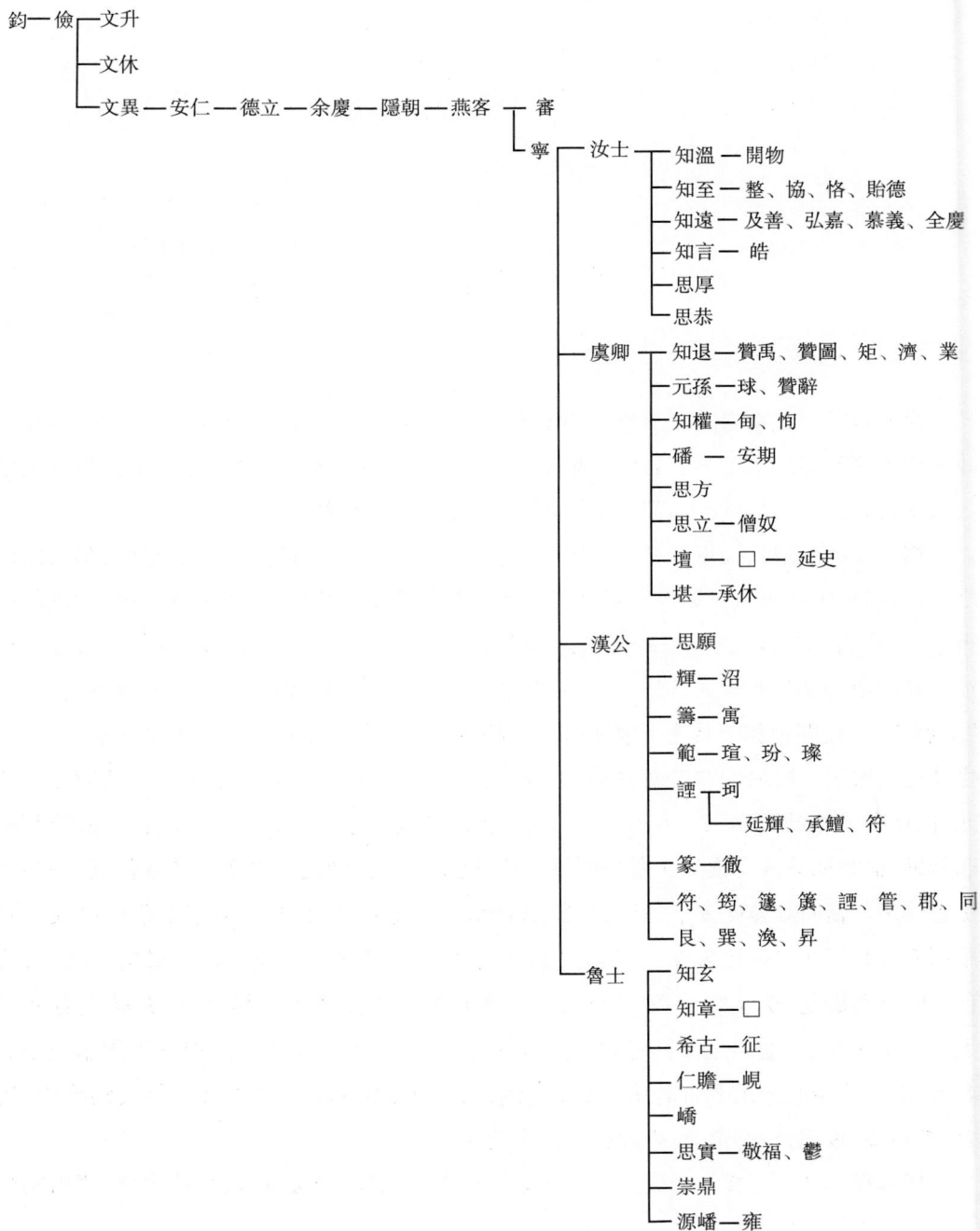

```
鈞—儉┬文升
     ├文休
     └文異 — 安仁 — 德立 — 余慶 — 隱朝 — 燕客 ┬ 審
                                              └ 寧 ┬ 汝士 ┬ 知溫 — 開物
                                                   │      ├ 知至 — 整、協、恪、貽德
                                                   │      ├ 知遠 — 及善、弘嘉、慕義、全慶
                                                   │      ├ 知言 — 皓
                                                   │      ├ 思厚
                                                   │      └ 思恭
                                                   │
                                                   ├ 虞卿 ┬ 知退 — 贊禹、贊圖、矩、濟、業
                                                   │      ├ 元孫 — 球、贊辭
                                                   │      ├ 知權 — 甸、恂
                                                   │      ├ 磻 — 安期
                                                   │      ├ 思方
                                                   │      ├ 思立 — 僧奴
                                                   │      ├ 壇 — □ — 延史
                                                   │      └ 堪 — 承休
                                                   │
                                                   ├ 漢公 ┬ 思願
                                                   │      ├ 輝 — 沼
                                                   │      ├ 籌 — 寓
                                                   │      ├ 範 — 瑄、玢、璨
                                                   │      ├ 諲 ┬ 珂
                                                   │      │    └ 延輝、承鱣、符
                                                   │      ├ 篆 — 徹
                                                   │      ├ 符、筠、籧、簾、諲、管、郡、同
                                                   │      └ 艮、巽、渙、昇
                                                   │
                                                   └ 魯士 ┬ 知玄
                                                          ├ 知章 — □
                                                          ├ 希古 — 征
                                                          ├ 仁瞻 — 峴
                                                          ├ 嶠
                                                          ├ 思實 — 敬福、鬱
                                                          ├ 崇鼎
                                                          └ 源嶓 — 雍
```

楊嗣復家族世系表

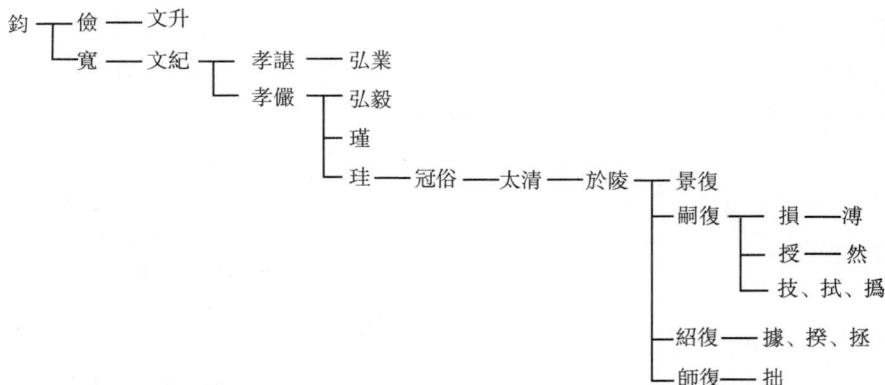

```
鈞 ┬ 儉 ── 文升
   └ 寬 ── 文紀 ┬ 孝諶 ── 弘業
                └ 孝儼 ┬ 弘毅
                       ├ 瑾
                       └ 珪 ── 冠俗 ── 太清 ── 於陵 ┬ 景復
                                                      ├ 嗣復 ┬ 損 ── 溥
                                                      │      ├ 授 ── 然
                                                      │      └ 技、拭、撝
                                                      ├ 紹復 ── 據、揆、拯
                                                      └ 師復 ── 拙
```

　　由於楊氏家族在當時政治舞臺上具有重要地位,且文化底蘊與政治地位又相適應,故而楊氏家族出現了很多著名的文學家,諸如靖恭一系自楊寧以後數代,每代都有文學名人出現,楊汝士兄弟四人,都以文學著名,並有作品流傳後世。

　　楊汝士,字慕巢,楊漢公之兄。唐穆宗長慶四年(824)登進士第。牛僧孺、李宗閔待之甚善,引爲中書舍人。開成元年(836),由兵部侍郎出鎮東川,入爲吏部侍郎,終刑部尚書。兩《唐書》有傳。《全唐詩》卷四八四存詩九首,《全唐文》卷七二三收其文二篇。楊汝士在中唐時期具有較大的影響,唐王定保《唐摭言》記載了兩件事,一是該書卷三云:"寶曆年中,楊嗣復相公具慶下繼放兩榜。時先僕射(按:指楊於陵)自東洛入覲,嗣復率生徒迎於潼關。既而大宴於新昌里第,僕射與所執坐於正寢,公領諸生翊坐於兩序。時元、白俱在,皆賦詩于席上,唯刑部侍郎楊汝士詩後成,元、白覽之失色。詩曰:'隔坐應須賜御屏,盡將仙翰入高冥。文章舊價留鸞掖,桃李新陰在鯉庭。再歲生徒陳賀宴,一時良史盡傳馨。當時疏傳雖云盛,詎有兹筵醉醽醁!'汝士其日大醉,歸來謂子弟曰:'我今日壓倒元、白。'"①二是該書卷一三云:"裴令公居守東洛,夜宴半酣,公索聯句,元白有得色。時公爲破題,次至楊侍郎(汝士,或曰非也)曰:'昔日蘭亭無豔質,此時金谷有高人。'白知不能加,遽裂之曰:'笙歌鼎沸,勿作此冷淡生活!'元顧曰:'白樂天所謂能全其名者也。'"②楊汝士在中唐詩壇上頗爲活躍,與之唱和者就有白居易、賈島、劉禹錫、姚合、李商隱、楊漢公、柳棠等,現存交往詩多達 42 首。

　　楊虞卿,字師皋,楊漢公之兄。元和五年進士,又應博學宏辭科,爲校書郎,擢監察御

---

　　①王定保《唐摭言》卷三,上海:古典文學出版社,1957 年,第 32 頁。
　　②《唐摭言》卷一三,第 149 頁。

史,歷官弘文館學士、給事中、工部侍郎,官至京兆尹。因事貶虔州司馬,卒於任。兩《唐書》有傳。《全唐詩》卷四八四存《過小妓英英墓》詩一首及《過華作》殘句一則。《全唐文》卷七一七收文一篇。楊虞卿與唐代詩人頗有往還,白居易有《赴杭州重宿棣華驛見楊八舊詩感題一絶》、《和楊師皋傷小姬英英》、《送楊八給事赴常州》、《晚春閒居楊工部寄詩楊常州寄茶同到因以長句答之》、《和楊同州寒食乾坑會後聞楊工部欲到知予與工部有宿醒》等,楊虞卿卒後,白居易還有《哭師皋》詩。劉禹錫有《和楊師皋給事傷小姬英英》、《和浙西尚書聞常州楊給事制新樓因寄之作》、《寄毗陵楊給事三首》。姚合有《寄楊工部聞毗陵舍弟自罨溪入茶山》、《楊給事師皋哭亡愛姬英英竊聞詩人多賦因而繼和》。李商隱有《哭虞州楊侍郎》詩。張又新《牡丹》詩:"牡丹一朵直千金,將謂從來色最深。今日滿欄開似雪,一生辜負看花心。"還暗含着與楊虞卿詩歌交往的逸事①。

楊魯士,字宗尹,本名殷士。白居易妻兄。長慶元年進士擢第,其年詔翰林覆試,殷士與鄭朗等覆落,因改名魯士。復登制科,曾爲檢禮部員外郎,水部員外郎分司東都。出土文獻有楊魯士爲其夫人所撰《唐故濮陽郡夫人吳氏墓誌并銘》,題署官職爲:"朝議郎行尚書水部員外郎分司東都上柱國賜緋魚袋。"②白居易與其有詩歌往還,如《和楊六尚書喜兩弟漢公轉吳興魯士賜章服命賓開宴用慶恩榮賦長句見示》。開成二年三月三日,以裴度爲首的洛陽祓褉聚會,也有白居易和楊魯士參加,極一時之盛事③。楊魯士還與其兄汝士等同尚佛教,宋沙門戒珠《淨土往生傳》卷下載:"釋知玄,字後覺,姓陳氏,眉州洪雅

①孟啟《本事詩》還記載楊虞卿與另一位詩人張又新交往時的逸事:"張郎中又新,……張與李虔州齊名友善。楊妻李氏,即郎相之女,有德無容。楊未嘗介意,敬待特甚。張嘗謂楊曰:'我少年成美名,不憂仕矣。唯得美室,平生之望斯足。'楊曰:'必求是,但與我同好,必諧君心。'張深信之。既婚,殊不愜心。楊以笏觸之:'君何大癡!'言之數四。張不勝其忿,回應之曰:'與君無間,以情告君。君誤我如是,何爲癡?'楊於是歷數求名從宦之由,曰:'豈不與君皆同耶?'曰:'然。''然則我得醜婦,君詎不同耶?'張色解,問:'君室何如?'曰:'特甚。'張大笑,遂如初。張既成家,乃爲詩曰:'牡丹一朵直千金,將謂從來色最深。今日滿欄開似雪,一生辜負看花心。'"載丁福寶編《歷代詩話續編》,北京:中華書局,1983年,第9頁。
②吳鋼等編《全唐文補遺》第四輯,西安:三秦出版社,1997年,第152頁。按,誌稱"生子三人:知玄、知晦、知彰",與《新唐書·宰相世系表》不合。
③白居易《三月三日被祓洛濱》詩序云:"河南尹李待價以人和歲稔,將祓於洛濱。前一日,啟留守裴令公。令公明日召太子少傅白居易、太子賓客蕭籍李仍叔劉禹錫、前中書舍人鄭居中、國子司業裴惲、河南少尹李道樞、倉部郎中崔晉、伺封員外郎張可續、駕部員外郎盧言、虞部員外郎苗愔、和州刺史裴儔、淄州刺史裴洽、檢校禮部員外郎楊魯士、四門博士談弘謨等一十五人,合宴於舟中。由斗亭,歷魏堤,抵津橋,登臨溯沿,自晨及暮,簪組交映,歌笑間發,前水嬉而後妓樂,左筆硯而右壺觴,望之若仙,觀者如堵。盡風光之賞,極游泛之娛。美景良辰,賞心樂事,盡得於今日矣。"載朱金城《白居易集箋校》卷三三,上海:上海古籍出版社,1988年,第2298頁。

人也。……楊刑部汝士、高左丞元裕、長安楊魯士,咸造門擬結蓮社。"①

楊知溫,汝士子,以禮部郎中充翰林學士,拜中書舍人,轉工部侍郎,尚書左丞,河南尹,吏部侍郎,江陵節度使。新、舊《唐書》有傳。《大唐西市博物館藏墓誌》四五一載《唐故正議大夫守河南尹柱國賜紫金魚袋贈禮部尚書武陽李公墓誌銘并序》,題署:"中大夫守河南尹柱國賜紫金魚袋楊知溫撰,中散大夫使持節常州諸軍事權知常州刺史柱國楊知至書。"②

楊知遠,汝士子,曾官職方郎中。《大唐西市博物館藏墓誌》四五〇載《唐故河南尹贈禮部尚書李公夫人弘農郡君楊氏墓誌銘并叙》,題署:"仲兄朝散大夫尚書職方郎中柱國知遠撰,季兄中散大夫使持節常州諸軍事權知常州刺史柱國知至書。"③

楊知至,字幾之,汝士之子,登進士第。初爲浙東團練判官,歷户部員外郎,以比部郎中、知制誥,終户部侍郎。《全唐詩》卷五六三存詩二首。唐范攄《雲溪友議》卷上《餞歌序》記載其爲浙西團練判官時唱和的場面,唱和者有詩人李訥、崔元範、封彥沖、盧鄴、高湘、盧溧等④。

楊知退,字先之,楊虞卿之子。爲鄆曹濮等州觀察判官,亳州刺史,官至左散騎常侍。新出土墓誌有楊知退撰《唐故范陽盧氏夫人墓誌銘并序》⑤,《唐故朝議大夫前鳳翔節度副使檢校尚書兵部郎中兼御史中丞上柱國賜紫金魚袋弘農楊府君(思立)墓誌銘并序》,

①贊寧《宋高僧傳》卷六,北京:中華書局,1987年,第129—130頁。
②胡戟、榮新江《大唐西市博物館藏墓誌》,北京:中華書局,2012年,第973頁。
③同注②,第968頁。
④范攄《雲溪友議》卷上《餞歌序》條:"李尚書訥夜登越城樓,聞歌曰:'雁門山上雁初飛。'其聲激切,召至。曰:'去籍之妓盛小叢也。'曰:'汝歌何善乎?'曰:'小叢是梨園供奉南不嫌女甥也。所唱之音,乃不嫌之授也。今色將衰,歌當廢矣!'時察院崔侍御元範,自府幕而拜,即赴闕庭。李公連夕餞崔君於鏡湖光候亭。屢命小叢歌餞,在座各爲一絶句贈送之。亞相爲首唱矣,崔下句云:'獨向柏臺爲老吏。'皆曰:'侍御鳳閣中書,即其程也,何以老於柏臺?'衆請改之。崔讓曰:'某但止於此任,寧望九遷乎?'是年秋,崔君鞫獄於譙中,乃終於柏臺之任矣。楊、封、盧、高數篇,亦其次也。《聽盛小叢歌送崔侍御淛東廉使》,李訥:'繡衣奔命去情多,南國佳人斂翠蛾。曾向教坊聽國樂,爲君重唱盛叢歌。'《奉和亞台御史》,崔元範:'楊公留宴峴山亭,洛浦高歌五夜情。獨向柏臺爲老吏,可憐林木響餘聲。'團練判官楊知至:'燕趙能歌有幾人,落花回雪似含嚬。聲隨御史西歸去,誰伴文翁怨九春?'觀察判官封彥沖:'蓮府縱爲綠水賓(庚杲之在王儉府,似芙蓉泛綠水,故有此句),忽乘駿馬入咸秦。爲君唱作西河調,日暮偏傷去住人。'觀察支使盧鄴:'何郎戴笏别賢侯,更吐歌珠宴庾樓。莫道江南不同醉,即陪舟楫上京游。'前進士高湘:'謝安春渚餞袁宏,千里仁風一扇清。歌黛慘時方酩酊,不知公子重飛舸。'處士盧溧:'烏臺上客紫髯公,共捧天書静鏡中。桃葉不須歌白苧,耶溪暮雨起樵風。'"(《四部叢刊續編》,上海:商務印書館,民國二十三年,第18—19頁。)
⑤《唐代墓誌彙編》,第2477頁。

誌云:"吾弟兄八人,實謬專祭,凋範乃半,訴天何階?"①

　　楊纂,新出土墓誌有楊知退撰《唐故朝議大夫前鳳翔節度副使檢校尚書兵部郎中兼御史中丞上柱國賜紫金魚袋弘農楊府君(思立)墓誌銘并序》,誌云:"吾弟兄八人,實謬專祭,凋範乃半,訴天何階?"末署:"仲父弟山南東道節度判官、將仕郎、殿中侍御史内供奉、賜緋魚袋楊纂書。"②

　　楊篆,楊知章子,楊漢公孫。新出土墓誌有楊篆撰《我大唐故天平軍節度副大使知節度事鄆曹濮等州觀察處置等使銀青光□□夫檢校户部尚書使持節鄆州諸軍事兼鄆州刺史御史大夫上柱國弘農郡開國公食邑二千户贈司徒楊公(漢公)夫人越國太夫人韋氏(媛)墓誌銘并序》,題署:"孤子篆泣血撰奉。"③

　　楊漢公宗人楊於陵、楊嗣復是中晚唐時重要的政治家和文學家,他的一支也出現了一些文學人物。

　　楊於陵(753—830),字達夫,嗣復之父。擢進士第,授潤州句容主簿。貞元八年,入朝爲膳部員外郎。歷官吏部郎中、中書舍人、華州刺史、浙東觀察使,入爲京兆尹,官至户部侍郎。兩《唐書》有傳。《全唐詩》卷三三〇存其詩三首。近年新出土唐碑又發現楊於陵詩一首④。《全唐文》卷五二三收其文十二篇,《唐文拾遺》卷二四補其文二篇,《全唐文補編》卷六七補其文一篇。楊於陵與中晚唐詩人劉長卿、權德輿、武元衡、白居易、劉禹錫、柳宗元、許渾都有唱和之作。

　　楊嗣復(783—848),字繼之,又字慶門,貞元十九年進士,二十年登博學宏辭科,進右拾遺,累遷中書舍人。開成初以户部侍郎同中書門下平章事。武宗朝貶爲潮州刺史。宣宗立,起爲江州刺史,以吏部尚書召還,道於嶽州卒。嗣復曾兩知貢舉,取士六十八人,後多顯達。兩《唐書》有傳。《全唐詩》存詩五首,《全唐文》卷六一一收其文六篇,《唐文拾遺》卷二五補一篇。楊嗣復曾與李絳、劉禹錫、白居易、庾承宣作《花下醉》聯句。楊汝士有《和宗人尚書嗣復祠祭武侯畢,題臨淮公舊碑》詩:"古柏森然地,修嚴蜀相祠。一過榮

---

①《全唐文補遺》第一輯,第 420 頁。
②同注①,第 420 頁。
③《全唐文補遺》第六輯,第 199 頁。
④據《洛陽晚報》公佈,2010 年 9 月 29 日,西氣東輸工程洛寧氣站在洛寧縣東宋鄉官莊村西施工現場出土唐碑一通,碑文爲:"赴東都知選,睹裴閣老曹長舊題,率然紀列:'寥落卸亭秋樹中,曉霜寒吹轉朦朧。前山靈藥詎可問,馬跡悠悠西復東。'元和五年九月二十七日吏部侍郎楊。先祖司空元和中題詩在臨泉驛梁上,歲月寖遠,文字湮暗,難予披尋。乾符五年十月三日赴鎮平盧,命仲弟河南尹授刻石致於垣牆,傳于永久。平盧軍節度使檢校左散騎常侍兼御史大夫賜紫金魚袋楊損記。"《洛陽晚報》,2010 年 10 月 13 日,第 A06 版。

異代,三顧盛當時。功德流何遠,馨香薦未衰。敬名探國志,飾像慰盰思。昔謁從徵蓋,今聞擁信旗。固宜光寵下,有淚刻前碑。"①白居易與楊嗣復交往詩多達十一首。《大唐西市博物館藏墓誌》三八八《唐故尚書左僕射贈太子太保潁川韓貞公夫人隴西郡夫人李氏墓誌銘并序》,題署:"正議大夫尚書吏部侍郎上柱國弘農縣開國伯賜紫金魚袋楊嗣復撰。"②

楊紹復,字紹之,進士出身,宏辭登科。曾與修《續會要》,《新唐書·藝文志》:"《續會要》四十卷,楊紹復、裴德融、崔瑑、薛逢、鄭言、周膚敏、薛廷望、于珪、于球等撰。"③《全唐文》卷七三三收其文一篇,《全唐文補編》卷七八補其文一篇。

楊損,字子默,以蔭受官,爲藍田尉。三遷京兆府司録參軍,入爲殿中侍御史。改戶部員外郎、洛陽縣令。入爲吏部員外,出爲絳州刺史。路巖罷相,徵拜給事中,遷京兆尹。盧攜作相,有宿憾,復拜給事中,出爲陝虢觀察使。逾年,改青州刺史、御史大夫、淄青節度使。又檢校刑部尚書、鄆州刺史、天平軍節度使。未赴鄆,復留青州,卒於鎮。前條楊於陵下所引新出土碑刻,即有楊損題記:"先祖司空元和中題詩在臨泉驛梁上,歲月寖遠,文字湮暗,難予披尋。乾符五年十月三日赴鎮平盧,命仲弟河南尹授刻石致於垣牆,傳于永久。平盧軍節度使檢校左散騎常侍兼御史大夫賜紫金魚袋楊損記。"④

二、士族婚姻

(一) 楊漢公婚姻

《楊漢公墓誌》記載楊漢公的婚姻:"前夫人鄭氏,後魏中書令羲十代孫,初定氏族,甲於衆姓;北齊尚書令、平簡公述祖八代孫,皇秘書少監縣曾孫,秘書監審之孫。先公以雄文碩學,潔行全德,不求聞達,屈居下位,至撫王府長史,贈右僕射。夫人即僕射之幼女,余之姊也。以婉順閑淑,歸於公之室,十有一年,主中饋之理。公亦以清閱鼎望,敬之加隆。先公三十有九年而没。……繼夫人韋氏,開元宰相安石之玄孫,歙州刺史同則之女也。賢德令范,達於六姻。……以其年十一月廿日,歸葬于河南縣金谷鄉尹村北邙山之

---

① 彭定求等編《全唐詩》卷四八四,北京:中華書局,1960 年,第 5499 頁。
②《大唐西市博物館藏墓誌》,第 837 頁。
③ 歐陽修、宋祁等《新唐書》卷五九,北京:中華書局,1975 年,第 1563 頁。
④《洛陽晚報》2010 年 10 月 13 日第 A06 版。

南麓,列於累代舊卜之域,鄭夫人袝焉,禮也。"

　　韋氏和鄭氏都是唐朝的望族,這兩個家族從漢代以後經歷過興起、壯大和鼎盛的過程,成了一個綿延數百年,文化傳承不斷的冠蓋士族。北朝時期,鄭氏就被定爲和崔氏、王氏、盧氏並列的四大著姓,唐代韋氏和杜氏則被譽爲"城南韋杜,去天尺五",因而《楊漢公墓誌》記載的與鄭氏、韋氏的婚姻,對於研究唐代的文學家族具有重要意義。

　　鄭氏,楊漢公的首任妻子鄭本柔墓誌已經出土,題署:"鰥夫弘農楊漢公撰。"誌云:"夫人諱本柔,字本柔,滎陽人也。清白繼代,禮法傳家。時稱德門,望冠他族。曾祖縣,皇博州刺史。祖徵審,皇秘書監。皆學深壼奧,文得精華。儒林宗師,士族領袖。烈考逢,皇撫王府長史。天與孝友,性根仁義。公材見於行事,文學止於飾身。不耀聲光,終亦沉屈。積德儲慶,鍾於夫人。夫人即長史之第二女。……夫人出博陵崔氏,外祖鵬,鄜坊殿中侍御史,以清直稱。夫人從母故工部尚書裴公佶之夫人,愛隆諸甥,情若己子。"①鄭本柔墓誌,爲楊漢公親自所撰,值得注意的是,敘述鄭本柔的家世,注重其族望,即"清白繼代,禮法傳家。時稱德門,望冠他族"。同時墓誌的後半部分,敘述了鄭本柔的母系出於博陵崔氏和從母河東裴氏。這就清楚地説明楊氏、鄭氏、裴氏幾個望族之間的婚姻關係。又《楊漢公墓誌》云:"夫人即僕射之女,余之姊也。"撰人題署:"正議大夫守尚書刑部侍郎上柱國賜紫金魚袋鄭薰撰。"則鄭薰與楊漢公是子舅的關係。鄭薰與楊漢公的交往,還可見于《古刻叢鈔·張公洞壁記》:"前檢校戶部郎中、兼興元少尹、攝御史中丞、賜紫金魚袋楊漢公,嶺南觀察推官、試秘書省校書郎鄭薰。"②可與墓誌"復從相國李公絳興元節度使之請,除檢校戶部郎中、攝御史中丞,充其軍倅"相發明。

　　韋氏,楊漢公的繼任妻子韋媛墓誌也已出土,爲其子楊篆所撰,誌文於其家世記載極爲詳盡:"夫百氏之源,得姓各異。或因官著,或由地稱。於再於三,改易乃定。唯韋始定氏,便爲赫族。組接蟬聯,累葉疊慶,代有顯德,不可勝言。周大司空、郇國公諱孝寬,謚曰忠孝。貞亮拔俗,文武全功,盛烈殊勳,著在簡册。旌德□謚,前史不誣。洎於我開元丞相諱安石郇國公,逐霸子於臨博,折易之之怙權。正直之規,今古無對。始封郇國公,故言韋氏者,尤以郇公稱。夫人即其後也。曾王父諱斌,皇任中書舍人、臨汝郡太守,贈太子太保。大王父諱渢,皇任洛陽縣令、華州司馬,贈工部尚書。烈諱同則,皇任大理卿致仕,贈右僕射。先夫人河東裴氏。外祖諱通,以儒術著名,清規素範,表率士風。夫人諱媛,釋號圓明性,僕射公之長女也。特稟異氣,實爲間生。況乎籍中外之基,極見聞之

_____

　　①《全唐文補遺》第八輯,第132—133頁。
　　②陶宗儀《古刻叢鈔》,上海:上海古籍出版社,1992年,第18—19頁。

本,未笄而四德備矣。我外族與京兆杜氏俱世家於長安城南。諺有云:'城南韋杜,去天尺五。'望之比也。所居別墅,一水西注,占者以爲多貴婿之象。其實姻妻之盛,他家不侔。"①這裏對於韋媛家族的叙述,也極重族望。韋孝寬在北周時官至驃騎大將軍、司空、上柱國。《周書》、《北史》均有傳。韋安石是唐代武則天、中宗、睿宗三朝宰相。新、舊《唐書》皆有傳。其父韋同則,也是唐代一位詩人,《全唐詩》卷三〇九存其《仲月賞花》詩一首:"梅花似雪柳含煙,南地風光臘月前。把酒且須拼卻醉,風流何必待歌筵。"②墓誌除了注重韋氏外,還特地叙述了其外族河東裴氏。這與楊漢公所撰《鄭本柔墓誌》同樣是重視婚姻中的族望聯姻的。

(二)楊漢公家族婚姻

《楊漢公墓誌》記載他及其前幾世的婚姻情況:"曾祖隱朝,皇同州合陽縣令,夫人京兆杜氏。祖燕客,皇汝州臨汝縣令,贈工部尚書。皆以貞適養志,自肥其家,故位不稱德。夫人南陽張氏,即大儒碩德司業張公參之妹也。烈考諱寧,皇國子祭酒,贈太尉,始用經學入仕,嘗游陽諫議城之門,執弟子禮,潔白端介,爲諸儒所稱。其舅司業公尤所嗟賞。夫人長孫氏,長安令績之女也。閨范莊整,爲士林之表。公出于長孫夫人,即太尉府君第三子也。"

京兆杜氏,楊漢公曾祖母爲京兆杜氏,杜氏爲唐代京兆極爲鼎盛的望族,前引《韋媛墓誌》即記載當時俗諺稱爲"城南韋杜,去天尺五"。宋鄧名世《古今姓氏書辯證》卷二四:"隋唐都京兆,杜氏、韋氏皆以衣冠名位顯,故當時語曰:'城南韋杜,去天尺五。'二家各名其鄉,謂之'杜曲''韋曲'。自漢至唐,未嘗不爲大族。"③但漢公墓誌没有記載其曾祖母先世之名,故出於杜氏哪一支,尚待詳考。

南陽張氏,楊漢公祖母爲南陽張參之妹。張參爲國子司業,撰有《五經文字記》。《四庫全書總目》卷四一稱:"《五經文字》三卷(兩淮馬裕家藏本)。唐張參撰。參里貫未詳。《自序》題'大曆十一年六月七日',結銜稱'司業',蓋代宗時人。《唐書·儒學傳序》,稱文宗定《五經》劖之石,張參等是正訛文,誤也。考《後漢書》,熹平四年春三月,詔諸儒正《五經》文字,刻石立於太學門外。參書立名,蓋取諸此。凡三千二百三十五字,依偏旁爲

①洛陽古代藝術館編《隋唐五代墓誌彙編》洛陽卷,第 13 册,第 191 頁載有拓片圖版,《全唐文補遺》第六輯,第 199 頁載有録文。
②《全唐詩》卷三〇九,3494 頁。
③鄧名世《古今姓氏書辯證》卷二四,南昌:江西人民出版社,2006 年,第 359 頁。

百六十部。劉禹錫《國學新修五經壁記》云:'大曆中名儒張參,爲國子司業,始詳定《五經》,書於講論堂東、西廂之壁。積六十餘載,祭酒皡、博士公肅再新壁書,乃析堅木負墉而比之。其制如版牘而高廣,背施陰關,使衆如一。'"①孟浩然有《送張參明經舉觀省詩》,錢起有《送張參及第還家作》,又《郎官石柱題名》司封員外郎有張參名,知張參曾明經及第,官至司封員外郎,大曆中授國子司業。

長孫氏,楊漢公之母長孫氏,是長安令長孫繽之女。楊漢公之父《楊寧墓誌》:"夫人故長安縣令繽之女。"②長孫本爲北魏拓跋氏,後改爲長孫氏。在唐代因爲唐太宗長孫皇后以及功臣長孫無忌而族望甚隆。據《元和姓纂》卷七"長孫氏":"稚三子澄,周秦州刺史、義文公,生嶸、緯、軌、始、愷。嶸生績。績生和人,司農少卿。緯曾孫貞隱,太常博士。軌元孫端,梁州司農,生繽、全緒。繽,長安令。"③岑仲勉校記:"繽,長安令。按《舊書》一一四有鄠縣令長孫演(寶應二年),時代相合,疑即是,例如卷二之徐繽,今《舊書》作'徐璜'也。《千唐·楊寧誌》,夫人長孫氏,'故長安縣令繽之女。'又楊寧妻長孫氏殘誌:'王考諱繽,……累遷長安縣令。'"④又《千唐誌齋藏誌》錢徽撰《(上闕)大理司直兼殿中侍御史賜緋魚袋弘農楊公(中闕)誌銘并序》,實爲楊寧妻長孫氏殘誌,誌云:"大父諱揣,歷官至□□司法參軍。盛業不臻于大任,積慶用發其餘榮,洎歿世,追贈太子贊善。王考諱繽,似續家訓,施於政經,歷職成能,累遷長安縣令。"又曰:"而伯姊故已適司徒楊公縉矣。"⑤是知楊氏一族娶長孫氏爲妻者至少有楊寧和楊縉二人。

博陵崔氏,楊知退撰《唐故河南尹贈禮部尚書李公(朋)夫人弘農郡君楊氏墓誌銘并叙》:"恭惟遠祖東劉太尉震,有靈鱣之瑞,四代五公,自是以來,尤爲望族。曾祖汝州臨汝縣⑥、贈工部尚書諱燕客,祖國子祭酒累贈太尉諱寧,顯考刑部尚書贈太尉諱汝士,姒趙國太夫人博陵崔氏,法字大樂性。"⑦知楊汝士娶博陵崔氏。

范陽盧氏,楊知退撰《唐故范陽盧氏夫人墓誌銘并序》:"曾祖衍,亳州穀孰丞;祖頊,太常寺奉禮;父傳素,京兆府法曹。皆以名檢禮節稱之鄉黨。……會昌二年適於弘農楊知退。"⑧知楊知退娶范陽盧氏。

---

①紀昀《四庫全書總目》卷四一,北京:中華書局,1965 年,第 347—348 頁。
②《唐代墓誌彙編》,第 2024 頁。
③林寶《元和姓纂》卷七,北京:中華書局,1994 年,第 1079 頁。
④同注③,第 1080 頁。
⑤《唐代墓誌彙編》,第 2555 頁。
⑥原書校記:"'縣'下疑有脫字。"
⑦《大唐西市博物館藏墓誌》,第 974 頁。
⑧《唐代墓誌彙編》,第 2477 頁。

　　隴西李氏，楊知退撰《唐故河南尹贈禮部尚書李公（朋）夫人弘農郡君楊氏墓誌銘并叙》，謂楊氏嫁於河南尹李朋爲妻。① 楊知温撰《唐故正議大夫守河南尹柱國賜紫金魚袋贈禮部尚書武陽李公（朋）墓誌銘並序》："柱史廿五代孫梁（涼）武昭王暠特爲宗表慎婚姻、襲禮法者分爲四公子，即絳郡、燉煌、姑臧、武陽是也。今公實武陽房之令胤。"②武陽房即隴西李氏分支。

　　趙郡李氏，楊知退撰《楊思立墓誌》："先考虞卿，京兆尹，贈太尉；先妣江夏李氏，贈趙國太夫人。外祖鄘，門下侍郎平章事。君即太尉第六子也。"③知楊虞卿娶江夏李氏，江夏李氏爲趙郡之分支。又楊壇撰《唐故楊秀士墓誌并序》："秀士諱皓，小字肩目，生於吾家十九年而終。吾家東漢太尉震之後，清業素風，炯灼前史。洎我先公皇京兆尹贈户部尚書諱虞卿，生我仲兄知言，京兆府司録、賜緋魚袋；仲兄生秀士，實際引數子也。秀士厥出母姓李氏。"④知楊知言娶李氏。然此未知屬於隴西抑或趙郡李氏，附此俟考。

　　京兆韋氏，楊知退撰《楊思立墓誌》："先考虞卿，京兆尹，贈太尉；先妣江夏李氏，贈趙國太夫人。外祖鄘，門下侍郎平章事。君即太尉第六子也。……君娶京兆韋氏，實華族鼎貴，少有倫儔。韋氏婦懿範令儀，可爲内則。"⑤是楊思立娶京兆韋氏。

　　弘農楊氏自漢代就成爲非常顯赫的名門望族，隋代又由楊氏建立一代政權，唐朝初年李武韋楊結成婚姻集團，以左右着政治的格局。安史之亂以後雖有一段低沉，而到中唐又逐漸轉盛。表現在婚姻上，以楊漢公一族甚爲典型，雖不像山東禁婚士族崔、盧、李、鄭、王五姓相互通婚，但也以名門望族爲多。諸如京兆韋氏、滎陽鄭氏、隴西李氏、趙郡李氏、范陽盧氏，都是名門。從楊漢公家族婚姻的考察可以看出，唐代重要家族的仕宦情況和文化的傳承，也是由婚姻結構支撑的。

　　唐代社會特别重視婚姻觀念，與楊氏家族結爲婚姻的著名文人不少，具有代表性的人物至少有三人：一是白居易，其妻是楊汝士從父妹。白居易的一生，不僅在政治仕途方面，與楊氏家族有着千縷萬縷的關係，文學創作上也與楊氏家族往還甚多，在白氏詩文中佔有相當的比例。二是柳宗元，其妻是楊憑之女。楊氏本與柳氏有通家之好，柳宗元又娶楊氏爲妻，故而文中對楊憑曾經貶謫的遭遇深表同情與不平，並對自己的貶謫南荒而生發感慨，表現同命相憐之感。三是楊凌，娶中唐著名詩人韋應物之女。這對提升楊氏

---

①《大唐西市博物館藏墓誌》，第 973 頁。
②同注①，第 968 頁。
③《全唐文補遺》第一輯，第 419 頁。
④《唐代墓誌彙編》，第 2386 頁。
⑤同注③，第 420 頁。

家族的文學地位也具有重要意義。

三、科第出身

《楊漢公墓誌》對其科第出身有所記載:"廿九,登進士第,時故相國韋公貫之主貢士,以鯁直公正稱。謂人曰:楊生之清規懿行,又有夢魯賦之璟麗,宜其首選,屈居三人之下,非至公也。其秋辟鄜坊裴大夫武府,試秘書省校書郎。罷歸,就吏部選判,考入第四等,與故相國鄭公肅同送名,而鄭公居其首。閣下衆覆以爲公之書判精甚,改就首選,而鄭公次之。授秘書省校書郎。"

(一)進士及第

楊漢公二十九歲是元和八年,本年知貢舉者爲韋貫之。見宋王讜《唐語林》及清徐松《登科記考》卷一八。韋貫之,本名純,以憲宗廟諱,遂以字稱。少舉進士。貞元初,登賢良科,授校書郎。秩滿,從調判入等,再轉長安縣丞,改爲秘書丞。後與中書舍人張弘靖考制策,第其名者十八人,其後多以文稱。轉禮部員外郎,改吏部員外郎。元和三年,復策賢良之士,又命貫之與户部侍郎楊於陵、左司郎中鄭敬、都官郎中李益同爲考策官。貫之奏居上第者三人,言實指切時病,不顧忌諱,雖同考策者皆難其詞直,貫之獨署其奏。遂出爲果州刺史,道中黜巴州刺史。俄徵爲都官郎中、知制誥。"逾年,拜中書舍人,改禮部侍郎。凡二年,所選士大抵抑浮華,先行實,由是趨競者稍息。轉尚書右丞。"①本年及進士第者,據清徐松《登科記考》卷一八:"進士三十人:《文苑英華》有《履春冰詩》,是此年試題。是年唐炎以府元落,張佽、韋元佐以等第罷舉,見《摭言》。"②可考者有尹極、舒元輿、張蕭遠、王含、楊漢公。《舊唐書·楊虞卿傳》:"弟漢公,大和八年擢進士第。"③顯然有誤,而後世典籍多沿襲此誤,《全唐詩》卷五一六:"楊漢公字用乂,虞卿之弟,太(大)和八年擢進士第。"④《全唐文》卷七六〇:"漢公字用乂,虢州宏農人,大和八年進士。"⑤

①劉煦等《舊唐書》卷一五八,北京:中華書局,1975年,第4174頁。
②徐松《登科記考》卷一八,北京:中華書局,1984年,第654頁。
③《舊唐書》卷一七六,第4564頁。
④《全唐詩》卷五一六,第5899頁。
⑤董誥等編《全唐文》卷七六〇,北京:中華書局,1983年,第3501頁。按,楊漢公登第時間,朱玉麒有《楊漢公進士及第年考辨》一文,載《江海學刊》第4期,1996年,第68頁。

（二）選判入等

楊漢公吏部選判事，《舊唐書·楊虞卿傳》載漢公："又書判拔萃。"①墓誌記載其書判拔萃前後與兩個人有關：一是裴武，因其及第後受裴武之辟爲其幕吏並奏授試秘書省校書郎。據《舊唐書·憲宗紀》下：元和八年八月，"丁亥，以司農卿裴武爲鄜坊觀察使"②，十二月庚辰，"以京兆尹李銛爲鄜坊觀察使，以代裴武入爲京兆尹"③。是其受裴武之辟即在元和八年八月至十二月。二是鄭蕭，鄭蕭與楊漢公同以書判拔萃。據《舊唐書·鄭蕭傳》，鄭蕭，榮陽人。元和三年，擢進士第，又以書判拔萃，歷佐使府。而墓誌記載較史傳更爲詳盡，可以相互參證。

四、仕宦交游

《楊漢公墓誌》記載其一生仕宦經歷，尤其是在叙述重要經歷的時候，涉及不少政治人物，頗有助於我們對於楊漢公一生立身行事的瞭解。

裴武，楊漢公早年的經歷，與裴武關係很大。首先是登進士第後入裴武的鄜坊幕府，時在元和八年八月至十二月，見上文所考。其次是"裴大夫守華州，以協律郎署鎮國軍判官"。據《舊唐書·憲宗紀》下，元和十一年秋七月丁丑，"以華州刺史裴武爲江陵尹，充荊南節度使"④。元稹有《授裴武司農卿制》："自華至荊，無非劇地。鈐轄豪右，衣食熒嫠。"⑤因元和十一年二月李絳由華州刺史入爲兵部尚書，故楊漢公從裴武華州之辟只能在元和十一年二月至七月之間。再次是裴武鎮荊南，以節度掌書記請其入幕，而楊漢公未應。即《墓誌》所言"裴大夫移鎮荊南，以節度掌書記請之。公曰：膝下之應不可以適遠，遂免歸。朝夕怡悦在太尉府君之側，不以榮進屑於胸襟"。最後是楊漢公丁憂後復入裴武荊南幕府。即《墓誌》所言"丁太尉府君憂，號慕泣血如前喪，而毁瘠有加焉，成人之心也。服闋，荊南裴大夫復請爲從事，除大理評事兼監察御史"。據新出土《楊寧墓誌》，楊寧卒於元和丁酉夏四月，即元和十二年。唐人丁酉三年，然實際是二十五個月。是其

---

① 《舊唐書》卷一七六，第 4564 頁。
② 《舊唐書》卷一五，第 447 頁。
③ 同注②，第 448 頁。
④ 同注②，第 456 頁。
⑤ 《元稹集》（修訂本）卷四五，北京：中華書局，2010 年，第 567 頁。

從裴武荊南之辟召應在元和十四年五月之後。又元和十五年正月，荊南節度使已由王潛接替。故楊漢公爲荊南從事只能在元和十四年。

李翛，《墓誌》記載："又選授鄠縣尉。京兆尹始見公，謂之曰：'聞名久矣，何相見之晚也。'"在元和十一年五月至元和十二年四月之間，爲京兆尹者有李翛、柳公綽、李程三人。據《楊漢公墓誌》記載，裴武要辟其爲荊南幕吏而漢公不應，理應在關內有其他辟召，纔在裴武由華州移荊南時另謀他任。因而這裏的京兆尹以李翛最合適當之。《舊唐書·憲宗紀》下：元和十一年十月庚午，"以京兆尹李翛爲潤州刺史、浙西觀察使"①。

鄭絪，《楊漢公墓誌》言："府罷，入故相國鄭公東都留守幕。"鄭公即鄭絪，《舊唐書·憲宗紀》下：元和十三年三月丙申，"以同州刺史鄭絪爲東都留守"②。按，其入鄭絪幕是在罷裴武荊南幕後，裴武罷荊南府在元和十五年正月，是其入鄭絪幕在元和十五年初。

李絳，楊漢公有兩件重要的事與李絳相關：其一是李絳辟署楊漢公爲東都留守幕以及華州防禦判官。《楊漢公墓誌》言："後故相國李公絳代鄭公居守，留公仍舊職，轉殿中侍御史，賜緋魚袋。移府，又以舊秩署華州防禦判官。"李絳爲東都留守的時間，《舊唐書·穆宗紀》：長慶元年十月壬申，"以吏部尚書李絳檢校右僕射，判東都尚書省事、東都留守、都畿防禦使。"③長慶二年八月丁丑，"以前東都留守李絳爲華州刺史、潼關防禦、鎮國軍等使"④。其二是爲興元軍倅時急李絳之難。《楊漢公墓誌》言："授司勳員外郎，復從相國李公絳興元節度使之請，除檢校户部郎中、攝御史中丞，充其軍倅。李公素剛直，尤憎惡宦者，不能容之。監軍使積怨，因構扇軍中凶董作亂。李公與僚佐登城樓避其鋒，賊勢益淩熾。公執李公之手，誓以同死。俄而賊刃中李公之臂。公猶換其手而執之。公之豎鑾鈴號於公曰：相公臂斷矣，不可執也，不如逃而免之。公不可。鈴救之急，乃用力抱公，投於女牆之外，遂折左足。及歸京師，呻痛羸卧，每親交會話，唯以不與李公同死爲恨，未嘗言及折足事。朝廷多之，拜户部郎中。"考之《舊唐書·李絳傳》："文宗即位，徵爲太常卿。二年，檢校司空，出爲興元尹、山南西道節度使。三年冬，南蠻寇西蜀，詔徵赴援。絳於本道募兵千人赴蜀；及中路，蠻軍已退，所募皆還。興元兵額素定，募卒悉令罷歸。四年二月十日，絳晨興視事，召募卒，以詔旨喻而遣之，仍給以廩麥，皆怏怏而退。監軍使楊叔元貪財怙寵，怨絳不奉己，乃因募卒賞薄，衆辭之際，以言激之，欲其爲亂，以逞私憾。募卒因監軍之言，怒氣益甚，乃噪聚趨府，劫庫兵以入使衙。絳方與賓僚會宴，不

①《舊唐書》卷一五，第457頁。
②同注①，第462頁。
③同注①，第491頁。
④《舊唐書》卷一六，第499頁。

及設備。聞亂北走登陴，衙將王景延力戰以禦之。兵折矢窮，景延死。絳乃爲亂兵所害，時年六十七。"①可與墓誌相印證。

崔群，《楊漢公墓誌》："李公入拜大兵部，故相國崔公群替守華下，喜曰：吾真得楊侍御矣。又署舊職，府移宣城，以禮部員外郎副團練使。三州之重事一以委之。公亦修竭心力，用酬所遇。崔公當代賢相，匡贊清直之外，尤以文雅風流自處，一觴一詠，莫有儔比。唯公能對之。以此益厚。"崔群爲華州刺史以代李絳，在長慶二年。《舊唐書·穆宗紀》：長慶二年八月丁丑，"以前東都留守李絳爲華州刺史，充潼關防禦、鎮國軍等使"②。《舊唐書·崔群傳》："授秘書監，分司東都。未幾，改華州刺史，兼御史大夫，復改宣州刺史、歙池等州都團練觀察等使。"③崔群又是中唐時期的文學家，《全唐詩》卷七九〇收其與劉禹錫、張籍、賈餗聯句，元稹、白居易、韓愈、劉禹錫詩中涉及崔群者尚有多首，以此參證，墓誌稱崔群"文雅風流自處，一觴一詠，莫有儔比"，信實不虛。

蕭俛，《楊漢公墓誌》："長慶初，段相文昌與故相國蕭公俛論事穆宗之前，段曲而辯，蕭公拂衣謝病去，除同州刺史。聞其風者，懦夫有立志。當時修起居注者，段之黨也，詭其詞而挫蕭公焉。公及此見之，歎曰：'吁！賢相之美，其可誣乎！予不正之，是無用史筆也。'於是重注蕭公事蹟，人到於今稱之。"這裏雖然不是直接交游，但頗能昭示楊漢公的政治立場，尤其與晚唐牛李黨爭相關，但墓誌文字簡單而隱諱，故考之史傳以證之。《舊唐書·蕭俛傳》記載："穆宗即位之月，議命宰相，令狐楚援之，拜中書侍郎、平章事，仍賜金紫之服。八月，轉門下侍郎。十月，吐蕃寇涇原，命中使以禁軍援之。穆宗謂宰臣曰：'用兵有必勝之法乎？'俛對曰：'兵者兇器，戰者危事，聖主不得已而用之。以仁討不仁，以義討不義，先務招懷，不爲掩襲。古之用兵，不斬祀，不殺厲，不擒二毛，不犯田稼。安人禁暴，師之上也。如救之甚於水火。故王者之師，有征無戰，此必勝之道也。如或縱肆小忿，輕動干戈，使敵人怨結，師出無名，非惟不勝，乃自危之道也。固宜深慎！'帝然之。時令狐楚左遷西川節度使，王播廣以貨幣賂中人權幸，求爲宰相。而宰相段文昌復左右之。俛性嫉惡，延英面言播之纖邪納賄，喧於中外，不可以汙臺司。事已垂成，帝不之省，俛三上章求罷相任。長慶元年正月，守左僕射，進封徐國公，罷知政事。俛居相位，孜孜正道，重慎名器。每除一官，常慮乖當，故鮮有簡拔而涉克深，然志嫉奸邪，脫屣重位，時論稱之。……俛性介獨，持法守正。以己輔政日淺，超擢太驟，三上章懇辭僕射，不拜。

①《舊唐書》卷一六四，第 4291 頁。
②《舊唐書》卷一六，第 499 頁。
③《舊唐書》卷一五九，第 4189—4190 頁。

詔曰：'蕭俛以勤事國，以疾退身，本末初終，不失其道，既罷樞務，俾居端揆。朕欲加恩超等，復吾前言。而繼有讓章，至於三四，敦諭頗切，陳乞彌堅。成爾謙光，移之選部，可吏部尚書。'俛又以選曹簿書煩雜，非攝生之道，乞換散秩。其年十月，改兵部尚書。二年，以疾表求分司，不許。三月，改太子少保，尋授同州刺史。"①此即是具體過程。

楊虞卿，《楊漢公墓誌》："是時鄭注以奸詐惑亂文宗皇帝，用事禁中。公仲兄虔州府君時爲京兆尹，顯不附會。注因中以危法。帝怒，將必煞之，繫御史府。公泥首跣足，與諸子侄撾登聞鼓訴冤，備奏鄭注奸詐狀，文宗稍悟。虔州府君翌日自御史獄貶虔州司馬，公友愛之效也。公亦以忤奸黨出爲舒州刺史。在郡苦節，以安人爲己任，百姓歌之。"《舊唐書·楊虞卿傳》可與墓誌記載相印證："（大和）九年四月，拜京兆尹。其年六月，京師訛言鄭注爲上合金丹，須小兒心肝，密旨捕小兒無算。民間相告語，扃鎖小兒甚密，街肆洶洶。上聞之不悦，鄭注頗不自安。御史大夫李固言素嫉虞卿朋黨，乃奏曰：'臣昨窮問其由，此語出於京兆尹從人，因此扇於都下。'上怒，即令收虞卿下獄。虞卿弟漢公並男知進等八人自系，撾鼓訴冤，詔虞卿歸私第。翌日，貶虔州司馬，再貶虔州司户，卒於貶所。"②

路群，《楊漢公墓誌》："公與故翰林學士路公群有深契，路公病累月，公躬親省視，備其醫藥。路公之没，公親臨之，始終無恨焉。斯可謂士林之仁人，朝右之耆德。"按，《翰苑群書》上《重修承旨學士壁記》："路群，大和三年九月二十一日自右諫議大夫充侍講學士。四年八月二十七日，改充學士。五年九月五日，改中書舍人。七年十二月十七日，出守本官。"③

五、文學成就

楊漢公是唐代文學家，《墓誌》記載其擅長詩文僅有入崔群華州幕下任職的一段："崔公當代賢相，匡贊清直之外，尤以文雅風流自處，一觴一詠，莫有儔比。唯公能對之。以此益厚。"有關他的文學成就，我們可以從以下兩個方面加以考察：一是所存詩文的情況；二是與文學家往還的情況。

---

①《舊唐書》卷一七二，第4477—4478頁。
②《舊唐書》卷一七六，第4563頁。
③岑仲勉《翰林學士壁記注補》，《郎官石柱題名新考訂》外三種本，上海：上海古籍出版社，1984年，第290—291頁。

（一）楊漢公詩文的成就

楊漢公之詩,《全唐詩》卷五一六存有二首。一首是《登東川銷暑樓寄東川汝士》:"岩嶢下瞰雪溪流,極目煙波望梓州。雖有清風當夏景,只能銷暑不銷憂。"①另一首是《明月樓》:"吳興城闕水雲中,畫舫青簾處處通。溪上玉樓樓上月,清光合作水晶宮。"②這兩首詩都是楊漢公在湖州時所作。銷暑樓和明月樓都在浙江湖州③,楊漢公爲湖州刺史在開成三年至會昌元年。《嘉泰吳興志》卷一四《郡守題名》:"楊漢公,開成三年三月二十自舒州刺史拜,遷亳州刺史,充本道團練鎮遏使。……張文規,會昌元年七月十五日自安州刺史授,遷國子司業。"④又《兩浙金石志》載楊漢公《顧渚山題名》:"湖州刺史楊漢公,前試太子通事舍人崔行章,軍事衙推馬枫,州衙推康從禮,鄉貢進士鄭□,鄉貢進士賈□,開成四年□月十五日同游,進士楊知本、進士楊知范、進士楊知儉侍從行。"⑤楊漢公在湖州所作的這兩首詩,確實寫出了湖州的樓臺勝景,吳興地處太湖之濱,天下水國,莫過於此,故畫舫青簾,隨處可見。溪上一樓,在溪光之上,月光之下,相互輝映,確實如水晶宮一般,寫景中透露出作者的傾愛之情。此《明月樓》詩之情韻。而同樣處於郡治的銷暑樓,下瞰溪流,清風徐來,可以銷暑,然作者登上斯樓,有懷東川家兄,故西望梓州,唯見煙波浩渺,不禁憂從中來,故自然道出"雖有清風當夏景,只能銷暑不銷憂"的名句。

楊漢公之文,《全唐文》卷七六〇收其《干禄字書後記》一篇,《全唐文補編》收題名二則,《全唐文補遺》第八輯收漢公撰其妻《鄭本柔墓誌》。如墓誌中的一段:"夫人以孝奉上,而尊顏悅和;如賓敬夫,而琴瑟諧協。以己之能爲不能,處於姊姒;以己之欲爲人欲,均於幼賤。外無矯飾,洞啟真誠;十年之間,行若始至。漢公身位未偶,東西從人。家常

---

①《全唐詩》卷五一六,第 5899 頁。

· ②同注①,第 5899 頁。

③談鑰《嘉泰吳興志》卷一三《宮室》:"銷暑樓在譙門東,唐貞元十五年李詞建有詩四韻,給事中韋某等詩六首,開成中刺史楊漢公重修畢工,在中秋日有詩四首,大中間刺史蘇晹有銷暑樓八韻,杜牧、顧況亦有詩。"(《宋元方志叢刊》,北京:中華書局,1990 年,第 4737 頁)同卷載:"明月樓,在子城西南隅,知州事徐仲謀《會景樓記》云:由臺門而西至明月樓建已久矣。自譙門火止存舊址。舊編載唐人范傳正《正月十五夜玩月》詩有'風淒城上樓','月滿庾公樓','夕照下西樓'之句,指言此樓。蓋楊漢公《八月十五日夜銷暑樓玩月》有'人在虛空月在溪,溪上玉樓,樓上月沈,城上十樓',未有確據也。又云:舊傳郡治大廳居中,譙門翼其前,卞蒼擁其後,清風會景,銷暑蜿蜒于左,有青龍象。明月一樓,獨峙西南隅,爲虎踞之形,合陰陽家之説。"(同前)

④《嘉泰吳興志》卷一四,第 4775—4776 頁。

⑤阮元《兩浙金石志》卷二,《石刻史料新編》第一輯,臺北:新文豐出版社,1982 年,第 14 册,第 10232 頁。

空虛,門足賓友。馨竭供待,飲食躬親。不憚己勞,克修內事。從爵未貴,衣弊食貧。嘗謂餘曰:身履正道,只此爲榮;行無欺心,只此爲貴。內省無慊足矣,豈以外物爲得喪哉!故浮名世榮,不到心慮。必謂保正,可期永年。"①這是墓誌的主體部分,將其妻的德行、性格都表現出來,更重要的是通過妻子的告誡寫出了夫妻二人情誼的深厚。

(二)楊漢公的文學交游

　　楊漢公詩文兼擅,與中晚唐文人交往頻繁,較著者有他和楊汝士、白居易、趙嘏、李群玉、李郢、姚鵠、許渾等人的交游。

　　楊汝士,汝士是漢公之兄。漢公有《登郡中銷暑樓寄東川汝士》詩,作于湖州,時楊汝士爲東川節度使。楊汝士在東川,時常組織詩歌唱酬之會,編集《蜀中唱和集》。姚合有《和鄭相演楊尚書蜀中唱和詩》,所謂"蜀中唱和"即指楊嗣復《丁巳歲八月祭武侯祠堂因題臨淮公舊碑》詩,及楊汝士《和宗人尚書嗣復祠祭武侯畢題臨淮公舊碑》,楊漢公《登郡中銷暑樓寄東川汝士》,劉禹錫《寄和東川楊尚書慕巢兼寄西川繼之二公近從弟兄情分偏睦早忝游舊因成是詩》,賈島《觀冬設上東川楊尚書》等詩。漢公此詩乃在湖州時遙寄東川楊汝士之作,推測也應該是"蜀中唱和詩"的一部分。

　　白居易,居易有《重過壽泉驛憶與楊九別時因題店壁》、《和楊六尚書喜兩弟漢公轉吳興魯士賜章服命賓開宴用慶恩榮賦長句見示》、《得楊湖州書頗誇撫名接賓縱酒題詩因以長句戲之》諸詩。據岑仲勉《唐人行第録》:"楊九漢公,《白氏集》——《重過壽泉憶與楊九別時因題店壁》,按此詩係元和十五年白由忠州回京作,結聯云:'他日君過此,殷勤吟此篇。'則此之楊九非弘貞。和《全詩》七函白居易《和東川楊慕巢尚書府中獨坐感戚在懷見寄十四韻》,其'行斷風驚雁'句原注:'慕巢及楊九、楊十,前年來兄弟三人,各在一處。'此楊九爲漢公,可由白詩注自證之。漢公字用乂,新一七五有傳,但以爲虞卿子則大誤。"②

　　趙嘏,嘏有《十無詩寄桂府楊中丞》詩,楊中丞即楊漢公。據《新唐書·楊漢公傳》:"下除舒州刺史,徙湖、亳、蘇三州,擢桂管、浙東觀察使。"③《嘉泰會稽志》卷二《太守》:"楊漢公,大中元年五月自桂管觀察使授,二年二月追赴闕。"④《楊漢公墓誌》:"遷桂州觀

①《全唐文補遺》第八輯,第133頁。
②岑仲勉《唐人行第録》,北京:中華書局,2004年,第138—139頁。
③《新唐書》卷一七五,第5249頁。
④施宿《嘉泰會稽志》卷二,《宋元方志叢刊》,北京:中華書局,1990年,第6751頁。

察使兼御史中丞。廉問峻整,部内清肅。轉浙東觀察使、御史大夫。"

李郢,郢有《闕下獻楊侍郎》,詩云:"滄洲垂釣本無名,十月風霜偶到京。……心苦篇章頭白早,十年江漢憶先生。"①乃李郢初赴京應舉時作。郢大中五年在湖州與杜牧有唱和,見《和湖州杜員外冬至日白蘋洲見憶詩》。大中十年擢進士第,見《唐才子傳》卷七。大中五年至十年楊氏爲侍郎者僅漢公一人,故此楊侍郎疑即楊漢公。據《唐僕尚丞郎考》卷三,漢公大中六年或前後數月由户部侍郎出爲荊南節度使。

許渾,渾有《宴餞李員外》詩,序云:"李群之員外從事荊南,尚書楊公詔徵赴闕,俄爲淮南相國杜公辟命。"②楊公即楊漢公。《新唐書·楊漢公傳》:"繇户部侍郎拜荊南節度使,召爲工部尚書。"③據吳廷燮《唐方鎮年表》卷五,楊漢公爲荊南節度使,大中八年五月爲蘇滌所代。

姚鵠,鵠有《和工部楊尚書重送絕句》:"桂枝攀得獻庭闈,何似空懷楚橘歸。好控扶搖早回首,人人思看大鵬飛。"④楊尚書即楊漢公。嚴耕望《唐僕尚丞郎表》卷二一《工尚》:"楊漢公,大中八年,由荊南節度使遷工尚。是年,轉秘書監。"⑤

李群玉,群玉有《重陽日上渚宮楊尚書》詩:"落帽臺邊菊半黄,行人惆悵對重陽。荊州一見桓宣武,爲趁悲秋入帝鄉。"⑥《新唐書·楊漢公傳》:"繇户部侍郎拜荊南節度使,召爲工部尚書。"⑦

六、墓誌撰者

《楊漢公墓志》題撰者:"正議大夫守尚書刑部侍郎上柱國賜紫金魚袋鄭薰撰。"按,鄭薰,字子溥,唐文宗大和二年登進士第。武宗會昌六年,任台州刺史。入爲户部員外郎。大中三年在漳州刺史任。九月由考功郎中充翰林學士,拜中書舍人。轉工、禮二部侍郎。十年,自河南尹改宣歙觀察使。爲將吏所逐,遂奔之揚州。貶棣王府長史,分司東都。懿宗立,召爲太常少卿,累擢吏部侍郎,久之進尚書左丞。以太子少師致仕,號"七松

---

① 陳尚君編《全唐詩補編》,北京:中華書局,1992 年,第 432 頁。

② 《全唐詩》卷五三五,第 6107 頁。

③ 《新唐書》卷一七五,第 5249 頁。

④ 《全唐詩》卷五五三,第 6406 頁。

⑤ 嚴耕望《唐僕尚丞郎表》卷二一,北京:中華書局,1986 年,第 1059 頁。

⑥ 《全唐詩》卷五七〇,第 6614 頁。

⑦ 《新唐書》卷一七五,第 5249 頁。

處士"。《新唐書》有傳,顔亞玉有《〈新唐書·鄭薰傳〉考補》①,可以參考。

楊漢公與鄭薰是子舅的關係,上文已作考述。墓誌題署"正議大夫守尚書刑部侍郎上柱國賜紫金魚袋鄭薰撰",楊漢公咸通二年七月十日卒,十一月廿日葬,墓誌即作於此數月間。鄭薰爲刑部侍郎的經歷,爲史籍所未載,嚴耕望《唐僕尚丞郎表》、顔亞玉《〈新唐書·鄭薰傳〉考補》也都没有考出。這些都可以補充史書之缺誤。我們這裏重點考察鄭薰的文學成就。

(一) 散文成就

鄭薰既是晚唐的政治人物,也是詩文兼擅的文學家。他有擔任翰林承旨學士的經歷,是朝廷頗爲重用的散文作家。其文《全唐文》收録三篇:《移顔魯公詩紀》、《内侍省監楚國公仇士良神道碑》、《祭梓華府君神文》。如《移顔魯公詩紀》:"顔魯公既用貞鯁爲元載所忌,由刑部尚書貶夷陵郡別駕。大曆六年,又以前秩轉廬陵郡,道出宣州之溧水縣。縣之南經古烈士左伯桃墓,節概交感,即於墓下作詩一首,自題於蒲塘之客舍。詞韻淒激,點畫嶄壯,窮國藝之奇事。"②發掘顔真卿詩因政治失意有感而發、具有"詞韻淒激"的藝術特點和"點畫嶄壯"的書法特點,很有啟示性。《祭梓華府君神文》是其在宣歙觀察使任上所作,也是體現鄭薰爲政與文學才能的典型文字。杜宣猷《鄭左丞祭梓華府君碑陰記》言其爲政:"今左丞鄭公之廉宣城也。視人如子,潔己奉公。爲政指歸,則以抑强扶弱爲意。操斷之下,邪正别白。"又贊其文學:"宣猷故與鄭公游,詳熟理行,二誼廉白,是其佩服,文章學藝,乃其緣飾。"③新出土的《楊漢公墓志》更是一篇精心結撰的文學佳制,如其中一段:

> 又選授鄠縣尉。京兆尹始見公,謂之曰:"聞名久矣,何相見之晚也。"且曰:"邑中有滯獄,假公之平心高見,爲我鞫之。"到縣領獄,則邑民煞妻事。初邑民之妻以歲首歸省其父母,踰期不返。邑民疑之。及歸,醉而殺之。夜奔告於里尹曰:妻風恙,自以刃斷其喉死矣。里尹執之詣縣,桎梏而鞠焉。訊問百端,妻自刑無疑者。而妻之父母冤之,哭訴不已。四年,獄不決。公既領事,即時客繫,而去其械,間數日,引問曰:"死者首何指?"曰:"東。"又數日,引問曰:"自刑者刃之靶何嚮?"曰:"南。"又

---

①《厦門大學學報》第 1 期,1993 年,第 82—85 頁。

②《全唐文》卷七九〇,第 3666 頁。

③《全唐文》卷七六五,第 3525 頁。

數日,引問曰:"死者仰耶?覆耶?"曰:"仰。"又數日,引問曰:"死者所用之手左耶?右耶?"曰:"右。"即詰之曰:"是則果非自刑也。如爾之説,即刃靶當在北矣。"民叩頭曰:"死罪,實某煞之,不敢隱。"遂以具獄,正其刑名焉。①

這段文字描寫楊漢公審案的細節,栩栩如生。參以前後有關楊漢公身世的叙述,都以散體爲之,既富於變化,又文氣一貫。新出土鄭薰所撰的另一篇墓誌是《唐故中散大夫守給事中柱國賜紫金魚袋贈刑部侍郎皇甫公(鈺)墓誌銘并序》,題署:"正議大夫、守尚書刑部侍郎、上柱國、賜紫金魚袋鄭薰撰。"②亦是全篇散體叙事,平易曉暢。綜合傳世與新出土的鄭薰文章,在一定程度上體現了中唐古文運動以後散文演變的特點。

(二)詩歌成就

鄭薰的詩歌,《全唐詩》存其《贈鞏疇》詩一首,《全唐詩外編》補詩一首。《贈鞏疇》是一首五言古詩,描述鞏疇所居環境的清静幽寂,以及在此境修身讀書的高潔情懷。鞏疇,字禹錫,秋浦人,號九華處士。詩序云:"九華處士鞏疇,擅玄言之要,通《易》、《老》,其於《浄名》、《僧肇》尤精達。余在句溪時,重其能,車幣而致之。及到官舍,再説《易》,一説《老氏》,將兒侄輩執卷列坐而傳之。《老氏》畢業,而寇難作,與鞏各散去,不知其何如,存耶亡耶? 余既休居洛師,鎖扉獨静。己卯冬十一月半,雪中有客叩柴門,樵童視之,走復曰:'鞏處士。'遽下榻開關,執手話艱苦。鞏背簽笈,草履,杖靈壽,下笠,且哈笑曰:'聞公恬養淡逸,不屑于榮悴,故以玄成來助成之。'升榻解籍,散四書,即《易》、《老》、《浄》、《肇》也。明日講《肇論》,階前多偃松高桂,冰凍墮落,有琴瑟金石聲。理致明妙,神骨超爽,自謂一時之遇。曰與故人爲徒,又意兹樂之難諧也。遂成二十韻贈之。"③從中可知鄭薰與崇道人物的往還情況。詩寫鞏疇居所的清幽:"密雪松桂寒,書窗導餘清。風撼冰玉碎,階前琴磬聲。榻静几硯潔,帙散縑緗明。"鞏疇境界的高遠:"高論展僧肇,精言資鞏生。立意加玄虚,析理分縱橫。萬化悉在我,一物安能驚。江海何所動,丘山常自平。遲速不相閲,後先徒起争。"鞏疇性情的平淡:"鏡照分妍醜,秤稱分重輕。顔容寧入鑑,銖兩豈關衡。蘊微道超忽,剖鐙音泠泠。紙上掣牢鍵,舌端摇利兵。圓澈保直性,客塵排妄情。有住即非住,無行即是行。疏越捨朱弦,哇淫鄙秦筝。淡薄貴無味,羊斟慚大羹。"鞏疇對佛理的崇尚:"洪遠包乾坤,幽育潛沈冥。罔煩跬步舉,頓達萬里程。廬遠尚莫曉,隱

①《洛陽出土歷代墓誌輯繩》,第 699 頁。
②吳鋼等編《全唐文補遺·千唐志齋新藏專輯》,西安:三秦出版社,2006 年,第 405 頁。
③《全唐詩》卷五四七,第 6317 頁。

留曾誤聽。直須持妙説,共詣毗耶城。"這樣的一首詩,將其友人的性格、性情、心態、崇尚等都惟妙惟肖地表現出來。儘管總體上有些淺顯直露,但在晚唐詩人總體才短的情況能寫出這樣的長篇,還是難能可貴的。

　　《全唐詩補編》補其《桐柏觀》一首:"深山桐柏觀,殘雪路猶分。數里踏紅葉,全家穿白雲。月寒巖障曉,風送蕙蘭芬。明日出雲去,吹笙不可聞。"①該詩《天台前集》題作《冬暮挈家宿桐柏觀》,描寫桐柏觀周遭天台山的景色,很富畫意。詩的前六句是實景的描寫,"數里踏紅葉,全家穿白雲",景與人已融合無間。後二句虛景的襯托,"明日出雲去,吹笙不可聞",給人以餘韻嫋嫋的想像空間。

作者簡介:胡可先,男,1960 年生,文學博士。現任浙江大學中文系教授,博士生導師,主要研究領域爲唐宋文學、古典文獻學。

---

①《全唐詩補編》,第 414 頁。

三論"周人不用日名説"

——兼答周言先生

張懋鎔

　　20年前,在發表《周人不用日名説》的同時,就考慮圍繞商周日名問題寫一本書,已擬出提綱,並草成一些章節。① 之所以没有匆忙將書稿寫出來,有兩個原因。一是當時資料的準備工作不充分,像《殷周金文集成》尚在出版中,二是限於水準,某些問題還没有搞清楚。所以近20年來,只是就自己認爲比較有把握的方面,寫了一些文章。② 近來看到周言先生的《"周人不用日名説"考》(以下簡稱"周文"),③這是唯一一篇系統質疑"周人不用日名説"的文章,很有代表性。感謝周言先生,我很願意在這裏結合近年來的一些感悟,回答周先生的問題,並請教諸位專家學者。

一、"周人不用日名説"的文獻學依據

　　周文認爲"周人不用日名説"這一論點從論證與論據來説,"還是有相當疑問的"。
　　研究中國歷史的人都知道,討論任何歷史問題,首先要看有没有文獻方面的證據,即在古代文獻中有無相關記載。即便有記載,還要看這種記載有没有權威性。那麼關於殷

---

　　①張懋鎔《周人不用日名説》,《歷史研究》第5期,1993年。
　　②張懋鎔《商代日名研究的再檢討》,《古文字與青銅器論集》,北京:科學出版社,2002年,第231—240頁。《西周青銅器斷代兩系説芻議》,《古文字與青銅器論集》(第二輯),北京:科學出版社,2006年,第177—203頁。《再論"周人不用日名説"》,《古文字與青銅器論集》(第三輯),北京:科學出版社,2010年,第23—26頁。
　　③周言《"周人不用日名説"考》,《九州學林》,2010年冬季,香港:香港城市大學中國文化中心,第108—125頁。

商貴族用日名而姬周貴族不用日名的最重要的文獻依據是什麼？這個問題恐怕連歷史專業的大學生都知道，那就是《史記·殷本紀》與《周本紀》記載的殷商與西周王室的世系。原本以爲這一條證據無需解釋，所以在《周人不用日名説》一文中只是一筆帶過，現在看來，有重新强調的必要。

現在將夏、商、西周三代的王室世系羅列如下：(照録《史記》的記載)①

1.夏世系：禹——啟——太康——仲康——相——少康——帝予——帝槐——帝芒——帝泄——帝不降——帝扃——帝廑——帝孔甲——帝皋——帝發——帝履癸(桀)

2.商世系：契——昭明——相土——昌若——曹圉——冥——振——(上甲)微——報丁——報乙——報丙——主壬(示壬)——主癸(示癸)——天乙——太丁——帝外丙——仲壬——太甲——沃丁——太庚——小甲——雍己——太戊——仲丁——外壬——河亶甲——祖乙——祖辛——沃甲——祖丁——南庚——陽甲——盤庚——小辛——小乙——武丁——祖庚——祖甲——廩辛——庚丁(康丁)——武乙——太丁(文丁)——帝乙——帝辛(紂)

3.周世系：后稷——不窋——鞠——公劉——慶節——皇僕——差弗——毀隃——公非——高圉——亞圉——公叔祖類——古公亶父——季歷——西伯昌(文王)——武王發——成王誦——康王釗——昭王瑕——穆王滿——共王緊扈——懿王囏——孝王辟方——夷王燮——厲王胡——宣王靜——幽王宫湦

學過歷史的人們都知道，在殷墟甲骨文發現之前，關於中國歷史上是否存在一個商朝，不是沒有爭議的。是王國維解決了這個問題，從殷墟卜辭中找到商先公、先王的世系，證明《史記·殷本紀》所記商先公、先王的世系的可靠性，從而確認中國歷史上存在殷商這麼一個朝代。關於西周王朝的真實性，因爲有更多的文獻資料存在，所以沒有什麼爭議。而且1976年在陝西扶風莊白窖藏出土的牆盤、2003年在陝西眉縣楊家村窖藏出土的逨盤也證明了《史記·周本紀》關於西周王室世系的記載是可靠的。由此可見，在中國歷史上，王朝世系最爲重要，它是中國歷史的基幹與骨架。

稍微有一點思維能力的人，從以上三代世系中都不難發現：在日名的使用方面，周人與商人全然不同，涇渭分明。周人從先公后稷到周幽王，沒有一位使用日名，而商人從先公上甲微到商紂王，沒有一位不使用日名。商人使用日名，有可能受到夏人的影響，因爲夏代晚期從孔甲開始，四位夏王中有兩位使用日名。不過，夏人使用日名畢竟少數，沒有

_____

① 本節所引均出自司馬遷《史記》一書(中華書局，1982年)不再一一注明。

形成制度,而商人從上甲開始,每位先公必須使用日名,可見早在商王朝建立之前,日名作爲一項國家制度,已經確立。從周人的世系中完全看不到商人的日名制對他們有絲毫的影響。不僅如此,在所有古代文獻中,都没有發現周人用日名的證據。這是誘發我們提出"周人不用日名説"的最重要的證據所在。

不僅周先公、先王不用日名,作爲周王室的支脈、諸侯的世系中也未見日名。如吳國世系:太伯——仲雍——季簡——叔達——周章——熊遂——柯相——彊鳩夷——餘橋疑吾——柯盧——周繇——屈羽——夷吾——禽處——轉——顔高——句卑——去齊——壽夢(開始稱王)。魯國世系:魯公伯禽——考公酋——煬公熙——幽公宰——魏公濞——屬公擢——獻公具——真公濞——武公敖——懿公戲——伯御——孝公稱。燕國世系:燕召公以下九世至惠侯——釐侯——頃侯。蔡國世系:蔡叔度——蔡仲——蔡伯荒——宮侯——屬侯——武侯——夷侯——釐侯所事。衛國世系:衛康叔——康伯——考伯——嗣伯——庭伯——靖伯——貞伯——頃侯——釐侯——共伯餘——武公。晉國世系:唐叔虞——晉侯燮父——武侯甯族——成侯服人——屬侯福——晉侯宜臼——釐侯司徒——獻侯籍——穆侯費王——殤叔——文侯仇。鄭國世系:鄭桓公友——武公掘突。以上記載見於《史記》的《吳太伯世家》、《魯周公世家》、《燕召公世家》、《管蔡世家》、《衛康叔世家》、《晉世家》。

幾千年的學術史已經證明,《史記·殷本紀》與《周本紀》、《世家》是研究商周兩個朝代的最基本的史料,面對如此有權威性的文獻記載,如此界限分明的日名制度,"周人不用日名説"的産生是早晚的事情。

二、從制度層面看日名的屬性

從上述論説可見日名在商代已經成爲一種制度,它與當時的其他社會、政治制度息息相關。

"國之大事,在祀與戎。"在商周時期,祭祀是王朝的頭等大事。但是對於祭祀的具體方法,周人與商人卻有着很大的差別。殷商統治者非常迷信,幾乎日日、月月、年年都在祭祀。對於先公、先王、先妣等宗主神來説,商朝的祭祀是有規律的,即商王和王室貴族用翌(日)、祭、壹、劦(日)、彡(日)五種祀典輪番和周而復始地進行的祭祀,祭祀一周的時間通常是 36 或 37 旬,這就是著名的周祭制度。① 周祭是商代最有系統也最複雜的祭

---

① 常玉芝《商代周祭制度》,北京:中國社會科學出版社,1987 年,第 3、11 頁。

祀。既然這種祭祀是連續不斷,那麼具體如何操作? 董作賓很早就指出:先王、先妣都是
"依其世次日干,排入祀典,一一致祭"的。① 如在第一旬的甲日祭祀廟號爲甲者,如上
甲,乙日祭祀廟號爲乙者,如報乙。祭日的天干日與先王的日干名保持一致。這一點在
殷商金文中也有反映。如郊其壺銘文:"乙子(巳),王曰:尊文武帝乙宜,在召大廳。"
(《集成》05413)説的就是商紂王在乙日祭祀他的父親帝乙。所以對於商人來説,日名制
度絶不是一個簡單的命名制度,它與殷商祭祀制度互爲表裏,緊密相關。正是有了日名
制度,祭祀纔能秩序井然,有條不紊。雖然不能斷定是殷商的日名制度催生了殷商的周
祭制度,但它至少助推了殷商周祭制度的形成與完善。隨着商王朝的滅亡,殷商周祭制
度結束了,日名制度也崩潰了。

　　另一方面,在周原出土的上萬片周人的甲骨中,我們絲毫找不到周人使用日名的痕
跡,也看不到與殷商周祭制度、日名制度有關的任何證據。同樣,在姬周貴族的金文中,
殷商周祭制度的影響了無蹤影。如果説在西周金文中,還保存有殷商周祭制度的殘餘,
那器主一定不是姬周貴族。有一件傳世青銅器繁卣,銘文曰:"唯九月初吉癸丑,公酻祀。
雪(越)旬又一日辛亥,公祶酻辛公祀,衣(卒)事亡尤(尤),公蔑繁曆,易(錫)宗彝一肆,
車、馬兩,繁拜手稽首,對揚公休,用作文考辛公寶尊彝,其萬年寶。或。"(《集成》05430)
李學勤先生考證繁卣的年代在西周中期。公祭祀辛公,辛公又是繁的父親,繁與公關系
密切,應是一家親戚。② 銘末綴有族徽"或",或族所作銅器還有或爵:"作妣壬尊彝。
或。"(《商周》08518)或鼎:"作父癸尊彝。或。"(《商周》01521—22)或鼎:"或作父丁寶
尊彝。"(《商周》01726)這三件都是西周早期銅器。③ 器主繁是殷遺民。銘文值得注意的
是公在辛日(辛亥)祭祀廟號爲辛者的辛公。

　　無獨有偶,類似的金文還有,如史喜鼎(《集成》02473),其銘曰:"史喜作朕文考翟
祭,厥日唯乙。"史喜在乙日祭祀他的父親,雖然不知史喜文考的廟號,但因爲史喜是用翟
祭的方式在祭祀其父親,"厥日唯乙",只能在乙日來祭祀,所以史喜文考的廟號亦當爲
"乙"者。與繁卣一樣,祭日的天干日與先父的日干名保持一致,顯然源自于殷商的周祭
制度。這再一次證明日名制度與殷商祭祀制度的密切關係。

　　周文舉出燕侯旨作父辛鼎、叔遂尊、應公鼎、溓姬簋等例子來證明"周人使用日名"。

①董作賓《殷曆譜》上編,卷一,1945年,第3頁。
②李學勤《鼄尊考釋》,《新出青銅器研究》,北京:文物出版社,1990年,第296頁。
③《商周》是吴鎮烽《商周青銅器銘文暨圖像集成》一書的簡稱,上海:上海古籍出版社,2012年。

關於這個問題，我在《再論"周人不用日名説"》一文中已經作了回答。① 由於拙文與周文發表的時間相近，所以周言先生寫作時尚未看到。在那篇小文中，我的解釋是：第一，這些姬周貴族使用日名的時間很短，大致在成康時期。那是一個周文化對殷商文化吸納、改造、排斥、融合的時期，所以在那個時期周人銅器上也偶爾綴上殷人的標記——日名，並不奇怪。第二，使用日名的層面很窄，主要是周王(如武王)和大貴族(如召公一支)。由於西周初年上層姬周貴族與殷商後裔中的上層貴族(如箕子、微子、武庚等)接觸多，因而易於受到殷商文化的浸潤。第三，周人使用日名銅器出土的地域偏東，出自原本殷商文化氛圍濃郁的地區，受其影響，器上綴有日名，自在情理之中。

在這裏，除了重申以上觀點之外，還要特別强調一點：雖然在周初有極少數姬周高級貴族使用日名，但某一代人、某個人在某一時段的偶爾使用，表明並無形成制度，這與商代晚期日名作爲一種國家制度，滲透在社會的方方面面是完全不同的。(下面兩節還要談到這一點)正是由於周人拒絕殷商周祭制度，纔導致日名制度的最終消亡。

三、"周人不用日名説"的考古學依據

《周人不用日名説》雖然是在《歷史研究》上發表的，但在歷史學界反響不大，相反，在考古學界卻頻頻受到關注。原因也許很簡單，日名現象畢竟在古文獻中出現頻率不高，而在甲骨、青銅器上比比皆是。近年來重大的考古發現，如在陝西寶鷄石鼓山墓地、湖北隨州葉家山墓地，都出土了大量的青銅器，上面有很多商周日名資料，直接關係到墓葬族屬的判定，於是日名研究成爲繞不過去的問題。② 這恰好有助於説明"周人不用日名説"有望在考古上找到更多的證據。

上文談到商人與周人在祭祀制度方面的差别，與祭祀制度相關聯的是商人與周人在喪葬制度方面的差别。在腰坑以及殉人、殉犬等葬制問題上，周人與商人有着完全不同的思想與理念。

1.首先來看一看最能體現殷商葬制的安陽殷墟墓葬。在殷墟，愈是等級、規格高的墓葬，腰坑規模愈大，殉人、殉犬的個體也愈多。譬如侯家莊 1001 號大墓、1003 號大墓的墓

---

①《再論"周人不用日名説"》，《古文字與青銅器論集》(第三輯)，北京：科學出版社，2010 年，第 23—26 頁。

②王顥、劉棟、辛怡華《石鼓山西周墓葬的初步研究》，《文物》第 2 期，2013 年，第 77—85 頁。李學勤等《湖北隨州葉家山西周墓地筆談》，《文物》第 11 期，2011 年，第 64—77 頁。

底不僅有多個殉葬坑,還有很多殉人、殉犬。① 這説明腰坑、殉人、殉犬的葬俗來自於以商王爲首的子姓貴族。

商代晚期是腰坑、殉人、殉犬的盛行期,也是日名銅器的盛行期,所以這一時期能經常見到日名銅器與腰坑的共存關係。根據我們的統計,在安陽殷墟,凡是出土有日名或族徽銅器的墓葬,或者日名、族徽銅器兼有的墓葬,90%以上都有腰坑、殉人、殉狗。這種關係不僅表現在大型墓葬,如商王的墓葬中,也普遍地表現在中小型墓葬,從殷墟一期到四期都是如此。② 可見對於商人來説,使用日名是一種國家、社會的制度,與腰坑、殉人、殉狗是當時的一種葬制一樣,具有相當的穩定性。

2.進入西周以後,雖然腰坑、殉人、殉犬葬俗並没有在墓葬中消失,但是,在仔細分析了大量新的考古資料後,不少學者愈來愈認識到"西周社會上層統治集團的周人貴族已不將奴隸殉葬作爲一種禮制","保留這種惡習的,多數是商遺民或原與商人有密切關係的族人"。③ 換言之,腰坑、殉人、殉犬葬俗在西周中期以後急劇減少,不能簡單地用社會發展的必然性來作解釋,深層的原因是姬周貴族抵制的結果,以周王爲首的姬姓貴族是不用腰坑、殉人、殉犬的。

近年來陝西岐山縣周公廟墓地的發掘,就是一個很好的證明。發現的 900 余座商周時期的墓葬,集中分佈於陵坡、白草坡、折樹棱、佛爺殿、董家臺、樊村、江家溝 7 處墓地。④ 已發掘的墓葬中既無腰坑,也無殉人殉牲。

周公廟墓地具有典型意義。首先是關於周公廟墓地的性質,雖然有周王陵、周公家族墓地、召公家族墓地、西周貴族墓地等不同的看法,但學術界無一例外地認爲它是姬周族人的墓地。周公廟墓地的純粹性,爲西周時期姬周文化面貌確立了一個標尺,其意義巨大且深遠。其次是年代,周公廟墓地的年代從先周晚期到西周晚期,貫穿整個西周時期,可以讓我們清晰地看到周人葬制的來龍去脈。顯然周人從先周時期開始,在墓葬中既無殉人殉牲,也無腰坑,這種與商人迥異的葬制終西周王朝滅亡也未改變。再次,墓葬内涵豐富,墓葬主人的身份地位從大型采邑主人(陵坡墓地)、王室重臣到各級貴族(白草坡墓地)、一般平民及其以下者,顯示出社會各階層對葬制態度的一致性:不用腰坑,也不

①梁思永、高去尋《中國考古報告集》之三:《侯家莊》第二本《1001 號大墓》,(臺北)"中央研究院"歷史語言研究所,1962 年,第 16、28—29 頁。《中國考古報告集》之三:《侯家莊》第四本《1003 號大墓》,(臺北)"中央研究院"歷史語言研究所,1967 年,第 16、26、36 頁。
②由於本文篇幅所限,有關資料的整理情況將在另一篇文章中公佈。
③郭仁《關於西周奴隸殉葬問題的探討》,《中國歷史博物館館刊》第 4 期,1982 年,第 32 頁。
④種建榮《周公廟遺址商周時期聚落與社會》(西安:西北大學 2010 年博士學位論文)。

用殉人、殉牲。

3.如同商人用腰坑、殉人、殉牲並不局限於殷墟遺址一樣,周人不用腰坑、殉人、殉牲也不局限於周公廟遺址。當東土流行腰坑、殉人、殉牲時,在西土很少能看到腰坑、殉人、殉牲。已有文章指出,不用腰坑、殉人、殉牲是"乃關中西部先周文化墓葬固有之傳統"。種建榮博士統計了學界公認的 5 處先周文化墓地:周原賀家、王家嘴、扶風北呂、鳳翔西村、長武碾子坡墓地,墓向以南北向爲主,無腰坑墓 392 座,占總數的 99%。在周原遺址,經科學發掘的商周時期墓地主要有三處:王家嘴、劉家與賀家。除了王家嘴第一段(殷墟一期前後)M2 有腰坑,其餘墓葬均不見腰坑、殉牲。①

同時,可以確認爲西周姬周貴族的墓地,如河南浚縣辛村衛侯墓地、平頂山應侯墓地、北京琉璃河燕侯墓地、山西翼城晉侯墓地、陝西長安張家坡井叔墓地,墓向均爲南北向,無腰坑,也無殉人、殉牲。另外,如洛陽北窑西周墓地,共發掘 348 座墓葬,無腰坑墓 344 座,占總數的 99%,也未見殉人,填土中殉牲墓僅 4 座。②

在周公廟墓地,墓葬底部沒有腰坑,出土有銘文的青銅器上沒有日名,我們也看到一種對應關係:沒有腰坑,也就沒有日名。在關中西部的先周文化遺存以及周初的墓葬中,絕少見到日名銅器,說明周人一開始就不用日名銅器,與周人鄰近的其他國族也不用日名、族徽銅器,關中西部缺乏産生日名銅器的條件。

在黃堆和京當墓地則可以看到上述兩種情況並存的現象:一部分墓葬有腰坑,同時出土有日名的青銅器;一部分墓葬沒有腰坑,也沒有出土有日名的青銅器。大凡非姬周貴族的墓葬,多出土有日名的青銅器,墓葬中有腰坑;而姬周貴族的墓葬,沒有出土綴有日名的青銅器,墓葬中也無腰坑。

從以上分析中,不難發現一些規律性的東西:

1.從年代(時間)的視角來看,商代晚期盛行腰坑、殉人、殉犬以及使用日名銅器;進入西周以後,腰坑、殉人、殉犬以及使用日名銅器現象逐漸減少。商文化的影響從早到晚逐漸減弱。

2.從地域(空間)的視角來看,洛陽——豐鎬——周原——周公廟一綫,呈現出一個具有規律性的現象:從東部地區到西部地區,腰坑、殉人、殉牲以及使用日名銅器在遞減,以至於無,商文化的影響從東向西逐漸減弱。

總而言之,殷商的日名銅器如同殷商的腰坑、殉人、殉犬一樣,是殷商文化的表徵。

---

① 《周公廟遺址商周時期聚落與社會》。

② 韓巍《西周墓葬的殉人與殉牲》,北京:北京大學 2004 年碩士學位論文,第 2—3 頁。

周人不用日名説,如同周人不用腰坑、殉人、殉犬一樣,是姬周文化的表徵。當有人質疑"周人不用日名説"説時,是否首先應該考慮如下事實:即使壁壘分明的商周葬制——腰坑、殉人、殉犬,對於姬周貴族來説也有例外,如在陝西長安張家坡井叔墓地,其中等級最高的一座墓葬——M157 就有殉人跡象①,晉侯墓地 M114 也有殉人②,葉家山曾侯墓地 M1、M3 有腰坑和殉犬③,換言之,姬周貴族在葬制方面也不同程度地受到殷商文化的影響,那麽某些姬周貴族使用日名、族徽銅器,又有什麽可奇怪的呢? 就像腰坑與殉人只是零星地出現在姬周貴族的墓地,並没有成爲一種制度一樣,日名也只是零星地出現在姬周貴族的銅器上,並没有成爲一種制度,只是個别的現象,兩者之間顯然有着本質的區别。

四、從日名分佈的時空範圍看日名的屬性

中國古文字的前身是史前刻繪符號。儘管這種刻繪符號遍及甘肅、陝西、河南、山東、浙江、江蘇等省份,但是真正意義上的文字産生在中國古代文明的中心地區——河南。中原地區能够成爲中國古代文明的中心,在很大程度上有賴於文字的傳承作用。最早的日名銅器恰恰首先出現在河南的安陽殷墟遺址。

關於商代晚期以前有没有日名銅器,學術界意見很不相同④。爲慎重起見,如今暫且擱置分歧,不涉及這些銅器,從商代晚期的日名銅器談起。

根據吳鎮烽先生的《商周青銅器銘文暨圖像集成》一書,我們整理出一份商周日名銅器的時空分佈表格來(見附表)。收録原則是:年代從商代晚期至西周早期成康之時,因爲成康以後日名銅器數量劇減,而且與商代晚期日名銅器對照的價值也不大;收録有具體出土地點的商周日名銅器,僅有大概範圍如"傳安陽出土"之類的日名銅器不在收録範圍。

---

① 中國社會科學院考古研究所《張家坡西周墓地》,北京:中國大百科全書出版社,1999 年,第 19—20 頁。

② 張懋鎔《晉侯墓地文化解讀三題·殉人現象》,《古文字與青銅器論集》,北京:科學出版社,2002 年,第 70—72 頁。

③ 湖北省文物考古研究所、隨州市博物館《湖北隨州葉家山西周墓地發掘簡報》,《文物》11 期,2011 年,第 5 頁;《湖北隨州市葉家山西周墓地》,《考古》第 7 期,2012 年,第 33 頁。

④ 李學勤《論美澳收藏的幾件商周文物》,《新出青銅器研究》,北京:文物出版社,1990 年,第 310—311 頁。嚴志斌《商代青銅器銘文研究》,上海:上海古籍出版社,2013 年,第 89—92、96—97 頁。吳鎮烽《商周青銅器銘文暨圖像集成》,上海:上海古籍出版社,2012 年,編號 07131、07227、07322、08711、09840、11014、14628。

從附表中不難看出商周日名銅器的時空分佈情況：

河南：85 批次，176 件，其中商代晚期 95 件，西周早期 81 件。考慮到安陽殷墟出土日名銅器數量很多，另列一表，計出土 49 批次，74 件，全部是商代晚期的日名銅器。其他縣市出土 33 批次，102 件，其中商代晚期 21 件，西周早期 81 件。

陝西：76 批次，130 件，其中商代晚期 29 件，西周早期 101 件。

山東：42 批次，82 件，其中商代晚期 45 件，西周早期 37 件。

湖北：16 批次，40 件，其中商代晚期 10 件，西周早期 30 件。

遼寧：5 批次，14 件，其中商代晚期 5 件，西周早期 9 件。

山西：10 批次，13 件，其中商代晚期 2 件，西周早期 11 件。

甘肅：4 批次，10 件，其中商代晚期 2 件，西周早期 8 件。

安徽：6 批次，9 件，其中商代晚期 6 件，西周早期 3 件。

湖南：5 批次，7 件，其中商代晚期 4 件，西周早期 3 件。

河北：5 批次，5 件，其中商代晚期 3 件，西周早期 2 件。

四川：1 批次，2 件，都是西周早期銅器。

江蘇：1 批次，1 件，是西周早期銅器。

內蒙：1 批次，1 件，是西周早期銅器。

另外有廣東、廣西、貴州、雲南、浙江、福建、新疆、青海、黑龍江、吉林、西藏、海南、臺灣等十三省區沒有出土日名銅器。

商周日名銅器的時空分佈大致有如下規律：

1.就數量而言，河南出土的商周日名銅器最多，85 批次，171 件；其次是陝西 76 批次，130 件，山東 40 批次，80 件，湖北 16 批次，40 件，山西 10 批次，13 件。在河南境内，又以安陽殷墟出土日名銅器數量最多，計 50 批次，71 件，分別占全省總數的 58.82%、41.52%。

2.就年代而言，河南出土的商周日名銅器最早，在殷墟二期，其他地區出土的日名銅器在殷墟三期，甚至更晚。這一時期河南出土的商代晚期日名銅器數量也最多，達 97 件；其次是山東 41 件，陝西 29 件，湖北 10 件，遼寧 5 件。在河南境内，又以安陽殷墟出土日名銅器年代最早，在殷墟二期，而且數量最多，都是商代晚期的銅器，計出土 50 批次，71 件，分別占全省總數的 58.82%、73.20%。可以説日名銅器最早出現在河南安陽殷墟。

從表面上來看，陝西出土的商周日名銅器不少，76 批次，131 件，僅次於河南，但是陝西出土的日名銅器的年代普遍較晚，大多數已進入西周早期，商代晚期的銅器很少，其中商代晚期 29 件，西周早期 101 件，不能與河南相比。

3.就地區而已，商周日名銅器以河南的安陽爲中心，向外輻射，越靠近安陽則日名銅器越多,如山東的東部滕州、長青就出土很多商周日名銅器,離安陽越遠,則日名銅器越少。商周日名銅器的分佈可以分爲三個層圈。第一層圈是中心區,即安陽及其周邊地區;第二層圈是受影響較大的區域,從東方開始,作逆時針擺動,有山東、河北、遼寧、山西、陝西、湖北、湖南、安徽。第三層圈是受影響較小的區域,從東方開始,作逆時針擺動,有江蘇、内蒙、甘肅、四川。而較遠或更遠的江西、浙江、福建、海南、臺灣、黑龍江、吉林、新疆、青海、西藏、廣東、廣西、貴州、雲南等十三省區則没有出土日名銅器。

4.其實衡量商周日名銅器最早出現在何處,重要的標誌是觀察在某一地區的商周日名銅器是否形成組合關係。

論者往往以陝西出土衆多商周日名銅器來詰難"周人不用日名説",殊不知那只是一種表像,那些日名銅器多是從外地通過各種渠道運來的,並非陝西土生土長。下面我們不妨分析一下陝西出土的 29 件商代晚期日名銅器。

有學者認爲涇陽高家堡的部分銅器年代可到商末,即便如此,因爲高家堡的主人屬於戈族,而戈族是夏人,所以高家堡出土的日名銅器没有對我們的觀點構成障礙。

1940 年扶風任家村娀鼎雖是商代晚期銅器,但它出在西周晚期的窖藏中,顯然屬於周人的戰利品,扶風任家村並非是它的故鄉。類似的例子還有 2006 年扶風紅衛村銅器窖藏出土的未祖丁卣。至於 1976 年扶風莊白村銅器窖藏出土的陵方彝,是其主人跟隨微史家族投誠周朝帶來的,還是其他原因,不能確認,但總之它不是當地人。1980 年寶鷄竹園溝 M4 出土☑父乙壺,由於學術界幾乎没有人認爲墓葬主人是殷遺民,所以這件日名銅器也是外來物。同理,學術界也傾向于認爲寶鷄戴家灣墓地的主人不是殷遺民,出土的☑父己鬲、☑父辛觶等器也與周人無關。

其實以上日名銅器的來源很好辨認,因爲這些銅器上除了綴有日名,同時還綴有族徽,這些族徽大都是東方世家大族的標記,所以這些日名銅器多來自東方。典型的例子是 1988 年麟游後坪村窖藏出土 7 件日名銅器:冀父癸鼎、甽父癸尊、鳥父辛觶、☑父乙壺、☑父辛卣、☑父丁盉、亥作父乙爵。其中 6 件銅器上有 6 個族徽,分屬 6 個不同的族氏,這一套銅器顯然是拼凑起來的。還有 2003 年旬邑下魏洛村 M1 出土的束父丁爵、其父辛爵、魚父丙尊、父乙觶,4 件日名銅器上有 3 個族徽,至少分屬 3 個不同的族氏,它們來自不同的地區。1953 年岐山禮村出土的矢甯父乙鼎、彔父癸尊、魚父癸觶、臤父辛爵、☑父乙瓿,1976 年武功渠子村出土的父乙甗、亞變父辛簋、氏父己簋,也屬於這種情況。

有些日名、族徽銅器是單獨出土或者與其他非日名、族徽銅器一起出土,它們也多來自遥遠的異鄉。如 1980 年鳳翔南指揮村 M112 出土的亞父辛鼎,1978 年鳳翔董家莊出土的祉母甲觚,1970 年寶雞峪泉村的觚父辛卣,1974 年渭南南堡村 M1 出土的亞獸父己鼎,1975 年渭南南堡村出土的共父乙簋,1975 年長武二十裏鋪出土的史父己觶,1960 年武功柴家嘴出土的戈母丁簋,1959 年武功溏沱村出土的畫甲罍,1961 年長安縣張家坡 M106 出土的木祖辛父丙鼎,1975 年西安老牛坡出土的冀父癸豆,1992 年城固陳邸村出土的山父己罍。𠅤、冀、史、戈等都是東方大族,這些銅器是商末周初來到陝西的。

以上日名銅器有一個特點:幾乎都是單個出現在墓葬、窖藏中,與同出的其他銅器並無内涵上的關聯,換言之,這些日名銅器的主人與其他銅器的主人没有血緣關係。它像飄零的浮萍,這裏不是它的家。

而在殷墟,我們看到的是另一番景象:無論是單個還是多個日名銅器出現在墓葬、窖藏中,與同出的其他銅器有内涵上的關聯,它們形成一定的組合關係,這意味着這些日名銅器是土生土長的,這裏就是它們的家。

歸納起來,這些日名銅器的組合關係有如下幾種形態:(主要談關係的緊密性)

1.一座墓葬出土兩件或兩件以上的日名銅器,並綴有相同的族徽,這些日名銅器形成比較完整的組合關係,屬於同一家族。這種組合關係在殷墟很常見。

1983—1986 年劉家莊北 M9 出土 16 件青銅禮器,其中有 3 件銅器上有銘文:舉父癸鼎、舉父癸爵、舉父癸觶,這 3 件禮器即綴有相同的日名父癸,又有相同的族徽"舉",而且都是殷墟 4 期器物,形成一定的組合關係,很明顯 M9 的主人是舉族。

1985 年劉家莊南 M63 出土兩件青銅禮器:息父己爵、息父己觚,日名、族徽相同,而且都是殷墟 4 期器物,是當時觚、爵組合的典型例子,毫無疑問 M63 的主人是息族人。

1984 年孝民屯南 M1713 出土 17 件青銅禮器,其中有日名、族徽的銅器是:亞魚作兄癸鼎、寢魚作父丁簋、亞魚父丁爵(2 件)、寢魚作父丁爵。這 5 件都是魚族的銅器,亞表示身份,寢是職官,況且後 4 件都有相同的日名:父丁,表明魚族的居住地就在孝民屯南。年代在殷墟 4 期。這是我們所看到的比較完整的食器加酒器的組合關係。

1991 年徐家橋村北 M23 出土 4 件青銅禮器,2 件禮器上有銘文,一件鼎與一件簋的日名(己)、族徽(酉)一致,鼎、簋形成食器組合,很明顯"酉"是墓主人的族屬。屬殷墟 3 期器物。

2.一座墓葬出土兩件或兩件以上的日名銅器,但綴有不同的族徽,數量佔優勢的族徽銅器的主人就是這個墓葬的主人。

1982 年小屯 M1 出土的日名銅器有:重父壬鼎、庚豕父丁鼎、庚豕馬父乙簋、庚豕馬父乙觚、庚豕父乙爵、庚豕父乙觶,有 5 件銅器上綴有族徽"庚豕",數量多於另一族徽"重",可見 M1 的主人是庚豕族人。這是我們所看到的比較完整的食器加酒器的組合關係。年代在殷墟 3 期。

1969 年孝民屯 M907 出土 12 件青銅禮器,雖然有日名的銅器只有兩件:共日辛爵和亞辛殘銅片(有族徽"共"),但是有 5 件銅器上綴有族徽"共",數量多於其他族徽"告寧"(1 件瓿)和"覃"(1 件殘片),可見 M907 的主人是共族。年代在殷墟 3 期。

3.一座墓葬出土兩件或兩件以上的日名銅器,但只有一件銅器上綴有族徽,由於它們形成組合關係,這件族徽銅器的主人就是這個墓葬的主人。

1977 年孝民屯 M793 出土 3 件青銅禮器:爵、觶上有日名:臤父癸觶、祖辛爵,但只在觶上有族徽"臤","臤"應是墓主人的族屬。年代在殷墟 4 期。

4.一座墓葬只出土一件銅器,綴有日名與族徽,組合形式很純粹,這件日名銅器即代表這個家族。

1975 年孝民屯 M764 只出土青銅禮器一件:戈乙簋,"乙"是日名,"戈"是族徽,即墓主人的族屬。年代在殷墟 3 期。

1969—1977 年殷墟西區 M1102 只出土一件青銅禮器:𢀛丏父丁鬲。"父丁"是日名,"𢀛丏"是族徽,即墓主人的族屬。年代在殷墟 4 期。

1987 年梅園莊 M30 只出土一件青銅禮器周大興父己爵,"父己"是日名,"周大興"是族徽,即墓主人的族屬。年代在殷墟 3 期。

5.一座墓葬單位出土多件銅器,雖然只有一件銅器上綴有日名、族徽,但它與其他銅器年代一致,形成組合關係,那麼這件日名銅器很可能代表這個家族。

1962 年大司空村 M53 出土青銅禮器 5 件:只有※小集母乙觶上既有族徽也有日名。銅瓿與爵形體較小,製作一般,而銅觶紋飾精美,且放在棺内顯要部位(墓主人腰一側),顯然它是墓主人的標誌性器物,此墓的族屬是※小集。年代在殷墟 4 期。

1970 年孝民屯 M1125 出土青銅禮器 3 件:只有爵上有日名"父辛",族徽"𦱳"。那麼這件既有日名又有族徽的銅器代表這個家族的屬性。年代在殷墟 4 期。

6.一座墓葬出土一件日名銅器,並與另一件銅器綴有相同的族徽,它們形成穩定的組合關係,屬於同一家族。

1991 年後崗 M33 出土出土兩件青銅禮器:𣝗辛爵與𣝗瓿,它們的族徽一致,爵、瓿形成穩定的酒器組合,所以𣝗應該是墓主人的族屬。年代在殷墟 3 期。

1970 年孝民屯 M1080 出土青銅禮器兩件:大中祖己瓿和大中爵,瓿與爵的族徽一致,是一套組合,因此墓主人是大中族人。年代在殷墟 4 期。

7.一座墓葬出土一件日名銅器,但它很可能與同墓出土的另一件或一件以上的未綴有日名但綴有族徽的銅器屬於同一家族。

1974年孝民屯M198出土3件青銅禮器,一件斝上有日名"父己",一件觚與一件爵上有族徽"🔲",觚、爵、斝是當時流行的酒器組合形式,所以M198的三人是"🔲"族人。年代在殷墟3期。

1977年孝民屯南M856出土觚、爵各一件:天册父己觚與子爵。爵、觚形成穩定的組合關係,並考慮到祭祀的重要性,天册是墓主人族屬的可能性更大一些。年代在殷墟3期。

1985年劉家莊北M1出土4件青銅禮器,只有觶上有日名"乙",族徽"子🔲",觚上有族徽"寧"。觚、觶形成酒器組合關係,並考慮到祭祀的重要性,"子🔲"是墓主人的族屬的可能性更大一些。年代在殷墟4期。

1975年孝民屯M271出土4件青銅禮器,其中爵上有日名"乙"、族徽"束",觚上有族徽"戒"。爵、觚形成穩定的組合關係,並考慮到祭祀的重要性,束是墓主人族屬的可能性更大一些。年代在殷墟3期。

以上7種殷墟出土商代晚期日名銅器在墓葬中與其他銅器的組合方式,在陝西地區基本見不到,具體分析見前述。在其他地區也很少見。在甘肅城關鎮西山墓地、山西曲沃縣曲村墓地、湖北隨州葉家山墓地等地區,雖然出土了數量不等的商代晚期的日名銅器,但出土這些銅器的墓葬年代多已晚至西周,所以這些日名銅器大都是外來之物,完全不能與殷墟出土商代晚期的日名銅器相類比。只有在山東滕州前掌大墓地、河南羅山後李墓地,有類似殷墟的日名銅器組合形式,銘文說明它們的主人是東方大族史族、息族,有濃郁的殷商文化因素。

在河南地區,即使到了西周早期,還能見到類似殷墟日名銅器在墓葬中與其他銅器的組合方式,尤其是第一種方式:"一座墓葬出土兩件或兩件以上的日名銅器,並綴有相同的族徽,這些日名銅器形成比較完整的組合關係",這在陝西地區根本看不到,但在河南地區還有不少,典型者如信陽溮河港墓葬、襄縣霍莊村墓葬、洛陽東郊機車工廠M13等等。它們的共同特點是:出土的日名銅器上有相同的族徽,而且形成一定的組合關係。後兩座墓葬還有腰坑,正如簡報指出的墓葬的主人是殷遺民。這種文化傳承進一步證明日名銅器源于河南,源於安陽殷墟。

另外,從附表可以看出:日名與族徽關係極爲密切。

河南出土日名銅器176件,同時綴有族徽者144件,比率81.8%。其中安陽殷墟出土日名銅器74件,同時綴有族徽者61件,比率82.4%。其他縣市出土日名銅器102件,同時綴有族徽者83件,比率81.4%。陝西出土日名銅器130件,同時綴有族徽者113件,比率86.9%。山東出土日名銅器82件,同時綴有族徽者54件,比率65.9%。湖北出土日名銅器40件,同時綴有族徽者26件,比率65.0%。遼寧出土日名銅器14件,同時綴有族徽者14件,比率100.0%。山西出土日名銅器13件,同時綴有族徽者7件,比率53.8%。甘肅出土日名銅器10件,同時綴有族徽者9件,比率90.0%。安徽出土日名銅器9件,同時綴有族徽者8件,比率88.8%。湖南出土日名銅器7件,同時綴有族徽者7件,比率100.0%。河北出土日名銅器5件,同時綴有族徽者4件,比率80.0%。四川出土日名銅器2件,同時綴有族徽者2件,比率爲100.0%。江蘇:出土日名銅器1件,同時綴有族徽者0件。內蒙:出土日名銅器1件,同時綴有族徽者1件,比率100.0%。總計出土日名銅器490件,同時綴有族徽者389件,比率79.4%。差不多5件日名銅器就有4件綴有族徽。既然周文對"周人不用族徽説"持比較認同的態度,而日名與族徽又如此形影相隨,希望周文重新考量這種關係帶來的影響。

五、附論

周文中有兩點意見我們恐怕難以苟同。

第一點,周文認爲:"從論證的邏輯上看,除非全部萬余件商周銅器的國族歸屬大致明確,再通過歸納發現其中屬於'周人'者罕見日名,否則不宜得出'周人不用日名説'這樣的全稱否定判斷。"如果全部萬余件商周銅器的國族歸屬大致明確,還需要我們去做如此艱苦的討論嗎?連周文也承認,限於客觀條件,我們完全無法做到這一點。我們掌握的歷史資料,不過百分之幾,所以我們在研究歷史時,往往用推理的方法,雖然由此容易引起種種分歧意見,但也在所難免,畢竟除此之外,別無他途。理論來自實踐,但理論並不是實踐的跟班,理論研究的意義,就在於通過有限的資料分析,歸納出特點,發現其規律,再去預知那無限的資料。如果周文不認可這一點,我們也無話可説。

第二點,周文指出:"進入周代,各國各族貴族用日名的總趨勢並未有根本性的衰退,而且還有所增長。"於是周文詰問:"若日名是商系文化特長,那爲什麼在周文化占主流的西周,商禮卻反而比商代更加盛行?若如此,日名是否還可以作爲商周銅器的分野?"

我們姑且認爲周文依據的統計材料是可靠的。如果説西周日名銅器數量超過殷商,也並不奇怪。首先在西周,尤其是西周早期,大量的殷遺民還在使用日名銅器。其次,如上文所言,除了殷遺民,處在東土的其他國族也在使用日名銅器。再説,隨着社會與經濟的發展,銅器的數量在增加。問題的關鍵是,日名制度在西周已經崩塌,日名更多的是一種形式,少了實質内容。

　　一個論點、一個命題,正確與否,還需要放到實踐中去檢驗。最近,我們又寫了一篇文章《周人不用日名、族徽説的考古學意義》,①主要談談如何運用這個論斷去判斷考古發現的西周早期墓葬的族屬。以往的實踐已經證明這個論斷是有實際意義的。希望也借此能回答同行們的一些疑問。

　　附識:文中附表的製作得到任雪莉博士的幫助,謹致謝忱。

　　作者簡介:張懋鎔,男,1948 年生,歷史學碩士。現任陝西師範大學歷史文化學院教授,博士生導師,主要研究領域爲古文字學、商周史、青銅器等。

---

①張懋鎔、王靜《周人不用日名、族徽説的考古學意義》,《四川文物》第 4 期,2014 年。

附表

一、河南

安陽

序號	器名	出土時間	出土地點	年代	日名	族徽	出處
1	父癸鼎	1983—1986年	劉家莊M9	商晚（下同）	父癸	婁	《華夏考古》1997.2；《商周》00929
2	芈父癸爵	1983—1986年	劉家莊M9		父癸	芈	《華夏考古》1997.2；《商周》07940
3	舉父癸觶	1983—1986年	劉家莊M9		父癸	婁	《華夏考古》1997.2；《商周》10366
4	息父己爵	1985年	劉家莊南M63		父己	息	《商周》07858
5	息父己觚	1985年	劉家莊南M63		父己	息	《商周》09593
6	子凸乙觶	1985年	劉家莊北M1		乙	子凸	《華夏考古》1997.2；《商周》10377
7	父戊鼎	1991年	安陽劉家莊北地M313		父戊		《商周》00380
8	寧址父戊鼎	1982年	苗圃北地M41		父戊	寧址	《商周》01173
9	八己鼎	1992年	苗圃南地M47		己	八	《商周》00448
10	亞器尊1	1972年	孝民屯南M93		乙、丁、辛、甲	亞器	《商周》11660
11	亞器尊2	1972年	孝民屯南M93		乙、丁、辛、甲	亞器	《商周》11661
12	父乙鼎	1969—1977年	孝民屯南M284		父乙	徕	《考古學報》1979.1；《商周》00774
13	亞魚鼎	1984年	孝民屯南M1713		兄癸	亞魚	《考古》1986.8；《商周》02201
14	寢魚簋	1984年	孝民屯南M1713		父丁	寢魚	《考古》1986.8；《商周》04635

續表

序號	器名	出土時間	出土地點	年代	日名	族徽	出處
15	亞魚父丁爵1	1984年	孝民屯南 M1713	安陽	父丁	亞魚	《考古》1986.8；《商周》08312
16	亞魚父丁爵2	1984年	孝民屯南 M1713		父丁	亞魚	《考古》1986.8；《商周》08313
17	寢魚爵	1984年	孝民屯南 M1713		父丁	亞魚	《考古》1986.8；《商周》08582
18	父丙觚	1989—1990年	孝民屯東南地 M1275		父丙		《考古》2009.9；《商周》09218
19	山丁爵	1989—1990年	孝民屯東南地 M1295		丁	山	《考古》2009.9；《商周》07299
20	父丁爵	1989—1990年	孝民屯東南地 M1325		父丁		《考古》2009.9；《商周》07178
21	▨辛爵	2003年	孝民屯 M17		辛	▨	《考古》2007.1；《商周》07327
22	父己斝	1974年	孝民屯 M198		父己		《考古學報》1979.1；《商周》10982
23	束乙爵	1975年	孝民屯 M271		乙	束	《考古學報》1979.1；《商周》07277
24	戌乙簋	1975年	孝民屯 M764		乙	戌	《考古學報》1979.1；《商周》03684
25	祖辛爵	1977年	孝民屯 M793		祖辛		《考古學報》1979.1；《商周》07143
26	啟父癸觶	1977年	孝民屯 M793		父癸	啟	《考古學報》1979.1；《商周》10369
27	天冊父己觚	1977年	孝民屯南 M856		父己	天冊	《考古學報》1979.1；《商周》09757
28	日辛爵	1969—1977年	孝民屯南 M907		辛	▨	《考古學報》1979.1；《商周》08048
29	亞▨殘銅片	1969—1977年	孝民屯 M907		辛	亞▨	《考古學報》1979.1；《商周》19456
30	大中祖己觚	1970年	孝民屯 M1080		祖己	大中	《考古學報》1979.1；《商周》09727
31	▨父辛觚	1970年	孝民屯 M1125		父辛	▨	《考古學報》1979.1；《商周》07896
32	▨父甲丁觚	1978年	孝民屯南 M1572		父甲丁	▨	《全集》2.115；《商周》09732
33	邑云祖辛父辛鼎	1982年	殷墟西區第三區 M874		祖辛、父辛	邑云	《商周》01501
34	▨丁觚	1975年	殷墟西區 M355		丁	▨	《集成》06832；《商周》09243
35	鄙馬父丁卣	1969—1977年	殷墟西區 M1102		父丁	鄙馬	《考古學報》1979.1；《商周》02675

續表

序號	器名	出土時間	出土地點	年代	日名	族徽	出處
				安陽			
36	䅽父乙鼎	1978年	殷墟西區第八區 M1573		父乙	䅽	《全集》2.55;《商周》00775
37	䅽母己簋	1978年	殷墟西區第八區 M1573		母己	䅽	《全集》2.99;《商周》03855
38	司母辛鼎	1976年	小屯 M5(婦好墓)		母辛		《集成》01707;《商周》00965
39	司母辛鼎	1976年	小屯 M5(婦好墓)		母辛		《集成》01708;《商周》00966
40	司䧹母癸尊	1976年	小屯 M5(婦好墓)		母癸		《集成》05680;《商周》11463
41	司䧹母癸尊	1976年	小屯 M5(婦好墓)		母癸		《集成》05681;《商周》11464
42	司母辛觥	1976年	小屯 M5(婦好墓)		母辛		《集成》09280;《商周》13623
43	重父王鼎	1982年	小屯 M1		父王	重	《集成》01666;《商周》00918
44	庚豕父丁鼎	1982年	小屯 M1		父丁	庚豕	《集成》01855;《商周》01167
45	庚豕馬父乙簋	1982年	小屯 M1		父乙	庚豕	《集成》03418;《商周》04141
46	庚豕馬父乙瓿	1982年	小屯 M1		父乙	庚豕	《集成》07263;《商周》09797
47	庚豕父乙爵	1982年	小屯 M1		父乙	庚豕	《集成》08865;《商周》08292
48	庚豕父乙觶	1982年	小屯 M1		父乙	庚豕	《集成》06381;《商周》10499
49	武父乙盉	1995年	小屯建築基址 F1		父乙	武	《考古》2001.5;《商周》14628
50	周㠱大父己爵	1987年	梅園莊 M30		父己	周㠱大	《考古》1991.2;《商周》08459
51	天黽父口爵	1987年	梅園莊 M92		父口	天黽	《考古》1991.2;《商周》08343
52	光祖乙卣	1987年	梅園莊 M92		祖乙	光	《考古》1991.2;《商周》12748
53	翌鳳母戊觶	1991年	高樓莊 M1		母戊	翌鳳	《考古》1994.5;《商周》10524
54	保父癸鼎	2006年	鐵格金地基建工地 M13		父癸	保	《商周》00921

續表

序號	器名	出土時間	出土地點	年代	日名	族徽	出處
				安陽			
55	保父癸斝	2006 年	賽格金地基建工地 M13		父癸	保	《商周》11015
56	司母戊鼎	1939 年	武官村		母戊		《商周》00964
57	[illegible]乙爵	1950 年	武官村大墓陪葬墓 W1		乙	[illegible]	《考古學報》1951.5;《商周》07527
58	父壬爵	1934—1935 年	侯家莊 M2006		父壬		《商周》07246
59	[illegible]父己觶	1958 年	大司空村		父己	[illegible]	《文物》1986.8;《商周》10344
60	[illegible]小集母乙觶	1962 年	大司空村 M53		母乙	[illegible]小集	《考古》1964.8;《商周》10576
61	秉以父庚爵 1	1983 年	大司空村墓葬		父庚	秉	《商周》08509
62	秉以父庚爵 2	1983 年	大司空村墓葬		父庚	秉	《商周》08510
63	秉以父庚觚 1	1983 年	大司空村 M646		父庚	秉	《商周》09817
64	秉以父庚觚 2	1983 年	大司空村 M646		父庚	秉	《商周》09818
65	彭尊	1994 年	大司空村東地 M7		母丁	未	《商周》11738
66	戍嗣子鼎	1959 年	後崗殉葬圓坑		父癸	犬魚	《商周》02320
67	母己爵	1959 年	後崗殉葬圓坑		母己		《商周》07270
68	[illegible]辛爵	1991 年	後崗 M33		辛	[illegible]	《考古》1993.10;《商周》08068
69	舰觥	1982—1992 年	郭家莊 M53		母丙	亞址	《商周》13651
70	保[illegible]父庚簋	1998 年	郭家莊市水利局院内 M67		父庚	保[illegible]	《商周》03986
71	酉己簋		徐家橋村北 M23		己	酉	《商周》03629
72	[illegible]己甗	2005 年	徐家橋綜合樓基建工地 M1		己	[illegible]	《商周》13964
73	[illegible]簋	1995 年	鐵西路 M4		妣庚	[illegible]	《商周》04580
74	牧丙爵	1969 年	豫北紡織廠		丙	牧	《文物》1986.8;《商周》07405

續表

序號	器名	出土時間	出土地點	年代	日名	族徽	出處
			其他地區				
1	先父乙鼎	1929年	洛陽馬坡	周早	父乙	先	《商周》00802
2	臣辰先父乙鼎	1929年	洛陽馬坡	周早	父乙	臣辰先	《商周》01361
3	臣辰先册父乙鼎1	1929年	洛陽馬坡	周早	父乙	臣辰先册	《商周》01503
4	臣辰先册父乙鼎2	1929年	洛陽馬坡	周早	父乙	臣辰先册	《商周》01504
5	臣辰先册父癸鼎	1929年	洛陽馬坡	周早	父癸	臣辰先册	《商周》01505
6	作父乙先簋	1929年	洛陽馬坡	周早	父乙	先	《商周》04047
7	臣辰先父乙簋	1929年	洛陽馬坡	周早	父乙	臣辰先	《商周》04214
8	臣辰先册父乙爵1	1929年	洛陽馬坡	周早	父乙	臣辰先册	《商周》08501
9	臣辰先册父乙爵2	1929年	洛陽馬坡	周早	父乙	臣辰先册	《商周》08502
10	臣辰先册父乙爵3	1929年	洛陽馬坡	周早	父乙	臣辰先册	《商周》08503
11	臣辰先册父乙爵4	1929年	洛陽馬坡	周早	父乙	臣辰先册	《商周》08504
12	臣辰先父乙壺1	1929年	洛陽馬坡	周早	父乙	臣辰先	《商周》12136
13	臣辰先父乙壺2	1929年	洛陽馬坡	周早	父乙	臣辰先	《商周》12137
14	臣辰先父乙壺3	1929年	洛陽馬坡	周早	父乙	臣辰先	《商周》12138
15	臣辰先父乙卣1	1929年	洛陽馬坡	周早	父乙	臣辰先	《商周》13037
16	臣辰先册父乙卣2	1929年	洛陽馬坡	周早	父乙	臣辰先册	《商周》13038
17	土上卣1	1929年	洛陽馬坡	周早	父癸	臣辰先册	《商周》13333
18	土上卣2	1929年	洛陽馬坡	周早	父癸	臣辰先册	《商周》13334
19	土上尊	1929年	洛陽馬坡	周早	父癸	臣辰先册	《商周》11798

續表

其他地區

序號	器名	出土時間	出土地點	年代	日名	族徽	出處
20	土上盉	1929年	洛陽馬坡	周早	父癸	臣辰先冊	《商周》14792
21	作冊大鼎1	1929年	洛陽馬坡	周早	祖丁	鬲冊	《商周》02390
22	作冊大鼎2	1929年	洛陽馬坡	周早	祖丁	鬲冊	《商周》02391
23	作冊大鼎3	1929年	洛陽馬坡	周早	祖丁	鬲冊	《商周》02392
24	作冊大鼎4	1929年	洛陽馬坡	周早	祖丁	鬲冊	《商周》02393
25	亞疑作父乙爵	1929年	洛陽馬坡	周早	父乙	亞疑	《商周》08499
26	豆冊作父丁盤	1931年	洛陽馬坡	周早	父丁	豆冊	《商周》14355
27	父乙爵	1926年	邙山苗溝	周早	父乙		《集成》07881;《商周》07585
28	虎重父辛鼎	1966年	洛陽市玻璃廠	周早	父辛	虎重	《集成》01885;《商周》01194
29	單作父辛鼎	2002年	唐城花園M417	周早	父辛	單	《文物》2004.7;《商周》01804
30	戈祖辛甗	2002年	唐城花園M417	周早	祖辛	戈	《文物》2004.7;《商周》02643
31	交父辛罍	2002年	唐城花園M417	周早	父辛	交	《文物》2004.7;《商周》10453
32	冈祖丁瓶	1972年	東郊機車工廠M13	周早	祖丁	冈	《文物》1998.10;《商周》03163
33	冈祖丁簋	1972年	東郊機車工廠M13	周早	祖丁	冈	《文物》1998.10;《商周》03749
34	冈父丁尊	1972年	東郊機車工廠M13	周早	祖丁	冈	《文物》1998.10;《商周》11371
35	子衛父己爵	2003年	東站M567	周早	父己	子衛	《文物》2003.9;《商周》08395
36	釗祖己觶	2003年	東站M567	周早	祖己	釗	《文物》2003.9;《商周》10399
37	父乙瓿	1959年	東郊鋼鐵廠	周早	父乙	父乙	《考古》1959.4;《商周》09690
38	8父辛爵	1959年	東郊鋼鐵廠	周早	父辛	8	《考古》1959.4;《商周》08221

續表

序號	器名	出土時間	出土地點	年代	日名	族徽	出處
			其他地區				
39	戈父己爵	1971年	北窯村鐵路二中 M26	周早	父己	戈	《集成》08560；《商周》08179
40	凹父丙爵	2003年	中窰村 M575	周早	父丙	凹	《文物》2006.3；《商周》08123
41	父戊觶	2003年	中窰村 M575	周早	父戊		《文物》2006.3；《商周》10253
42	木祖辛爵	1970年	塔西村	周早	祖辛	木	《集成》08350；《商周》08085
43	息父乙鼎	1979年	羅山后李村 M6	商晚	父乙	息	《考古》1981.2；《商周》00780
44	辛息爵1	1980年	羅山后李村 M8	商晚	辛	息	《考古學報》1986.2；《商周》07325
45	辛息爵2	1980年	羅山后李村 M8	商晚	辛	息	《考古學報》1986.2；《商周》07326
46	息乙觚1	1980年	羅山后李村 M8	商晚	乙	息	《考古學報》1986.2；《商周》09231
47	息乙觚2	1980年	羅山后李村 M8	商晚	乙	息	《考古學報》1986.2；《商周》09232
48	息己爵	1980年	羅山后李村 M12	商晚	己	息	《考古學報》1986.2；《商周》07314
49	息父口爵	1980年	羅山后李村 M12	商晚	父口	息	《考古學報》1986.2；《商周》07982
50	息父辛鼎	1980年	羅山后李村 M28	商晚	父辛	息	《考古學報》1986.2；《商周》00884
51	息乙爵	1979年	羅山后李村 M41	商晚	乙	息	《考古學報》1986.2；《商周》07279
52	天豕乙爵	1985年	羅山后李村 M44	商晚	乙	天豕	《中原文物》1988.1；《商周》08042
53	息父乙觚	1985年	羅山后李村 M44	商晚	父乙	息	《中原文物》1988.1；《商周》09559
54	息庚爵	1985年	羅山后李村 M45	商晚	庚	息	《中原文物》1988.1；《商周》07315
55	曩父丁鼎	1999年	鄭州市洼劉村 M1	周早	父丁	曩	《文物》2001.6《商周》00836
56	史父辛鼎	1999年	鄭州市洼劉村 M1	周早	父辛	史	《文物》2001.6《商周》00903
57	亞其父乙鼎	1999年	鄭州市洼劉村 M1	周早	父乙	亞其	《文物》2001.6《商周》01124

續表

序號	器名	出土時間	出土地點	年代	日名	族徽	出處
			其他地區				
58	陸作父丁尊	1999年	鄭州市窪劉村 M1	周早	父丁		《文物》2001.6;《商周》11647
59	陸作父丁卣 1	1999年	鄭州市窪劉村 M1	周早	父丁		《文物》2001.6;《商周》13187
60	陸作父丁卣 2	1999年	鄭州市窪劉村 M1	周早	父丁		《文物》2001.6;《商周》13188
61	束父辛鼎	1933年	浚縣辛村 M60	周早	父辛	束	《商周》00905
62	父癸爵	1933年	浚縣辛村 M60	周早	父癸		《商周》07636
63	陸尊	1933年	浚縣辛村 M60	周早	父乙		《商周》11781
64	良矢父辛鼎	1976年	襄縣霍莊村	周早	父辛	良	《文物》1977.8;《商周》01201
65	矢父辛爵 1	1976年	襄縣霍莊村	周早	父辛		《文物》1977.8;《商周》08194
66	矢父辛爵 2	1976年	襄縣霍莊村	周早	父辛		《文物》1977.8
67	良矢父辛尊	1976年	襄縣霍莊村	周早	父辛	良	《文物》1977.8;《商周》11634
68	良矢父辛卣	1976年	襄縣霍莊村	周早	父辛	良	《文物》1977.8;《商周》13180
69	子口尋鼎	1997年	鹿邑縣太清宮長子口墓	周早	母乙		《商周》01781
70	叔父鼎甗	1997年	鹿邑縣太清宮長子口墓	周早	父辛	叔	《商周》09614
71	戈丁尊	1997年	鹿邑縣太清宮長子口墓	周早	丁	戈	《文物》1977.8;《商周》10996
72	父己簋	1961年	鶴壁龐村	周早	父己		《集成》03057;《商周》03704
73	北單父己爵 3件	1961年	鶴壁龐村	周早	父己	北單	《商周》08392,另 2 件資料未發表
74	☒父己觶	1961年	鶴壁龐村	周早	父己	☒	《集成》06276;《商周》10443
75	亞雀魚父己卣	1961年	鶴壁龐村	周早	父己	亞雀魚	《集成》05162;《商周》13041
76	舌父乙尊	1984年	鶴壁龐村	周早	父乙	舌	《中原文物》1986.1;《商周》11363

續表

序號	器名	出土時間	出土地點	年代	日名	族徽	出處
			其他地區				
77	吾父乙觶	1984年	鶴壁辛村	周早	父乙	吾	《中原文物》1986.1
78	鑾簋	1986年	信陽溮河港村	周早	父乙	餒冊	《考古》1989.1；《商周》04636
79	鑾角1	1986年	信陽溮河港村	周早	父乙	餒冊	《考古》1989.1；《商周》08789
80	鑾角2	1986年	信陽溮河港村	周早	父乙	餒冊	《考古》1989.1；《商周》08790
81	鑾瓿	1986年	信陽溮河港村	周早	父乙	餒冊	《考古》1989.1；《商周》09853
82	餒冊父乙卣蓋	1986年	信陽溮河港村	周早	父乙	餒冊	《考古》1989.1；《商周》13272
83	父乙尊	1986年	信陽溮河港村	周早	父乙	餒冊	《考古》1989.1；《商周》11545
84	痓父乙壺	1986年	信陽溮河港村	周早	父乙	痓	《考古》1989.1；《商周》12060
85	畎父丁壺	1986年	信陽溮河港村	周早	父丁	畎	《考古》1989.1；《商周》12066
86	作父丁簋1	1986年	信陽溮河港村	周早	父丁	襄	《考古》1989.1；《商周》04460
87	作父丁簋2	1986年	信陽溮河港村	周早	父丁	襄	《考古》1989.1；《商周》04461
88	口父戊觶	1986年	信陽溮河港村	周早	父戊	口	《考古》1989.1；《商周》10440
89	光父辛簋	1983年	臨汝縣大張村	周早	父辛	光	《考古》1985.12；《商周》03832
90	祖庚爵	1983年	臨汝縣李樓村	周早	祖庚		《考古》1985.7；《商周》07140
91	父辛爵	1983年	南陽市十裏廟磚瓦廠	商晚	父辛		《考古與文物》1996.6；《商周》07228
92	魚父丁爵	1983年	南陽市十裏廟磚瓦廠	商晚	父丁	魚	《考古與文物》1996.6；《商周》07815
93	父辛爵	1982年	武陟縣龍睡村	商晚	父辛		《中原文物》1984.4；《商周》07230
94	祖己斝	1981年	武陟縣甯郭村	商晚	祖己		《文物》1989.12；《商周》10979
95	祖己斝		武陟縣甯郭村	商晚	祖己		《集成》09166；《商周》10980

續表

序號	器名	出土時間	出土地點	年代	日名	族徽	出處
			其他地區				
96	父丁罍	1981年	武陟縣甯郭村	商晚	父丁	口口	《文物》1989.12;《商周》13762
97	戈母乙爵	1956年	上蔡田莊村	商晚	母乙	戈	《文物》1957.11;《商周》07987
98	亞帝父己乚爵	1956年	上蔡田莊村	商晚	父己	亞帝乚	《文物》1957.11;《商周》08460
99	亞疑作父辛瓹	1956年	上蔡田莊村 M3	周早	父辛	亞吴	《文物》1957.11;《商周》09822
100	賓盉	1951年	魯山縣蒼頭村	周早	乙乙	八	《文物》1958.5;《商周》12197
101	作母戊觚蓋	1975年	林縣下莊	商晚	母戊		《考古》1978.1;《商周》13648
102	甫兩	1984年	肇慶小溝村	周早	父辛		《中原文物》1986.4;《商周》02765

二、陝西

序號	器名	出土時間	出土地點	年代	日名	族徽	出處
1	亞其姊己瓹	1901年	寶雞戴家灣	周早	姊己	亞其	《商周》09779
2	父甲觶	1901年	寶雞戴家灣	周早	父甲	岕	《商周》10403
3	中觶	1901年	寶雞戴家灣	周早	姊己	亞址	《商周》10624
4	目辛爵	1901年	寶雞戴家灣	周早	辛	目	《商周》11036
5	叔父丁鼎	1927年	寶雞戴家灣	周早	父丁	鑊	《商周》01164
6	奐父己鬲	1927年	寶雞戴家灣	商晚	父己	奐	《商周》02654
7	奐母癸瓹	1927年	寶雞戴家灣	周早	母癸	奐	《商周》03189
8	子眉王父乙簋	1927年	寶雞戴家灣	周早	父乙	子眉王	《商周》04217

續表

序號	器名	出土時間	出土地點	年代	日名	族徽	出處
9	凡父辛觶	1927年	寶雞戴家灣	商晚	父辛	凡	《商周》10363
10	爻父乙斝	1927年	寶雞戴家灣	周早	父乙	爻	《商周》11028
11	亞廬作父辛尊	1927年	寶雞戴家灣	周早	父辛	亞廬	《商周》11714
12	齊作父乙壺	1927年	寶雞戴家灣	周早	父乙		《商周》12168
13	弟父丁爵	1976年	寶雞竹園溝 M1	周早	父丁	弟	《商周》08128
14	禾子父癸爵	1980年	寶雞竹園溝 M4	周早	父癸	禾子	《商周》08414
15	凡父己觶	1980年	寶雞竹園溝 M4	周早	父己	凡	《商周》10447
16	執父乙壺	1980年	寶雞竹園溝 M4	商晚	父乙	執	《商周》12057
17	廌册父己觶	1980年	寶雞竹園溝 M7	周早	父己	廌册	《商周》10595
18	目父癸鼎	1980年	寶雞竹園溝 M7	周早	父癸	目	《商周》00931
19	秉册父辛鼎	1976—1981年	寶雞竹園溝 M13	周早	父辛	秉册	《商周》01193
20	偁戊册作父辛鼎	1976—1981年	寶雞竹園溝 M13	周早	父辛	偁戊册	《商周》01703
21	史父乙豆	1976—1981年	寶雞竹園溝 M13	周早	父乙	史	《商周》06109
22	鄧父癸爵	1976—1981年	寶雞竹園溝 M13	周早	父癸	鄧	《商周》08254
23	戈癸觶	1976—1981年	寶雞竹園溝 M13	周早	癸	戈	《商周》10270
24	刀父己壺	1976—1981年	寶雞竹園溝 M13	周早	父己	刀	《商周》12072
25	父辛盤	1976—1981年	寶雞竹園溝 M13	周早	父辛	册	《商周》14335
26	凡父乙觶	1981年	寶雞紙坊頭 M1	周早	父乙	凡	《商周》10420
27	作父己甗	2003年	寶雞紙坊頭 M2	周早	父己	犬字册	《文物》2007.8;《商周》03308
28	史父乙盉	2003年	寶雞紙坊頭 M2	周早	父乙	史	《文物》2007.8;《商周》14650
29	牛枚祖乙簋	2003年	寶雞紙坊頭 M3	周早	祖乙	牛枚	《文物》2007.8;《商周》04212

續表

序號	器名	出土時間	出土地點	年代	日名	族徽	出處
30	山父丁壺	2003年	寶雞紙坊頭M3	周早	父丁	山	《文物》2007.8;《商周》12069
31	倗父癸簋	1958年	寶雞桑園堡	周早	父癸	倗	《陝銅》4.5;《商周》03846
32	史妣庚觶	1992年	寶雞石嘴河鄉M1	周早	妣庚	史	《文物》1993.7;《商周》10481
33	呻父辛卣	1970年	寶雞峪泉村	商晚	父辛	呻	《陝銅》4.10;《商周》12805
34	戈父丁爵	1979年	寶雞陳倉區強家村	周早	父丁	戈	《商周》08139
35	父辛鼎	1975年	眉縣青化鄉鳳池村	周早	父辛		《陝銅》3.190;《商周》00393
36	叟父癸鼎	1988年	麟游九成宮鎮後坪村	商晚	父癸	叟	《考古》1990.10;《商周》00930
37	眲父癸尊	1988年	麟游九成宮鎮後坪村	商晚	父癸	眲	《考古》1990.10;《商周》11339
38	鳥父辛觶	1988年	麟游九成宮鎮後坪村	商晚	父辛	鳥	《考古》1990.10;《商周》10349
39	父乙壺	1988年	麟游九成宮鎮後坪村	商晚	父乙	（族徽）	《考古》1990.10;《商周》12040
40	父辛卣	1988年	麟游九成宮鎮後坪村	商晚	父辛	（族徽）	《考古》1990.10;《商周》12812
41	父丁盉	1988年	麟游九成宮鎮後坪村	商晚	父丁	（族徽）	《考古》1990.10;《商周》14638
42	未祖丁卣	2006年	扶風上宋鄉紅衛村	商晚	祖丁	未	《考古與文物》2007.3;《商周》12750
43	冊倗父乙罍	1961年	扶風召公鎮張黃村	周早	父乙	冊倗	《陝銅》3.28;《商周》13788
44	旅祖丁簋	1984年	扶風坡關鎮西原村	周早	祖丁	旅	《考古與文物》1989.1;《商周》03750
45	娸鼎	1940年	扶風法門鎮任家村	商晚	父庚	庚丙冊	《陝金》1.134;《商周》02101
46	玄父乙鼎	1950年	扶風法門鎮雲塘村	周早	父乙	玄	《陝銅》3.65;《商周》00781
47	父丙尊	1950年	扶風法門鎮雲塘村	周早	父丙		《陝銅》3.66;《商周》11260
48	祖丁尊	1976年	扶風法門鎮雲塘M20	周早	祖丁	i	《文物》1980.4;《商周》11353
49	父丁爵	1960年	扶風法門鎮齊家村M13	周早	父丁		《陝銅》3.13;《商周》07598

續表

序號	器名	出土時間	出土地點	年代	日名	族徽	出處
50	父己觶	1960年	扶風法門鎮齊家村M13	周早	父己	（族徽）	《陝銅》3.14；《商周》10256
51	八父乙瓿	1978年	扶風法門鎮齊家村M19	周早	父乙	八	《陝銅》3.15；《商周》03168
52	戈父己鼎	1995年	扶風法門鎮齊家村東壕	周早	父己	戈	《周原銅》10.2064；《商周》00866
53	𢦏方罍	1976年	扶風法門鎮莊白村銅器窖藏	周早	日乙	夨單	《陝銅》2.5；《商周》13817
54	廌父己瓿	1974年	扶風法門鎮楊家堡	周早	父己	廌	《陝銅》3.30；《商周》03179
55	夨寘父丁簋	1974年	扶風法門鎮楊家堡	周早	父丁	夨寘	《陝銅》3.31；《商周》04014
56	茐冊竹父丁壺	1975年	扶風法門鎮召李村M1	周早	父丁	茐冊竹	《文物》1976.6；《商周》12139
57	辻父己爵	1980年	扶風法門鎮李家村	周早	父己	辻	《考古與文物》1982.2；《商周》08184
58	父辛爵1	2003年	扶風法門鎮莊李村M9	周早	父辛		《考古》2008.12；《商周》07619
59	父辛爵2	2003年	扶風法門鎮莊李村M9	周早	父辛		《考古》2008.12；《商周》07623
60	夨宁父乙鼎	1953年	岐山京當鄉禮村	商晚	父乙	夨宁	《陝銅》1.15；《商周》01127
61	魚父癸觶	1953年	岐山京當鄉禮村	商晚	父癸	魚	《陝銅》1.18；《商周》10371
62	㒸父癸尊	1953年	岐山京當鄉禮村	周早	父癸	㒸	《陝銅》1.19；《商周》11337
63	取父辛爵	1953年	岐山京當鄉禮村	周早	父辛	取	《陝銅》1.17；《商周》08193
64	夨父乙瓠	1953年	岐山京當鄉禮村	商晚	父乙	夨	《陝銅》1.16；《商周》09555
65	息父丁鼎	1980年	岐山京當鄉王家嘴M1	周早	父丁	息	《陝金》1.82；《商周》00818
66	父己爵		岐山京當鄉呼家村	周早	父己		《陝金》1.473；《商周》07605
67	亻父戊簋	1991年	岐山京當鄉賀家村	周早	父戊	亻	《周原銅》10.2122；《商周》03811
68	父乙爵	1974年	岐山鳳鳴鎮張家場村	周早	父乙		《考古與文物》1982.2；《商周》07583
69	史父己鼎	1975年	岐山鳳鳴鎮北寨子	周早	父己	亞㝓史	《陝銅》1.145；《商周》01368

續表

序號	器名	出土時間	出土地點	年代	日名	族徽	出處
70	扒母甲觚	1978年	鳳翔彪角鎮董家莊	商晚	母甲	扒	《陝銅》3.186;《商周》09632
71	亞父辛鼎	1980年	鳳翔南指揮村M112	商晚	父辛	亞	《考古與文物》1982.4;《商周》00882
72	夕父乙瓿	1978年	鳳翔長青鎮化原村	周早	父乙	夕	《考古與文物》1984.1;《商周》03167
73	奐父乙瓿	1994年	隴縣楊莊村窖藏	周早	父乙	奐	《考古與文物》2002增;《商周》03170
74	八祖丙爵	1963年	隴縣東鳳鎮南村	周早	祖丙	八	《陝銅》3.166;《商周》08073
75	瞤祖壬爵	1973年	隴縣黃花峪	周早	祖壬	瞤	《陝銅》3.168;《商周》08090
76	亞敢父乙角	1977年	隴縣韋家莊	周早	父乙	亞敢	《集成》08856;《商周》08770
77	樹父辛觶	1977年	隴縣韋家莊	周早	父辛	樹	《陝銅》3.159;《商周》10452
78	奐美父己盉	1977年	隴縣韋家莊	周早	父己	奐美	《陝金》1.571;《商周》12955
79	乙父己盉	1977年	隴縣韋家莊	周早	父己	乙	《陝銅》3.158;《商周》14658
80	萄貝父癸盉	1986年	隴縣甫村	周早	父癸	萄貝	《集成》05088;《商周》12961
81	父丁簋	1969年	戶縣孫家硷	商晚	父丁		《陝銅》4.162;《商周》03698
82	夐父癸豆	1975年	西安老牛坡	商晚	父癸	夐	《考古與文物》1990.5;《商周》06108
83	木祖辛父丙鼎	1961年	長安區王鎮張家坡M106	商晚	父丙	木祖辛	《考古》1984.9;《商周》01355
84	祖辛父乙鼎	1998年	長安區五星鄉	周早	祖辛父乙	亞共	《商周》01500
85	涞父甲簋	1999年	長安縣郭北村	周早	父甲	涞	《商周》03757
86	戕父辛簋	1953年	長安縣普渡村M2	周早	父辛	戕	《考古學報》1954.8;《商周》03831
87	母己爵	1973年	長安縣馬務村	周早	母己		《商周》07647
88	奐丁爵	1969年	長安縣瓜家莊	周早	丁	奐	《商周》07654
89	兕父丁爵	1978年	長安縣河迪村	周早	父丁	兕	《陝金》1.487;《商周》08126

續表

序號	器名	出土時間	出土地點	年代	日名	族徽	出處
90	史祖己觶	1975年	長安縣斗鎮	周早	祖己	史	《陝金》1.529;《商周》10398
91	僕麻卣	1985年	長安縣興旺村	周早	父辛 父丙	戈 北單册	《考古與文物》1990.5;《商周》13309
92	亞獸父己鼎	1974年	渭南南堡村 M1	商晚	父己	亞獸	《考古與文物》1980.2;《商周》01182
93	共父乙簋	1975年	渭南南堡村	商晚	父乙	共	《陝金》1.267;《商周》03769
94	彈鼎	1972年	長武棗園村	周早	父辛	亞惠	《陝金》1.114《商周》01796
95	亞殺父乙簋	1972年	長武張家溝	周早	父乙	亞殺	《陝金》1.275;《商周》04009
96	史父己觶	1975年	長武二十里鋪	商晚	父己	史	《陝金》1.528;《商周》10337
97	父乙瓿	1976年	武功渠子村	商晚	父乙		《陝金》1.231;《商周》03145
98	亞鑾父辛簋	1976年	武功渠子村	商晚	父辛	亞鑾	《陝銅》4.110;《商周》03988
99	氏父己簋	1976年	武功渠子村	商晚	父己	氏	《陝金》1.263;《商周》03814
100	戈母丁簋	1960年	武功柴家嘴	商晚	母丁	戈	《陝銅》4.108;《商周》03854
101	戈祖己尊	1976年	武功徐家灣	周早	祖己	戈	《陝銅》4.114;《商周》11354
102	貴甲罍	1959年	武功滻沱村	商晚	甲	貴	《陝銅》1.131;《商周》13755
103	飲卣	1971年	涇陽高家堡 M1	周早	父戊	戈	《商周》13143
104	戈父戊盉	1971年	涇陽高家堡 M1	周早	父戊	戈	《商周》14639
105	矤父丁瓿	1991年	涇陽高家堡 M2	周早	父丁	矤	《商周》03174
106	亞夫父辛册鼎	1991年	涇陽高家堡 M2	周早	父辛	亞夫	《商周》01372
107	戈父癸瓿	1991年	涇陽高家堡 M3	周早	父癸	戈	《商周》03185
108	戌尸正父己甗	1991年	涇陽高家堡 M3	周早	父己	戌尸正	《商周》03242

續表

序號	器名	出土時間	出土地點	年代	日名	族徽	出處
109	戈父癸壺	1991年	涇陽高家堡 M3	周早	父癸	戈	《商周》12077
110	祖癸鼎	1991年	涇陽高家堡 M4	周早	祖癸		《商周》00374
111	亞父癸作父丁鼎	1991年	涇陽高家堡 M4	周早	父丁	亞父癸	《商周》01695
112	戈父己簋	1991年	涇陽高家堡 M4	周早	父己	戈	《商周》03819
113	天乙爵	1991年	涇陽高家堡 M4	周早	乙	天	《商周》07552
114	父己爵	1991年	涇陽高家堡 M4	周早	父己		《商周》07606
115	父癸觚	1991年	涇陽高家堡 M4	周早	父癸		《商周》09533
116	保父丁觶	1991年	涇陽高家堡 M4	周早	父丁	保	《商周》10429
117	戈父己觶	1991年	涇陽高家堡 M4	周早	父己	戈	《商周》10441
118	父癸尊	1991年	涇陽高家堡 M4	周早	父癸		《商周》11267
119	□鬲父戊罍	1991年	涇陽高家堡 M4	周早	父戊	□鬲	《商周》13787
120	□父癸簋	1974年	周至縣終南鎮	周早	父癸	□	《陝銅》4.169;《商周》03845
121	□叔父丁爵	1972年	周至縣竹峪村	周早	父丁	□	《陝銅》4.164;《商周》08386
122	束父丁爵	2003年	旬邑下魏洛村 M1	周早	父丁	束	《文物》2006.8;《商周》08124
123	其父辛爵	2003年	旬邑下魏洛村 M1	周早	父辛	其	《文物》2006.8;《商周》08191
124	魚父丙尊	2003年	旬邑下魏洛村 M1	周早	父丙	魚	《文物》2006.8;《商周》11368
125	父乙觶	2003年	旬邑下魏洛村 M1	周早	父乙		《文物》2006.8;《商周》10241
126	史父丙觚	1956年	耀縣丁家溝	周早	父丙	史	《文物》1956.11;《商周》09691
127	麤父辛尊	1956年	耀縣丁家溝	周早	父辛	麤	《陝金》1.546;《商周》11382
128	□父丁觥	1988年	延長縣岔口村	周早	父丁	□	《商周》13630
129	封父丁盉	1988年	延長縣岔口村	周早	父丁	封	《考古與文物》1993.5;《商周》14690
130	山父己罍	1992年	城固陳郎村	商晚	父己	山	《文博》2001.1;《商周》13774

三、山東

序號	器名	出土時間	出土地點	年代	日名	族徽	出處
1	宿鼎	1975年	滕縣金莊	周早	父庚		《考古》1980.1;《商周》01405
2	平子父乙爵1	1980年	滕州莊裏西村	周早	父乙	平子	《集成》08862;《商周》08374
3	平子父乙爵2	1980年	滕州莊裏西村	周早	父乙	平子	《集成》08863;《商周》08375
4	伯狸作父辛卣	1980年	滕州莊裏西村	周早	父辛		《集成》05393;《商周》13288
5	木父乙鼎	1989年	滕州莊裏西村 M6	周早	父乙	木	《商周》00770
6	父癸爵	1989年	滕州莊裏西村 M4	周早	父癸		《商周》07635
7	亞異矣父癸觶	1989年	滕州莊裏西村 M4	周早	父癸	亞異矣	《商周》10583
8	史鬲作父癸爵	1989年	滕州莊裏西村 M7	周早	父癸		《商周》08550
9	鬲作父癸觚	1989年	滕州莊裏西村 M7	周早	父癸		《商周》09838
10	史鬲作父癸觶	1989年	滕州莊裏西村 M7	周早	父癸		《商周》10655
11	史鬲作父癸尊	1989年	滕州莊裏西村 M7	周早	父癸		《商周》11662
12	史鬲卣	1989年	滕州莊裏西村 M7	周早	父癸		《商周》13199
13	對卣	1989年	滕州莊裏西村 M7	周早	父癸	亞異矣	《商周》13227
14	父丁爵	1994年	滕州前掌大 M1	商晚	父丁		《商周》07179
15	亞父丁觶	1994年	滕州前掌大 M21	商晚	父丁	亞	《商周》10325
16	父乙卣	1994年	滕州前掌大 M21	商晚	父乙		《商周》12665
17	婦㚸兄癸尊	1994年	滕州前掌大 M13	周早	兄癸		《商周》11491
18	史乙觶	1995年	滕州前掌大 M30	商晚	乙	史	《商周》10195

續表

序號	器名	出土時間	出土地點	年代	日名	族徽	出處
19	懷保羽鳥母丁觶	1995年	滕州前掌大M38	商晚	母丁	懷保妇	《商周》10601
20	雁父丁瓿	1998年	滕州前掌大M9	商晚	父丁	雁	《商周》09574
21	史父乙角	1998年	滕州前掌大M18	商晚	父乙	史	《商周》08739
22	首乇作父乙盉	1998年	滕州前掌大M18	商晚	父乙	史	《商周》14766
23	史父乙壺	1998年	滕州前掌大M18	周早	父乙	史	《商周》12056
24	棐父丁角	1998年	滕州前掌大M119	商晚	父丁	棐	《商周》08740
25	棐父丁卣	1998年	滕州前掌大M119	周早	父丁	棐	《商周》12849
26	史子日癸角1	1998年	滕州前掌大M120	商晚	日癸	史子	《商周》08767
27	史子日癸角2	1998年	滕州前掌大M120	商晚	日癸	史子	《商周》08768
28	史父乙尊	1998年	滕州前掌大M120	商晚	父乙	史子	《商周》11301
29	史子日癸尊	1998年	滕州前掌大M120	周早	日癸	史子	《商周》12096
30	史父乙爵1	1998年	滕州前掌大M121	商晚	父乙	史	《商周》07758
31	史父乙爵2	1998年	滕州前掌大M121	商晚	父乙	史	《商周》07759
32	史父乙尊	1998年	滕州前掌大M121	周早	父乙	史	《商周》11362
33	亞口口父乙觶	1998年	滕州前掌大M128	商晚	父乙	亞口口	《商周》10571
35	文父癸觶		滕州後黃莊	商晚	父丁	文	《考古》1996.5;《商周》10373
34	文父丁爵		滕州井亭	商晚	父丁	文	《商周》07827
36	文父丁觶	1958年	滕州井亭	商晚	父丁	文	《集成》06263;《商周》10326
37	文父丁卣	1958年	滕州井亭	商晚	父丁	文	《集成》04948;《商周》12790
38	田文羊鼎	1918年	長清縣崮山驛	商晚	父甲	田	《集成》01642;《商周》00881

續表

序號	器名	出土時間	出土地點	年代	日名	族徽	出處
39	田父甲簋	1918年	長清縣崮山驛	商晚	父甲	田	《集成》03142;《商周》03755
40	田父甲爵	1918年	長清縣崮山驛	商晚	父甲	田	《集成》08368;《商周》07743
41	田父甲斝	1918年	長清縣崮山驛	商晚	父甲	田	《集成》09205;《商周》11004
42	田父甲卣	1918年	長清縣崮山驛	商晚	父甲	田	《集成》04903;《商周》12757
43	田父甲罍	1918年	長清縣崮山驛	商晚	父甲	田	《集成》09785;《商周》13770
44	禹鼎1	1957年	長清縣興復河北岸（付1號）	商晚	祖辛	斐	《文物》1964.4;《商周》01497
45	禹鼎2	1957年	長清縣興復河北岸（付1號）	商晚	祖辛	斐	《文物》1964.4;《商周》014-98
46	禹卣1	1957年	長清縣興復河北岸（付3號）	商晚	祖辛	斐	《文物》1964.4;《商周》13076
47	禹卣2	1957年	長清縣興復河北岸	商晚	祖辛	斐	《商周》13077
48	父乙觶	1957年	長清縣興復河北岸（付3號）	商晚	父乙	斐	《文物》1964.4;《商周》10159
49	禹罍	1957年	長清縣興復河北岸（付4號）	商晚	祖辛	斐	《文物》1964.4;《商周》13798
50	叔父癸鼎	1984年	新泰市府前街	周早	父癸		《文物》1992.3;《商周》00925
51	叔父癸卣	1984年	新泰市府前街	周早	父癸		《文物》1992.3;《商周》02658
52	叔父癸爵	1984年	新泰市府前街	周早	父癸		《文物》1992.3;《商周》08230
53	父辛卣	1984年	新泰市府前街	周早	父辛	阝巳	《文物》1992.3;《商周》02699
54	魚父癸鼎	1984年	諸城縣巴山村	周早	父癸	魚	《商周》01376
55	文母日乙爵	1982年	諸城市齊家近戈莊	周早	日乙		《商周》08566
56	ㄓㄟ門父辛觶	1985年	濰坊市後鄧村M1	商晚	父辛	ㄓㄟ門	《考古》1993.9;《商周》10575
57	ㄓㄟ門父辛卣	1985年	濰坊市後鄧村M1	商晚	父辛	ㄓㄟ門	《考古》1993.9;《商周》13027
58	宅止癸爵	1995年	濰坊市南郊	商晚	癸	宅止	《文物報》1997.11.23;《商周》07990
59	旅鼎	1896年	黃縣萊陰	周早	父丁	來	《商周》02353

續表

序號	器名	出土時間	出土地點	年代	日名	族徽	出處
60	束卣	1896年	黃縣萊陰	周早	父辛		《商周》13236
61	冗父辛卣	1969年	黃縣歸城小劉莊	周早	父辛	冗	《商周》12857
62	豐簋1	2009年	高青縣陳莊村M18	周早	祖甲		《文物報》2010.4.2;《商周》04541
63	豐簋2	2009年	高青縣陳莊村M18	周早	祖甲		《文物報》2010.4.2;《商周》04542
64	豐卣	2010年	高青縣陳莊村	周早	祖甲		《商周》13253
65	豐觥	2010年	高青縣陳莊村M13	周早	祖甲		《商周》3658
66	祖戊爵	1980年	桓台縣南埠子	商晚	祖戊		《文物》1982.1;《商周》07131
67	戍宁無壽觚	1980年	桓台縣南埠子	商晚	祖戊	戍宁	《文物》1982.1;《商周》09840
68	父癸觚	1960年代	桓台縣南埠子	商晚	父癸		《商周》09224
69	父甲爵	1975年	膠縣西菴村	商晚	父甲		《文物》1977.4;《商周》07150
70	夨父癸爵	1975年	膠縣西菴村	商晚	父癸	夨	《文物》1977.4;《商周》07952
71	父己爵	1994年	青州市于家莊	商晚	父己		《考古》1997.7;《商周》07207
72	魚祖己觚	1973年	青州市瀦溝村	周早	祖己	魚	《考古》1999.12;《商周》09688
73	母乙爵	1975年	泗水縣瓷窰堌堆村	商晚	母乙		《考古》1986.12;《商周》07269
74	母癸爵	1975年	泗水縣瓷窰堌堆村	商晚	母癸		《考古》1986.12;《商周》07272
75	史母癸觚	1975年	泗水縣瓷窰堌堆村	商晚	母癸	史	《考古》1986.12;《商周》09635
76	剌父癸爵	1973年	兗州市李宮村	周早	父癸	剌	《文物》1990.7;《商周》07973
77	剌册父癸壺	1973年	兗州市李宮村	周早	父癸	剌册	《文物》1990.7;《商周》12099
78	更庚父丁爵	1973年	鄒縣小西韋村	商晚	父丁	更	《文物》1974.1;《商周》08316
79	父戊觶	1973年	鄒縣小西韋村	商晚	父戊		《文物》1974.1;《商周》10168
80	旅父己爵	1956年	泰安黃花嶺	周早	父己	旅	《考古與文物》2000.4;《商周》08176
81	矢伯卣	1791年	臨朐柳山寨	周早	父癸	隻	《集成》05291;《商周》13158
82	宁父癸卣		章丘東潤溪村	周早	父癸	宁●	《文物》1989.6;《商周》13118

四、湖北

序號	器名	出土時間	出土地點	年代	日名	族徽	出處
1	㠱父戊爵	1979年	湖北襄樊	商晚	父戊	㠱	《文物》1982.9;《商周》07843
2	戈乙鼎1	1986年	新洲縣陽邏鎮畀埠架子山磚瓦廠	商晚	乙	戈	《江漢考古》1998.3;《商周》00429
3	戈乙鼎2	1986年	新洲縣陽邏鎮畀埠架子山磚瓦廠	商晚	乙	戈	《江漢考古》1998.3;《商周》00430
4	丁祖丙爵	1967年	鄂城縣碧石村	商晚	祖丙	丁	《考古》1982.2;《商周》07712
5	㠱父己爵	1975年	鄂城縣王家灣村	商晚	父己	㠱	《商周》07867
6	川父癸鼎		江陵五三農場	商晚	父癸	川	《集成》01694;《商周》00953
7	小臣艅觶	1961年	江陵萬城	周早	父乙		《商周》10627
8	小臣艅尊	1961年	江陵萬城	周早	父乙		《商周》11633
9	小臣艅卣	1961年	江陵萬城	周早	父乙		《商周》13166
10	◆父乙觶	1977年	黄陂魯臺山M28	周早	父乙	◆	《江漢考古》1982.2;《商周》10421
11	長子狗鼎	1978年	黄陂魯臺山M30	周早	父乙	長	《江漢考古》1982.2;《商周》01864
12	公大史盉	1978年	黄陂魯臺山M30	周早	母庚		《江漢考古》1982.2;《商周》04561
13	魚父癸爵	1975年	隨州安居羊子山	周早	父辛	魚	《考古》1984.6;《商周》08102
14	戈父辛爵	1980年	隨州安居羊子山	商晚	父辛	戈	《文物》1982.12;《商周》07900
15	子父癸觶	1980年	隨州安居羊子山	周早	父癸	子	《文物》1982.12;《商周》10466
16	師作父癸方鼎1	2011年	隨州淅河鎮葉家山M1	周早	父癸		《文物》2011.11;《商周》01111
17	師作父癸方鼎2	2011年	隨州淅河鎮葉家山M1	周早	父癸		《文物》2011.11
18	師作父癸方鼎3	2011年	隨州淅河鎮葉家山M1	周早	父癸		《文物》2011.11
19	師作父癸方鼎4	2011年	隨州淅河鎮葉家山M1	周早	父癸		《文物》2011.11

續表

序號	器名	出土時間	出土地點	年代	日名	族徽	出處
20	師作父癸圓鼎 1	2011 年	隨州淅河鎮葉家山 M1	周早	父癸		《文物》2011.11
21	師作父癸圓鼎 2	2011 年	隨州淅河鎮葉家山 M1	周早	父癸		《文物》2011.11
22	師作父乙鼎	2011 年	隨州淅河鎮葉家山 M1	周早	父乙		《文物》2011.11;《商周》01712
23	𠭯凡乙爵	2011 年	隨州淅河鎮葉家山 M1	周早	乙	𠭯凡	《文物》2011.11;《商周》08260
24	益父癸觚	2011 年	隨州淅河鎮葉家山 M1	商晚	父癸	益	《文物》2011.11;《商周》09619
25	戍父丁斝	2011 年	隨州淅河鎮葉家山 M1	商晚	父丁	戍	《文物》2011.11;《商周》11005
26	亞宣父乙鼎	2011 年	隨州淅河鎮葉家山 M2	周早	父乙	亞宣	《文物》2011.11;《商周》01365
27	荆子鼎	2011 年	隨州淅河鎮葉家山 M2	周早	母乙		《文物》2011.11;《商周》02385
28	戈父癸簋	2011 年	隨州淅河鎮葉家山 M27	周早	父癸	戈	《文物》2011.11;《商周》03838
29	先父癸觚	2011 年	隨州淅河鎮葉家山 M27	商晚	父乙	先	《文物》2011.11;《商周》09566
30	守父乙觶	2011 年	隨州淅河鎮葉家山 M27	周早	父乙	凡	《文物》2011.11;《商周》10311
31	凡父癸觶	2011 年	隨州淅河鎮葉家山 M27	周早	父癸	凡	《文物》2011.11;《商周》10479
32	斐妣庚甗壺	2011 年	隨州淅河鎮葉家山 M27	周早	父丁	斐妣庚	《文物》2011.11;《商周》12202
33	束父己鼎	2011 年	隨州淅河鎮葉家山 M65	周早	父己	束	《江漢考古》2011.3;《商周》00864
34	亞離父癸簋	2011 年	隨州淅河鎮葉家山 M65	周早	父癸	亞離	《江漢考古》2011.3;《商周》03996
35	凡父辛爵	2013 年	隨州淅河鎮葉家山 M28	周早	父辛	凡	《江漢考古》2013.4
36	父辛爵	2013 年	隨州淅河鎮葉家山 M28	周早	父辛		《江漢考古》2013.4
37	斐母辛爵	2013 年	隨州淅河鎮葉家山 M28	周早	母辛	斐	《江漢考古》2013.4
38	曾侯作父乙方鼎	2013 年	隨州淅河鎮葉家山 M111	周早	父乙	凡	《隨州葉家山》
39	祖辛鼎	2013 年	隨州淅河鎮葉家山 M111	周早	祖辛	戉口	《隨州葉家山》
40	䵼父丁罍	2013 年	隨州淅河鎮葉家山 M111	周早	父丁	㠱	《隨州葉家山》

五、遼寧

序號	器名	出土時間	出土地點	年代	日名	族徽	出處
1	㠱父辛鼎	1973年	喀左縣北洞村2號銅器窖藏	商晚	父辛	㠱	《考古》1974.6;《商周》00896
2	叟鼎	1973年	喀左縣北洞村2號銅器窖藏	商晚	母己	亞吳	《考古》1974.6;《商周》02257
3	魚父癸簋	1955年	喀左縣山嘴子鎮銅器窖藏	周早	父癸	魚	《文物》1955.8;《商周》03848
4	義卣	1955年	喀左縣山嘴子鎮銅器窖藏	周早	父庚	義	《文物》1955.8;《商周》13126
5	史成卣	1955年	喀左縣山嘴子鎮銅器窖藏	周早	父壬	史成	《文物》1955.8;《商周》13167
6	魚父庚罍	1955年	喀左縣山嘴子鎮銅器窖藏	周早	父庚	魚	《集成》09791;《商周》13781
7	亞口父丁罍	1973年	喀左縣北洞村1號銅器窖藏	周早	父丁	孤竹	《考古》1973.4;《商周》13810
8	∧父甲簋	1974年	喀左縣山灣子村銅器窖藏	周早	父甲	∧	《文物》1977.12;《商周》03759
9	父丁口簋	1974年	喀左縣山灣子村銅器窖藏	周早	父丁	口	《文物》1977.12;《商周》03803
10	廄父戊簋	1974年	喀左縣山灣子村銅器窖藏	周早	父戊	廄	《文物》1977.12;《商周》03810
11	亞獸父乙簋	1974年	喀左縣山灣子村銅器窖藏	周早	父乙	亞獸	《文物》1977.12;《商周》04007
12	舟父甲卣蓋	1974年	喀左縣山灣子村銅器窖藏	商晚	父甲	舟	《文物》1977.12;《商周》12843
13	串蕭父丁卣	1974年	喀左縣山灣子村銅器窖藏	商晚	父丁	串蕭	《文物》1977.12;《商周》12916
14	朋五辛父庚罍	1878年	喀左縣小波汰溝墓葬	商晚	父庚	朋五辛	《集成》09808;《商周》13799

六、山西

序號	器名	出土時間	出土地點	年代	日名	族徽	出處
1	父乙鼎	1984—1989年	曲沃縣曲村墓葬 M6197	周早	父乙		《商周》00375
2	父辛盉	1984—1989年	曲沃縣曲村墓葬 M6197	周早	父辛		《商周》02682
3	作父丁鼎	1984—1989年	曲沃縣曲村墓葬 M6308	周早	父丁		《商周》01509
4	亞狀鼎	1984—1989年	曲沃縣曲村墓葬 M6081	周早	父癸	亞狀	《商周》01815
5	寢孳商鼎	1984—1989年	曲沃縣曲村墓葬 M6081	商晚	父辛	毌偁	《商周》02295
6	父丁瓿	1984—1989年	曲沃縣曲村墓葬 M6384	周早	父丁		《商周》03147
7	小臣夔簋	1984—1989年	曲沃縣曲村墓葬 M6384	周早	祖乙		《商周》04502
8	戈父辛盤	1984—1989年	曲沃縣曲村墓葬 M6081	周早	父辛	戈	《商周》14345
9	陵鼎	1991—1992年	北趙晉侯墓地	周早	父庚		《文物季刊》1996.3;《商周》01526
10	𢦏父己尊	1985年	靈石縣㫋介村	商晚	父己	𢦏	《文物》1986.11;《商周》11325
11	萬父己壺	1962年	翼城縣鳳家坡	周早	父己	萬	《文物》1963.4;《商周》12073
12	絲父乙鼎	1954年	洪趙縣坊堆村	周早	父乙	絲	《文物》1955.4;《商周》00777
13	亯父乙卣	1958年	洪趙縣坊堆村	周早	父乙	亯	《商周》12769

七、甘肅

序號	器名	出土時間	出土地點	年代	日名	族徽	出處
1	亞保父辛鼎		禮縣城關鎮西山	商晚	父辛	亞保	《商周》01370
2	鳥祖癸爵	1981年	慶陽韓家灘西周墓葬	商晚	祖癸	鳥	《考古》1985.9；《商周》07736
3	兊作父戊鼎	1976年	靈台縣鄭家窪墓地	周早	父戊		《考古》1981.6；《商周》01404
4	龜父丁爵	1967年	靈台白草坡 M1	周早	父丁	龜	《考古學報》1977.2；《商周》08127
5	㫃册父丁角	1967年	靈台白草坡 M1	周早	父丁	㫃册	《考古學報》1977.2；《商周》08772
6	㸚父癸觶	1967年	靈台白草坡 M1	周早	父癸	㸚	《考古學報》1977.2；《商周》10474
7	羊父辛尊	1967年	靈台白草坡 M1	周早	父辛	羊	《考古學報》1977.2；《商周》11033
8	子麦尊	1967年	靈台白草坡 M1	周早	母乙	麦	《考古學報》1977.2；《商周》11678
9	虜父乙壺	1967年	靈台白草坡 M1	周早	父乙	虜	《考古學報》1977.2；《商周》12059
10	徙遽盉	1967年	靈台白草坡 M1	周早	父己	徙遽	《考古學報》1977.2；《商周》14731

八、安徽

序號	器名	出土時間	出土地點	年代	日名	族徽	出處
1	月己爵 1	1971年	潁上縣趙集王拐村	商晚	己	月	《集成》08031；《商周》07306
2	月己爵 2	1972年	潁上縣王崗鎮鄭小莊墓葬	商晚	己	月	《集成》08032；《商周》07307
3	子父辛觶		嘉山縣泊崗引河工地	商晚	父辛	子	《東南文化》1991.2；《商周》11014

續表

序號	器名	出土時間	出土地點	年代	日名	族徽	出處
4	奞父己卣	宋代	壽陽紫金山	商晚	父己	奞	《集成》04961;《商周》12794
5	八己爵	宋代	壽陽紫金山	周早	己	八	《集成》08038;《商周》07690
6	哥父乙尊	1959年	屯溪奕棋鄉 M1	周早	父乙	哥	《考古學報》1959.4;《商周》11474
7	天黽馬父丁尊	1982年	潁上縣鄭家灣村	商晚	父丁	天黽馬	《考古》1984.12;《商周》11538
8	天黽馬父丁卣	1982年	潁上縣鄭家灣村	商晚	父丁	天黽馬	《考古》1984.12;《商周》13039
9	父丁爵	1982年	潁上縣鄭家灣村	周早	父丁		《考古》1984.12;《商周》07596

九、湖南

序號	器名	出土時間	出土地點	年代	日名	族徽	出處
1	皿方罍	1922	桃源縣漆家河	商晚	父己	皿	《商周》13813
2	己戈鼎	1962年	甯鄉黃材水塘灣	商晚	己	戈	《考古》1963.12;《商周》00415
3	戈父乙罍	1989年	甯鄉黃材	商晚	父乙	戈	《商周》13772
4	癸戈卣	1963年	婁鄉炭河裏	商晚	癸	戈	《考古》1963.12;《商周》12684
5	旅父甲尊	1981年	湘潭青山橋老屋村	周早	父甲	旅	《湖南考古輯刊》1;《商周》11361
6	八祖丁爵	1981年	湘潭青山橋老屋村	周早	祖丁	八	《湖南考古輯刊》1;《商周》08076
7	戈父乙爵	1981年	湘潭青山橋老屋村	周早	父乙	戈	《商周》08106

十、河北

序號	器名	出土時間	出土地點	年代	日名	族徽	出處
1	曁父乙鼎		定州市北莊子 M95	商晚	父乙	曁	《文物春秋》1992 增；《商周》00779
2	月㠱祖丁鼎	1965 年	新樂縣中同村	商晚	祖丁	月㠱	《文物》1987.1；《商周》01108
3	玉父己觶	1982 年	正定縣新城鋪村	商晚	父己	玉	《文物》1984.12；《商周》10345
4	雀𪤖爵	1972 年	正定縣馮家莊	周早	父癸	亞朿	《文物》1982.2；《商周》08563
5	北子鼎		淶水縣張家窪	周早	母癸		《考古學報》1956.1；《商周》01792

十一、四川

序號	器名	出土時間	出土地點	年代	日名	族徽	出處
1	𨒅父癸觶	1959 年	彭縣竹瓦街	周早	父癸	𨒅	《文物》1961.11；《商周》10478
2	牧正父己觶	1959 年	彭縣竹瓦街	周早	父己	牧正	《文物》1961.11；《商周》10548

十二、内蒙

序號	器名	出土時間	出土地點	年代	日名	族徽	出處
1	亞㠱父丁尊	1985 年	甯城縣小黑石溝石槨墓	周早	父丁	亞㠱	《文物》1995.5；《商周》11483

十三、江蘇

序號	器名	出土時間	出土地點	年代	日名	族徽	出處
1	宜侯夨簋	1954 年	丹徒煙墩山	周早	父丁		《文物》1955.5；《商周》05373

注：《商周》——吳鎮烽《商周青銅器銘文暨圖像集成》，上海：上海古籍出版社，2012 年。
《全集》——馬承源《中國青銅器全集》，北京：文物出版社，1993—1998 年。
《集成》——中國社會科學院考古研究所《殷周金文集成》，北京：中華書局，1984—1994 年。
《陝銅》——陝西省考古研究所《陝西出土商周青銅器》，北京：文物出版社，1979—1984 年。
《陝金》——吳鎮烽《陝西金文彙編》，西安：三秦出版社，1989 年。
《周原銅》——曹瑋《周原出土青銅器》，成都：巴蜀書社，2005 年。
《隨州葉家山》——湖北省博物館等《隨州葉家山西周早期曾國墓地》，北京：文物出版社，2013 年。

稿本《西征行卷》考略

——詞學家王曉湘晚年事蹟補訂

李　軍

　　王易(1889.7.27—1956.8.30)，原名朝綜，字曉湘，號簡庵。江西南昌人。其父王益霖(1856—1913)，字春如，光緒二十九年(1903)進士，曾任三江師範教習、河南高等學堂教習兼齋務長。著有《樂音小識》、《靜觀書屋詩文存》等。益霖共有五子，王易居長，與弟王浩，並承庭訓，隨宦中州，博覽群書，工於詩詞。民國初年，王氏昆季即合二人詞作，編爲《南州二王詞》行世。好友胡先驌對王氏生平曾有回憶云：

　　　　同學中與汪辟疆兄同以詩名者爲王曉湘(易)兄。……少年隨宦至汴，入客籍學堂，與汪辟疆兄爲同學，又同考入大學預科。在校時即以能詩名，然辟疆治宋詩時，曉湘方學義山。擅書法，則先習《靈飛經》。後乃改習宋詩，意境酷似陳簡齋，書法則改宗鍾、王，兼擅褚楷，已步趨鄉賢趙聲伯矣。辛亥後，隨其父商丘公寄居萍鄉。父沒後，與其弟王然父侍母來南昌，主持《江西民報》副刊。……其昆弟又善倚聲，一度效法劉龍洲，成詞一卷，曰《南州二王詞》，大爲先輩所激賞。……曉湘幼承家學，又擅音律，鼓琴品簫，莫不盡善。篆刻則得皖人黃牧父之傳，造詣亦不下於陳師曾也。主講第二中學與心遠大學有年，後乃遠遊北京，任北京師範大學講席。繼任中央大學國文系教授，乃陸續刊布其重要著作如《國學概論》、《詞曲史》、《樂府通論》諸書。其學問之淵博、文辭之美妙，雖傲岸自善之黃季剛亦不能不心折也。二十九年，予回江西創辦大學于站時省會之泰和，曉湘任國文系主任。予去職後，蕭叔玉校長聘之爲文學院院長。曉湘爲人多才而博學，少年欲以文人成名，中歲以後精治樸學，造詣益深。①

王易之出任南京東南大學（旋改名中央大學）教職，即出於胡先驌推薦。在南京任教期間，王易主講詞曲史。唐圭璋、程千帆、沈祖棻諸先生均曾從之受業。唐氏《詞話叢編》前，有民國二十三年（1934）長至日王易所撰序言。沈氏《得介眉塞外書奉寄》十首，其四程箋有云："王簡庵先生名易，字曉湘，江西南昌人。三十年代初在中央大學任教，先生博學多通，而訥於言辭。學者多以聽受爲苦。"②雖然當時學生以其授課言語不清，深以爲苦，但同事之中，每有詩詞雅集，王曉湘多在被邀之列，從吳梅、黃侃、汪辟疆諸家日記、詩詞中，多可見相關記載。

　　數十年來，學術界對王易之瞭解，多緣於其《詞曲史》。而隨着近年對王易在修辭學上成就的研究與介紹，於其生平事蹟、學術成就均有更爲深入的研討。但由於王易的著作如《詞曲史》、《國學概論》、《樂府通論》、《修辭學通詮》、《四子書講札》、《曆數脞談》等③，均成書、刊行於上世紀二三十年代，至於其抗戰勝利，尤其是一九四九年以後事蹟，知之者甚少。據范予《王曉湘先生傳略》稱：

　　　　1948 年，復旦大學潘震亞先生幾度邀請先生赴滬任教，以當年疝疾兩度手術後，常感不適，時或臥床，不果行。1949 年春，遷家長沙，就養於長子王述綱（時任湖南農學院），頗得含飴之樂。眼則漫憶平生學養交游所歷，筆録爲《心影叢譚》四卷，或與舊友胡鐵崖先生等過談。1953 年初，應章士釗先生邀重遊北京。秋，受聘爲湖南省文史館員。1956 年夏，以肺癌逝於湖南醫學院附屬醫院，終年六十有七。顧平生所作詩詞約六百首，駢散文約二百篇，大部經其弟子豐城涂夢梅釐正，但未及付梓。晚歲手稿多種，均親手抄定，除已出版及見諸報刊者外，連同其藏書二萬餘卷，今並蕩然無存。……有三子一女，三子均已先後物故，女於 1948 年去臺灣，現爲基隆市退休教師。④

從《傳略》所述，知王易晚年著作手稿與藏書均已散佚不存。今人胡迎建撰文也稱王易有

---

①胡先驌《京師大學堂師友記》，王世儒等編《我與北大》，北京：北京大學出版社，1998 年，第 18—26 頁。

②沈祖棻《涉江詩》卷二，石家莊：河北教育出版社，2000 年，第 167 頁。

③另有單篇文章如《周度今徵》、《歲差考實》、《文字與文化》等。

④范予《王曉湘先生傳略》，南昌市政協文史資料研究委員會編《南昌文史資料選輯》第 6 輯，1989 年，第 113—114 頁。王易身後，安葬於湘中，墓址在今長沙市天心區金陵墓園地字新九號。

"《師厚齋詩稿》未曾刊印,後來散佚,其作品僅散見於《文史季刊》及一些私藏"①。兹因獲見王易晚年詩作選本一種,就其内容略作考訂,對其晚年事蹟稍作揭示,或於當代詞學之研究不無助益。

　　《西征行卷》不分卷,稿本一册,題竹間一翁撰,復旦大學圖書館藏。是稿寫於紅方格稿紙上,每半葉十行,行二十五字。書衣篆書大字題"西征行卷",小字注"竹間一翁旅潭作",下鈐"簡兮"朱文圓印。卷端題"西征行卷鈔",下鈐"我師伯厚"白文方印、"簡翁六旬以後文字"朱文方印。正文共計三十九葉,卷末題"右録五集,都一百五十首","癸巳暮春寫奉/孤桐道長吟定",下鈐"☰☷(即明夷卦)居士"朱文方印。按:癸巳即一九五三年,孤桐則是章士釗(1881—1973)别號,時任中央文史館副館長。僅從時間、相關人物兩方面看,與范予《傳略》所記相合。至於簡翁、竹間一翁等稱號,則與王易之號簡庵互通。全稿分五集,依次爲:

　　　　明夷集(七十八首,録二十七首)
　　　　安禪集(八十四首,録二十七首)
　　　　贏博集(六十九首,録二十八首)
　　　　量守集(八十六首,録三十二首)
　　　　降妻集(百廿一首,録三十六首)

其中,《明夷集》之得名,與書後蓋有"☰☷居士"一印,均源于王易晚年曾號明夷居士。由此别號可知,王氏晚年境遇不佳,故韜光養晦,以待時機。一九五三年,他北遊歸來,便受聘湖南文史館,正也與此卦所示相巧合。"我師伯厚"一印,取師法南宋學者王應麟(字伯厚)之義,不僅因二人姓氏相同,且王曉湘治學,亦如王應麟之博涉遐覽,經史百家、天文地理、名物制度、詩詞考證,靡不精通。然則王易《詩稿》冠以"師厚齋"一名,無疑和"我師伯厚"語出同典。故此,從稿本中所加蓋印章及抄録時間、贈送對象等證據,可初步斷定,竹間一翁爲王易别號,並無抵牾,可以成立,此其一。

　　其次,從全稿所收詩作之内容、涉及人物來考察。由書衣小注可知,全稿爲作者在湖南時期所作。《明夷集》首篇爲《别家三首》,其一有云:"惘惘出國門,棲棲陟長道"②,其三有云"豫章父母邦,廬墓所棲托",後接《長沙五日用甲申重五韻》一詩,可見作者係江西南昌人,自京赴湘。此後各集中,所記亦均湖南長沙之事。而詩中涉及的人物,如《明

————————
　　①胡迎建《論王易的詩學觀與詞曲史研究》,《江西社會科學》第 9 期,2004 年。
　　②《西征行卷》,稿本,復旦大學圖書館藏,以下引詩出於此稿者均不再注。

夷集》中《與鐵巖別十二載避地來潭快聚有贈》之鐵巖,似即范予《傳略》中提到的胡善恒(字鐵崖)。胡氏(1897—1964)乃湖南常德人,曾任南京中央大學教授,抗戰之初,離開南京,轉往重慶,一九四九年二月回湘。又如《明夷集》之《報仙詒直侯書訊近狀》、《中秋前一日得仙詒夢梅兩訊長句分報》,《安禪集》之《有憶寄歐胡兩君二首》,《量守集》之《聞仙詒赴教蘭州欣然有寄》,按夢梅即王門弟子涂夢梅,步曾即胡先驌,而仙詒則是南昌籍學者歐陽祖經(1882—1972),他曾歷任江西中學、心遠大學、中正大學等校教職,與王易共事多年。抗戰初起,歐陽氏和《庚子秋詞》作《曉月詞》紀其事,全文連載于王易主編的《文史季刊》。《曉月詞》四卷單行本出版時,王易並爲作跋。歐陽祖經於一九五一年改任蘭州大學歷史系教授,故《量守集》所收王易寄贈之詩,應作於同年。

較之對友人的記録,集中內容對家人的記録,更能直接證明作者的身份。首先,有關夫人唐令容的記録,《量守集》有《重八令容逝三十年志感》一詩。按陳衍《石遺室詩話續編》卷二"南昌王曉湘(易)"條所引詩,涉及王夫人令容,如《二月二日令容誕日》、《清明蕭寺展令容櫬》等①。據一九二一年重九日王浩致胡先驌函提及"家嫂之喪,三千里外,痛念無措,實爲生者悲。我兄與曉湘情同手足,當有同情"②云云,可見王易夫人唐令容卒於此年,《量守集》中悼詩則作於一九五一年無疑。王易三十三歲喪偶之後,未再續娶,從歷年悼亡之作中,可見其伉儷情深。

其次,有關胞弟王浩的記録。《降婁集》有《十三夜看月忽念乃然弟忌日也率成四章》,王浩字然父,故王易稱之爲"然弟"。王浩生於一八九二年,卒於一九二三年三月十三日③,日期亦吻合。

再次,有關兒輩的記録。《明夷集》有《述遂兩兒書告就聘任教東北農學院》、《得述遂兒寄北陵留影》、《詩味二章示迪兒》;《嬴博集》有《迪兒始壯書勖二十韻》、《哭四兒》、《得述兒寄四兒塚上留影》、《述兒挈眷歸自長春》、《述兒留七日遂赴桂林之招》、《述兒歸度歲》;《量守集》有《谷日逮兒歸自濱江》、《述兒還就湘農教席遂止桂行》;《降婁集》有《琢遂兒所遺藤杖時七月六日兒逝再周矣》。從《哭四兒》一詩小序④知,作者四子名爲遂綱。范予《王曉湘先生傳略》稱其長子名述綱,任教於湖南農學院。龍榆生在王易逝世後,曾以其著作情況函詢胡先驌,胡氏附函稱王氏遺稿"皆存其哲嗣湖南農學院教授王逮

① 錢仲聯編《陳衍詩論合集》,福州:福建人民出版社,1999 年,第 531—532 頁。
② 王浩原札見胡宗剛《胡先驌先生年譜長編》,南昌:江西教育出版社,2008 年,第 78 頁。
③《胡先驌先生年譜長編》,第 100 頁。
④《哭四兒》序云:"四兒遂綱,助教哈爾濱農學院。夏間偕赴南滿採集植物,秋初返哈校。當局設宴慰勞,過飲而腦溢血以逝。七夕前一夕,後五旬始得耗,北望哭之。"

綱處"。顯然,王易三子述綱、逮綱、遂綱之名,與《西征行卷》所記皆合。而集中提及"迪兒"名王迪綱,爲王易之侄。王氏三子,均攻讀農學,未能傳其家學。王迪綱則畢業於政治系,工于文辭,曾參加《漢語大字典》的編撰。另外,《降婁集》中還提及作者本人的情况,《五月望夜月中久坐》"月圓溯我墮地秋,七百七十又七度"句有自注云:"余生己丑七月杪,至壬辰五月得望七百五十四,加閏二十三,通得此數。"按己丑爲光緒十五年(1889),出生年月日與王易本身合若符節。

　　然則從詩稿之署名、用印及其内容、相關人物、作者生辰等多方面進行考查,不難發現,所有要素都一致指向王曉湘,至此可以確定,《西征行卷》的作者就是近代著名詞學家王易。

　　《西征行卷》各集原來所收詩作數量,共計四百三十八首。一九五三年春,王易在北遊之前,精選出一百五十首,約占全部的三分之一強。據范予《傳略》稱,王易遺稿中詩詞有六百首,乃是其一生創作經過選擇之後的總數,可惜目前原稿散失,《西征行卷》成爲現存王易詩稿收詩較多也較集中的一種。由於《西征行卷》收録均爲王氏晚年詩作,不僅能反映出其成熟之後詩風,而且對其晚年生活、著述情况,也間接有所記録。

　　關於《西征行卷》所收詩作之年月,最晚爲一九五三年春,從前文考訂可知,始於一九四九年春。因此王易《别家三首》之稱"惘惘出國門",顯然是指從南京出發,"避地"湖南。而詩稿中,直接記年月者有《安禪集》之《清奇古怪歌》小序云:"清奇古怪者吴柏,因社中四柏名也。庚午夏游石壁、鄧尉,過而撫之,欲賦未就。今二十年矣,追維勝緣,未能恝置,率意狀之,得十六韻。若書家所謂背臨,未必克肖,慰情而已。兼寄仙詒、步曾、證剛三君。"按庚午爲民國十九年(1930),《赢博集》最後一首題爲《庚寅除夜》,庚寅即一九五○年。《量守集》末一首爲《送灶夜和巢經三首》。由此可見,《西征行卷》前三集收録一九四九春至五○年間詩作,《量守集》、《降婁集》分録一九五一、五二兩年詩作。

　　胡先驌在《京師大學堂師友記》中,稱王易早年詩先學晚唐李商隱,後轉學宋人,意境酷似陳與義(簡齋),其自號簡庵,似與此不無關係。王易、王浩兄弟詩作,頗得同鄉當時同光體代表人物陳三立之欣賞。王浩去世後,王易爲之編定《思齋詩集》,曾請陳三立撰序,《量守集》中則有《讀散原詩》、《食芋因念散原老人所嗜》兩詩。王易詩遠宗宋人,近喜貴州鄭珍。早在一九二二年王浩致函胡先驌稱"曉湘之無言古詩,亦是性悟過人,其境界直逼巢經巢而上之,天才如吾二人亦當却步"①,今《赢博集》中有《市中得巢經巢全集竭三日力讀竟題記三十六韻》,《量守集》中有《送灶夜和巢經三首》,《降婁集》中有《書巢

———————————

① 轉引自《胡先驌先生年譜長編》,第91頁。

經六哀詩四十韻》,均可見其對巢經巢詩之酷愛。

范予《傳略》稱王易於一九四九年就養于王述綱處,兹從《西征行卷》各詩知,王述綱、王遂綱於一九四九年曾赴哈爾濱任教,一九五〇年七月六日王遂綱突發腦溢血去世後,王述綱於同年年末攜眷返湘度歲,次年本擬赴廣西桂林,因一九五一年三月湖南農學院成立,改任湘農教職,其址在長沙東塘,《量守集》之《東塘寓居》正寫於遷居之時。而王易次子王逮綱似一直身在長沙,因此王易初到長沙,可能由王逮綱照料生活。一九五一年之後,王易兩子均定居長沙,其生活日漸安定,詩稿之中也有登覽天心閣之類的記錄。一九五三年北遊歸來,入湖南文史館後,景況似更佳。三年後,因病去世,未經歷此後的各種運動,可稱幸事。但其遺稿卻悉數散佚,未能逃脫浩劫。

王易對詞學的研究,最爲人所熟知者爲其三十歲左右所撰之《詞曲史》,至於其他著作,胡先驌一九六三年答龍榆生函曾提及:

> 簡齋詞爲宗匠,曾有手寫定稿,即楷法亦足傳世。又輯有《詞腴》,今皆存其哲嗣湖南農學院(長沙南門外)教授王逮綱處,試作書告以舊誼並選詞之意,借來一用,或能得其同意,亦未可知。手邊只有其題《曉月詞》一闋,并《藕孔微塵詞》若干首,此卷皆爲集句,有《鶯啼序》(集彊邨句)等,爲黃季剛先生所驚歎,當錄呈。①

《西征行卷》中即有《選詞腴畢既集選中句題之又題》一詩,見於《降妻集》,然則《詞腴》之最後寫定已在一九五二年,其詩云:

> 哀絲豪竹泣千行,狐腋蠻珠聚一箱。布穀忍催春事了,遏雲容借曉風長。無情湘渚招魂地,幾帖華原卻病方。摘豔未宜簪白髮,幸留殘蕚報劉郎。

在一九四九年抵達長沙後,王易便開始整理詞學著作,《明夷集》中有《重寫定辛忠愍年譜慨題》,詩云:

> 秋舟欲濟苦無津,賴向千秋覓德鄰。武庫未妨兼左癖,王風原自要詩人。生逢大旱山焦日,患此長貧玉潔身。且喚英靈同起舞,池蛙簷鵲亦精神。

據此知王易曾編有辛棄疾年譜。又有《寫繫年錄訖感題三絕句》,詩云:

> 升平據亂今何事,戴笠乘車此一身。滄笑豈堪酬萬淚,鐙前擲筆總傷神。

①轉引自《胡先驌先生年譜長編》,第 623 頁。

　　虛負人間百甕齏，退之寧負好爲師。餘生此後知何用，馬勃牛溲敗鼓皮。
　　前塵久逝如飛鳥，新恨交纏苦晚蠶。千里暮年分骨肉，老懷灰盡落江潭。

所謂《繫年録》，不知是否與夏承燾《唐宋詞繫年總譜》有相似之處，惜今僅存其名，已難窺其實。

　　綜上説述，《西征行卷》作爲王易晚年詩作選本，於一九五三年贈予章士釗，後流入北京中國書店，再輾轉入藏上海復旦大學圖書館，數十年間，自長沙而北京而上海，流轉數地，幸獲保藏不失，雖然全稿存詩無多，仍具有不可忽視的價值。

作者簡介：李軍，男，1982 年生，文學博士，現任蘇州博物館圖書館館員，主要從事版本目録學研究。

讀《收到書目檔》

張　濤

　　清人對漢文化的全面吸收，有一條重要途徑是徵求中原文籍，充實皇家典藏。立國三百年間，朝廷對各地遺文秘籍時有徵求①，廣爲人知的是乾隆皇帝爲修《四庫全書》而在全國大肆徵書之舉。其實，乾隆帝弘曆登極伊始，就已經爲纂修《三禮義疏》而開展過一次徵書活動，清代檔案中有一份《收到書目檔》仔細記錄了當時收到的書籍目録，至今尚有留存。儘管此一書目並不全面，但卻是考察這次徵集工作的一手資料，從中可以解讀出清代徵書活動的若干共通特點。

一、《收到書目檔》的來歷與性質

　　二十世紀初，由所謂的"八千麻袋"事件引起明清檔案進入現代學術視野，其中最著名的是中研院史語所所做的工作②。而此前此後，由於檔案收藏相當分散，各方均有所介入，北京大學、故宫博物院文獻館等機構也在檔案整理研究方面作出了重要貢獻。"八千麻袋"檔案的主體是清代内閣大庫檔案，後歸史語所，但在"八千麻袋"之外，當時故宫文獻館尚藏有部分内閣大庫檔案，本文所要討論的這份名爲《收到書目檔》的檔案，即保存其中。1931年，故宫開始清點整理所藏内閣檔案③，1935年刊有《清内閣庫貯舊檔輯刊》

①參張昇《明清宫廷藏書研究》，北京：商務印書館，2006年，第129—176頁。
②可參庾向芳、湯勤福《試論史語所對内閣大庫檔案史料的整理及貢獻》，載湯勤福《半甲集》，上海：上海三聯書店，2010年，第546—560頁。
③沈兼士《故宫博物院文獻館整理檔案報告》，《沈兼士學術論文集》，北京：中華書局，1986年，第347頁。

一書，公布了這份珍貴的檔案①。

　　據研究，此份檔案爲乾隆初年三禮館所立的一份書籍目録。三禮館爲乾隆元年（1736）詔開的一個以纂修《三禮義疏》爲主要職事的修書專館，因纂修需要，向各處徵求書籍，將收到的書籍依次記録下來，遂留下這一份檔案②。嚴格説來，此檔僅是三禮館的收書流水簿，這次徵書活動容有多種記録，即便是書目檔案，也未必僅此一份。三禮館未必能反映徵書活動的全貌。不過，徵書活動既爲纂修《三禮義疏》而發，其主要成果應理應收入此中，而今日所能見到最原始的記録，就當推這份《收到書目檔》了。

二、《收到書目檔》的背景

　　對於三禮館這樣一個官方書局來説，準備纂修所需文獻最先想到的應是使用内府藏書，可惜乾隆初年，不但内府藏書中經學文獻寡少，就是京城所能見到的典籍收藏也難稱充裕。三禮館纂修官之一的杭世駿曾經自道苦衷，言其分修《禮記義疏》，想看衛湜《禮記集説》而不得，不由得慨歎“京師經學之書絶少”；又説“明年，奉兩師相命，詣文淵閣搜撿遺書，惟宋刻陳氏《禮書》差爲完善，余皆殘闕，無可取攜。珠林玉府之藏，至是亦稍得其崖略已”③。珠林玉府之藏竟然率多殘缺，杭世駿在文淵閣略一翻撿，已能稍盡崖略，則當時内府藏書的寒儉已可想見。全祖望提到：

　　　　方京師開《三禮》書局，同館諸公，皆苦《儀禮》傳注寥寥。予謂侍郎桐城方公、詹事臨川李公曰：“《永樂大典》中有永嘉張氏《正誤》、廬陵李氏《集釋》。”二公喜，亟鈔之，雖其中有殘缺，然要可貴也。④

内府藏書中“《儀禮》傳注寥寥”，諸位纂修官不得不轉而他求。

　　其實，這種窘況已非一日。自定鼎中原後，清廷徵書之舉斷斷續續，開展了許多次，

　　①《收到書目檔》，載方甦生編輯《清内閣庫貯舊檔輯刊》，北平：國立北平故宮博物院文獻館，1935年，第二編，第98a—102b頁。

　　②方甦生：《清内閣庫貯舊檔輯刊叙録》，中國第一歷史檔案館編《明清檔案論文選編》，北京：檔案出版社，1985年，第115—141頁；《清内閣庫貯舊檔輯刊·叙録》，《清内閣庫貯舊檔輯刊》，第二編，第1a—65a頁。

　　③杭世駿《自序》，杭世駿《續禮記集説》卷端，《續修四庫全書》，上海：上海古籍出版社，2002年，第101册，第1頁。

　　④全祖望《儀禮戴記附注跋》，《鮚埼亭集外編》卷二七，全祖望撰、朱鑄禹整理《全祖望集彙校集注》，上海：上海古籍出版社，2000年，第1279頁。

但每逢開館纂修需要文獻，總覺不敷使用，如康熙朝修《明史》時，就有"伏察館閣見存書籍，有關明史者甚少"的議論①。書館急務，莫先於聚書，無論是明史館，還是三禮館，無不如此。爲了應對纂修乏書的局面，書館在完全投入纂修事業之前，只得先進行文獻資料徵集工作。粗讀此《收到書目檔》，開首便記載乾隆元年十一月初四日，三禮館收到直隸咨送書籍，二十七日禮部送來山東巡撫岳濬呈書 3 種 50 本，同日湖北學政蔣蔚呈書 3 種 41 本亦到，等等。如此京中乃至地方各級官員大規模的書籍呈繳活動，非皇帝降旨徵書不得辦，可惜清廷專爲此事所降諭旨，今已難覓。

　　林存陽曾將三禮館徵集文獻的活動分爲兩類，一是利用京師現有資源，二是從各省徵書，又分第一類爲兩種辦法，一爲輯録《永樂大典》中三禮資料，再則是使用内府藏書②。内府藏書之不堪，已如上述；輯録《永樂大典》之事，筆者另有專文考論③。剩下從各省徵書這一途徑，便是《收到書目檔》得以産生的主要動因了。"天子有道飭《周官》，大搜文獻開玉局"④，各地頗不乏聞風而起者。

三、《收到書目檔》的内容

　　《收到書目檔》於乾隆元年十一月設立，至乾隆四年六月二十九日止，歷時約兩年半。在此期間，三禮館有據可查的收受書籍記録達 35 次，書籍種類超過 100 種。至於收到書籍總體數量，因該檔所用量詞不一（其云"一本"，即今之一册；"一套"或"一包"，蓋即今之一函，有函套曰套，無函套則包裹之，以包論；"一部"，即一種一部之謂。該檔大部分書目會標明書有幾本，也有僅記套數、包數者），且内中頗有殘本，故無法作出確切統計。至於其他問題，則可稍作分析。

1.收書時間

　　從時間上看，三禮館徵書跨越四年，其收書日期分别是：

　　①徐元文《請購明史遺書疏》，《含經堂集》卷一八，《續修四庫全書》，上海：上海古籍出版社，2002年，第 1413 册，第 618 頁。
　　②林存陽《三禮館：清代學術與政治互動的鏈環》，北京：社會科學文獻出版社，2008 年，第 39—47 頁。
　　③張濤《三禮館輯録永樂大典經説考》，《故宫博物院院刊》2011 年第 6 期，第 98—130 頁。
　　④王文清：《送同館李栗侯太史歸里》，《鋤經餘草》卷六，《四庫全書存目叢書》，濟南：齊魯書社，1997 年，集部第 274 册，第 420 頁。

表1　《收到書目檔》所載收到書籍日期表

乾隆元年	十一月初四日、初七日、十五日、二十五日、二十七日，十二月二十日
乾隆二年	正月二十八日，二月初八日、二十四日、三十日，四月二十七日，五月十七日、三十日，七月十三日、十六日、二十七日，八月初三日，九月十一日、二十三日
乾隆三年	正月，七月初二日，八月十一日
乾隆四年	三月，四月二十八日，六月二十九日

　　三禮館開館是在乾隆元年六月，而十一月纔立檔記録收到書目，其首次收到書籍，已遲至開館半年之後了。三禮館較爲頻繁的收到書籍是在乾隆二年（1737），該年存有記録的有13天，有時一天會有多次收書記録，而前一年由於年末纔開始收書，故所得無多，乾隆二年正、二月之間，李紱曾提及三禮館“現在購求書籍未備”①，與此正合。到了乾隆三年（1738），全年之内也僅有3天有收書記録，大概徵書工作已漸近消歇了。

2.收書類別

　　這次徵書既爲三禮館而發，主要針對的便是三禮書籍，從《收到書目檔》來看，確乎如此，所收多禮學禮制、經學小學之屬，只有廿一史和《梓溪文集》等史書文集貌似和三禮無關，其實也不無用處，《梓溪文集》的作者舒芬，史書上説他“貫串諸經，兼通天文律曆，而尤精於《周禮》”②。這些典籍多屬前代刻本，也有一定量的清刻本，尤其是官刻本，還有一些時人未刊著述之鈔本。另有《永樂大典》，因爲特殊的因緣際會纔得以列入此目之中。

　　《收到書目檔》集中收録了三禮著作，這恐怕並非是繳送書籍的人見識異常高超或特別用心，倒有可能是因爲：第一，朝廷徵書時已特別説明需要三禮書籍；第二，通過某種渠道流露了特殊信息給有關呈書之人，如當時顧棟高恰在京師，曾謂：

　　　　乾隆丙辰，余應舉薦試赴都，時朝廷方纂修三禮，同年王少宗伯爲副總裁官，余求遺書，余以舅氏及高先生《周禮》對，迺檄下府縣繕寫呈進，送入三禮館。③

---

　　①李紱《與同館論先修喪禮書》，《穆堂初稿》卷四三，第21a—22b頁，清乾隆庚申無怒軒刊本。寫作年月依《三禮館輯録永樂大典經説考》所考定。
　　②張廷玉等《明史》卷一七九《舒芬傳》，北京：中華書局，1974年，第4761頁。
　　③顧棟高《先母舅霞峰華先生傳》，《萬卷樓文稿》第六册，中國國家圖書館藏清鈔本，無頁碼。其中“余求遺書”，疑當作“會求遺書”。

由於有顧氏向副總裁王蘭生的推薦,地方官吏纔出面繳呈指定之書;第三,三禮館收到之書,已經幾手傳遞,也許在此過程中剔除了部分無用雜書。

<h2 style="text-align:center">3.收書來源</h2>

從來源上看,京内出於翰林院與宫中文淵閣、武英殿等處藏書,京外則主要是湖北、廣東、浙江、江蘇各省交來,或先咨送至禮、户等部,再由其轉交三禮館,此外由書籍作者或家人出面繳呈者亦佔一定比例。略述如下。

文淵閣的書,即前述杭世駿所謂"珠林玉府之藏"。清修文淵閣在乾隆三十九年(1774),此處之文淵閣應指明代故址,距離三禮館所屬的内閣所在地最近。但是此文淵閣中原藏舊籍早經遷移散亂,餘存者絕少①。"當事奏請令諸纂修官入中秘文淵閣上蒐遺"②,所獲無多。此《收到書目檔》僅記乾隆三年三禮館從文淵閣取到 3 種禮書共 33 本,均殘缺不全。

武英殿,爲清廷刊刻書籍之所,咨送三禮館者多清代欽定經籍,如康熙"彙纂"、"日講"系列,以供參考。此檔載來自武英殿之資料 3 次共 17 種,正是由於當時"京師經學之書絕少"所致。

取自翰林院者乃《永樂大典》。《收到書目檔》載乾隆元年十一月初七日、二年二月十四日兩次收到《永樂大典》共 1513 本,可謂是三禮館收書的大宗。三禮館利用《永樂大典》,早於四庫全書館將近四十年,在學術史上自有其重要意義。本項工作由全祖望與李紱提議,約在乾隆二年二月方始展開。館臣從《大典》中輯録出《周禮》、《儀禮》相關文獻達三十餘種,《禮記》部分則有漢宋禮説乃至元人經疑數千篇,而數量巨大,足供館中查考所需。杭世駿稱:"從《永樂大典》中,有關于三禮者,悉皆録出。"因文淵閣、武英殿的經學、禮學書籍絕少,所以儲存在翰林院的《永樂大典》成了三禮館纂修草創期間的重要資料。

而由京外各省送來的三禮書籍種類最多,應是後來三禮館正式纂修時的主要參考對象,其大致來源可見下表:

---

① 參見方甦生:《清内閣庫貯舊檔輯刊·叙録》,第 1a—6a 頁;徐中舒《再述内閣大庫檔案之由來及其整理》,《徐中舒歷史論文選輯》,北京:中華書局,1998 年,第 371—374 頁;單士元《文淵閣》,《故宫札記》,北京:紫禁城出版社,1990 年,第 244—255 頁。學人斷定明代北京曾有文淵閣之建,《收到書目檔》的這一記載是其重要依據。

② 王文清:《周禮總義序》,易袚《周禮總義》卷端,《叢書集成續編》,臺北:新文豐出版公司,1989 年,第 65 册,第 3 頁。

表 2 《收到書目檔》所載各省繳送書籍情況表

直隸	2 種	
湖北	3 種	僅送來 1 次者
陝西	1 種	
山西	4 種	
江西	14 種	
福建	5 種	
安徽（安慶）	1 種+3 種	送來 2 次者
山東	3 種+1 種	
廣東	3 種+1 種	
浙江	8 種+1 種+1 種	送來 3 次者
湖南	1 種+11 種+1 種	
江蘇（江寧）	40 種類+3 種+2 種+3 種	送來 4 次者

據此，知乾隆初年十八省除甘肅、四川、廣西、雲南、貴州、河南 6 省外，都曾送來三禮書籍（乾隆四年四月二十八日禮部送來河南中牟縣故翰林冉覲祖著作，不知是由該省呈送或由禮部直接收得）。從地域看，泰半屬南方省份，黄河以北僅直隸、山西、陝西和山東送來書籍，且次數和種類都不甚多。這自然是由於明末清初北方印刷文化遠不及南方，且戰亂頻仍之故。顧炎武早就抱怨過："北方難購書籍。"①

此一工作一般由各地向治下府縣徵繳，如二年八月初三日福建所送書籍來自漳州府、連城縣與建寧縣，九月十一日安徽所送書籍來自和州與江寧、東流二縣；隨後由巡撫匯總，繳至禮部，再由禮部發至三禮館，湖北由學政蔣蔚呈送是爲特例，而嵇曾筠時以浙江總督兼浙江巡撫，故《收到書目檔》以總督官銜記録。安徽、山東、廣東三省送來 2 次，浙江、湖南送來 3 次，江蘇送來 4 次，書籍種類也最多。山東所送書，分別由兩任巡撫岳濬、法敏先後送來。岳濬調任江西後，又送書 1 次。蘇撫邵基送書有 3 次之多，該省最後一次送書則由其繼任者完成。各省送來書籍遠較京中爲多，這一方面由於外地官員與藏書者慣於表現得積極踴躍，另一方面也是因爲乾隆初年書籍典藏尚不集中，各地所存遠較京師爲多。

除此以外，《收到書目檔》還有個人繳呈的記録，則繳呈者或爲書籍作者本人，或爲其親屬。在京繳呈者直接送至有關衙門，如朱必堦奏進其父已故大學士朱軾之書、張天保

①顧炎武《亭林文集》卷三《答汪苕文書》，顧炎武撰、華忱之點校《顧亭林詩文集》，北京：中華書局，1983 年，第 60 頁。

交來曾祖張養之書等①，皆由個人送到內閣、禮部而後發來三禮館；在地方者，則由各省巡撫送至禮部等處再轉至三禮館，《收到書目檔》未明言是由地方繳送而來，故列於此。乾隆二年八月初三日，福建巡撫盧焯所送均爲治下府縣臣民呈送的本族先人著作，乾隆四年六月二十九日戶部送到的江蘇崇明縣生員王者佐所著《禮記擬言》，《收到書目檔》雖不載來源，但據下引檔案可知是由江蘇巡撫送來。李光坡之書則由其兩子刑部額外主事李鍾份和連城縣儒學李鍾德在京中和地方各繳送一次。時人受修禮、徵書政策影響，願意將自家書籍獻官，三禮館中參考的不少近人著作，大概都是通過此種途徑入館。前引顧棟高云云，將其舅父華學泉和受業師高愈的著作推薦給三禮館，雖未直接進呈，性質卻近似。三禮館通過此種途徑獲得近代禮學著作，見於《收到書目檔》者約有如下這些（部分著者項爲筆者查補所得）：

　　　朱朝瑛手著《禮記》、《周禮》、《儀禮》共八本

　　　王者佐《禮記擬言》十本

　　　張爾岐《儀禮鄭注句讀》鈔本十本

　　　萬斯大《學禮質疑》二卷一本、《禮記偶箋》一卷計一本、《周禮辨非》一卷《儀禮商》二卷計一本

　　　黄叔琳《周禮節訓》三本

　　　李文炤《周禮集傳》一套計六本

　　　華泉《儀禮喪服或問》一套計一本

　　　高愈《周禮註説》一套計六本

　　　冉覲祖《禮記詳説》六套計六十二本　　鈔本

　　　王心敬舊著《禮編》八本

　　　郭人麟《禮書》一套計九本

　　　吳亦龍《禮記鈔》二套計八本

　　　朱軾手著《周禮》二卷、《儀禮節略》二套

　　　李光坡手著《禮記》一套十本，《儀禮》一套六本，《周禮》一套六本

----

①案，"朱必堦"原誤"朱必楷"。此事載《高宗實録》卷三五："（乾隆二年正月）丁巳，原任通政使司右通政朱必堦恭進其父原任大學士朱軾《手註周禮》二卷。得旨：著交三禮館。"此《收到書目檔》記"乾隆二年正月二十八日，內閣交出朱諱必堦奏進大學士朱手著《周禮》二卷"，丁巳即二十八日。"堦"字訛爲"楷"字，因原檔無存，已難以判定是記録者已錯，還是整理者辨識、排印之誤。

梁萬方考訂增删《朱子儀禮經傳通解》四十本鈔本①

乾隆六、七年頃,纂修官姜兆錫亦擬借機奏進自著《九經補注》而未果②。就此而言,朝廷徵書確對當時士子產生了鼓勵,至少我們可以推想,有著作爲朝廷所徵求,令他們倍感榮光。梁萬方之書貢入京中,在原籍頗有影響,其書正式刊板時必定提上一筆③。張爾岐的《儀禮鄭注句讀》,刊本也有馮秉仁題識:

> 我國家重熙累洽,敦崇禮教,特命儒臣纂修《三禮》,爰時有以是書聞於上者。歲辛酉,部文到濟,開列書名,檄取家藏鈔本以取。④

辛酉爲乾隆六年(1741),《收到書目檔》載乾隆二年五月十七日山東巡撫法敏咨送張氏《句讀》鈔本十册入館,在馮秉仁題識所述徵書事前。馮氏所言,應指後來朱定元所進呈者。

值得注意的是,此檔記錄的各種書籍,因其來源不同,各有不同歸宿,如來自翰林院的《永樂大典》,用畢仍繳還;各省督撫咨送來者,遂於用過之後與此《收到書目檔》一齊收歸内閣,貯存在内閣大庫書籍表章庫中,而今日尚有部分傳世⑤。

4.收書水準

此檔書目中頗有一些今日稀見甚至失傳之書,例如其中有康熙間程文彝所撰《聞禮要録》,今日《中國古籍善本書目》僅著録一孤本。不過,衡量此檔收書的質量水平,顯然不能根據這些書籍在後世的價值,而要看所收之書是否符合清廷徵書的初衷,以及是否反映了那個時代的藏書水準。

從武英殿領來的書籍種類有限,但其中有一種比較引人矚目,且爲叢書,宋元明許多重要的經學著作都收入其中,篇幅很大,這就是乾隆元年十一月十五日收到的《經解》,應

---

①《收到書目檔》,第98a—102b頁。"周禮辨非"原誤"周禮辨飛","梁萬方"原誤"梁萬才","朱子儀禮經傳通解"原脱"經"字。

②姜奭《識語》,姜兆錫《擬進九經補注札子》附,《夾漈文集》,南京圖書館藏鈔本,第2b頁。

③《(光緒)直隸絳州志》卷十一《人物中·梁萬方》,光緒間刊本,第23b頁;梁思熾《識語》,梁萬方《重刊朱子儀禮經傳通解》卷端,《四庫全書存目叢書》,《四庫全書存目叢書》,濟南:齊魯書社,1997年,經部第112册,第538頁。

④馮秉仁《識語》,張爾岐《儀禮鄭注句讀》卷末,臺北:學海出版社,1997年,第813頁。

⑤方甦生《清内閣庫貯舊檔輯刊叙録》,第135—136頁;《清内閣庫貯舊檔輯刊·叙録》,第55b—56a頁。

該是指《通志堂經解》。《通志堂經解》的板片早在康熙中即已收歸内府①，故武英殿得有
其書。此檔中著録《經解》三部，加上三禮館從《永樂大典》中輯録出來的若干禮書，應該
能爲纂修參考提供一定幫助。其他比如朱熹《儀禮經傳通解》，爲宋明時非常重要的禮學
著作，此檔收入 2 部（其中一部大概與《儀禮經傳通解續》分列），另外還有一部清人改編
本。衛湜《禮記集説》所收資料豐富，此檔中收載一部 60 册的版本，但尚無法坐實就是衛
氏之書。至於陳祥道的《禮書》，曾於乾隆二年二月初八日和三年正月各收到一部，然而
都是不全的本子，鄧元錫《三禮編繹》也不全。元人吴澄的著作、明初《五經大全》，此檔
中也有一些。近人著作，除前文所列外，尚有徐乾學《讀禮通考》、曹士瑋《禮記體注》、徐
斌《禮記集腋》等，《讀禮通考》自然要算是纂修禮書的必不可少之作，但後兩者的學術價
值不宜高估，而《收到書目檔》中這一類著作着實收録不少。泥沙俱下，是行政化的徵書
手段所難以避免的後果。

　　從《收到書目檔》看，似乎徵書諭旨没有特别提到對經書版本的要求。正經注疏，至
乾隆三年八月十一日始從江蘇收到《十三經》一部共百二十本，當是一套《十三經注疏》，
但其版本不明，料想不是監本即是毛本。此外，單獨著録的三禮白文本，都無法判定其版
本。這當然并非是《收到書目檔》的過錯，因爲此檔本身是一件流水檔案，而非用心編輯
的書目，不過這卻影響到對當時收書水準的確切了解。大體而言，乾隆初年這一次徵書
活動，基本上能够滿足當時三禮館纂修工作的日常進行，但也談不上有多大提升，而對經
書的版本，顯然没有留心，這和當時學界對版本這一問題尚未形成普遍重視的情形是吻
合的。

四、《收到書目檔》的缺漏

　　對這次徵書活動，時人有"欣逢聖天子御極，特詔修定《三禮》，並敕海内士夫家，《三
禮》藏本皆得入獻"之説②。但從《收到書目檔》所反映出的情況看，徵書活動效果平平。
當然，《收到書目檔》所記内容或有缺失，也許不能反映這次徵書成果的全貌。

　　《收到書目檔》紀事止於乾隆四年上半年，而三禮館纂修工作則持續了十九年之久，
其間清廷又陸續開展過徵書活動，如乾隆三年武英殿重刊經史遂命各省採購前明監板，

---

①王士禛：《分甘餘話》卷四《徐氏經解》，北京：中華書局，1989 年，第 85 頁。
②王文清：《周禮總義序》，易祓《周禮總義》卷端，《叢書集成續編》，臺北：新文豐出版公司，1989
年，第 65 册，第 3 頁。

六年弘曆又刻意搜訪儒學著作①,都應有不少書籍流入三禮館,供纂修參考,而未見於此檔者。前述《儀禮鄭注句讀》刊本的馮秉仁題識所謂"歲辛酉,部文到濟",應指乾隆六年徵書事,見《上諭檔》及《實録》該年正月庚午條②。此次徵書主要爲增加内府儲備,與纂修《三禮》並無直接關係,但民間獻書涉及禮學者,自應不少,遂輾轉入於三禮館。查第一歷史檔案館所藏宫中檔硃批奏摺,有乾隆七年(1743)二月二十五日乙卯山東巡撫降級留任朱定元奏爲採得《儀禮鄭注句讀》進呈一摺(檔案號04-01-38-0003-015;又見第一歷史檔案館乾隆朝軍機處漢文録副奏摺,檔案號03-0334-012),其中説:

> 竊照案准部咨,内開乾隆六年正月初四内閣奉上諭"從古右文之治,務訪遺編,目今内府藏書已稱大備,但近世以來著述日繁,如元明諸賢以及國朝儒學,研究六經、闡明性理、潛心正學、醇粹無疵者,當不乏人,雖業在名山,而未登天府。著直省督撫學政留心採訪,不拘刻本、鈔本,隨時進呈,以廣石渠、天禄之儲。欽此"等因,行文到臣。臣欽遵諭旨,悉心採訪,去後雖各家著述間亦有人,但剽襲陳言、創立私見者概未能免。臣謹校閱,有《儀禮鄭注句讀》一書,係已故濟陽布衣張爾岐所録《儀禮》鄭氏註,並博採賈氏、吳氏之説,參以意斷,纂輯成編,並考定監本及石經脱誤,作《正誤》二篇附之於後。以臣愚陋,所及似無大疵謬,特敬録成帙,裝潢恭進,是否可備採擇,仰祈皇上睿鑒。謹奏。

則朱定元之進呈《儀禮鄭注句讀》,乃奉六年上諭而行。三月初三壬申,該書由乾隆帝弘曆轉交三禮館,以備採擇③。這部《句讀》在《收到書目檔》的記載之外。由皇帝降旨將書交與三禮館,也是《收到書目檔》中所未能反映的一條途徑,但估計這種情形相當少見。

　　三禮館纂修期間朝廷多次徵書,此舉自會導致三禮館實際收到書目溢出《收到書目檔》。清人著述中屢有將著作貢入三禮館之記載,如遺民張怡撰有《三禮合纂》:

> 乾隆三年,詔修《三禮》,求遺書。其從孫某以書詣郡,太守命學官集諸生繕寫。④

① 張昇《明清宮廷藏書研究》,第151—152頁。
② 中國第一歷史檔案館編《乾隆朝上諭檔》,桂林:廣西師範大學出版社,第1册,第693頁;《高宗實録》卷一三四,《清實録》,北京:中華書局,1986年,第941頁。
③ 《高宗實録》卷一六二,第36頁。
④ 方苞《白雲先生傳》,《望溪集》卷八,《方苞集》,第216頁。又參《(道光)上元縣志》卷末《摭佚・張白雲先生怡》,道光間刊本,第50b—52a頁。

三禮館纂修官惠士奇、諸錦在撰寫稿件時皆曾參考其書,可知其書確已入館。江永《禮書綱目》亦曾移送三禮館,其弟子戴震有云:

> 值朝廷開館定《三禮義疏》,纂修諸臣聞先生是書,檄下郡縣,録送以備參訂,知者亦稍稍傳寫。①

當時《禮書綱目》尚無刊本,故郡縣倩人抄録以呈送朝廷,戴震又謂"《禮書綱目》,前大中丞趙公暨禮館所抄者特其梗概"②云云,即此。"前大中丞趙公",則皖撫趙國麟是也。由此可見,安徽所送書目,原不止 2 次 4 種而已。

此外,管見所及還有:

> 【明人】湯三才字中立,號心古,邑諸生。精於《禮記》,輯《新義》,補注疏之闕,《欽定禮記義疏》採其説。③
> 【清人】楊廷鍵,字準可,……乾隆丙辰鄉貢,肄業成均,以其所著《三禮解紛》上於三禮館。總裁方靈皋採入《三禮註》中。④

此外,沈彤《儀禮小疏》的初稿亦曾爲館臣所參考。則三禮館實際所收文獻資料超出《收到書目檔》之外者,尚所在多有。其中不乏當時稀見之書,如明末清初之楊梧,著《禮記説義》一書,同時朱彝尊尚未得見⑤,據筆者所見的《禮記義疏》稿本批語,三禮館竟有其書。竊意當時類似者尚多,惜乎原始檔案殘缺太甚,惜已無法一一考出,以完全復原當日的參考書目並補足《收到書目檔》了。

五、當時徵書工作的困難

儘管如此,借由《收到書目檔》,結合相關史料,還是可以窺見當時清廷徵書工作的一

---

① 戴震《戴東原集》卷一二《江慎修先生事略狀》,《戴震文集》,北京:中華書局,1980 年,第 178 頁。
② 戴震《江慎修先生七十壽序》,《善餘堂文集》附,上海圖書館藏民國間吳縣潘氏寶山樓鈔本,無頁碼。今人有疑此序爲僞托者,未可從,兹不具論。《善餘堂文集》近有整理本行世,此處引文見江永著、林勝彩點校、鍾彩鈞校訂《善餘堂文集》,臺北:"中央研究院"中國文哲研究所,2013 年,第 71 頁。
③《(光緒)丹陽縣志》卷二十《儒林》,轉引自王重民《中國善本書提要》,上海:上海古籍出版社,1983 年,第 19 頁。
④《(光緒)丹徒縣志》卷三二《儒林》,光緒間刊本,第 21a 頁。
⑤ 朱彝尊《經義考》卷一四六,北京:中華書局,1998 年,第 768 頁。

些狀況,尤其是其困難之處。總體而言,雖然徵書活動對三禮館纂修工作的需求來説算是基本合格,但若從更高的標準來看,不免存在三個問題:

一、起點低。清宮藏書最初繼承前代之遺,而明代後期政局混亂狀況對書籍管理產生不良影響,加之戰亂因素,清人實際接收之明代故物恐已無幾①。順治以來,朝廷雖屢有徵書之舉,但所得實在有限。如果深入了解《收到書目檔》產生的背景,便會知道前引乾隆上諭所説"目今内府藏書已稱大備",不過是門面話。乾隆三、四年時,武英殿中竟連監本十三經、廿一史也没有②。依據現存反映乾隆初年文淵閣内藏書情況之書目考察,也便知道其中可供三禮館採用者的確不多③。難怪杭世駿要抱怨"無可取攜"了。

二、進度慢。《收到書目檔》記載的這一次徵書活動,是與纂修《三禮》相配合的。三禮館爲此作過一定準備工作,早在未入館前,李紱即已開具應求三禮書目,"在注疏經解之外者,共一百一十六種"④。單從數字推想,不論其中是否包含《永樂大典》中之禮學佚籍,此一書單内容都稱得上較爲豐富,足够三禮館訪求遺書與纂修使用,且當時推薦書目者應不止李氏一人,書目也不止這一份。但現實情況與設想之間存在很大落差。在乾隆四、五年間,李紱聲言:

> 從前所開三禮書目應行徵閲者共一百一十六種,今查館中止有五種,尚有一百一十一種未到。從前行文未將書目粘單併發,所以各地方官吏無憑搜求。今開館既久,書當速成,若再行文,緩不及事。⑤

《收到書目檔》到乾隆四年截止,已開列有百種書目,而李紱書目中竟僅到 5 種,尚缺 111種! 若説《收到書目檔》所列書目大多溢出李紱書目之外,似乎不大可能;可若是書已到館而李紱尚未曾寓目,則當時的徵書及使用效率如此低下,更不免令人訝異。無論如何,僅將《收到書目檔》所載年月日期與收書種數相互對照,每年進書的次數和每次到書的種數都不能令人滿意,進度緩慢是顯而易見的。

三、遺漏多。與進度緩慢相伴,徵書過程中頗有遺漏,致使收到書籍水準有待提升。

---

① 徐中舒《再述内閣大庫檔案之由來及其整理》,第 371—374 頁;張昇:《明清宮廷藏書研究》,第131—136 頁。

② 方苞《奏重刊十三經廿一史事宜札子》,《集外文》卷二,《方苞集》,第 566 頁。

③ 方甦《内閣大庫書檔舊目》,南京:中央研究院歷史語言研究所,1933 年,第 14a—29b 頁。

④ 李紱《答方閣學問三禮書目》,《穆堂初稿》卷四三,《續修四庫全書》,上海:上海古籍出版社,2002年,第 1422 册,第 86 頁。

⑤ 李紱《與同館論徵取三禮注解書》,《穆堂別稿》卷三四,《續修四庫全書》,上海:上海古籍出版社,2002 年,第 1422 册,第 519 頁。

之所以如此,其主要原因無疑是徵書不力。李紱在開列書目時對此一情況即有所認識,指出書目中書"皆浙江藏書家所有,然購求頗難":

> 有懼當事不行鈔寫而以勢力强取,遂秘而不肯出者;亦有因卷帙浩繁、難於鈔寫,恐時遲費重,遂以無可購覓咨覆者。①

徵書困難,在於藏書家秘不肯出,在於承辦官員敷衍塞責。地方州縣對朝廷徵書熱情不高,憲檄一到,即報無書,人情時事,大抵如此。而從前述顧棟高、姜兆錫等人之例觀之,一般士人對朝廷徵書尚能積極配合,則承辦官員應對徵書不力負更大責任。據"中央研究院"歷史語言研究所藏內閣大庫檔案(登錄號 144811-001),乾隆四年六月江蘇巡撫張渠咨送崇明縣生員所著《禮記擬言》一種,並說"江、松、常、揚、海、通、太七府、州申覆無禮經書籍以及未刻草本,……其餘未覆各屬現在嚴催,一俟覆齊另報"。江南素負文獻之邦美稱,而竟以"無禮經書籍"回覆,豈不可怪! 其實張渠本年二月間新調蘇省,恐怕這時還未有精神專注於徵書,"申覆無書"不過是主事者拖拉不辦的託辭,這一點,到了後來四庫館徵書活動的初始階段依然是如此。②

作者簡介:張濤,男,1982 年生,歷史學博士。現爲上海社會科學院信息研究所助理研究員、上海師範大學博士後,主要研究領域爲中國經學史、文獻學。

---

① 李紱《答方閣學問三禮書目》,《穆堂初稿》卷四三,《續修四庫全書》,上海:上海古籍出版社,2002年,第 1422 册,第 86 頁。
② 可參黃愛平《四庫全書纂修研究》,北京:中國人民大學出版社,1989 年,第 23—25 頁。

· 域外漢籍研究

《文鏡秘府論》之《帝德録》徵實

趙　益

　　成書時間約在公元 820 年前後的日本空海所編《文鏡秘府論》①，北卷有《帝德録》一篇。《帝德録》在《文鏡秘府論》之前即有記録，《大日本古文書》所收日紀天平二十年（748）六月十日《寫章疏目録》，著録"《帝德録》一卷"；《文鏡秘府論》之後，收書下限在公元 875 年的《日本國見在書目》，其"總集家"著録有"《帝德録》二卷"②。日本學者小西甚一認爲此兩條材料提到的《帝德録》，即《文鏡秘府論》所據之書，並認爲是"隋至初唐時的作品"③，奈良時代前期已傳入日本。中日學者基本贊同此論，惟王利器以《帝德録》中引用《禮記·儒行》"忠信爲甲冑"改"忠"曰"誠"爲避楊忠諱，直謂作者爲隋人。總之，以《文鏡秘府論》北卷之《帝德録》原爲中土隋唐之際作品，已成學術界某種共同結論。但個人認爲，這個結論是大可商榷的。

　　首先，《帝德録》或書名相類之作，不見中土任何著録。《隋書·經籍志》中最爲接近的是《皇德瑞應賦頌》一卷（梁十六卷）④，此書已佚，内容無從得知，但從書名看，其與《帝德録》並非一書絶無可疑。相反在日本，如前所述，《文鏡秘府論》成書前約七十餘年即有

----

①《文鏡秘府論》的成書時間，據盧盛江所考，見其《文鏡秘府論彙校彙考》前言，北京：中華書局，2006 年。
②《日本國見在書目》著録爲"二卷"，與《寫章疏目録》著録"一卷"有異，但這一差異並不重要。
③（日）小西甚一《文鏡秘府論考·研究篇》，東京：講談社，1953 年。此據盧盛江《文鏡秘府論彙校彙考》轉引，見（日）遍照金剛撰、盧盛江校考《文鏡秘府論彙校彙考》，北京：中華書局，2004 年，第 1741 頁。
④詳見王晉江《文鏡秘府論探源》，香港：天地圖書有限公司，1980 年。

《寫章疏目録》提及;記載下限在公元 875 年左右的《日本國見在書目》,並有明確著録。當代研究已經表明,《日本國見在書目》著録之書並非全是唐朝傳入之書,也有少量日本著述①。因此,僅以《日本國見在書目》之著録爲根據,斷定《帝德録》爲中土之成書,不能成立。如此,則《寫章疏目録》的記録十分重要,兹略作分析如下。

《寫章疏目録》是經生爲皇室抄寫佛經的清單,附有不少外典。其中的相關著録爲(括弧内爲原注):

> 經典釋文廿一卷
> 新修本草二帙(廿卷)
> ……(略)
> 帝曆並史記目録一卷
> 帝紀二卷(日本書)
> 君臣機要鈔七卷
> 瑞表録一卷
> 慶瑞表一卷
> 帝德録一卷
> 帝德頌一卷
> 讓官表一卷
> 聖賢六卷
> 鈞天之樂一卷
> ……(略)②

日本學者或即以其中多爲中土已有之佛典及外書,且"《帝紀》二卷"下有"日本書"注而他書並無,遂將《帝德録》目爲中土成書。但如此立論,難稱有據。分析《寫章疏目録》外典部分的著録,明顯可以得到以下結論:(一)目録中既有中土成書,也有據中土資料編録或節鈔而成者,如《帝曆並史記目録》一卷即是。它將"帝曆"和"《史記》目録"鈔在一起,顯然是因爲《史記》目録(特別是世家部分)同樣具有帝王譜系的作用。毫無疑問,中土絶不可能有此一文獻出現。其他如《瑞表録》、《慶瑞表》、《讓官表》、《聖賢》等,

---

① (日)矢島玄亮《日本國見在書目録の研究》,東京:汲古書院,1984 年,第 249 頁。
② 日本東京大學史料編纂所《大日本古文書》卷三,東京:東京大學出版會,1998 年,第三册,第 89 頁。

大抵類似。(二)《帝紀》注爲"日本書",顯然是因其內容而論,即其所録爲日本帝系(當然編撰者也是日本人)。而其他一些完全是中土內容但顯然是日人編鈔者,並不注"日本書"。上述兩點可以證明:《寫章疏目録》所著録者,同樣不完全是中土成書。

《帝德録》亦不見中土任何稱引。唐代類書《北堂書鈔》、《白孔六帖》均有"帝德"一門,所收詞語事對,與《帝德録》幾乎全不類似。即使以兩類書"帝王部"整體來看,與《帝德録》也少有完全相同的詞句。如果《帝德録》是一部隋唐間就已出現的文獻,很難想像《北堂書鈔》、《白孔六帖》不加以摘録,且竟沒有一絲相互關聯的痕跡。

在這個方面,《帝德録》不可與《文筆式》等量齊觀。《文鏡秘府論》所引用的《文筆式》同樣載於《日本國見在書目》而不見稱於中土文獻,但《文鏡秘府論》西卷《文筆十病得失》引用時有"《文筆式》云",地卷《八階》注亦有"文筆式"字眼,可以明確《文筆式》爲一部成書;而《文鏡秘府論·帝德録》全文則無"《帝德録》云……"等相關文字。《帝德録》若是隋唐間之成書,其內容不外是言述帝系或讚頌帝德,其文獻地位是屬於文法規範性質的《文筆式》無法比擬的。如此重要的文獻,當時無一語道及並立即絶祀於中土,是不太可能的事情。

其次,《帝德録》與《九意》、《句端》二篇相仿,實乃彙集詞藻指導撰文之作,對此中日學者均無異辭。其中,《帝德録》尤其特殊一些。① 如果説《文鏡秘府論》的主體反映了唐代"規範詩學"成就的話②,《帝德録》則顯然屬於基本的歷史知識和特殊的語義知識③。王晉江、王利器謂此篇猶陸贄《備舉文言》、李商隱《金鑰》、王應麟《小學紺珠》等,爲"摘經史爲偶對類事"之書④。此論固是,但只見其一,未見其二。《帝德録》等三篇與唐宋類書功用雖然相仿,性質則迥乎不同:類書僅僅是羅列句典、事典及其出處,並無用法解説;而《文鏡秘府論》三篇除了提供詞藻及成句外,還有具體的指導。如《帝德録》中即有:

> 右並是古帝王名狀。至諸文歷叙先代處,可於此斟酌改用之。或可引軒、唐、虞、夏、商、周、秦、漢等國號,即以曆運、命祚、基業、道德等配之,隨其盛衰而叙。

---

① 雖然同爲彙集詞藻指導作文,《帝德録》與《九意》、《句端》仍有一定的不同。《九意》主要彙集關於"春夏秋冬山水雪雨風"九種不同自然物件的成語成句,屬於詞藻層面;《句端》主要論述發語詞,屬於語文技法的層面。而《帝德録》則屬於基本的歷史知識與語詞知識層面,相對來説更接近於常識的範疇。

② 參張伯偉《論唐代的規範詩學》,《中國社會科學》第 4 期,2006 年。

③《帝德録》與"詩格"等功用雖一(指導創作),性質則有所不同。即"詩格"等屬於"形式"指導,《帝德録》和《九意》屬於"內容"指導。

④ 王晉江《文鏡秘府論探源》,第 173 頁;王利器《文鏡秘府論校注》,北京:中國社會科學出版社,1983 年,第 504 頁。

　　右並帝德功業,其在諸文須叙述者,可於此參用之。若文大者,陳事宜多,若太平頌、巡狩、賢臣頌、檄文、封禪表之類體,須多;若雜表等體,須少。皆斟酌意義,須叙之。句數長短,皆在本注。

　　右並瑞應。諸文須開處,可於此叙之。文大者,可作三對、四對,若太平、巡狩、及瑞頌、封禪、書表等,可準前狀,或連句、隔句對,並總叙等語參用之。小者,或一句,若瑞表等,可用瑞物之善者,一句内並陳二事而對之,論其衆多之意。①

　　顯然,僅是像類書那樣對詞藻進行單純的彙集,不能實現《帝德録》所希望達成的指導作文的目的,所以纔加上了這種解説。可以肯定的是,隋唐之時的著述從未有如此行文者;到目前爲止,也没有發現中古時代出現任何有類似作文指導之書的跡象。此類撰作必然是母語非漢語的東國人士所作,因爲只有他們纔有這樣的需要。②《寫章疏目録》所著録的《瑞表録》、《慶瑞表》、《讓官表》之類,很大可能也是一種關於"表"的指導性範文彙編。

　　"帝德"有兩種涵義,一是傳統的帝系、帝世之書③,二是帝王明德④。第二個語義的具體語用之一,就是指讚頌帝德的事對和詞藻。兩種涵義有一定的關聯,因爲讚頌明德,首先需要瞭解帝王名號世次尤其是三代聖王的譜系。但中土著述,不會將二者混淆:叙述世次事蹟者,絶不會摻雜屬詞對事之作文指導;彙集詞藻屬對之類書,也不會把"帝德"和"帝系"的内容同編一類。《帝德録》上半部總述帝系及聖王事蹟内容,下半部進行表讚文章的作文指導,不符合中土文獻的體例,而恰恰符合日本人士的需求。

---

　　①《文鏡秘府論彙校彙考》,第 1777—1778 頁、第 1869 頁、第 1932 頁。
　　②不少中國學者認爲《帝德録》談到了駢文的體式與作法,這個看法顯然有誤。駢文體式的技術性並不複雜,無論是正對、反對或是隔句對等等,其根本要點仍在於詞性和詞義。易言之,詞性和詞義決定了屬對的成功與否。所以,駢文的關鍵不在於"句"而在於"詞",詞性(尤其是合成詞的構成性質)和詞義最爲要緊。特別是在"用事"上,如果不具備豐富的事典知識,駢文的作法就是空談。落實到讚頌帝德的方面,由於茲事重大,對帝王關鍵事蹟的屬詞遂成爲重中之重。實際上,《帝德録》的主要内容仍然是首先羅列從伏羲到漢高祖的基本事蹟用詞,然後進一步彙集種種讚頌之詞,並提示具體使用原則。指導中所涉及到的某些所謂"駢文技法"(比如同義名詞替换),更是一種"對外漢語教學法",所針對的是母語非漢語的海東之人,中土文人根本不可能需要這種方法指導。
　　③《史記·五帝本紀》:"孔子所傳宰予問《五帝德》及《帝系姓》,儒者或不傳。"又"《書》闕有間矣,其佚乃時見於他説。"《索隱》:"言古典殘闕有年載……然帝皇遺事散佚,乃時時旁見於他記説,即《帝德》、《帝系》等説也。"《漢書·律曆志下》:"少昊帝,《考德》曰少昊曰清。"顏師古注:"《考德》者,考五帝德之書也。"
　　④《吕氏春秋·古樂》:"帝舜乃令質修《九招》、《六列》、《六英》,以明帝德。"唐代類書以此義立類,如《北堂書鈔》卷五"帝王部·帝德十三"、《白孔六帖》卷十一"帝德第一"。

同名異書。

第一種可能性最大，今本《文鏡秘府論》北卷有題《帝德録》一篇之事實本身，是最有力的證明。同時，如前所述，空海將《帝德録》整理編入《文鏡秘府論》，與其編纂宗旨、方法及特別是取材原則均不矛盾，因爲《帝德録》儘管是日人著述，但其材料仍來自於中土。

《寫章疏目録》表明，當時日本存在多種類似彙編，這爲空海編輯整理提供了材料基礎。空海完全有可能以《帝德録》爲基礎，採輯《帝德頌》乃至《瑞表録》、《慶瑞表》之文，編成今《文鏡秘府論》之《帝德録》。

第二種可能性也是存在的。空海摘《文鏡秘府論》之要而另編《文筆眼心抄》，始"四聲譜"訖"句端"，不載《帝德録》。其《文鏡秘府論·序》有云："余癖難療，即事刀筆，削其重複，存其單號，總有一十五種類，謂《聲譜》、《調聲》、《八種韻》、《四聲論》、《十七勢》、《十四例》、《六義》、《十體》、《八階》、《六志》、《二十九種對》、《文三十種病累》、《十種疾》、《論文意》、《論對屬》等是也。"①今本《文鏡秘府論》正文標目，則有二十六類。這雖然可以理解爲序文記述與正文内容及編排往往並非一致，②或序中所言僅是重要的"小題"（《論文意》、《論對屬》下無小題），但序文既云十五種類，則空海初稿的基本分類絶不會與此相距太遠。如果去除可能的"大題"如"論體勢"、"論對"、"論病"、"論文意"、"論對屬"及《帝德録》，正文標目大致也就剩下二十類左右。③《文筆眼心抄》目録分十九類，除去"凡例"，"定位四術""定位四失"實可合併，加之目録所無的"七種言句例"，實際大約爲十七類，與《文鏡秘府論·序》及正文相差均不甚遠。總而言之，《文鏡秘府論·序》不道《帝德録》，《文筆眼心抄》也没有《帝德録》的内容，有力地證明了《帝德録》原來或不屬於《文鏡秘府論》。

《文鏡秘府論》多種存本保存了一些空海手稿本和其他未傳本的痕跡，就目前的研究而言，尚未發現北卷留有此類印跡④，這也從一個側面映證了上述可能性。

無論是空海還是空海以後人將《帝德録》編入《文鏡秘府論》，由於《文鏡秘府論》更爲流行，單篇存在的《帝德録》不久亡佚，所以《日本國見在書目》之後不見著録。這是很正常的現象。在全憑手寫，傳播保存不易的寫本時代，如果某一種或某一類文獻在編纂、

①《文鏡秘府論彙校彙考》，第 24 頁。
②（日）興膳宏《文鏡秘府論譯注》，載《弘法大師空海全集》第五卷，東京：日本築波書房，1986 年。此據《文鏡秘府論彙校彙考》轉引。
③關於《文鏡秘府論》的大、小題，詳見《文鏡秘府論彙校彙考》，第 42 頁。
④參閱盧盛江《關於〈文鏡秘府論〉的研究》，《山西大學學報（哲學社會科學版）》第 30 卷第 1 期，2007 年 1 月。

內容、形式、品質以及方便閱讀、流傳等方面均勝舊制，或某類之中有一部刪繁就簡足以概括多種內容的書籍出現，或某書得以刪正並被編入更爲流行的彙纂著作，勢必使前有類似文獻或原據文獻趨於散亡。

第三種可能性程度極低。《日本見在國書目》著録《帝德録》在“總集家”，證明所録之書與今《文鏡秘府論》之《帝德録》性質相同。如果《日本見在國書目》所著録的是另一部書，就日本保存文獻的情況來看，後世既無流傳，同時從來無人提及它與《文鏡秘府論·帝德録》的關係，這種情況極不尋常，因而是不太可能發生的。

關於《帝德録》編者屬性、文本性質、功用的考察，具有超出單純文獻考據的意義，不僅可以促使我們對當時中、日文獻的區分標準、日本人士的著述實況、公元八世紀中日文化交流特別是典籍東傳及接受過程中的具體情狀等問題重新加以認識，更重要的是爲《文鏡秘府論》的編纂目的、性質、實際功用、取材等提供了新的證據。過去學者們只注意到《文鏡秘府論》的顯著特點是“規範化”和“初學化”，亦即它重點接受了中土中古時期詩歌、文章形式化發展中所必然產生的種種規範化理論，以服務於日本初學者；但都忽視了在此之外，《文鏡秘府論》等域外相關編述還具有非常明顯的“母語非漢語者之文學寫作教材”屬性。在這一點上，《帝德録》正是顯著的例證。

附識：本文撰寫，緣於和南京大學張伯偉教授的往復討論，並承南京大學金程宇博士教示甚多，然文章結論，則由作者負責。

作者簡介：趙益，男，1965年生，文學博士。現爲南京大學文學院古典文獻研究所教授，博士生導師。主要研究領域有古典文獻學、道教文獻與文學、中國文化史等。

日本漢籍所見金元詩歌新資料及其價值

張　珍　卞東波

一、引言

　　由游牧民族建立的金、元兩朝,在中國歷史上是比較特殊的朝代,其創造出來的文化,今天仍值得仔細玩味。相對於學者對唐宋文學的熱切關注及研究的興盛,對金、元兩代的文學則顯得重視不够。在"華夷之辨"的意識形態和"尊唐黜宋"的文壇風氣等因素的影響下,金元詩文在明代受到相當的冷落,尤其與當時通俗文學在民間的接受相比,作爲雅文學代表的詩歌更顯得問津者寡。陳垣先生在《元西域人華化考》中便指出明人對元代文學的輕視:

　　　　(元代)儒學、文學,均盛極一時。而論世者輕之,則以元享國不及百年,明人之蔽於戰勝之餘威,輒視如無物,加以種族之偏見,橫亙胸中,有時雜以嘲戲。①

　　從文學批評的層面來看,對金元文學(尤其是詩歌)的評價也遠遠不及唐宋兩代那麼高,往往被當做是唐詩或宋詩的附庸。如在明清兩代文學評論者的筆下,元詩常常以唐詩追隨者的面目出現,被視作唐詩對後世文學廣大影響的嫋嫋餘音②。李攀龍(1514—1570)作爲明代復古派的代表之一,在編選《古今詩删》時,更是秉持着"前七子"領袖李

---

　　①陳垣《元西域人華化考》,上海:上海古籍出版社,2000 年,第 132 頁。
　　②參見林理彰(Richard John Lynn)撰、張珍譯《傳統與個人:明清時代的元詩觀》一文,載於曹虹、蔣寅、張宏生主編《清代文學研究集刊》第五輯,北京:人民文學出版社,2012 年。

夢陽（1472—1530）"文必秦漢，詩必盛唐"①的文學觀念，對金元詩歌只字未選。滿清立國以後，或許是出於同爲游牧民族政權的認同感，清人對金元文學的態度頗爲寬容。在清代重視文獻整理和研究的樸學背景之下，清代學者開始有意識地整理金元時代的文學文獻，出現了《全金詩》（全名《御定全金詩增補中州集》）、《金文最》、《元詩選》等大型總集，諸多選本、注本也相繼問世。以金元之際的文學大家元好問（1190—1257）的作品爲例，清初評點和注釋大家查愼行（1650—1727）爲元好問詩集在清代的最早評注者，在《初白庵詩評十二種》中選評、校注了元好問詩歌近三百首，施國祁（活動於 19 世紀初）所著《元遺山詩集箋注》是《遺山集》在學術史上的第一部箋注本，爲後世研究元好問詩歌奠定了良好基礎。清朝滅亡以後，金元文學的研究又陷入了冷寂。因爲朝代鼎革之際的兵火洗劫，加上歷史上長期的忽視，金元作家詩文集多有散佚，不少文獻在中國本土已經失傳。

晚近以來，現代學術相對客觀的評價眼光使得金元文學的價值和意義重新得到了審視，尤其是 20 世紀 80 年代以後，學術界開始普遍認同金元文學的獨立價值，不再單純將其視爲漢族文化的延伸和繼續。金元文學作爲起步相對較晚的學術研究對象，其文獻的整理工作便成爲了當務之急。在文獻的整理和研究中，我們也應當關注和利用域外漢籍中保存的金元文學新資料。

近年來，學界在金元文學的文獻整理上取得了不少令人矚目的成果，如薛瑞兆、郭明志編的新編《全金詩》，在元好問所編《中州集》和清人郭元釪所編《全金詩》的基礎上輯補了大量作品，可以説是現今收集金代詩歌最多的總集，美中不足的是未能充分利用域外漢籍中保存的文獻資料，仍有可增益完善之處。元代詩歌數量龐大，在《元詩選》的基礎上增訂、補遺的工作仍在繼續，最近由楊鐮先生主編的《全元詩》68 册已經出版，但筆者仍在日本漢籍中發現此書失收的若干首元人佚詩。歷史上因中日書籍及文化交流，文獻東傳，在東瀛發現中土失傳的金元人佚籍亦非罕見現象，如日本國立公文書館（内閣文庫）藏有元代色目詩人金哈剌的文集《南游寓興集》鈔本。《南游寓興集》在中國傳世文獻中僅有《永樂大典》中有部分殘詩，然内閣文庫中卻保存着此集的完整文本，且爲天下孤本，並可以確定此鈔本錄自元代的傳本②。除了整部失傳的典籍之外，尚有大量單篇的詩文散見於日本漢籍之中。本文以日本室町時代所編的兩部大型中國詩歌總集《新選分

①張廷玉等《明史·李夢陽傳》，北京：中華書局，1974 年，第 7348 頁。
②參卞東波《珍稀和刻和抄宋元漢籍八種叙録》，載《域外漢籍研究集刊》第八輯，北京：中華書局，2012 年。

類集諸家詩卷》（下簡稱《新選》）和《續新編分類諸家詩集》（下簡稱《新編》）及其衍生副產品爲例來説明域外漢籍中所存金元詩歌的價值與意義。

　　《新選》與《新編》共收中國唐宋元明歷代詩歌兩千多首，其中就有不見於中國典籍的金元詩人佚詩三十餘首，具有極重要的輯佚價值。這兩部詩歌總集僅有鈔本傳世，没有産生廣泛的影響。五山詩僧天隱龍澤（1422—1500）從中精心選詩三百餘首編成《錦繡段》一書，在日本多次刊刻，使一部分在中國没有得到重視甚至已經亡佚的詩歌在域外得以流傳，其中便收入了不少金元詩人作品，如女真詩人夾谷之奇，《元詩選》僅載其詩一首，《錦繡段》卷上“懷古附題詠類”收入其佚詩《子陵釣臺》（選自《新編》，題作《釣臺》），十分珍貴。天隱龍澤弟子月舟壽桂（1460—1533）又繼其師，從《新選》、《新編》二書中選三百多首詩編成《續錦繡段》一書。《續錦繡段》在室町時代就有傳爲月舟壽桂本人（或作釋壽戡）所作之注《續錦繡段抄》，《錦繡段》則有江户時代著名漢學家宇都宮由的（遯庵，1634—1709）所作的注釋《首書錦繡段》、《錦繡段詳注》。這兩種抄物中就有對金元詩人詩歌的注釋，是這些詩歌較早甚至可能是唯一的注釋，這在東亞學術史上具有不可忽視的意義，可謂東亞學術史上最早對金元詩歌的研究。充分利用這些在域外漢籍中保留的金元詩歌新資料，可以爲我們研究和認識金元文學提供重要的幫助。

　　最近日本學界對《新選》及《新編》關注度開始上升，慶應大學附屬斯道文庫的堀川貴司先生也發表了這兩部書的整理本①，但對此書的文獻價值日本學者研究不多，筆者已先後撰文討論了此二書對於宋代文學研究的價值②，今筆者擬再以《新選》和《新編》中保存的金元詩人佚詩，以及宇都宮由的《錦繡段詳注》及月舟壽桂《續錦繡段抄》對金元詩

---

　　① 參見堀川貴司《翻刻建仁寺両足院藏〈新選分類集諸家詩卷〉（付同系統他本による補遺）：〈新選集〉、〈新編集〉研究その一》，載《斯道文庫論集》第四十五輯，2010 年；《翻刻慶應義塾図書館藏〈續新編分類諸家詩集〉（付他本による補遺）：〈新選集〉、〈新編集〉研究その二》，載《斯道文庫論集》第四十六輯，2011 年；《增補·改編本による補遺および諸本所收作品対照表：〈新選集〉、〈新編集〉研究その三》，載《斯道文庫論集》第四十七輯，2012 年。又堀川貴司撰、陳小遠譯《關於〈新選集〉》，載《國際漢學研究通訊》第七輯，北京：北京大學出版社，2013 年。又參見住吉朋彦撰、陳小遠譯《〈千家詩選〉與〈新選集〉——以國清寺舊藏本爲中心》，北京：北京大學出版社，2013 年。另外，對此二書研究比較深入的是朝尚倉先生，參見其《禪林における「詩の總集」について——受容の實態之編纂意図》，載日本文部科學省科學研究費補助金特定領域研究「古典學の再構築」總括班所編《古典學の現在》IV，2001 年。

　　② 參見卞東波《域外漢籍所見南宋江湖詩人新資料及其價值》，載《古典文獻研究》第十六輯，南京：鳳凰出版社，2013 年；又《域外漢籍所見宋代江西詩派新資料及其價值》，載《海南大學學報》（人文社會科學版）第 1 期，2014 年。又參見卞東波《域外漢籍中的宋代文學史料——以日本漢籍〈新選分類集諸家詩卷〉、〈續新編分類諸家詩集〉爲例》，載《宋代詩話與詩學文獻研究》，北京：中華書局，2013 年。

人作品的注釋爲例,進一步發掘其文獻價值,從而喚起大家對域外漢籍中金元詩歌文獻的關注。

二、《新選分類集諸家詩卷》、《續新編分類諸家詩集》所存金元詩人佚詩輯考

日本中世時期的鎌倉(1192—1333)時代與室町(1338—1573)時代,大致相當於中國南宋中期到明代晚期。此時,平安時代的貴族文學已經衰落,文學的話語權轉移到當時的禪僧手中,他們效法杜甫、中晚唐詩和以蘇、黄爲代表的宋詩,創造出了別具一格的五山漢文學。禪林中流行着周弼所編《三體詩》、舊題黄堅《古文真寶》、方回《瀛奎律髓》、于濟和蔡正孫所編《唐宋千家聯珠詩格》等詩文總集,還産生了大量注釋中國典籍的著作①。在閱讀、注釋中國典籍的同時,日本禪僧也着手自己編選漢詩總集、選本,如本文將要論述的江西龍派編選的《新選分類集諸家詩卷》,慕哲龍攀、瑞岩龍惺編選的《續新編分類諸家詩集》這兩部詩歌總集,以及天隱龍澤所編《錦繡段》、月舟壽桂所編《續錦繡段》這兩部詩歌選本。

江西龍派,號木蛇、續翠,又號晚泊老人等,爲日本臨濟宗黄龍派僧,曾爲京都建仁寺、南禪寺住持。他又師從被稱爲日本"五山文學雙璧"之一的絶海中津(1336—1405)學習漢詩,他有極高的漢學素養,史稱其"資性俊逸,梵漢博記,以文辭鳴於社中"②,詩文集有《木蛇詩稿》、《續翠詩稿》、《江西和尚駢儷》、《江西和尚疏稿》等;同時著有《江湖風月集》的注釋《江湖抄》,蘇軾詩的注釋《天馬玉津沫》以及杜甫詩的注釋《杜詩續翠抄》。③《新選》共分爲天文、節序、地理、寺觀(附居室)、懷古(附題詠)、人品、簡寄(附酬答)、尋訪(附會合)、送別、行旅(附從軍)、游覽、閨情、哀傷、器用(附寶貝)、食服、草木、鳥獸、畫圖、雜賦 19 類,共收詩 1200 多首,所收詩全部爲七言絶句,時代跨度從唐到明初。慕哲龍攀(？—1424)爲臨濟宗黄龍派僧侣,與江西龍派同師建仁寺名僧一麟一庵(1329—

①參張伯偉先生《日本古代詩學總説》一文,見張伯偉《中國詩學研究》,瀋陽:遼海出版社,2000年,第 338—358 頁。

②師蠻《本朝高僧傳》卷四十一《京兆南禪寺沙門龍派傳》,高楠順次郎、望月信亨編《大日本佛教全書》,有精堂出版部,1932 年,第 102 册,第 568 頁。

③江西龍派生平參見上村觀光編《五山詩僧傳》,東京:民友社,1912 年,第 201—203 頁,又參見玉村竹二《五山禪僧傳記集成》,東京:講談社,1983 年,第 220—221 頁。

1407），後亦爲建仁寺之主持。① 瑞岩龍惺（1384—1460），別號蟬庵（蟬闇）、稻庵，臨濟宗黃龍派僧。亦從一麟一庵問學，後從法兄江西龍派、慕喆龍攀學習詩文，後爲建仁寺、南禪寺主持。著有《蟬闇稿》。②《新編》是《新選》的續作，其分類與《新選》略有差異，分爲天文、節序、地理、草木、禽獸、宮省、居室、懷古（附題詠）、儒學、仙道、釋教、武用（附從軍）、雜職、人事、簡寄（附贈答）、訪尋（附會合）、送別、行旅、游覽、閨情、哀傷、圖畫、器用、食服、雜賦 25 類，共收詩 1280 餘首。《新選》、《新編》這兩部大型的詩歌總集收錄了大量金元詩人作品，多數見於中國的詩歌總集、別集、詩話、筆記、語録等，但也有 5 位詩人的 33 首不見於中國典籍的佚詩，對研究金元詩歌具有重要的輯佚價值。今將這 33 首詩加以輯考如下：

（金）趙秉文十四首

獄中元宵

天上星河陸地連，帝城風月自年年。誰知白髮三千丈，愁目如魚夜不眠。（《新編·節序》）

春寒

樓外山眉幾疊攢，黃昏卷袖倚欄干。東風不與人爲地，卻下重簾護晚花。（《新編·節序》）

程提點所藏四常士帖

古來名士少會合，杜李飄零各一方。誰道蘇門四君子，一日會我中書堂。（《新編·儒學》）

滹沱遇小雪

雲昏煙冷幾人家，行盡橋南十里沙。怪得瓊林爭入夢，渡頭小雪學梅花。（《新編·行旅》）

倦繡

黃壓檀花倒髻偏，日長掩繡欲成眠。小鬟不解昭陽夢，强曳春窗索簸錢。（《新編·閨情》）

學書

小研紅箋奮鼠鬚，露香滴盡玉蟾蜍。心知坦腹東床捷，不爲鷄儀草諫書。（《新

---

①慕哲龍攀生平參見《五山詩僧傳》，第 207 頁，又參見玉村竹二《五山禪僧傳記集成》，第 592 頁。
②瑞岩龍惺生平參見《五山詩僧傳》，第 217—219 頁，又參見玉村竹二《五山禪僧傳記集成》，第 339—341 頁。

第三也是最爲關鍵的是,《帝德録》是一種對中土材料的編纂而不是某種"創作",與空海《文鏡秘府論》的編纂方式完全相同。空海收集閱讀了大量的中土文獻資料,或辨證總結,或撮意歸納,或纂集彙編,或删削合併,撰成《文鏡秘府論》一書。有些因爲内容較爲專門而且集中,主要採自一家,如《句端》之據杜正倫《文筆要訣》;有的因爲意旨不同,遂整理合併衆家之説,如"調四聲譜"云:"諸家調四聲譜,具列如左","論對"云:"今棄其同者,撰其異者,都有二十九種對,具出如後","論病"云:"予今載刀之繁,載筆之簡,總有二十八種病,列之如左。其名異意同者,各注目下。"①由此,是否注明出處,也呈現出參差不同。《文鏡秘府論》從《調四聲譜》至《論對屬》二十四篇,均非録自同名成書;《句端》一篇雖然主要採自《文筆要訣》,但題名既不相同,同時可以斷定的是《文筆要訣》也絶非只有"句端"一項内容。由此推斷,《帝德録》一篇,與《文鏡秘府論》他篇相同,皆據中土材料(包括日人已經編成的資料)熔鑄剪裁而成,非照同名中土成書删削而來。

實際上,《帝德録》的取材雖然有所側重,但仍然是相當廣泛的。根據中日學者的研究,大致可以推定其前半部採自《大戴禮記·五帝德》、讖緯、《五行大義》、各類史傳,後半部分辭彙則主要録自讖緯、《符瑞》、《五行》等志、各種賦頌章表,也有不少是合乎構詞法的"杜撰"合成②。

最後,王利器指出的避隋高祖楊忠諱的例子,不能成爲絶對證據。因爲《帝德録》引用《禮記·儒行》之"忠信"作"誠信",有可能是編纂者所依據的《禮記》版本爲隋人的鈔本,亦即此一避諱可能出自於《禮記》的鈔寫者,而不一定出自於《帝德録》的編纂者。

以上種種,可以使我們有很大理由認爲:《帝德録》並非隋唐間中土之成書,而是公元八世紀初期日本人士的纂集之作。

由此,根據《帝德録》的兩個基本事實:

(一)《大日本古文書》所收日紀天平二十年六月十日《寫章疏目録》提及"《帝德録》"——在公元748年之前,已有名爲《帝德録》之文獻見於日本;

(二)《日本國見在書目》著録"《帝德録》"——公元875年前,仍然有此獨立著述藏在冷然院秘閣;

可以邏輯地推導出三種可能:第一是《帝德録》爲空海編入《文鏡秘府論》;第二是爲空海以後人編入《文鏡秘府論》;第三是日本另有《帝德録》一書,與《文鏡秘府論》之《帝德録》

---

①《文鏡秘府論彙校彙考》第41頁、第666頁、第888頁。

②可以發現,《帝德録》中有不少合成詞並無前代文獻的用例,詳參《文鏡秘府論彙校彙考》。

編·閨情》)

彈琴

曾覽周朝女史圖,不教琴瑟離須臾。月明羯鼓掀天起,曾爲君王解穢無。(《新編·閨情》)

搗衣

一夜秋風禁樹殘,月明雙杵動雲端。今年催寄邊衣早,應念龍沙特地寒。(《新編·閨情》)

汲水

銀床素綆引銀瓶,水浸瓜寒嚼水精。斜倚湖山觀兔躍,翠紗半臂定雲英。(《新編·閨情》)

剪爪

露香花刺買人行,筍玉無端太損生。莫放并刀如水快,且添銀甲助調箏。(《新編·閨情》)

覽鏡

月裏何曾雙佳質,水中更有一花枝。想應對鏡新妝處,爲妬嬋娟卻自疑。(《新編·閨情》)

墨梅

癡兒論畫止形似,以燈見面良不疑。我今爲説東坡法,參破梅花照影時。(《新編·畫圖》)

墨梅

倩女離魂散八荒,香留遺影發珍藏。陳玄知是三生骨,髣髴餘香襲錦囊。(《新編·畫圖》)

昭老送茶

苦硬家風識趙州,個中消息付茶甌。松梧聲裏僧窗夜,探借人間一日秋。(《新編·食服》)

按:趙秉文(1159—1232),字周臣,號閑閑,磁州滏陽(今河北磁縣)人。大定二十五年(1185)進士。歷事五朝,官至六卿。有《閑閑老人滏水文集》二十卷,附補遺一卷。金元好問《中州集》卷三收其詩63首,清郭元釪《全金詩》卷九至十四收598首,今人薛瑞兆、郭明志《全金詩》收644首,以上14首未見收。

(金)夾谷之奇一首
釣臺

赤帝青氊僅巳還,華勳高躅未容攀。詩家總認歸休意,不到狂奴兩字間。(《新編·懷古附題詠》)

按:夾谷之奇(? —1289),字士常,號書隱,居滕州(今山東滕縣),女真族。《御選宋金元明四朝詩》元詩卷與《元詩選·癸集》之乙存其《題周孝侯廟》詩一首。此詩不見於中國典籍。

(元)僧晦機一首
偶作

竹影無聲松影長,懶持殘卷剔銀釭。隔籬唯有娟娟月,茅屋簷低不到窗。(《新選·雜賦》)

按:釋元熙(1238—1319),俗姓唐,字晦機,號佛智禪師,豫章(今江西南昌)人。今存《滕王閣》詩一首。此詩未見於中國典籍。

(元)僧以仁四首
靜上人松堂

霜皮慘裂見麾幢,一寸禪心不易降。午夜濤聲生夢枕,卻疑平陸已成江。(《新選·寺觀》)

盆魚

數頭鮮活養恩波,瓢飲相忘較幾何。小水固知無甚樂,五湖煙浪曲鈎多。(《新選·鳥獸》)

螢

度水穿雲密又疏,紗囊曾聚舊茅廬。畫堂銀燭明如晝,只照笙歌不照書。(《新選·鳥獸》)

題畫册

天地分明一畫笥,草木人畜常充然。個中只欠嵇中散,目送飛鴻揮五弦。(《新選·畫圖》)

按:元僧以仁,撰《龍井志》,已佚。此四詩未見於中國典籍。

（元）僧一初十三首

題商德符山水

集賢縱事寫瀟湘，醉墨淋漓老更蒼。鑑畫要知如鑑馬，但看神駿略玄黃。(《新選·畫圖》)

題松雪道人山水

積水浮藍染碧空，飛花如雨亂晴風。舊游臺樹今淪落，只有雲山似畫中。(《新選·畫圖》)

題許由棄瓢圖

風瓢厭聽樹間聲，擲向中流弊屣輕。喧寂於人本無繫，先生何事未忘情。(《新選·畫圖》)

題太白像

歌罷秦樓月滿欄，天風兩袖錦袍寬。花前莫草清平調，飛燕深宮不耐寒。(《新選·畫圖》)

題畫貓

踞如獰虎視耽耽，更愛唇蟬一點含。幽館日長山鼠靜，黃蒬花下睡初酣。(《新選·畫圖》)

題山家畫紅梅

天女花來紺殿春，將軍梅老錦衣新。暗香流出溪頭去，誤殺漁郎遠問津。(《新選·畫圖》)

又

姑射仙人厭雪霜，染花重換壽陽粧。空合巨室癡兒女，寒夜燒燈看海棠。(《新選·畫圖》)

閻仲彬畫雙松

荒亭日照曉煙開，挺挺雙松出壑來。岳後園林嘉木盡，畫中驚見棟梁材。(《新選·畫圖》)

題東坡墨竹

儋翁老去氣崢嶸，尚擬長竿掣海鯨。好倩宮奴重秉燭，何山風雨寫秋聲。(《新選·畫圖》)

墨菊

陶家舊本徧林丘，野草無端亦姓劉。典午山河無寸土，籬邊分得一枝秋。(《新選·畫圖》)

墨菊

西風落葉萬山空,一夜玄霜染玉叢。寄語湘濱憔悴客,秋容不與向時同。(《新選·畫圖》)

畫菜

故山松圃久荒涼,坐對新圖味轉長。青甲半叢和露煮,人間何物大官羊。(《新選·畫圖》)

題宋高宗東坡詩

深殿沉沉晝漏遲,興來自寫玉堂詩。風流更覺超前代,社稷終難似舊時。(《新選·雜賦》)

按:守仁禪師字一初,號夢觀,富春(今浙江杭州富陽)人,靈隱僧,元末明初在世,洪武(1368—1398)間徵授右善世。有《夢觀集》六卷。《御選宋金元明四朝詩》明詩卷録其詩 11 首,清錢謙益所編《列朝詩集》閏集卷二録其詩 72 首。以上 13 首詩未見收録。

從以上輯考可以看出,《新選》、《新編》保存了相當數量的金元詩歌。趙秉文爲金末文壇盟主,元好問稱其詩:"七言長詩筆勢縱放,不拘一律。律詩壯麗,小詩精絶,多以近體爲之。至五言,則沈鬱頓挫,似阮嗣宗,真淳古淡,似陶淵明。"[1]趙秉文有《滏水集》傳世,新編《全金詩》收其詩六百多首,後又有學者補遺[2],而《新編》仍存其佚詩達 14 首之多,對補全其作品、研究其文學創作有重要的參考價值。金、元兩朝雖爲少數民族所建立,但對漢族的文學和文化也有所推崇,一些少數民族的詩人也學習漢詩創作,并取得了一定的成就,是中國文學史上獨特的風景。以上輯得少數民族詩人夾谷之奇的佚詩《子陵釣臺》,夾谷氏於至元十八年(1281)任江南浙西道提刑按察司僉事,此詩可能即作於是任之上,這對於了解夾谷氏的生平及少數民族文學都是值得重視的材料。此外,以上所存佚詩的 5 位作者中便有僧晦機、僧一初和僧以仁 3 位詩僧,可見編者對詩僧的重視,這與日本當時禪林文學的興盛,編者亦爲禪僧有關。以上佚詩中還包括了元代詩僧的 13 首題畫詩,其中僧一初一人就占了 12 首。題畫詩是詩與畫相結合的一種特別的藝術形式,經過唐宋兩代的全面發展,加上元代繪畫藝術的提升,題畫詩在元代極爲興盛。《元詩選》340 位詩人中,存題畫詩者多達三分之二,共計二千余首,數量可觀。《新選》、《新

---

[1] 元好問《中州集》卷三,北京:中華書局,1959 年,第 152 頁。

[2] 如李衛鋒、張建偉《方志中的金代佚詩佚文考》一文輯得趙秉文詩二首,載《現代語文》(學術綜合版)第 4 期,2012 年。

編》中保存的這些佚詩,可以作爲研究元代詩僧的創作和生活以及研究元代題畫詩藝術的參考文獻,幫助我們全面地認識元代文學。

三、宇都宮由的《錦繡段詳注》對金元詩歌的注釋

《新選》和《新編》兩部總集的規模較大,在日本僅有鈔本傳世。爲了自己研習漢詩及童蒙者學習之便①,同爲五山詩僧的天隱龍澤(1422—1500)從這兩部總集中精選了328首詩(實際有331首),編成《錦繡段》一書②,分爲天文、地理、節序、懷古(附題詠)、人品、簡寄、訪尋(附會合)、送別、旅行、游覽、閨情、哀傷、器用、食服、草木、鳥獸、畫圖、雜賦等18類。《錦繡段》所選宋詩數量最多,其次是元詩和金詩,而唐詩和明詩最少。若將編選者繫錯作者的身份、時代等問題考慮在内,據筆者統計,《錦繡段》實際收録有20位金代詩人的33首詩和33位元代詩人的47首詩。這些詩大多風格淺近,韻味悠長,或許和天隱龍澤教育童蒙的編纂目的和個人的審美趣味有關。《錦繡段》作爲一部在日本中世時期非常流行的漢詩選本,曾有衆多鈔本和刻本行世,并相繼產生了多種注本,如月舟壽桂《錦繡段抄》,宇都宮由的所著《首書錦繡段》、《錦繡段詳注》,苗存丈伯所著《錦繡段熟字訓解》。而《續錦繡段》則有傳爲月舟壽桂所著的《續錦繡段抄》傳世。

宇都宮遯庵(1634—1709),名的,字由的,號遯庵,又別稱頑拙、三近子,通稱三近,周防國(今山口縣)人,是江户時代著名的漢學家,受業於儒學家松永尺五(1592—1657,藤原惺窩弟子)。遯庵著述宏富,以注釋中國典籍爲主,文學方面的主要有《杜律集解首書》六卷、《杜律集解詳説》十八卷、《杜律集解增益首書》十二卷、《文選音注》二十二卷、《千家詩首書》二卷、《千家詩俚鈔》五卷、《三體詩絶句詳解》、《古文真寶前集首書增注》八卷、《古文真寶後集首書增注》七卷、《文家小笙》二卷、《作文階梯》三卷、《遯庵詩集》六卷。關於《錦繡段》,他著有三書:《首書錦繡段》三卷、《錦繡段首書抄》十卷、《錦繡段詳

---

①天隱龍澤《錦繡段序》曰:"余壯歲之時,頗有志于詩矣。唐、宋、元三朝之詩,游目於其間,望洋向若,不測津涯。退而採撮炙人口者三百餘篇,睡課有暇,則諷之、味之,不覺手舞足踏,或自書以付小兒輩以止其啼。"又《錦繡段》跋云:"近有《新編》、《新選》二集出,自中唐至元季每篇千餘首,童蒙者往往倦背誦。余暇日采摭爲三百二十八篇,又自書以與二三子,令誦之,庶幾知鳥獸草木之名云。"

②關於《錦繡段》的研究,參見堀川貴司《〈錦繡段〉小考》,《説林》第46輯,1998年;及《〈錦繡段〉小考(續)》,《説林》第47輯,1999年;堀川貴司《〈錦繡段〉小考(その三)》,載《日本漢學研究》第3號,2001年;卞東波《天隱龍澤〈錦繡段〉文獻問題之考訂》,《域外漢籍研究集刊》第六輯,北京:中華書局,2010年。

注》三卷①。

《首書錦繡段》有寬文四年（1664）和貞享元年（1684）兩種刊本，《錦繡段首書抄》（題爲《（新刊）錦繡段鈔》）有萬治四年（1661）刊本，而《錦繡段詳注》則較爲晚出，有元禄十五年（1702）刊本。筆者比較了《首書錦繡段》與《錦繡段詳注》，發現後者的注釋更爲詳細，據此推測是在前者的基礎上做了補充。故本文以元禄本《錦繡段詳注》作爲研究對象，分析遜庵對金元詩歌的注釋和價值。

《錦繡段》中入選的 80 首金元詩歌，遜庵都作了或詳細或簡略的注釋，具體篇目如下：金代呂中孚《春月》、趙秉文《雪望》《春游二首》《太寧馮道吟詩臺》《題三蘇帖》《暮歸》、宇文虛中《時習齋》、王子端《野堂》《韓陵道中》、王敏夫《李氏友雲樓》、馬定國《冬日書事》、夾谷之奇《子陵釣臺》、劉從益《過武丁廟》、李長源《讀淮陰傳》、蔡正甫《讀史》《十三山下村路》、元好問《論詩》二首、李宜陽《讀公孫弘傳》、高子文《將赴平陽諸公祖席》《楊花》、劉之昂《春日溪上作時歸自大梁》《柳》、周德卿《失子》、秦略《麝香》、劉仲尹《墨梅》、馮叔獻《習池醉歸圖》《明皇擊梧桐圖》《東坡海南烹茶圖》、王若虛《淵明歸去來圖》、邊元鼎《夢斷》；元代趙仁甫《天陰》、龍麟洲《春日作》《赤壁》、黄晉卿《夏日》、宋季任《春游》、何得之《雨中》、周衡之《讀騷》《進履橋》、歐陽元功《寄諸弟》、李五峰《寄達兼遠》、周馳《和郭安道治書韻》、黄子肅《友人見訪不遇》、僧實存《別李寄閑》、伯顏《度梅關》《鞭》、滕玉霄《謫會昌》、范德機《渡端州峽》《登杳磊驛樓自此度海》《瓊州出郭》《憶得》《楊補之墨梅》、孫元實《楓橋夜泊》、趙子昂《即興》、劉因《銅雀瓦》《米元章雲煙疊嶂圖》、陳思濟《惜花》、馬伯庸《桃花馬》、僧以仁《螢》、李古淡《題子卿牧羊圖》、僧一初《題太白像》《題東坡墨竹》《墨菊》、貢性之《桃花馬圖》、孟攀麟《春浦歸帆圖》、袁桷《葛仙翁移居圖》《明皇醉歸圖》《宮女度曲圖》、程鉅夫《少陵春游圖》《宣和畫馬》、虞伯生《郭熙畫木》《與趙子期趁閣雜賦》、貫雲石《題陳此山扇》、申屠致遠《無絃琴》、甘東溪《歸舟》、李岵《過故縣》、僧樵隱《東坡》《桃源圖》。遜庵的注釋包括對詩題的分析、作者的介紹和詩歌用典的解釋，對讀者理解和學習漢詩都有很大的幫助，且以全書第一首詩"天文類"呂中孚的《春月》爲例：

> 春月 春字、月字之解見下。以此題置卷頭者，春，四時之首；月，天下之壯觀也。
> 又論天文則日月爲之最初矣，然則以春日不爲始，何哉？曰：凡詩客文人賞翫月色

---

① 遜庵生平及著作參桂芳樹著《宇都宮遜庵》，岩国：岩国徵古館，1978 年。関儀一郎、関義直共編《近世漢學者傳記著作大事典》，東京：井田書店，1943 年，第 73 頁。

也，倍蓰日景，其由來尚矣，不遑記之。況此詩語路優長，意味深遠乎？所以置於卷頭也。古人有春月勝秋月之論。《二如亭群芳譜·天部》卷二曰：元祐二年正月，東坡先生在汝陰州，堂前梅花大開，月色鮮霽。王夫人曰："春月色勝如秋月色，秋月色令人淒慘，春月色令人和悦。何如召趙德麟來飲此花下？"先生大喜曰："吾不知子能詩耶，此真詩家語矣。"遂召二歐飲，作《減字木蘭花》詞云云。又見於《事文類聚》前集二。又東坡《元夜》詩曰："春宵一刻值千金，花有清香月有陰。"

呂中孚　《中州集》第七曰：呂中孚，字信臣，冀州南昌人①，孝友純至，迄今爲鄉人所稱。累舉不第，以詩文自娱，有《清漳集》行於世。其賦紅葉云："張園多古木，蕭寺半斜陽。"先君子甚愛之。

柳塘漠漠暗啼鴉，　柳塘漠漠　柳塘與"柳塘煙起"之柳塘同，楊柳所在之隄塘也。漠，《正字通》曰："清也，又廣大也。"《韻會》："漠，茂也。"杜詩："漠漠舊京遠。"集注曰："漠漠，廣遠也。"又《喜雨》詩："入空纔漠漠。"集注云："漠漠，雲盛貌。"杜詩："兵戈塵漠漠。"《文選》二十二謝玄暉《游東田》詩云："生煙紛漠漠。"注曰："漠漠，布散也。"《韓文》卷九："柳花還漠漠。"《三體詩》："愁雲漠漠草離離。"又云："江蘺漠漠荇田田。"　柳鴉　《詩人玉屑》卷十九："江頭楊柳暗藏鴉。"曾鞏詩："欲深煙柳已藏鴉。"張于湖詩："隄邊楊柳密藏鴉。"李白詩："楊柳可藏鴉。"②李義山《柳》詩："長時須拂馬，密處可藏鴉。"一鏡晴飛玉有華。　一鏡　《文選》謝希逸《月賦》云："柔祇雪凝，圓靈水鏡。"注：善曰："柔祇，地也；圓靈，天也。"銑曰："言月之光彩照地如凝雪，照天如水鏡。"李白《把酒問月》詩云："月卻與人相隨，皎如飛鏡。"③歐陽永叔《月》詩："又疑瑶臺鏡，飛在白雲端。"④玉有華　言玉鏡有光彩，月色之清明似之也。華，光華也，與"月華星彩坐來收"之"華"同。三四句，王荆公詩："春色惱人眠不得，月移華影上欄杆。"東坡詩："春宵一刻值千金，花有清香月有陰。"以此兩句詩可并觀。好是夜闌人不寢，半庭寒影在梨花。　夜闌　闌，晚也，衰也，殘也，盡也。

---

①按："南昌人"誤。《中州集》庚集第七：中孚字信臣，冀州南宮人。
②按：此非太白詩句。古童謠《楊叛兒》："暫出白門前，楊柳可藏鴉。歡作沉水香，儂作博山爐。"見《玉臺新詠》卷十。《楊叛兒》後演爲樂府曲名，李白亦有《楊叛兒》詩，遜庵之誤當本此。太白詩見《全唐詩》卷二十一。
③按：此句引用有脱漏，應爲"月行卻與人相隨，皎如飛鏡臨丹闕"。李白《把酒問月》，見《全唐詩》卷一百七十九。
④按：此句出太白《朗月行》詩，見《全唐詩》卷二十四和卷一百六十三。"飛在白雲端"，《全唐詩》作"飛在青雲端"。

又飲酒半罷半在曰"闌"。按："夜闌"之"闌",衰也、殘也、盡也之三義似共通也。杜
詩："且泊城頭底,何曾夜色闌。""月上梨花故夜闌"、"曲窗月影夜將闌",兩句《圓機
活法》引之。

　　從上可以看出,遯庵的注釋基本上繼承了《文選》李善注的方式,引用中國文獻對詩
歌中的語彙用典作了詳細的解釋。如"漠漠"一詞,便先引《正字通》、《韻會》等字書的解
釋,再引其他詩人使用這一詞的若干詩句加以印證,使讀者充分理解"漠漠"一詞在詩中
的含義和用法。對《錦繡段》爲何以《春月》作爲開篇,遯庵從中國的審美傳統出發,結合
東坡的典故給出了合理的推斷,體現出遯庵對中國文學深刻的理解和把握。通檢《錦繡
段詳注》一書可以發現,遯庵在注釋時所使用的中國典籍多而雜,有《二如亭全芳譜》、
《事文類聚》、《全芳備祖》、《圓機活法》等大型的類書,也有《史記》、《晉書》、《唐書》、《元
史》等史書,注釋地名時常引《大明一統志》等地理志,解釋人名又屢屢參考《氏族排韻》、
《萬姓統譜》等書,可以窺見遯庵對中國典籍涉獵之廣博。值得一提的是,遯庵曾數次用
中國典籍指出《錦繡段》中關於作者的錯誤,如《錦繡段》"懷古附題詠類"選公道庭《讀公
孫弘傳》一詩,《詳注》曰:"《中州集》此詩作者爲李宜陽。"《錦繡段》"游覽類"選宋人徐
師川《春日溪上作時歸自大梁》一詩,《詳注》曰:"《中州集》題作《王官谷》,作者劉
之昂。"

　　上文已經提到,《錦繡段》選詩大多風格淺近,易於理解,故遯庵的注釋基本上專注於
解釋詞語的層面,然而又並不局限於此,除了大量引用文獻來解釋字詞、疏通詩意以外,
對於用意較深或用字難解的部分詩歌,遯庵有時也會加以發揮,或給出自己的按語,加深
讀者的理解。如"尋訪付會合類"注高子文《將赴平陽諸公祖席》一首:

　　將赴平陽諸公祖席①《一統志》二十"平陽府":《禹貢》:冀州之域,天文觜參
分野。堯都平陽即此,以其地在平水之陽故名。祖席《翰墨全書》壬集十一:黄帝子
名相龍,一名累祖,好遠游,死於道。後有遠行者,則祭祖以爲行神而祈福,故謂之
"祖道",餞行者則曰"祖席"。其義蓋始於此也。　　　**高子文**《中州集》一:高内翰
士談字子文,一字季默,宋韓武照②王瓊之後。宣和末任忻州户曹,仕國朝爲翰林直

---

　　①按:此詩見於《中州集》甲集第一,題作《風雨宿江上》,原詩共八句:"風雨蕭蕭作暮寒,半晴煙靄
有無間。殘紅一抹沉天日,濕翠千重隔岸山。短髮不羞黄葉亂,寸心長羨白鷗閑。濤聲午夜喧孤枕,夢
入瀟湘落木灣。"
　　②按:照,《中州集》作"昭"。

學士。

　　短髮不羞黃葉亂，[黃葉亂]此以髮比黃葉也。人老則髮白而黃也，故言黃髮也。《詩》：“黃髮台背。”王維詩云：“自憐黃髮暮。”寸心長羨白鷗閑。[白鷗閑]山谷詩：“江南野水綠於天，中有白鷗閑似我。”濤聲半夜喧孤枕，夢入瀟湘落木灣。[瀟湘]見前。[灣]《韻會》云：灣，水曲也。

　　“短髮不羞黃葉亂”，將頭髮與枯黃的樹葉並提，對有閱讀經驗的中國讀者而言很容易理解，然而對日本讀者來說或許並非如此，遜庵把這個比喻點明，并引用《詩經》和王維的詩句來解釋“黃葉”的含義，生動簡明又通俗易懂。又如“節序類”選元人黃晉卿《夏日》一詩：“春盡餘寒去卻回，江天五月未聞雷。南風祇在浮雲外，彈折朱絃喚不來。”遜庵按曰：“此詩諷君恩不及民。”寥寥數字，可謂言簡意賅，切中肯綮。“節序類”選金人趙秉文《春游》一詩：“無數飛華送小舟，蜻蜓款立釣絲頭。一溪春水關何事，皺作風前萬疊愁。”對於“款”字的解釋，遜庵引杜詩：“點水蜻蜓款款飛。”又引前人關於杜甫此句不同的注釋：“杜詩‘款款飛’，《分類》云：‘款款，情之親也。’《集注》云：‘款款，有上下往來之狀。’《注解》云：‘《韻略》曰：款，徐也。款款，緩飛貌。’”遜庵比較了這幾種注釋，給出按語曰：“此詩所謂‘款立’之‘款’，當從《注解》。”從杜詩推出，幫助讀者準確理解“款”字在詩中的具體含義。再如“畫圖類”選元人劉因《米元章雲煙疊嶂圖》一詩：“筆勢咸傳是阿章，短屏山影露微茫。苦心只辨雲煙好，不救人呼作米狂。”①關於“米狂”一詞，遜庵先引《顧氏畫譜》曰：“米元章性酷喜書畫，世以‘米顛’呼之。”又給出按語：“‘顛’與‘狂’義同，故云‘米狂’也。”解釋了“米狂”用典的來源。遜庵這些簡短的按語，對於理解詩歌有著不可忽視的作用。遜庵偶爾也會對《錦繡段》所選詩歌的作出評價，如呂中孚《春月》詩注釋中“此詩語路優長，意味深遠”一語，便點出了此詩的風格特點。

　　遜庵的注釋還有一個特點，那便是高頻率地使用在日本普及度很高的中國典籍。《詳注》中有些字詞的解釋直接引用李善及五臣的《文選注》，釋圓至注、裴庾補注的《三體詩》，朝鮮學者徐居正（1420—1488）等人的《增注聯珠詩格》中的注語，如解釋龍麟洲《赤壁》詩中“赤壁”一詞時，引《三體詩》杜牧《赤壁》詩注云：“赤壁在鄂州江夏蒲圻縣西，即周瑜焚曹公船處。今江漢間言赤壁者五：漢陽、漢川、黃州、嘉魚、江夏，惟江夏之説爲近。東坡《赤壁賦》乃黃州之赤壁，故云：‘此非曹孟德之困於周郎者乎？’”解釋周馳《和郭安道治書韻》詩中“半夜扁舟掠岸過”之“掠”時，引《聯珠詩格》卷六“掠水飛”注云：

────────────

　　①此詩又見《靜修集》卷五，“咸”作“或”。

"掠,拂過也。"遯庵在注釋中引用其他詩人的詩句時,也常從《千家詩》、《三體詩》、《聯珠詩格》等總集中選擇。這幾部詩歌總集在日本非常流行,遯庵本人對這些文獻也相當熟悉,他著有《文選音注》、《千家詩首書》、《千家詩俚鈔》、《三體詩絕句詳解》等書,使用其中的材料自當是信手拈來。不僅是轉引他書的注釋,遯庵注釋時直接引用類書,沒有追溯源頭文獻的情況也時有發生,這樣的注釋態度或許不夠嚴謹,可能會產生錯誤,但應考慮到遯庵著《詳注》的目的在於方便讀者學習漢詩,且引用這些常見的文獻也便於讀者自行核查。

在中國學術史上,由於特殊的政治歷史原因和文學觀念的影響,金元詩學研究的起步較晚,如元好問者,作爲金代首屈一指的大文學家,直到清代纔被廣泛地研究和討論。而在日本的南北朝時代(1336—1392),元好問所編的《中州集》就已經流行於五山詩僧之間,在日本還有五山版存世①。《錦繡段詳注》"懷古(付題詠)"類注釋了元好問《論詩絕句》其二和其八,時代上要早於清人查慎行、施國祁的注釋,雖然多是語詞來源、人物姓名的解釋,缺乏對詩歌理論的關注,但考慮到《論詩絕句三十首》在中國詩學批評史上的重要地位,遯庵的注釋仍具有一定的文學史意義,也是研究元好問詩歌在東亞漢文化圈內流傳和接受的重要材料。現將這二首詩的注釋全文錄入如下,供學界參考,并以《論詩絕句三十首》其二爲例,比較遯庵與清人和今人的注釋:

論詩(筆者按:爲《論詩絕句三十首》其二)　　　元遺山金人元好問也。《萬姓統譜》:元好問,秀容人,父德明。自幼嗜書,以詩酒自適。好問七歲能詩云云。

曹劉坐嘯虎生風,┌曹劉┐《排韻》云:曹植字子建,魏文帝忌其才,欲害之,令作詩,限七步成。植應聲曰:"煮豆然豆萁,豆在釜中泣。本是同根生,相煎何太急。"謝靈運言:"天下文章止一碩,子建獨得八斗。"《三國志》十九有《陳思王植傳》。《詩人玉屑》十三曰:子建詩其源出於《國風》,骨氣高奇,辭采華茂,情兼雅怨,體備文質,粲然溢古,卓爾不群。嗟乎! 陳思王之於文章也,譬如人倫之有周孔,鱗羽之有龍鳳,音樂之有琴笙,女工之有黼黻。俾爾懷鉛吮墨之士,宜乎抱篇章而景慕,映餘輝以自燭。故孔氏之門如用詩,則公幹升堂,思王入室,景陽、潘、陸目可坐於廊廡。(鍾嶸《詩評》)《排韻》云:劉楨字公幹,有逸才。建安七子以曹、劉爲絕唱云云。《詩人玉屑》云:公幹詩其源出於古詩,仗氣愛奇,動多振絕,貞骨陵霜,高風跨俗。但氣過其文,然陳思已往,稍稱獨步。(《詩評》)┌嘯┐《韻會》云:《説文》"吹聲也,或作'歗'。"

──────────

① 參見川瀬一馬的《五山版の研究》,東京:日本古書籍商協會,1970 年,第 479 頁。

《詩》"其歔也歌。"《箋》"歷口而出聲。"虎生風《淮南子》云：虎嘯而谷風至，龍舉而景雲屬。四海人無爭①兩雄。四海《史記·舜本紀》正義云，《爾雅》云：九夷、八狄、七戎、六蠻謂之四海。爭兩雄《史記·酈食其傳》：兩雄不俱立。可惜并州劉越石，并州《詩格》三賈島《渡桑乾》詩《增注》曰：舜以古冀州南北闊大，分衛水爲并州。今山西太原府也。劉越石《排韻》云：劉琨字越石，與祖逖俱爲司州主簿。劉越石，永嘉初都督并、幽、冀三州事。《詩人玉屑》云：越石詩其源出於王粲，善爲悽戾之辭，且有清拔之氣。琨既體良才，又離厄運，故善叙喪亂，多感恨之言。不教橫槊建安中。橫槊元氏《係銘序》曰：曹氏父子鞍馬間爲文，往往橫槊賦詩。《赤壁賦》："橫槊賦詩。"

論詩（筆者按：爲《論詩絕句三十首》其八）

沈宋橫馳翰墨場，沈宋《才子傳》云：沈佺期字雲卿，相州人，上元二年，鄭益榜進士，工五言云云。自魏建安迄江左，詩律屢變。至沈約、鮑照、庾信、徐陵以音韻相婉附，屬對精緻。及佺期、之問又加靡麗云云。《才子傳》云：宋之問字延清，汾州人，上元二年進士云云。武后游龍門，詔從臣賦詩。左史東方虯詩先成，后賜錦袍。之問俄頃獻，后覽之嗟賞，更奪袍以賜云云。橫馳從橫驅馳也。翰墨場詩場、文場之類也。《文選》詩："燦燦翰墨場。"風流初不廢齊梁。齊梁《詩人玉屑》云：唐自景雲以前詩人猶習齊梁之氣，不除故態，率以纖功爲工。② 南朝有齊梁，北朝有後梁，有北齊。論功若準平吳例，平吳范蠡滅吳，遂乘扁舟浮五湖。越王思其功，以黃金鑄其像。合著黃金鑄子昂。子昂《才子傳》云：陳子昂字伯玉，梓州人云云。唐興，文章承徐、庾餘風，天下祖尚，子昂始變雅正。初爲《感遇》詩三十章，王適見而驚曰："此子必爲海內文宗。"猶是知名，凡所著論，世以爲法，詩調尤工云云。柳公權評曰："能極著述，克備比興，唐興以來，子昂而已。"

再比較清人及今人對《論詩絕句三十首》其二的注釋：

①按："爭"，《遺山集》、《元詩選》皆作"角"。
②按："《詩人玉屑》云"誤。此段話出自《蔡寬夫詩話》，見《苕溪漁隱叢話》前集卷十引，《詩人玉屑》不載。"率以纖功爲工"，"功"爲"巧"之訛。

(清)施國祁《元遺山詩集箋注》①	今人狄寶心《元好問詩編年校注》②
曹劉：鍾嶸《詩評》：陳思爲建安之傑，公幹、仲宣爲輔。五言之冠冕。○《魏略·曹丕與吳質書》：公幹有逸氣，但未遒耳。至其五言詩，妙絶當時。善爲悽戾之辭，且有清拔之氣。又云：越石仗清剛之氣，贊成厥美。 **橫槊**：元積論：建安之後，曹氏父子，鞍馬間爲文，往往橫槊賦詩。	**曹劉**：曹植與劉楨，建安詩人中最傑出者。南朝梁鍾嶸《詩品》評曹詩"骨氣奇高，詞採華茂"，評劉詩"真骨淩霜，高風跨俗"，皆列爲上品，因並稱。《詩品序》："曹劉殆文章之聖。"宋嚴羽《滄浪詩話》"曹劉體"："子建、公幹也。" 按：本集《自題中州集後五首》云："鄴下曹劉氣盡豪，江東諸謝韻尤高。若從華實評《詩品》，未便吳儂得錦袍。"知元氏於"曹劉"詩風看重的是豪壯之氣，且對鍾嶸的論詩標準不滿。遺山於"三曹"特推重曹操的詩，如下首"壯懷猶見缺壺歌"及《木蘭花慢》〔渺漳流東下〕"風流千古《短歌行》，慷慨缺壺聲。想釃酒臨江，賦詩鞍馬，詞氣縱橫"。以此觀之，此處"曹"兼指曹操。 **虎生風**：《淮南子·天文訓》："虎嘯而谷風至。"此喻雄壯詩風產生動人心魄的力量。 **劉越石**：西晉劉琨字越石，官并州刺史。鍾嶸《詩品》謂其詩"源出於王粲，善爲淒戾之詞，自有清拔之氣"。 **橫槊**：《舊唐書·杜甫傳》："曹氏父子鞍馬間爲文，往往橫槊賦詩。" **建安**：漢獻帝年號（一九六—二一九）。其時三曹（曹操、曹丕、曹植）、七子（王粲、劉楨、孔融、陳琳、徐幹、阮瑀、應瑒）詩"慷慨以任氣，磊落以使才"，風格剛健，故有"建安風骨"之稱。

通過對比可以看出，遜庵的注解非常細緻，從人名、地名到語典都給出了準確的解釋，與清人和今人的注釋相比也並不遜色，體現出較高的學術水準。除了轉引其他文獻而未徵引原始文獻這點不够嚴謹外，基本上已經達到了現代學術古籍整理注釋的水平，具有值得重視的學術史意義。

四、月舟壽桂《續錦繡段抄》對金元詩歌的注釋

月舟壽桂（1460—1533），別號幻雲、中孚道人，曾任京都建仁寺住職。著有《月舟和尚語録》、《幻雲文集》、《幻雲疏稿》、《史記抄》八卷、《黃氏口義》二十四卷③。月舟壽桂曾師從天隱龍澤學習漢詩，閱其師所編《錦繡段》，"尚嫌其少"，有"收拾滄海遺珠"（見其《續錦繡段跋》）之願，於是又從《新選》、《新編》中選詩284首，仿《錦繡段》編成《續錦繡段》一書，其中收有22位金代詩人的30首詩和23位元代詩人的27首詩。《續錦繡段

---

① 元好問著、施國祁注、麥朝樞校《元遺山詩集箋注》，北京：人民文學出版社，1958年，第524頁。
② 元好問著、狄寶心校注《元好問詩編年校注》，北京：中華書局，2011年，第46—47頁。
③ 生平參見《五山詩僧傳》，第354—357頁。又參見《五山詩僧傳記集成》，第160—161頁。

抄》則爲《續錦繡段》下書的注本。筆者所見《續錦繡段抄》爲京都建仁寺兩足院寫本，不分卷①。據筆者統計，《續錦繡段抄》對《續錦繡段》所選 57 首金元詩歌中的 36 首做了注解，具體篇目如下：金代趙秉文《三學院對月》《嵩山道中》、祝廉夫《夏雨》《和祖常命》、劉瞻《所見》、趙宜之《大暑》、宋九嘉《東州有感》、段繼昌《讀紀信傳》、雷希顏《讀孔北海傳》、高士談《苦竹》、王子端《獄中見燕》、許安仁《游泰安竹林》、蔡正甫《燕山道中》二首《即事》、葉真卿《按部道中》、馬定國《鄆州城西》《宣政末所作》、李端甫《太白扇頭》、劉少宣《杜善甫乞炭》、劉之昂《醉後》；元代張以寧《爛柯山》、周秋陽《清明》、彭元亮《淵明辭》、郝伯常《龍德故宮懷古》、僧一初《題宋高廟書東坡詩》、楊奐《讀汝南遺事》、李五峰《寄朱希顏》、胡尊生《因官伐松》、杜瑛《征南口號》、僧道原《吳江晚泊》、馬祖常《宮詞》、虞伯生《題子昂馬》、張礎《關山風雨圖》、范德機《池館夜坐聽雨》、趙子昂《絕句》。

　　與宇都宮遯庵相似，月舟壽桂注解金元詩歌時多引《中州集》、《明一統志》等來説明作者，引《方輿勝覽》、《事文類聚》、《文選》、《藝苑雌黄》等典籍來解釋具體的字詞語典，并多引用史書，可見其博學。今以金人葉真卿《按部道中》一詩爲例窺其一斑：

　　　按部道中　　　葉真卿○《中州》五：葉貢字真卿，咸陽人，唐太傅真十七代孫，博學能文，不減前輩蔡正甫云云。預修泰和律令，所上條畫皆委曲當上心，興陵嘉歎曰：漢有蕭相國，我有蕭貢刑獄，吾不憂矣。謚曰文簡。

　　　寒城睥睨插山隅，《韻會》：睥睨，傍視也。或作俾，又作辟。《前・灌夫傳》：辟倪兩宮間。又辟字注：壁，垺，城上垣。女牆通作睨。杜詩：睥睨登哀柝。蓋女牆開箭眼以窺望城下，因以爲名，亦通作倪。《左傳・宣十二年》：守陴者哭。《集注》杜預曰：陴，城上俾倪也。秋半霜風塞草枯。月轉譙樓天未曉，○譙樓，《韻會》：譙，國名，一樓置別稱。《前・陳勝傳》：戰譙門中。師古曰：譙門謂門上爲高樓以望，一名譙，故謂美麗之樓爲麗譙，亦呼爲巢，所謂巢車者，亦於兵車之上爲樓以望敵。譙、巢聲近，本一物。角聲吹徹小單于。○《晉書》六：李君虞詩“邊霜昨夜墮榆關，吹角江城片月孤。無限寒鴻飛不度，西風吹入小單于。”又《遺響》亦載此詩。

　　月舟壽桂引用《韻會》、杜詩、《漢書》等文獻詳細地解釋了“睥睨”、“譙樓”的含義，又指出李君虞詩爲葉真卿此詩的意象、句法所本，對讀者準確地把握詩意、學習詩歌創作有

____

①日本大東急記念圖書館藏有寬永年間古活字本《續錦繡段鈔》五卷，作者題作釋壽戡，見《大東急記念文庫貴重書解題》，東京：大東急記念文庫，1956 年，第 453 頁。

所裨益。《續錦繡段抄》中對金元詩的注釋大多如此例,風格平實,注重詩意的疏通,没有過多的發揮,亦常常轉引常見文獻中已有的注釋,如"送別類"中注釋金人趙秉文《嵩山道中》一詩:

> 嵩山道中
>
> 爲愛青山懶着鞭,吟詩時作鶴頭偏。《坡詩》九:君來試吟味,定作鶴頭側。次公言:不可其詩則側頭也。驀然得句驚飛鳥,樸樕岩花墮馬前。退之《雉帶箭》詩云:將軍仰笑軍吏賀,五色離披馬前墮。樸,《韻會·屋勻》:朴,小木也,亦作樸。同勻:樕,萊也。又欈,《説》:樸欈,小木云。《詩格》曰:《詩》"樸樕"注,孔《疏》云。《爾雅》"欈樸"云。《玉篇》"樸"云。

解釋"鶴頭偏"時,月舟引用了宋人趙次公對東坡詩的注解,使讀者理解詩人吟詩時的神態。間接引用徐居正等《增注聯珠詩格》中對"樸樕"一詞的解釋,只標明出處,未給出具體解釋,顯得十分簡略,這也從側面説明《聯珠詩格》等典籍在日本相當流行,方便讀者檢索。引用常見典籍是月舟壽桂和宇都宫遯庵共同的注釋風格,也符合這兩部選本編撰和注釋的初衷。

月舟的注釋有一個鮮明的特點,那便是在解釋歷史事件和歷史人物時,會援引大量的史料,詳細描述事件的來龍去脈和人物的生平經歷,這在整部書中佔據了相當的篇幅。如元人彭元亮《淵明辭》一詩:

> 淵明辭○《南史》二十四:陶潛字淵明,或云字深明,名元亮,尋陽柴桑人,晉大司馬侃之曾孫也云云。潛有腳疾,使一門生二兒舉籃輿。自以曾祖晉世宰輔,恥復屈身後代,自宋武帝王業漸隆,不復肯仕。所著文章,皆題其年月,義熙以前明書晉氏年號,自永初以來,唯云甲子而已云。《陶集》總論云,李公焕按,張縯曰:梁昭明太子傳稱陶淵明字元亮,或云潛,字淵明。顏延之誄亦云:有晉徵士潯陽陶淵明。以統及延之所書,則淵明固先生之名,非字也。先生作《孟嘉傳》,稱淵明(先)親,君之第四女,嘉於先生爲外大父。先生又及其(先)親,義必以名自是,豈得稱字哉?統與延之所書,可信不可疑。《晉史》謂潛字元亮,《南史》謂潛字淵明,皆非也。《年譜》云:在晉名淵明,在宋名潛,元亮之字則未嘗易,此言得之矣。○《陶集》三,李公焕云,《文選》五臣注云:淵明詩,晉所作者皆題年號,入宋所作但題甲子而已。意者恥事二姓,故以異之。嘗考淵明詩,有題甲子者,始庚子(晉安帝四年)距丙辰,凡十七年間,只十二首耳,皆晉安帝時所作也。淵明乙巳秋爲彭澤令,在宫八十餘日,即解印綬,

賦《歸去來辭》。後一十六年(宋武永初元年,乃晉恭元熙二年,此年晉亡)庚申,晉禪宋,恭帝元熙二年也。寧容晉未禪宋前二十年,輒恥事二姓,所作詩但題甲子,自取異哉? 矧詩中又無標晉年號者。其所題甲子,蓋偶記一時之事耳。後人類而次之,恐非淵明本意。秦少游嘗云:宋初受命,陶潛自以祖侃晉世宰輔,恥復屈身投劾,而歸耕于潯陽,其所著書,自義熙以前題晉年號,永初以後但題甲子而已。黃魯直詩亦有"甲子不數義熙前"之句。然則少游、魯直尚惑於五臣之説,他可知矣。故著於三卷之首,以袪來者之惑云。

醉倚蒼江看落花,阿舒扶上短轅車。《陶集》三《責子詩》:阿舒已二八,懶惰故無匹。注:舒儼、宣俟、雍份、端佚、通佟凡五人,舒、宣、雍、端、通,皆小名也。河山萬里皆劉裕,《綱目》二十四:東晉恭皇帝元熙二夏四月,長星出竟天。六月,宋主裕還建康稱皇帝。廢帝爲零陵王,以兵守之。五柳春風自一家。○《淵明集》五《五柳先生傳》注,《藝苑雌黃》曰:世人言縣令事,多用彭澤五株柳,雖白樂天《六帖》亦然。以予考之,陶淵明,潯陽柴桑人也,宅邊有五柳樹,因號五柳先生。後爲彭澤令,去家百里,則彭澤未嘗有五柳也。予初論此,人或不然其説。比觀《南部新書》云,《晉書》云:潛少懷高尚,嘗作《五柳先生傳》以自況:"先生不知何許人,不詳姓字,宅邊有五柳樹,因以爲號焉。"即非彭澤令時所栽,人多縣令事,使五柳誤也。茗溪漁隱曰:沈彬詩:"陶潛彭澤五株柳,潘岳河陽一縣花。"皆誤用也。

月舟先引用《南史》、《晉書》、《陶淵明年譜》等文獻來介紹陶潛的生平,又摘抄《箋注陶淵明集》中所引《文選》五臣注和秦少游的觀點來辨析陶潛作品中對"甲子"的態度,然後又引《通鑑綱目》中的史實來解釋"河山萬里皆劉裕"的歷史事件,最後全文引用《箋注陶淵明集》中《五柳先生傳》的注釋來解釋"五柳"一詞。這樣內容充實的注釋使讀者對陶潛的生平經歷及其創作的歷史背景有全面的把握,可以更好地理解彭元亮此詩的含義。又如元人楊奐《讀汝南遺事》一詩:

> 六朝江水故依然,隔斷中原又百年。
> 長笑桓溫無遠略,竟留王猛佐符堅。

爲解釋桓溫、符堅、王猛之間的人物關係,月舟引用了《明一統志》、《金陵六朝記》和《晉書·載記》近二千字的材料來作注,勾勒了三人的主要行跡,相當於是對符堅、王猛、桓溫三人傳記的縮寫。

將詩中涉及到的歷史人物和事件作詳盡的梳理,這樣的注釋在《續錦繡段抄》中并不少見。在我們看來,這樣的做法或許有些繁冗甚至是多餘,但對不瞭解中國歷史的日本讀者而言,顯然是大有幫助的。

五、結語

在上文中筆者從《新選分類集諸家詩卷》、《續新編分類諸家詩集》兩部書中輯得金元詩人佚詩 33 首,并分別探討了江户時代的宇都宫由的《錦繡段詳注》和室町時代月舟壽桂《續錦繡段抄》對金元詩歌的注釋,可以從中窺見日本中世和近世學人對中國金元詩歌的研究和理解。《錦繡段》和《續錦繡段》中包括六首不見於中國典籍的佚詩,分別爲夾谷之奇《子陵釣臺》、滕玉霄《謫會昌》,僧以仁《螢》,僧一初《題太白像》《題東坡墨竹》《題宋高廟書東坡詩》,因此,《錦繡段詳注》和《續錦繡段抄》中對這些詩歌的注釋,也就成了它們在東亞學術史上最早也是唯一的注釋,這對研究金元文學具有不可忽視的意義。

本文結束之際,筆者不禁想到,日本公私文庫中所藏類似於《新選分類集諸家詩卷》、《續新編分類諸家詩集》這樣的古鈔本尚有很多未公諸於世,其中必然存有大量已失傳於中國本土的詩歌文獻,中日學者理應共同努力推進對這些文獻的研究與利用。同時,由於日本中世時期的典籍多是寫本,多用俗體字、異體字,還有很多缺字與錯字,這也爲識讀造成了一定困難,因此,研究這些域外漢籍需要多學科的知識積累。《錦繡段詳注》和《續錦繡段抄》在日本學術史上被稱爲"抄物"(しょうもの),是對中國典籍的注釋,由於閱讀對象是日本讀者,故其注文非常詳細,亦注意使之通俗易懂。這些抄物在大量徵引文獻的同時,也注意文本意義的揭示。嘗鼎一臠,類似的漢文抄物在日本還有很多,值得中國古典文學研究者注意。本文以日本中世時期編箋的幾部中國詩歌總集及漢文"抄物"爲例,展示了域外漢籍對於進一步拓展金元文學研究具有十分重要的參考價值,值得學界重視并繼續深入挖掘。

作者簡介:張珍,女,1989 年生,南京大學文學院碩士研究生。

卞東波,男,1978 年生,文學博士,現爲南京大學文學院副教授,主要研究領域爲中國古代文學、國際漢學。

日本近代詠史詩考索[*]

高　平

　　日本學者西島定生（Nishijima Sadao）在其著作《新漢文化圈》中指出，東亞世界是以中國文明的發生及發展爲機軸而形成的，中國的漢字文化、儒教、律令制、佛教等四項要素構成了漢文化圈形成的動力。漢字的作用首屈一指，日本近代漢學者細川潤即云："本邦之有漢文尚矣。自《日本書紀》以下，歷朝之史，及律令格式之書，無非漢文也。此外碩儒高僧之作，連篇累牘，各抒其志。"[①]西島的觀點可謂淵源有自。美國學者本尼迪克特·安德森（Benedict Anderson）在《想像的共同體：民族主義的起源與散布》中徑直指出漢字創造了"一個符號——而非聲音（sounds）——的共同體"。[②]　法國學者汪德邁（Léon Vandermeersch）亦認爲："所謂漢文化圈，實際就是漢字的區域。漢文化圈的同一即漢字（符號 signes）的同一。"[③]漢字作爲承載東亞漢文化圈的工具，由其構成的漢籍之不斷再生產與流傳，促進了文化圈内各國文化的自我發展與相互融通。對此張伯偉先生認爲："突破國家與地區的限制，以更爲廣闊的眼光來審視漢文化的發展與變遷，是近年來學術界不斷呼籲的課題。"[④]在漢文化圈的視域下考察日本古典文學，是一個意味深長而又意義重大的課題。自漢字輸入日本始，日本文化即受到了中國文化源源不斷的滋養，在江户中

　　* 本文爲中國博士後科學基金第 56 批面上資助項目"近代中日詩學交流研究"成果，編號 2014M561742。本文爲浙江省哲學社會科學研究基地浙江工商大學東亞研究院重點項目"近代中日詩學交流研究"成果，編號：14JDDY02Z。

　　①（日）細川潤《篁村遺稿序》，見（日）島田重禮《篁村遺稿》，東京：島田均一，大正七年（1918），第 1 頁。

　　②（美）本尼迪克特·安德森《想像的共同體：民族主義的起源與散布》，上海：上海世紀出版集團，2003 年，第 47 頁。

　　③汪德邁《新漢文化圈》，南昌：江西人民出版社，1993 年，第 1 頁。

　　④張伯偉《作爲方法的漢文化圈》，北京：中華書局，2011 年，第 95 頁。

後期達到高潮,碩果累累,異彩紛呈,以至部分漢學學者、作家對日本以外的中、韓、越等國家和地區産生輕視之感。江户後期、明治時期日本民族的自我意識不斷增强,在文化的各個領域努力塑造東亞漢文化圈的領導者身份,其中漢文學在日本民族由傳統向現代轉型的歷史進程中起到了重要作用。日本漢文學的衆多樣式中,漢詩的成就尤爲傑出,僅以詠史詩而論,近世不僅各個類型皆有,而且大型組詩不斷湧現,在構建民族史、教育民衆、諷喻現實、獨抒己志等方面,呈現出與中國詠史詩不同的風貌。本文即以日本近代(即江户後期、明治時期)詠史詩爲考索對象,對其大型組詩作一初步的梳理。鑒於賴山陽《日本樂府》組詩在日本漢詩史尤其是詠史詩史上的崇高地位,本文以其作爲近代詠史詩之發軔之作,故將近代起訖時間定爲 1828 至 1912,即《日本樂府》創作之年與明治天皇逝世之年。

中國是個具有深厚歷史感的國家,以史爲鑑的意識特别顯著。在蕭統《文選》中,詠史詩已成爲一個單獨的文學門類。詠史詩是作家歌詠歷史人物或事件,以記述史實、抒發感情、表達見解或諷喻現實的一種詩歌類型。如果詩人歌詠歷史人物或事件是受到了外在情境的感發,我們通常將此類詠史詩稱之爲懷古詩,它更强調現場感與情懷的濃烈。至於詠史詩的分類,從内在體制上看,清初何焯的觀點可資借鑑:“詠史者,不過美其事而詠歎之,隱括本傳,不加藻飾,此正體也。太沖多攄胸臆,乃又其變。”①詠史當然不止“美其事而詠歎之”之一端,諷刺批判者占居的比重或許更大。何焯分别將偏重書寫客觀史實、傾向表達主觀情感評判作爲詠史詩正體、變體的標準,表明他是以情、識與史的博弈作爲詠史詩的内在張力。從外在形式上看,詠史詩又主要有五七言古近體、樂府體等形式,單篇或組詩皆有,可謂多姿多彩。

日本詠史詩的藝術形式源自中國。從平安朝的《凌雲集》、《文華秀麗集》開始,日本漢詩人即對詠史詩進行了積極的探索,此後吟詠的範圍不斷擴大,形式逐漸多樣,無論是正體、變體,還是哪種形式,皆可謂佳作如林。發展至江户中後期,日本詠史詩終於迎來其興盛期,其標誌人物即爲賴山陽。其《日本樂府》六十六首開闢了詠史詩的新時代。此後詠史詩日漸增多,尤其是大型詠史組詩的創作蔚然成風。

日本近代詠史詩,從形式看,大多與其他詩文一起并入作家别集面世,有的則以大型組詩的形式單獨刊行,部分還附有他人評點序跋與箋注。從國别來説,有的吟詠中國、本邦之史事,有的月旦西洋諸國之人物。從時間來説,有的横跨古今,從本邦神代叙述至今,甚至包括熟識友人或本人家族,有的則專論一代,不及其餘。從創作緣由來説,有的是題詠歷史人物或故事的畫像,有的是抒發閱讀典籍之感慨,有的是憑弔歷史人物活動

---

① 何焯《義門讀書記》,北京:中華書局,1970 年,第 893 頁。

或紀念之地,自然更多的是單純詠史,並未交代寫作原因。以下即對日本國會圖書館、早稻田大學圖書館等機構所藏、筆者所收的賴山陽《日本樂府》之後各種詠史組詩中,選取十七種獨自刊行者以問世先後爲序,逐一作提要,以窺其雲蒸霞蔚之風采。

一、賴山陽《日本樂府》一卷

賴山陽(1781—1832),名襄,字子成,通稱久太郎,號山陽外史、三十六峰外史,安藝人,生於大阪。賴氏文史兼擅,被中國革命家、南社詩人田桐稱爲"日本二千餘年之第一漢學家"。① 賴氏著有《日本外史》、《日本政紀》等歷史著作,《日本樂府》作於文政十一年戊子(1828)冬,共六十六首,與日本州數相同。② 至於山陽作六十六首的原因,其友人陳人田憲批點云:"山陽胸中文字不止六十六闋,雖六六三百六十闋,亦隨手做得,然他固老狐精,姑作遁詞曰:'恰合州數。'"③《日本樂府》自《日出處》之比較日本萬世一系與中國王朝更迭始,至《裂封册》之豐臣秀吉撕毀明神宗封其爲日本國王的册子終,所記皆爲日本政治史上的重要人物及事件。其友人中島子玉讚譽道:"樂府詠史者,明李西涯後有清尤西堂明史樂府,其他余未多見。至於國乘,則以翁爲嚆矢矣。……每首就題命意,不雜他語,而數千年間治亂興亡,是非得失,不待分説,隱隱出於楮墨之外。"④友人、著名詩人筱崎弼序稱自己懵于國史,對此樂府不能悉解者十之八九,故賴氏弟子牧輗爲之作注。《日本樂府》版本甚夥,難以盡述,大多載有弟子後藤機後叙,友人竹田陳人田憲作批語十二則、清人錢泳題詩,賴氏子賴復序,筱崎弼序、牧輗序等。值得一提的是明治四十三年(1910)青山堂發行的坂井松梁之《日本樂府詳解》,該著前有賴山陽坐像、德富蘇峰題詞及坂井緒言,他本所有諸序及竹田批語皆無。詳解以和文撰寫,由讀方、義解、余論及詞語釋義這四部分構成,其中余論即評論具體詩作之藝術構思,并舉相關中國漢詩與之作參考。

二、中島子玉《日本詠史新樂府》一卷

中島子玉(1801—1834),名大賚,字子玉,又字米華,號海棠窠主人、古香外史,幼名

---

① 田桐《田桐集》,武漢:華中師範大學出版社,2011 年,第 518 頁。
② 日本自平安時代初期形成六十六國二島的行政區劃,直至幕末無變化,其中二島爲壹岐島、對馬島。有時亦根據中國的習慣而稱各國爲州,如甲斐爲甲州,河内爲河州,安藝爲藝州等,故西海道九國(築前、築後、豐前、豐後、肥前、肥後、日向、薩摩、大隅)合稱"九州"。
③(日)賴山陽《日本樂府》,大阪:柳澤武運三,明治十二年(1879),第 2 頁。
④(日)中島子玉《日本詠史新樂府》,京都:尚書堂,明治三十八年(1905),第 32 頁。

盛太郎,豐後佐伯藩士中島季親長子。好讀史,尤嗜《史記》,著有《愛琴堂集》七卷,《日本新樂府》、《米華遺稿》各一卷,雜著數十篇。早年問學於教育家、詩人廣瀬淡窗,後入江戸昌平校學習,與淡窗弟廣瀬旭莊、賴山陽交好。①《日本詠史新樂府》作於文政己丑(1829)年,其後序稱撰寫是受到賴山陽《日本樂府》的影響,爲補山陽不足而作,六十六首外再附舊作二首,寄寓"六十六州之外,更有二島之意"。在回答他人"再來不直半文錢"的責難時,稱"翁(山陽)之錢取銅於山而鑄之,若余則鑄敗銅以爲錢耳",己詩亦是有爲而作。《日本詠史新樂府》有筱崎弼、廣瀬建(淡窗)、廣瀬謙(旭莊)之後批。有明治三十八年(1905)尚書堂刻本。

三、金本相觀《皇史摘詠》

金本相觀(1828—1871),字善卿,通稱顯藏,號摩齋、椒園,出雲人。曾執教於伊丹明倫堂,倡導尊王攘夷論。明治二年(1869)捲入刺殺開明政治家横井小楠的事件而被囚禁,四年(1971)死於獄中。金本聰明絶人,年十四始閲漢籍,十六歲時曾一夜吟詩一百零六首,二十九歲執教漢學,三十歲時將其詩作集爲《樂山堂詩鈔》出版,且有詩壇巨擘廣瀬旭莊、筱崎小竹、後藤松陰、落合雙石評點。有《皇道要略》,明治元年(1868)出版。《皇史摘詠》元治甲子(1864)春完稿,明治二年(1869)門人高木賚手抄付與文石堂印刷,四年(1871)出版。弟子落合賡卷末批點道:"通編百四十五首,歷論草創以還至中古之人品,褒忠誅邪,高下曲直,辯斷不遺。"②組詩所詠對象,始於垂仁天皇時期發明代替人殉的埴輪、任"土師"一職的勇士野見宿禰,終於平安末期的儒者清原賴業,弟子落合賡以爲"是編以土師氏始,以清原氏終,玩味詩句,可以見作者之微旨焉。"③作者自序云建久至元和則待他日續編詠之。前有明治二年(1869)門人高木賚"附言",後有落合賡、今泉麟評語及鳥原發黄所書菅秋蘭之後序。明治四年(1871)浪華宋榮堂、京都文石堂出版。

四、青山延壽《讀史雜詠》二卷

青山延壽(1820—1906),字季卿,通稱量四郎,號鐵槍齋,水户人,爲漢學家青山延于

---

①中島子玉生平參見《大分縣偉人傳》,大分縣教育會編纂,東京:三省堂書店,明治四十年(1907),第286—287頁。

②(日)金本相觀《皇史摘詠》,京都:文石堂,浪華:宋榮堂,明治四年(1871),第26頁上。

③同注②,序。

第四子,師事幕末志士藤田東湖。明治後曾入修史館,著有《鐵槍齋詩鈔》。《讀史雜詠》
二卷,一百首,所詠始於神武天皇之兄五瀨皇子,終於德川幕府初期大儒藤原惺窩、林羅
山,詩後附有十首憑弔古跡及題畫詩。正文及附録詩皆爲五言古詩,除了附録中的《題本
多中書圖》與《晁山神廟》,其他各詩皆有小序。前有石齋高豐珪所書慶應乙丑(1865)昌
平學校儒學員巖谷世弘序,其子延年所書安政丁巳(1857)其長兄延光序,後有安政乙卯
(1855)楙園散人森蔚、楓灣居士滕貞松、大沼枕山、石河明善之評語,忍廬友部溪跋文,手
冢正直所書津田信存跋文,以及佐佐木重之叔卿之(即其三兄延之)跋文。整個詩集有藤
田東湖、楙園散人、楓灣居士、石河明善、忍廬的零星評點。大沼枕山認爲中唐以後詠史
多本李商隱、杜牧,競巧於律絶之中,而此詩則概用五古,乃用意於左思、陶淵明之間,誠
爲卓見。慶應乙丑(1865)初版,明治十一年(1878)内藤傳右衛門再版。

五、大槻磐溪《國詩史略》二卷

大槻磐溪(1801—1878),名清崇,幼名六次郎,通稱平次,字士廣,號磐溪、寧靜子,陸
前仙臺人。生於蘭學世家,戊辰之戰中反對倒幕派,失敗被捕入獄,明治四年獲赦,隱居
並終老于東京。大槻學文於葛西因是、松崎慊堂,學詩於梁川星巖,擅長古體,著有《愛敬
餘唱》、《愛古堂漫稿》、《近古史談》及《寧靜子集》等。《國詩史略》以歷代天皇次序爲序,
歌詠各朝人物及事件,始於神武天皇,止於後水尾天皇,每一天皇題下皆有中國帝王紀年
與之相對應,詩後又有小注加以解釋。全詩共二百十五首,另附仿照陶潛《孝傳》所作的
"皇朝十八孝傳",分公卿、士大夫、庶人、婦女、武人五類,全詩共計二百三十三首。詩前
自序稱其作《詩史略》之本志云:"詩文之道,譬諸瑞穗之精而爲飯,文之實也,釀而爲酒,
詩之華也,然飯之用,止可以飽耳,酒則可以醉,可以歌,可以歡笑而起舞,則文之實,有時
乎不若詩之華也。"①清初吳喬《答萬季野詩問》論述詩文之別云:"二者意豈有異?唯是
體制辭語不同耳。意喻之米,文喻之炊而爲飯,詩喻之釀而爲酒;飯不變米形,酒形質盡
變。啖飯則飽,可以養生,可以盡年,爲人事之正道;飲酒則醉,憂者以樂,喜者以悲,有不
知其所以然者。"②大槻磐溪之語應是受了吳氏的影響。作於慶應丁卯(1867),明治四年
(1871)、五年(1872)石原隱居出版。

---

① (日)大槻磐溪《國詩史略》,東京:石原隱居,明治四年(1871),序。
② 王夫之等《清詩話》,上海:上海古籍出版社,第27頁。

六、村上剛《佛山堂詠史絶句鈔》一卷

村上剛，豐田人，字大有，生平不詳。序稱齋藤拙堂囑村上爲其《海外異傳》“摘其大要，綴爲韻語”，故有詠史之作。收詩二十三首，其中吟詠曾壟斷暹羅海外貿易的山田仁左衛門（山田長政）九首，帶領臺灣日本人向荷蘭東印度公司抗税的濱田彌兵衛五首，收復臺灣的中日混血兒鄭森（鄭成功）九首。這是明治時期很少見的歌詠日本人海外生存史的詩歌專集。後有石川介出版識語，稱此詩活字版贈自中根鳳齋，時間爲庚午（明治三年，1870）十月。

七、一萬田子逸《讀史雜詠》一卷

一萬田子逸，開卷題簽又稱“如水源希子逸”，上毛人，生平不詳。《讀史雜詠》爲讀史心得之專集，收有《讀〈日本書紀〉》二十首（後附鷲津毅堂批語）、《讀〈貞觀政要〉》十首（後附其門人淺野義典批語），并附録讀《國基》、《潛夫論》等十首。其中《讀〈日本書紀〉》作於庚午（1870），《讀〈貞觀政要〉》作於己巳（1869）。《讀〈日本書紀〉》自序稱首首有“神”字，蓋寄託日本乃神國之意。《讀〈貞觀政要〉》後有弟子淺野義典識語，稱作者用意是“似以貞觀之政治望之當日者。讀者或疑以爲稱揚唐宗過其實者，皆不知作者之意耳。”①前有從二位源重德所書“樸拙儔巧心”，東陽矢牓直所書大沼枕山序、小野湖山題詩。後有其子壽章識語及小野湖山總批。有鷲津毅堂、小野湖山、大沼枕山評點。明治壬申（1972）門人淺野義典、古澤美德等刊刻，求志堂出版。

八、河口寬《海外詠史百絶》一卷

河口寬，茨城縣人，生平不詳。組詩始於《聖經》中《創世紀》之亞當夏娃食禁果，終於普魯士首相俾斯麥軼事言論，中間涉及古代希臘、羅馬、波斯與法、英、俄、德、美、土耳其等現代國家；廣泛記述政治、宗教、戰爭、科學等各個領域精英的壯舉軼事。前有作者自序，後有大沼枕山、鈴木魯總評，通篇亦由二人評點。作者自稱“不詠黄色人而詠白皙

---

①（日）一萬田子逸《讀史雜詠》，上毛：求志堂，明治五年（1972），第6頁。

人，不依風騷慣用字而用譯書生硬語”，①即所詠對象集中於西洋諸國人事，所用語言以漢譯外文爲主，乃是歷史及文學發展趨勢所迫，而大沼枕山認爲《海外詠史百絶》是“尤侗、張潮之外別辟一境，所以竟體無一猶人語也。”②鈴木魯亦讚譽其所言皆係歐美諸國之事，尚未經他人吟詠，猶如在萬人齊射一的的情況下，自己另張一的射之，高度讚揚“此篇可謂新發見一詩國，其功不在閣龍之下也哉！”③此言與晚清梁啓超的詩界革命理論有驚人的契合。明治十年（1877）作者自行出版。

九、中村正鄉《詠史百絶》一卷

作者生卒年不詳，幕府末期曾參與倒幕運動，險爲俗吏所構，維新後任職於茨城縣。詩始於進雄大神、日本武尊等神祇，終於西鄉隆盛，爲日本通史之吟詠。中有手塚正直批點，前有三島中洲序、澗谷嘉題詩及師岡正胤和文題詞，後有手塚正直總評，作者自跋二則，北相馬郡酒誥住、門人宮本見三郎跋。作於丙子丁丑之交（1876—1877），因門人之請，於明治十七年（1884）自行出版。中村氏明治十七年略前還有《詠史百律》之作。

十、角田春策《詠史絶句》二卷

角田春策，名炳，幼名文虎，通稱春策，號錦江，美濃人。此詠史絶句爲角田氏教授塾生歷史所用教材，共收詠史絶句共二百首，上卷一百首詠日本歷史人物，下卷一百首詠中國歷史人物，并附録二十二首題圖及詠史詩。前有庚辰年一六居士所題的錦江翁大雅屬的“春華秋實”四字，角田炳文虎自序，後有其子角田節、門人山口保教識語。明治十三年（1880）其門人山口保教出版，封面題爲“詠詩絶句”，正文題簽則爲“詠史絶句”，從内容看，自應以“詠史絶句”爲是。詩作警策深刻，對歷史人物的評論往往能切中要害，在日本近代詠史詩中屬於上乘之作。

十一、大沼枕山《日本詠史百律》

大沼枕山（1818—1891），名厚，通稱舍吉，字子壽，以號行，尾張人。少從梁川星巖學

①（日）河口寬《海外詠史百絶》，東京：河口寬，明治十年（1877），序。
②《海外詠史百絶》，第 24 頁。
③同注②。

詩,後開下谷吟社,弟子衆多,影響巨大,是幕府末期、明治前期的詩壇領袖人物。作品繁富,有《房山集》、《江戸名勝詩》、《枕山詩鈔》(共三編)、《枕山隨筆》(共五册)等。《日本詠史百律》始於吟詠菅公(菅原道真),終於戰國名將北條氏康。由其女新吉、子佳稱校訂,下谷吟社明治十六年(1883)版。

十二、股野景質《達軒詠史詩鈔》二卷

股野景質(1815—1894),龍野人,少時學於梁川星巖、大槻磐溪,與小野湖山、大沼枕山交厚。有楊守敬題寫書名,三條實美題寫"含和吐氣"四字,前有重野安繹序、川田岡序、七十自述詩二首、作者畫像及其子股野琢所撰例言,後有岩谷修所書中村正直序。《達軒詠史詩鈔》有小野湖山、岡本黄石、大沼枕山評騭,并由後者圈點。詩鈔主要歌詠源平諸氏、南朝功臣、名媛、題畫、懷古、讀史及菅公祠、赤石、鐵拐峰等,共一百首。明治十七年(1884),其子股野琢、股野潛、長尾景弼校,長尾景弼出版。

十三、菅有恒《鷹室山樵詠古百律》

菅有恒,字子産,淡海人。據詩前菅氏子附言,菅氏享年六十九歲,其他不詳。組詩始於桓武天皇定都平安城,終於楠木正成扶持南朝、豐臣秀吉撕裂明朝詔書,而據岡本黄石總批所言,該組詩是以其地爲題詠其人,如《耳冢》記述豐臣秀吉侵略朝鮮之事,《桶狹間》歌詠織田信長以少勝多,殲滅今川義元的桶狹間之戰。其子孝惟孝、恭公拱校訂,田中莊吉明治十八年(1885)版。前有岩谷修題"高華典麗"四字,"鷹室先生小照",菅有恒《偶題》詩一首,安政元年(1854)芹坡田榮序、岡本黄石題詞、小野湖山序、如意山人序及其子菅孝惟孝附言。全詩由岡本黄石、大沼枕山評點,詩後有岡本黄石、大沼枕山總批,鏡花叟宏遠識語、天涯查客題詩。

十四、青山延光、青山延壽《題畫一百二十詠》一卷

青山延光(1807—1871),青山延于長子,幕末、明治前期著名歷史學家,曾任國史館編修,負責《大日本史》的校訂工作,出版《國史紀事本末》、《野史纂略》。該題畫詩由延光《畫題二十詠》與延壽《題畫百詠》共同構成。《畫題二十詠》後有青山延壽識語,云伯兄延光嘗作題畫詩三十首,現在將己作《題畫百詠》及伯兄二十首合刻,正好與宋末鄭所

南一百二十圖相應。(據筆者統計,延光詠史實爲十九首,而非二十首,延壽所云不確。)又云三十歲時作詠史五古百篇,因近時索之者不少,而五古長篇又不便示人,故又作近體百首。延光《畫題二十詠》起自《日本武尊薙草圖》,終至《兒島高德題櫻樹圖》,延壽《題畫百詠》起自《稚郎皇子責韓使圖》,終至《藤樹先生夜遇盜圖》,皆爲本國著名歷史人物故事之題詠,龜谷省軒批語即云:"此編不必論雕琢,宜做史論看。"①賴山陽曾連作題畫詩十二首,分別吟詠源義家、源義經、楠木正成及中國的岳飛、郭子儀等人,對此谷堂批點道:"詠史固子成長技。"②可見在日本近代詩學視域中,對於歷史人物畫像的題詠可歸入詠史詩之列。《題畫一百二十詠》後有小野湖山、龜谷省軒、三島中洲、南摩綱紀、竹內貞總批。明治二十一年(1888)自行刊發。

十五、龜谷省軒《詠史樂府》二卷

龜谷省軒(1838—1913),名行,字子藏,號省軒、士藏,師從廣瀨旭莊學詩,安井息軒學經義,曾參與倒幕運動。著有《省軒詩稿》、《省軒文稿》、《和漢修身訓》、《論語管見》等,是明治時期著名漢學家。《詠史樂府》上卷本邦二十首,下卷漢土三十首。前有龜谷省軒自序,龜谷信好所輯白居易、王世貞、陳元孝、李重華、賴山陽、田能村竹田、龜谷省軒等七人有關樂府的評論。後有清國文廷式總批,龜谷信好跋文。明治三十六年(1903)榊原友吉發行。

十六、菊池晚香《瀛史百詠》一卷

菊池晚香(1859—1923),名武貞,字仲幹,幼字三九郎,晚香爲其號,南紀人。其祖父爲著名漢學家、詩人菊池溪琴。少時習於溪琴及同族菊池三溪,修經史詩文,復入慶應義塾、早稻田大學與法律學校,攻讀法律經濟,通英、德、漢文字,最終任早稻田大學文學教授。著作甚多,有《楚辭和解》、《莊子和解》、《漢文關鍵》、《漢試必第》、《文章逢源》及家乘《黃花片影》等。《瀛史百詠》前有股野琢、三島中洲、南摩綱紀、依田百川、龜谷省軒、信夫恕軒、土屋鳳洲、森槐南等八人序,作者凡例,後有依田百川、土屋鳳洲、信夫恕軒、田邊新、湖村桂五總批。通篇由依田百川、龜谷省軒、信夫恕軒、土屋鳳洲、森槐南、湖村桂

---

① (日)青山延光、青山延壽《題畫一百二十詠》,東京:青山延壽,明治二十一年(1888),第27頁。
② (日)賴山陽《山陽詩鈔》,大阪:石川嘉助,明治三十年(1897),第30頁。

五、南摩綱紀評點。諸人皆爲日本漢詩界翹楚,可見作者交游之廣。百詠始於《瑞穗國》(日本自稱瑞穗之國,即農業興盛、人民富足之國度),終於《將星》(日俄戰爭中任滿洲軍總參謀長的兒玉大將)、《詩星》(菊池家數世漢學傳承),是橫跨古今的詠史組詩。明治三十九年(1906)作者自行印行。

十七、藤澤南岳《論戰新詠》

藤澤南岳(1842—1920),名恒,字君成,通稱恒太郎,號醒狂,香翁等。生於贊岐,儒學者藤澤東畡長子,明治時期著名教育家。明治三十七年(1904)青木嵩山堂出版。該集吟詠晉至南北朝之間的著名戰役,作於日俄戰爭期間。股野藍田以爲作者論戰是"喻諸我征露軍,名正理直,每戰奏捷,真可謂壯觀矣。"①田中青山亦云:"商榷晉南北朝史故跡,映出征遼戰局近事。"②可見此詠史詩的寫作是爲當前的日俄戰爭服務。每一首後皆有歷史事件的簡單記述,詩末有小野湖山、股野藍田、田部苔園、田中青山的總評,其中田中還指明作於日軍入金州之日。

以上所列,皆爲獨自刊行者。此外還有不少組詩收在作家別集內,如藤田東湖有《詠史雜詩》二十首,大槻磐溪有《詠史》十二首,龜谷省軒《省軒詩稿》有《鐮倉懷古》十二首,《大和懷古》十一題二十九首,菊池秀言《遁庵詩存》之《詠史篇》有三十二首,小野湖山有《題畫詠史絕句》一卷,等等。至於零星的詠史詩,更是燦若群星,難以盡數。

值得注意的是,日本近代還有一種特殊的文體,即採用中國傳統蒙學讀物《三字經》形式編寫的教材,如大橋訥菴的《本朝三字經》、佐藤益太郎的《日本三字經》、小川清之助的小學簡易讀本《明治三字經》、鈴木柔的《西洋三字經》、山本義俊的《泰西三字經》、東條琴臺的《小學必讀女三字經》、花谷安慧的《天文三字經》,等等。《三字經》本可視作三言詩,故《本朝三字經》、《日本三字經》、《明治三字經》、《西洋三字經》、《泰西三字經》亦可納入詠史詩範圍。如明治六年(1873)青木可笑爲大橋訥菴的《本朝三字經》作注而成《本朝三字經餘師略解》一書,前有和語凡例及漢語序文,其序即云:"若水大橋先生所著《三字經》者,上自神祖遷都,下至豐臣氏之末世,二千餘年之盛衰治亂,以僅僅字數摘數千百部之緊要,歷歷指掌,且履韻礎,使讀者易記憶。"③這與上文所述諸書的創作宗旨

①(日)藤澤南岳《論戰新詠》,大阪:青木嵩山堂,明治三十七年(1904),第 22 頁。
②同注①。
③(日)大橋訥菴、青木可笑《本朝三字經餘師略解》,名古屋:靜觀堂、玉潤堂,明治六年(1873),序。

並無不同。故筆者在此將特殊詩體納入詠史詩中作一簡單考察。

以上是對日本近代詠史組詩之獨自刊行者所作提要,並附論以《三字經》形式出現的特殊詠史文體。這些詠史詩並非爲詠史而詠史,而是緊跟時代步伐,在幕末及明治時期發揮了獨特的功能。首先,詠史作者通過吟詠歷史人物與事件,表達了自己的民族史觀,在塑造民族性格、凝聚民族向心力方面做出了貢獻。尤其值得注意的是,爲了發揚"大和魂",抒發日本民族優越感,並闡釋以天皇制爲中心的"國體"內涵,從賴山陽開始,即有意識地樹立他者形象與之對照,先是以中國歷代政權走馬燈式的更疊不斷反襯日本天皇制的萬世一系,後以西洋諸國的此消彼長、不同國情及性格映照日本民族的獨特性,這在河口寬的《海外詠史百絶》表現得特別明顯。其次,近代詠史詩產生在社會轉型的大變動時期,有着濃厚的爲政治服務的意味,其中有的鼓吹天皇制,爲倒幕運動作先聲,有的高揚尚武精神,爲日本的興兵海外張目。最後,近代詠史詩注重教育功能,不少起初都是作爲教材甚至是蒙學讀物而出現的。這在追求通俗性的同時容易導致藝術性的不足,直露有餘而包蘊不足,缺少一唱三嘆之致。

在東亞漢文學的視域中審視日本近代詠史詩的創作,並將之與同時期的中國、朝鮮同類詩歌進行比較,是一件頗有意味的事。當日本的漢詩人積極創作詠史詩,以之融入歷史洪流并推動其前進的時候,中國、朝鮮的詠史詩是怎樣的一副面貌呢? 二者的詠史詩是否也呈現了新的氣象,發揮了鼓舞民族志氣、鍛造民族性格的作用呢? 這顯然還有待於學界開展大量細緻的文獻整理與研究工作。

作者簡介:高平,男,1975 年生,文學博士,浙江大學中文系博士後。現爲台州學院人文學院副教授。主要研究領域爲中國詩學、域外漢籍。

· 學術論衡

《史記》修訂本出版暨《史記》研究學科團隊建設座談會發言稿選編

二○一三年十一月廿九日上午,上半場主持人:徐俊

朱傑人:我代表中國歷史文獻研究會,代表華東師範大學出版社,代表華東師範大學古籍研究所,對南師大古籍所趙生群教授,對中華書局徐俊總經理,表示祝賀,也表示我們的敬意!

老實説,聽到二十四史要啟動修訂的時候,我是心存疑慮的。爲什麼呢,因爲大家都知道二十五史的點校本是我們前輩學者,都是大師級的人物在做。五十年以後,我們現在的學者,現在的這批文獻學家,有没有能力來做好這個事情,我是心有疑慮的。這五十年對於我們整個學科來説,我覺得是受到很大傷害的,受到很大打擊的。第一個打擊就是"文化大革命","文化大革命"幾乎要造成我們這個學科的斷代。第二個打擊是改革開放以後,所謂的全球化,所謂的市場經濟,這個打擊我覺得更大。在這樣的兩次打擊之下,我們現在的學者,現在的文獻學家,還有没有能力和功力來完成這項工程,我是表示懷疑的。我見到趙生群的時候我還問他,你做了《史記》修訂工作之後,確實是有新的發現,或者是比前人有所超越嗎?他説那當然,肯定有。可是老實説,我還是懷疑的。直到拿到《史記》修訂本以後,我認認真真地把第一册翻一翻,尤其是《五帝本紀》我仔細地讀了,我纔感覺我的疑慮是不必要的。現在的修訂本確實比以前的點校本應該是大大進步了。我不敢説趙生群的學問超過了顧頡剛，但是可以肯定，總體上來説，這支團隊他們拿出來的成果，是超越了顧先生他們那個時代所能達到的水準。這本書現在代表了目前我們這個領域的全世界的最高水準，我認爲是完全可以這麼説的。《史記》修訂本中新增了校勘記，它所運用的對校本遠遠多於當時顧先生他們所用的版本，尤其是大量運用了海外收藏的版本，比如日本的版本，還有臺灣的版本。當年顧先生做不到，而現在我們做到了，這就是一個非常大的進步，一個突破。版本的對校，我很佩服南師大的這支團隊。在當今浮躁的學術氛圍下，南師大的修訂組在八年裏踏踏實實地，一本書一本書、一個字一個字地對校下來，真是不容易，也顯示了我們新一代的文獻學家對學問的執著和定力，我覺得非常高興，也非常感謝。這部書將成爲一部劃時代的書，是完全可以取代一九五九年出版的那一套二十四史了，可以成爲現在的一個定本，或者一個通行本、一個權威本。

這個會議很重要。現在整個學術界，包括學校領導，包括很上層的領導，對古籍整理研究，對我們的傳統學問，還是不重視。我們這個學科被邊緣化還在繼續。我們應該通過《史記》修訂本出版這樣一件大事，彰顯我們這個學科的重大意義。

《史記》修訂本的校勘記做得非常好，顯示了我們南師大的學者們深厚的功力，他們很多的判斷，是非常精到的。這些判斷，這些校勘記，對於我們做文獻研究的人是非常重要的，提供了非常重要的原始資料。

我有三點建議：一是他們還有一批索引，這個索引非常重要，希望他們早點出，會使學界受益。二是現在校勘記的標號和三家注的標號分不清，一般人可能不關注校勘記，現在我要找校勘記很難找，校勘記的標號能不能再做一個處理，讓它更醒目。第三個建議是給趙生群先生的，我剛纔説校勘記確實很見功力，表現出你們的學術功力，但出校時沒有版本依據的是不是再謹慎一些。當然，這三個不是瑕疵，只是可以做得更好的幾個建議。我們期待二十四史後面的書趕緊出來。

徐俊：謝謝朱先生！朱先生剛纔講的，我解釋兩點。一個是我們確實希望校勘記標碼更清楚一點，大家注意一下，正文中的校勘記標碼其實我們是掛了灰的，希望它一眼能看到，但擔心掛得太深了難看，變成了以前的墨釘，結果出來是太淺了。就是希望有機會能把校碼的灰稍微調重一點。朱先生説的第三個問題，沒有版本依據，結論要更嚴謹，這個是因爲修訂造成的，就是原來顧先生他們作《史記》點校的時候，改字，暗改非常多，有些改字確實沒有版本依據，但是確實是對的，從上下文、史實來説，更對，它流行了五十年，你要把它改回去，確實也改回去很多，但是要改回到純粹的底本校勘，不可能。這裏面實際上是新舊校記之間處理的尺度略有差異。修訂本的所有新改動都是無版本不改字。但是顧先生原來八百多處方圓括弧有的就是根據清人校勘成果改的。

趙達夫：這幾年校勘方面出了大量成果，尤其是集校等等，有的書堆了很多的異文，有關的無關的，堆了很多。連這些專家，專門從事這個研究的看起來都頭疼，望而生畏，很難有決心從頭看完。但是這部書，我是認真地看了一下。我感到，第一，是繼承了顧頡剛先生原來所定的一些體例，很嚴謹。修訂本基本上繼承了顧先生這代人花功夫形成的很好的體例，繼承這種精神。但同時，它確實有很大的推進，不是堆了一些異文，讓人無所適從。我舉四條例子，兩條關於正文校勘，兩條關於三家注校勘。我也不是從全書中去挑，就從《楚世家》開頭的幾條例子來說一下這部書的價值。

比如二〇三四頁，"楚熊通怒曰"下面校勘記說："《左傳》文公十六年、宣公十二年、昭公二十三年孔穎達《疏》引《楚世家》皆作'熊達'。《漢書》卷二八下《地理志》下：'後十余世至熊達，是爲武王。'"這裏作"熊達"應是毫無疑問的，舊的校點本沒有説明，究竟是由於形近而誤，還是有其他原因，因爲楚國國君即位以後有一個改名的習慣。這條校記提出來一個楚國史研究的課題，不要馬馬虎虎地讀懂就成了。關於《史記》原文的校勘是很有價值的，不是簡單羅列異文。

第二個例子是二〇三五頁，"（文王）十三年卒，子熊囏立，是爲莊敖。"校勘記引景祐本等八個版本，均作"杜敖"。又引同書《十二諸侯年表》作"堵敖"，按云："堵、杜聲相近。"並引《左傳》莊公十四年"生堵敖及成王焉。"及《釋文》："《史記》作杜敖。"顯然，舊本此處作"莊敖"，"莊"乃"杜"之誤，因爲兩字都以"土"爲主體部分，位置並在右側，竹簡上的字摩擦變淡易被誤識。這樣就糾正了《史記》正文中一個很嚴重的錯誤。校記中進而指出致誤原因"當是據《年表》《索隱》改之"，則《索隱》之誤在前，正文之誤在後。校勘記改正了正文的錯誤，把這個流傳下來的很複雜的問題在很短的幾十個字的校勘記中就説清楚了。修訂本《史記》在原文校勘方面留下了很多有價值的校勘記，對學者有所啟發，或者直接糾正錯誤，避免學者們引書當中由於文字的錯誤導致結論的錯誤。

下面再舉兩例關於三家注的。第二〇二九頁《正義》引《毛詩譜》説："昔高辛之土，祝融之墟。"我對了舊本，也是如此，張文虎《札記》卷四："王本'高辛'下有'氏'字。"我感到這個"氏"字有沒有對理解文意毫無關係，而這裏倒存在文字上的錯誤，可是舊本乾脆沒有刪字，修訂本校勘記中説："'之土'疑當作'火正'。""之"字在隸書和更早的寫法中都有點像"火"字，"土"和"正"下部相似，並且引了《毛詩譜》的文字就是作"高辛氏火正祝融之墟"。當年顧先生校勘《史記》，不是不知道去對《毛詩譜》的原文，但是那時候工作特別緊張，時間很短，而且《史記》當中大量複雜的問題，讓老學者們無暇對引文進行核對。別的不說，就《天官書》一篇，你要點對，那要大學問家，還要是專家來搞纔行。五十年來有些文字常常有人探討。我記得《文史》上就登過兩三篇文章，就短短幾個字，不到十個字的標點，意見不一致。所以當年的專家是顧不上的。今天趙生群先生他們學術團隊，能够從容地，我是説時間上從容，其實他們也是很緊張地工作，把該做的工作全都做了，也有是老一輩想做，但是時間不足，精力上顧不上。因此就三家注方面，這些影響到我們對《史記》原文的理解，也是很重要的。

三家注方面的第二個例子，是二〇三五頁《正義》引《括地志》："紀南故城在荆州江陵縣北五十里。"校勘記説："疑當作十五里。"並引《史記·禮書》《正義》引《括地志》、《通鑑》胡三省注及賀次君《括地志輯校》等書文字爲據，那看起來應當作"十五里"。"十五里""五十里"就是這麽點距離有啥關係呢？今天很多地方對歷史古城進行考察，要確定它的位置究竟在哪，還有歷史上很多重大事件來龍去脈都和地理位置有關，特別是出土文獻，究竟在哪里出土的，和什麽朝代有關，也和歷史地理有關，所以像這些地方都是很重要的。

由此可見，這部書的價值，在顧先生之外，重新創造的學術價值，含量是很大的，成就是很高的，確實是有益學界，嘉惠士林。

張涌泉：這次《史記》修訂本的整理，在原來點校本的基礎上，有三個方面我認爲是有所超越的。第一個是引用參考的文獻更加豐富。參校本和參考文獻，比點校本更爲豐富，古今中外所有的，差不多我們能看到的版本，他們都利用了，並且日本的古鈔本、敦煌寫本這樣的文獻，也全都利用了。並且也參考了歷代學者包括近幾十年來的《史記》整理研究的新成果。我寫《校勘學概論》，也會利用《史記》校勘方面的成果，我也注意我自己的成果他們有没有利用，我看到我的書中的幾條他們基本上都已經糾正了。具體的例子就不講了。

第二，校勘更準確。《史記》版本衆多，異説紛紜，對我們校勘的人來説，版本多是好事，但是也考驗整理者的判斷力。我專門看校勘記，很少發現有問題的，或者可以商榷的，這方面我還没有看到。

第三，體例更完善，版式也更疏朗。外面的專家也講到，以前校勘改字用方圓括號，對讀者進一步利用是很不方便的，現在把校勘記列出來，知其然還知其所以然，爲什麽這裏要改字，對進一步研究的人是有很大的好處的。

後續的一些研究工作，昨天也和趙生群教授講到，趙生群教授本身已有很多的計畫，我昨天提出來能不能搞一個"《史記》全書"，把所有現存《史記》的版本全部彙集起來，比如有一個版本編，考訂注釋編，資料編，等等，把歷史上有關《史記》的東西全都彙編起來。我們這個書可能也存在一些問題，所以後續的進一步的整理工作，他們已有一些計畫。

可能因爲體例的原因，這本書也有一些可以繼續校訂的地方。我翻到一個例子，《燕召公世家》裏面，每一個諸侯王死了以後，往往有一條“子某某立”。類似的總共有十二處，其中有八處有“子”字，有四處没有“子”字。八處有“子”字的，敦煌本有三處也没有。也就是説一共有七處敦煌本没有“子”字，四處是所有的本子都没有的。敦煌本没有的三處，我們現在的修訂本是有的，這裏没有出校勘記。我查了一下，張玉春的《〈史記〉版本研究》講到這個問題，他講到百衲本和金陵書局本有，毛本無，他認爲這三處没有“子”字是脱掉了。但是我們發現敦煌本也没有“子”字。進一步研究，《史記索隱》《史記集解》已經講到這個問題了。《集解》説：“世家自宣侯以下不説其屬，以其難明故。”即位的人究竟是兒子還是弟弟，不清楚，所以不用這個“子”字，這是有原因的。修訂本這三處有“子”字，是有問題的。敦煌本没有這三處，和毛本是一致的，我們就應該出一個校記。可能跟我們的體例有關，異文不能太多，但對於學術研究來説，有些該出的還是要出。

中華書局出的書，編輯的文本校勘都是非常認真的。我作爲中華書局的作者，有很深的體會，這本書幾乎很難發現文字的錯誤。但我偶然發現有一處，《凡例》中的第十二條，“所補文字以黄本爲主，若黄本有文字譌誤，隨文説明，他本訛誤，則一概從略。”兩個“譌誤”，用字不統一，一個從“化”，一個從“爲”。前言、凡例的文字要精益求精，要萬無一失。這兩個字都可以用，但要統一起來。

郁賢皓：今天參加這個會議，是南師大和中華書局共建《史記》研究中心，這是我們南師大的光榮。《史記》的點校本是二十四史中最早出版的，《漢書》以下比較遲一些。顧頡剛先生搞的點校本，是五九年出版的，像《新唐書》、《舊唐書》都是七十年代纔出版。《史記》跟二十四史其他的書有不同的地方，就是原來的點校本没有校勘記，這次新的修訂本增加了校勘記，主要的發明、主要的成果也體現在校勘記裏邊。

我隨手翻了一翻，感到這次的修訂本有很多優點。首先是收錄的資料、版本和研究成果比較完備，剛纔余英時先生的賀信裏也講到，校勘記中收錄了很多海外的東西，張涌泉同志也講到，包括敦煌的材料，它都收集了。還有後來人的研究成果，也都收錄了。這些資料也都體現在校勘記裏邊。

校勘記我感到有幾個特別顯著的特點，一個是原來點校本漏掉的本子，它增補了。比如像《秦本紀》題目下面現在增加了《索隱》的文字，原來的《秦本紀》下面是没有的。它根據其他的版本，耿本、黄本、彭本、《索隱》本，很多很多版本，這些文字真正體現了司馬貞《索隱》的一個重要觀點：秦本來是西戎附庸之君，怎麼能够以諸侯之邦跟五帝三王同稱本紀，應當降爲世家。原點校本没有這些文字，這次補充了。《項羽本紀》也是這樣，原來點校本題目下面也没有《索隱》的文字，現在也根據各種本子補充了司馬貞的《索隱》，他認爲項羽畢竟没有當過天子，所以也應降爲世家。另外像《陳涉世家》也有這個觀點,認爲應該降爲列傳。像這些觀點,原來的點校本没有,修訂本補充了,體現了司馬貞的觀點,我感到很重要。這是我偶然翻翻看到的。

第二點是這次校勘記訂正了三家注的很多文字上的錯誤,有的是訛,有的是漏掉了,例子很多,不一一列舉了。説明研究得非常仔細,引用了很多資料。

第三是修訂本標點訂正了原點校本裏一些不太準確的地方。例子也不勝枚舉。像《項羽本紀》,項羽年輕時,"學書不成,去;學劍,又不成。"原點校本是"學書不成,去學劍,又不成",現在這個"去"單獨出來,是兩層意思,學劍不成,不學了,走了,離開了,意思表達更準確。

汪少華:因爲收到書的時間比較晚,還來不及仔細消化,但是我們業界都知道,以趙生群教授爲首的團隊是有口碑的。

在後續的《史記》文獻深入研究當中,我也提一個建議,儘管修訂本已經注意到了出土資料的研究成果,但可能還需要再加以重視。比方説,有一個例子,《項羽本紀》鴻門宴中的"斗卮酒","卮"的形狀、"斗"的容量,在上世紀七十年代考古學界已經解决了。裘先生在八十年代初的時候寫過幾篇文章,他的好幾個集子裏都收進去了。他就講了五個字——"堅强的證據"。也就是説"斗"的容量和"卮"的形狀,在出土考古這邊已經解决了,有堅强的證據。可是在文獻這邊,包括《史記》的注本裏面,没有重視,我看到二〇〇七到二〇〇八年的注本和選本還是没有注意到這條材料。將來後續研究可能還需要更加重視出土的材料。

王雲路:我講的題目是"後出轉精",分爲三個方面體現出來的。用三個字兒來概括的話,第一個字是"全",第二個字是"審",第三個是"精"。這三者還有區别,我的想法是,它的全,剛纔也有的先生説到了,它收集到的資料特别全。現在已經有這個條件,海内外的各方面的都有,同時它研究的對象也不光是《史記》本身,包括《史記》的三家注等等。所以它的全是資料全,研究對象也全。這是前所未有的,這個功績非常大,不用多説。

第二個方面,它的審慎表現得特别突出,主要在於它對異文的鑒别上。如果有特别確鑿的證據,往往也是用疑作什麽。剛看了兩個,一是《五帝本紀》,還一個是《夏本紀》,兩個校勘記,感觸非常深。比如《夏本紀》,一一五頁,《説文》已經説得很清楚了,這個"總",總理的總,是"聚束也"。《史記》原文是"聚束草也"。它有很多的證據證明這個"草"是衍文,但是也是很謹慎地説,"草字疑衍",態度非常謹慎,這樣的地方很多。下斷語的地方證據都相當充分。我感覺在審慎方面非常好。另外在存疑的方面,也是非常審慎的態度。

"精"表現在兩個方面,剛纔趙逵夫先生也説到了,《史記》的研究者很多,研究成果汗牛充棟,很多很多,怎麼取捨利用,不是一種堆砌。剛纔聽徐總也説過,其實已經彙集了很多很多《史記》的相關資料,但是在我們看到的成果裏,僅僅在校勘記這一部分,量不多的。所以在精的方面,在資料的取捨上,不是堆砌,而是有選擇的,能夠見功力。這是材料取捨上的精。第二方面的精,就是下斷語精,這方面例證也很多,具體的不説了。

我還希望等普及本出來之後,還用一句話,還是後出轉精,可能比現在還精。我就拿修訂前言來説,修訂前言裏邊有繁簡字的問題,不一定説得對,方一新就不同意我的觀點,不知大家看對不對。它有一句"總彙於一編之中","總匯"的"匯"的繁體是辭彙的"彙"的繁體,還是大海匯合的"匯"的繁體,兩個不一樣,我覺得第五頁這裏應當是水匯到一塊兒的"匯"比較合適,和詞彙的"彙"有區別。這方面最好能夠注意一下。

第七頁,"'藏之名山,副在京師。'司馬遷死後,其書稍出。"這個話都對,但是因為這是你叙述的話,我好像不喜歡聽"司馬遷死後",這個"死"字兒是不是改一下更好。

還有一個異文,接着下面説的,"晉末徐廣,研覈衆本",研覈的覈,到了十二頁有個"校核",它倆意義一樣的,這都是作者的話,不是引文,這個"核"就用的現代簡體核心的"核",它倆是不是應當一致。如果是引原文,前邊有一個引原文的,用的是簡體的"核",我想是不是也看看原文,如果是叙述語的話,像前邊説的訛誤的"訛",稍統一一下,這是小問題,如果能弄一下可能會更好。

還有一個,《五帝本紀》校勘記第二條,"山東有石穴曰神農生於厲鄉",校勘記説"疑文有訛誤",下面舉了與它相關的内容。我的感覺大概這裏没有訛誤,就從你找到的《水經注》的材料,已經可以證明,為什麼説有訛誤,在於説,"山東有石穴,曰神農生於厲鄉",説的是"曰",而《水經注》裏邊的一個説法是"山下有一穴,父老相傳,云是神農所生處也",其實已經説了,這裏關鍵在於,這個"曰"和這個"云"是同義的,據説是神農生在厲鄉,《水經注》用"云",《史記》裏用的是"曰",也都是表示據説的意思,如果這樣理解,這裏可能就没有疑義訛誤了。

我有一個跟大家一樣的意見,就是校勘記和原文號碼的關係,能以一個什麼樣的方式處理一下,叫我們一下能看到。

徐俊:謝謝王老師,我們一定認真研究這個事。書一出來,有很多讀者提這個事兒,我們都以為看了正文,看到校勘記標碼纔會去翻,其實有大量學者是從校勘記倒看正文的,這個確實比較難,我們當時審稿的時候倒着找,在正文裏,簡直痛苦極了。

陳尚君:和在座各位比較,我稍微有一點特殊,不在於其他的方面,是因為我和趙老師都是受中華書局的委託負責二十四史的修訂,我負責兩部《五代史》和《舊唐書》的部分。

我在看《史記》樣稿的時候，就感到很激動。趙先生主持制訂的體例，以及樣稿所呈現的校勘記和長編的部分，所展現出來的學術的認真踏實、審慎的態度，對於我在做後面的部分也是很有參考意義的。

我帶來兩份意見，上次應該已經轉給你們，後來說沒有收到，所以我這次也特別帶來給趙老師。一個是汪老師他們出土文獻中心的一個年輕老師，郭永秉，我請他看了前面的五卷，他提了一些意見，其中有些意見還是蠻好的。第一個，《五帝本紀》第一段裏面，"幼而徇齊"，他感到這個"徇"不應是雙人旁，而是單人旁，他從古文字的角度，認爲雙人旁的這個字要到比較晚，唐或者宋以後纔出現這個字，他提供了徐鍇的《說文繫傳》所引到的《史記》文本，是作單人旁的。我後來看到唐寫本的《群書治要》所引的《史記》，也是作單人旁。這次來的時候，我想這個問題是不是可以談，但是仔細一看《史記》現在的文本，一個，這段文字前人引的實在是太多了；第二個，這個字還有版本的依據可以改，問題是涉及到三家注的部分，是改好，還是不改好，牽涉到一個很複雜的問題。郭永秉所提的意見還有包括一個地名的問題，他提到"蔡陽"，他認爲是"蔡中陽"，中間脫掉一個字，還是什麼字，確實值得斟酌。我看了你們的校記，我也提了許多具體的意見，僅僅就校記而提，未必妥當，但是確實在取捨的方面，斟酌是很費心思的。

我有一個建議，《史記》由於採用了金陵書局本作底本，因爲金陵書局本比較晚出，雖然是清人花氣力校訂的，有一些是古本沒有的文字，我希望在有唐鈔或者宋刻的文本依據的時候，校改的尺度要稍微放寬一點。由於用清人的書作底本，它有一個問題，就是句子"看來"是可通的。我舉一個例子，比方說，"以告成功於天下"（《夏本紀》），唐鈔本《群書治要》"下"字沒有，以告成功於"天"，不是告"天下"，"天下"好像也可以通，但是涉及到這個問題。"然不謂善"（《廉頗藺相如列傳》），《群書治要》"善"上面是有"之"，"不謂之善"，雖然語句可以通，但是從古本的情況來講，它顯然比清代的本子有更重要的地方。所以我覺得在取的尺度方面，宜稍微寬一點。

徐俊：剛纔陳老師是甘苦之言，我想說兩點。一個是從我們組織者來說，都希望通過一個程式來保證品質，就是你要怎麼做，來保證那個短板最低不能短於我們的基本水準，不能有漏網之魚那樣大的，實際上我們工作做下來，覺得各史的特殊性，作爲中華來說，是特別要考慮和尊重的。各史的難度非常不一樣，重點也不一樣。第二，整個過程當中，專家參與的是非常多的。從方案的確定，今天沒到會的安先生，到會的張大可先生，都參加了修訂方案的確定。到後期，全部的稿子還沒有排的時候，我們有三四十位專家，每一卷稿子都有兩個以上的專家看過。還不光是在此之前，修訂組跟編輯組之間，每一條校勘記都討論過,折騰得非常厲害,苦不堪言。到最後定稿的時候,修訂組趙先生他們在北京住了十多天,天天從早到晚。這第一輪的審稿,三四十個原稿,就是一遍。我們又做成了徵求意見本,這三百部,全部發出去,參加修訂的所有人,像陳尚君先生,凡是參加修訂的,修訂組主持人,都拿到了。斷代史的,秦漢史的專家,文獻學的專家,都拿到了,回來以後大量的意見,重新消化。然後正式的印本之前,又集中差不多一個多禮拜。到最後一稿定稿的時候,趙先生、修訂組,包括我最後又把大家每一個意見,都過過,實際上取捨鑒別非常難。因爲從《史記》白文單注本到三家注合刻,包括這次修訂組纔發現的金陵書局本與前面黃本系統的三家注又有很多不一樣,包括《索隱》本的差異,張文虎刻的時候做了很多替換,太複雜,改與不改,非常難以取捨,因爲三家注之間,三家注與正文之間,還有流傳這麼久,特別難取捨。向大家表示感謝,也做一點説明。好,上午的研討先到這裏。下午的會兩點鐘開始。

二〇一三年十一月廿九日下午,下半場主持人:陳尚君

杜澤遜:《史記》修訂小組做出了傑出貢獻,非常值得敬佩,新版比舊版有大幅度提升,這是一個非常好的《史記》版本。

第一個,我把《孔子世家》對了一遍,包括三家注,没有發現任何一條排校的錯誤,中華書局和南師大項目組在校勘方面是一流的。雖然上午有老師指出有用字不規範的地方,但在《孔子世家》裏没有發現,有個新舊字形的問題,立即的即,我看了一下是統一的。這是第一個方面,没有發現排校的問題。

第二個是標點符號。新舊本比較的話,不同的地方有三十九處,其中有一處涉及多個標點,加起來是五十一條,《孔子世家》改動的標點五十一條,我只校了一遍,可能也不是很準。其中有五條新舊不同涉及是非問題,是新本改正了舊本錯誤,而不是一般性改良,其餘大部分是改良性的,原標點也能理解,但新的標點比較之下,優於舊本,這個占了絕大多數。

改動文字,《孔子世家》有八處,其中有兩處補了司馬貞的《索隱》,都是有根有據的。舊本上没有,又没有校勘記,一般讀者看中華書局舊本的話,就不可能意識到這裏還有兩處《索隱》。當然看《史記會注考證校補》是能看到綫索的。這是整理通行本慎重的地方,這兩處如果既不吸收,也不出校的話,讀者看到的就是没有的。這兩條一共六十二個字,這個有重要意義。文字不同的地方有八處,有兩處是這種情況。其餘六處,其中有三處明顯的改字以後優於舊本,並且都出了校。

　　校勘記《孔子世家》一共有四十四條,老的中華書局本《史記》一條也没有。這四十四條校勘了許多舊本,比較早的,據説是景祐本,其他像黄善夫本、耿秉本等,都是有名的,就是版本校成果吸收得比較多。

　　再有,印象深刻的是考證找了很多旁證,包括《史記》内部的,《史記》正文和三家注,包括《漢書》,《括地志》殘卷,校勘記裏涉及的旁證材料非常豐富,並且把版本校和旁證緊密結合起來。

　　我覺得《孔子世家》四十四條校勘記,簡明扼要,非常清楚,是很重要的學術成果。這一篇的校勘記,四十四條,當然全書出的校勘記,趙老師是有統計的,是一份很寶貴的學術成果。這個校勘記,不是説這四十四條校勘記都要改字,改動的只有八處。老的本子上改字,改對了,没有校勘記,讀者知其然不知其所以然。這些校勘記補充進去以後,一定意義上是爲修訂前的《史記》它的是非問題的判斷,找清了理由,做了補充性的考證。這個校勘記不是爲了改字,而是爲了説明是非的依據,這個顯示出很深的功力,非得專家不可,這是關於校勘記的第四個問題。

　　所以從整體上看,這個新修訂本比老的《史記》,它是有根有據的,極其明顯的提高,提高的幅度還很大。整理古籍,僅僅提供一個錯誤較少的本子,没有校勘記的話,讀者是知其然不知其所以然,這個作爲古籍整理是不規範的。二十四史的整理工作,正史的整理工作,有校勘記的,好像是從武英殿本開始的。武英殿的考證一半是文字問題,一半是詮釋問題,不是純粹的校勘記。《四庫全書考證》裏面是純粹的校勘記,所以這個風氣還是從清朝的官版開始的。從那以後,二十四史的版本,五局合刻本,只有《隋書》有校勘記,其他都没有校記。但張元濟先生搞百衲本時留下了一百七十多册的手稿校勘記。不校,作爲官版肯定是過不了關的,不出校勘記肯定也是過不了關的。原來的《史記》是以張文虎的校勘記代替《史記》的校勘記,並不是没有校勘記。但是新中國新整理的《史記》,和張文虎的整理,還不是一回事情,這個臨時性的方案實際上是没有辦法完全勝任的。新的校勘記也吸收了張文虎的成果,也吸收了其他專家的成果,也吸收了這一次校的好多版本,我覺得這個提高幅度非常大,是優秀的,這部《史記》是目前最好的版本。

　　有些感受是,我們怎麽樣來區别司馬遷的錯誤,和司馬遷《史記》成書以後流傳過程中産生的錯誤。我們的校勘工作對應的是後者,對司馬遷《史記》本身的錯誤進行考證,應該不是點校的内容。但是由於年代久遠,儘管我們提出了很多的旁證,證明這件事情與事實不符,但卻無法證明究竟是《史記》原來就錯了呢,還是流傳當中搞錯的。

　　《孔子世家》裏涉及到的一件事情就是孔子弟子三千,達者七十,這個是舉其成數。除了這個成數以外,有兩種説法爭論不休,一個是七十二人,一個是七十七人。七十二人之説,就是出自《孔子世家》,七十七人之説,出於《仲尼弟子列傳》,是不是七十七個人呢？確實是七十七個人。所以這個《孔子世家》就把七十二改成了七十七,卻没有版本根據。並且七十二這一説,就是《孔子世家》裏頭,《史記正義》就是七十七,上下有矛盾。而七十七人之説,就是《弟子列傳》裏頭,司馬貞《史記索隱》也提出了七十二的材料,這個材料就是《文翁孔廟圖》。文翁是景帝末年的蜀郡太守,所以他比司馬遷還要早,也就是説七十二人説也是有根有據的,《孔子世家》以後還有《後漢書·蔡邕傳》、《水經注》、《魏書》、《顏氏家訓》等等。七十二人説和七十七人説,至少在唐朝以來就打仗,七十二人説的抓手就是《孔子世家》,七十七人説的抓手就是《弟子列傳》。

這個要不要統一起來,我覺得以前刻《史記》的人應該是知道這個情況的。從版本上看,他們没有動,《世家》就是七十二,《弟子列傳》就是七十七,各遵其是。但這次把《世家》的七十二,改成了七十七,當然出了校勘記,提出了很多的理由。我覺得這個理由是很充分的,但是在這個校勘記中並没有交代七十二人説的依據,而那個依據也是一大堆。我覺得這個校勘記,就是張涌泉教授的意見,有些校勘記還是要出的。譬如七十七人,我們贊成,《弟子列傳》確實是七十七人,但七十二人説,又起源甚早,司馬遷以前就有,它的理由是不是也要一並簡要地交待一下。因爲梁玉繩的考證兩邊都羅列出來了,並且梁玉繩表示很難定是非。前人已經擺到桌面上來了,我們現在事實上没有什麽新材料,還是老材料,不過我們贊成七十七人説而已。老的版本上没有改七十二,在這個《世家》裏頭,但卻把《史記正義》的七十七改成了七十二,這個也是不對的。因爲司馬貞擺出了七十二人説,没有否定七十七人説。張守節説是七十七人,但正文是七十二,也許他見到的是七十七人,這個不好説,現在都没有證據。

這個地方我覺得,第一《世家》的七十二人説可以不動,在校記裏説明;第二,七十二人説下的《史記正義》的七十七人也可以不動,也可以出校記。老本上改了《正義》,而没改正文,新本上恢復了《正義》改了正文,我覺得都不是很踏實。不是説改了就不行,不太踏實。這個地方我印象比較深刻,因爲這是一個爭論不休的,不能有最後定論的東西,所以這一條我提出這麽一點參考意見。謝謝！

陳尚君:杜教授讀得非常認真,包括標點跟版本和異文並存的問題,實際上也是我現在做正史的很重要的情況。我相信正如杜教授所講的七十二人、七十七人,都有各自成立的理由,但是在做正史的校訂裏面,求真和求是,看起來好像都是好的,其實做起來是不容易的。另外一個你講到這個標點的問題,標點裏面當然有正誤的區別,同樣都是正的裏面,還有到底是求史實的更加準確,還是求文章的語氣之連貫,很多都是一個很大的問題。所以説你讀得很仔細,這都是有啟發的。

張大可：首先感謝很榮幸參加這次會議。下面我就談一下，我對這本新點校本的個人看法和意見。

我覺得上午徐總講的，前一個點校本和修訂本分別代表了兩個時代的標杆，我覺得這個定位是非常準確的。那麼第一個點校本的標杆是對《史記》文本的底本奠定了基礎，趙生群教授的這個標杆在於寫了精美的校勘記。這兩個是兩個時代基本性的標誌性的東西。

《史記》的文本，第一個整理文本是裴駰的《集解》，《集解》把六朝以前的各種本子，進行了一次整理，以後的各種版本都是這個系統延續下來的。那麼中華書局點校本可以說是從《集解》本以後兩千年來做了一個定本工作。這個新本有三個亮點：

第一個亮點就是校勘記。它不僅僅是因爲有了校勘記，校勘記寫得，兩個字：精、準。它的精表現在，第一它的行文非常流暢，學術性的東西，可以説普通大學生就能讀懂，這個很不容易，深入淺出；第二它非常準確，它判斷、下詞都很準確；第三個，校勘記都是兩個以上的證據，有部分校勘記可以説是衆本材料的一個索引。校勘記寫得非常精彩，這是它第一個亮點。

第二個就是標點很精善。多半是，大概百分之七十都是在三家注上，正好彌補了老一輩學者對三家注的注意不够。三家注引的《史記》本文、表等等，這次修訂加了書名號，非常醒目。

第三個我重點要講的，是對《史記》文本的校點。這是兩個方面，第一個是原文的異文校勘，第二個是標點。修訂本保留了中華書局底本基本沒有動，恰恰是它精準的看法。顧頡剛先生主持的點校本確立了底本的文本，這是它最大的一個貢獻，修訂本鞏固了這個成果，這個成果是優點的發揚和肯定。

最後我再談杜教授那個觀點。我認爲有的地方，《史記》要存異，就是兩個意見要保存，存異不是不求真，它既是真，又是實。我的理解本身司馬遷就是存異。因爲五行哲學，是司馬遷構成他的《史記》的一個理論模型，七十二是三百六十度的五分之一，三百六十是一周天。所以《孔子世家》保存七十二，在《仲尼弟子列傳》保留實際七十七。這兩個都是真，都是實，都應該保留，都應該出校勘記，叫存異，不是説要糾正統一。我們用今天的來觀念統一文本，我覺得這個觀念可能要變。我們今天寫的論文，也是故意要存異的，我們説了不合時的話，有甚麼辦法，他也有存異。所以這裏頭這些細微的東西還要把握，讓他劃時代的東西更加落實。

俞樟華：在《史記》研究史上，《史記》新修訂本的出現，具有里程碑意義。我始終感覺一代有一代的研究，一代有一代的成果。從《史記》問世以後，研究就開始了，到現在時間很長。漢唐之間以注釋爲主，所以現在留下了三家注。宋代開始有評論文字，到明代重點是評點，清代儘管各方面都有，但重點是考據。到了現當代，可以説古人所涉及的問題，我們都有研究，甚至重新研究。古人沒有涉及的問題，我們也有很多的研究。所以我們的判斷就是，我們當代的《史記》研究，在整個《史記》研究史上，成果是最豐碩的，也是成就最高的。現在趙生群教授爲首的這個團隊搞的《史記》修訂本，是我們當代又一個標誌性的成果。這個新的標點本是既爲研究者提供一個很好的研究的本子，同時也爲普通的愛好史學愛好文學的讀者提供一個比較準確的讀本，這個面應該是更廣。有的專家講功在當代，利在千秋，這個評價一點不過分的。隨着時間的推移，影響面會越來越大。這是第二個意思。

第三個意思，二十四史加《清史稿》的修訂是一個大工程，《史記》是第一部，也是第一個完成出版，現在又取得了巨大的成功，不僅對以後的各種研究有幫助，對後面其他還沒有完成的二十四史的修訂也有一些間接的意義。我這裏想到了幾點。第一個是一種精神，趙生群教授爲首的團隊用了前後八年時間，後來中華書局的編輯出版又精益求精，這種精神特別在目前學科評價體制下尤其是難得。其他史書的修訂，包括其他工作，如果沒有這樣的一種精神，我覺得這個工作要做好是很難的。第二個它裏面有些做法，比如說剛纔都講到，點勘的話，首先底本的選擇，如果底本的選擇不好，就要出問題。比如當年清代梁玉繩做《史記志疑》的時候，書做得很成功，花了很多功夫，但他當時沒有看到殿本做的工作，所以他做了很多就是張文虎已經做的工作。無論是哪一部史書的修訂，底本的選擇非常重要。

再一個校勘的方法，點勘點勘，裏面有很多具體的做法，微觀的做法，總的來講，他們採取本校、對校、他校、理校等等綜合的校勘方法，從早上包括現在大家對校勘記充分的肯定，説明它採用的方法是正確的。方法如果不對，成果就有問題了，這個值得肯定。

再一個，《史記》研究成果很多，到現在爲止，真的是汗牛充棟。我是編過《史記》研究資料索引的，對這個情況比較瞭解。現在儘管我們的校勘記裏反映出一部分，吸收了古代和當代的很多人研究成果。另外還有一部分是隱性的，是看不出來的。比如説標點，做到了無一字無來歷，無一個標點無來歷，所以經過改動的標點，都是有講究的。現在也有很多學者對中華書局標點本句讀，有過一些研究的文章，我沒有對過很多，我手頭有幾篇文章，我就對了一下，我感覺至少人家講得對的，這裏也都吸收了，所以有大量的成果被吸收。現在修訂本之所以大家評價很高，這個和現在的《史記》研究比較深入，取得了比較多的成果，修訂者又很好地把這些成果有機地吸收進來，運用到修訂本裏面，有一定的關係。

最後一點，我的體會，通過一個項目，一個工程，來培養團隊的協作精神，然後提高團隊的治學能力和研究水準，是一個很好的方法。趙老師這個團隊裏面，我基本上都認識的，原來有年輕的，當時還在讀博，現在已經通過這麼多年的訓練，自己的學問、治學能力提高了，學問也做出來了。除了把《史記》修訂本完成以後，還產生了其他的副產品，有些已經都發表文章。通過一個項目對團隊的培養鍛煉非常重要，效果也非常好。現在後期準備再建設研究中心，《史記》資料庫建設什麼，繼續做下去，這個團隊會建設得越來越好，培養的人會越來越多，我是非常地期待。

張大可：我補充一點，上午有人講校勘記要放在文裏，我認爲不可以，校勘記必須放在篇末。因爲文本點校，中華書局原點校本分段精善，行文連片，它是有很高的藝術性的。你放到文裏把它打破了，可以説是捨本逐末。關於技術性問題，通過技術來解決，但位置絕對不可以放在文裏。

方一新：上午到現在各位專家講的意見都非常好，大家對《史記》新的修訂本的優點都概括出來了。包括像資料版本齊全，像體例上的改進，特別是增加了校勘記，體現了修訂團隊，修訂主持人趙生群教授他們的功力和成果。另外，像校勘按斷都比較審慎，這些都是非常好的優點。暑假的時候受中華書局委託，也看了幾卷，卷八十三到八十七，我把它跟原來的中華的點校本做了對比，我發現除了校勘記列出的校改以外，實際上在標點上的改動還是不少的，這些改動基本上都是可信的，比原版要好。這些看上去很細的地方，實際上是非常見功力的。因爲一個標點的改正，加也好，不加也好，加在哪裏，都不是輕易做出來的，都是下了很多功夫，反復推敲得出的。這也是一個重要的優點。這樣的地方可能很多，所以校勘記也没法反映標點上的改動。

這個修訂工作歷經非常長的時間。我們現在看到的校勘記只是他原來校勘長編的不到十分之一。現在的校勘記徐俊先生説有三千多條，三千四百條，可見原來的校勘長編肯定在三四萬條以上。現在看到的不足十分之一。所以大量的勞動都是在具體的校訂過程當中體現，我們現在看到的只是很小的一部分，但現在保留的都是精華。這個下的功夫非常大，非常好。做古籍整理工作就應該這樣踏踏實實地，一個字、一句話這樣來校訂。而且團隊的培養，各位先生也都提到了。

特別令人期待的是，除了《史記》新的修訂本以外，後續的成果還有很多，還有一系列。我早上聽徐俊先生説，没有都記下來，好像在《史記》修訂本之後，還有校注考證集成、還有三家注的整理、還有《史記》新注本等等。這些都非常值得期待。《史記》修訂本只是在校勘、標點方面的新的版本，還不足以體現修訂團隊科研方面的成果。後續的成果在研究方面，在其他各個方面，他們的研究成果，會得到體現。這是非常令人期待的。

　　因爲是篇幅這麼浩大的一部著作,字數這麼多,部頭那麼大,校勘記即使只保留了不到十分之一,三千四百多條,所以在某一些,少量的,個別條目上見仁見智,或者有不同的理解也是可以理解的,可能會有的。比如我看的幾卷,整理者趙老師也們充分吸收了前人的成果,像王念孫的《讀書雜志》裏面的條目,都是很重要的意見,而且都有根據。比如卷八七《李斯列傳》"夫擊甕叩缶,彈筝搏髀,而歌呼嗚嗚快耳目者,真秦之聲也",王念孫的《讀書雜志》認爲"聲能快耳,不能快目,'目'字後人所加。《文選》無'目'字。"《北堂書鈔》也就是"彈筝快耳",也没有目字。包括還有其他類書引這句話,也是没有"目"字。王念孫有這麼一個校改意見,新版《史記》用了王校是有理由的。但是古人也有所謂的連類而及,因耳而及目,就像大夫造車馬,因車及馬一樣,像這一類的修辭手法也是常見,這一條也有人專門談過。所以王念孫的意見是有道理,但是是不是"目"字一定就是衍文,可以再考慮。

　　還有同樣是這一卷,"又作阿房之宫,治直馳道",新版加了一個"道"字,"直"後面加了一個"道"字,也是根據王念孫的《讀書雜志》加的。而且也有版本依據,《群書治要》引這個地方就是"直道馳道"。但是我也查了一下,比它晚一點的《通志》從卷九四開始一共有三處引了這句話,都是作"治直馳道",承下省,似乎也是可以,因此這裏是不是一定要加上前面這個"道"字還可以再斟酌。

　　李天石:非常高興參加這樣一個座談會。趙先生領銜的團隊,經過了八年的努力,完成了這樣一個功德無量的大工程。

　　我覺得修訂本對史學研究的價值是相當大的。舉幾個例子,比如《秦本紀》有一條引的《正義》:韓安國云"秦穆公都地方三百里,並國十四,辟地千里,隴西、北地郡是也。"原文"韓安國傳云"少了一個字"傳",雖然只是少了一個字,但是説這話的人就不一樣了。實際這個話是王恢講的。原來的本子把"傳"字去掉了,就成了"韓安國云",同樣一件事,講的人就不一樣了。校訂出來以後,研究歷史的人,至少一般的讀者就不致於搞錯了。這是很重要的。

　　再舉一個例子。秦始皇"立十一年",原本是"五十一年",這個肯定也是錯的,但是趙生群先生他們找到了根據,訂正爲"立十一年",因爲秦始皇十三歲即位,又當了三十幾年,當皇帝實際十一年,他實際没有活到五十一歲,這又是一個重要的訂正。

　　再比如,《秦始皇本紀》裏講到"王賁攻薊",經過校對,實際是"荆州"的"荆",湖北荆州的"荆"。一字之差,如果不進行糾正,對於一般的讀者來説就是南北相差上千里,完全搞錯了。這個對歷史研究也是非常重要的。

　　再比如,《張丞相列傳》裏面,講任敖,"高後崩,與大臣共誅吕禄等,免。"原來的本子裏上面有一個"不"字，"不與大臣共誅吕禄等，免。"按照原來本子的理解是因爲没有與大臣共誅吕禄等纔被免掉。經過趙生群他們工作組的校勘以後，發現了這個地方"不"字是衍文。一件歷史事件就有了完全不同的結果，雖然是一個字，但是就訂正了一個重要的歷史事實。

徐興無：首先作爲南師大的兄弟院校南京大學的代表，我對趙生群老師這一大工程的完成，表示衷心地祝賀。這個工程做成這個樣子，我覺得是一個紀念碑式的。

我也不做《史記》，在這方面一點研究都没有。首先我個人很感謝送我這套好書。我昨天剛拿到書，昨天晚上如饑似渴地拜讀了一點點，只能就個人的感受談一點點。我覺得如果以梁啓超先生《近三百年學術史》裏對清儒的評價，作個比方的話，梁啓超先生説得很清楚，清儒超過漢唐儒注釋的地方，就是因爲清儒運用了校勘的方法。我覺得這個修訂主要的成就，或者工作重心，就是在校。按照劉向父子開創的校勘學，校書它有兩個最重要的，一個是對衆本，一個是辨異同。這兩條，我看了校記以後，我覺得是做到了。首先是對衆本，我一看前面的修訂凡例，拿出這些鈔本系統的、刻本系統的，各個時代的本子，這是耳目一新的。這樣首先文本本身權威性就加重了。還有辨異同，這個很難，既要辨正文不同版本中的異同，還有三家注中的異同，這個工作量是非常之大，做到這點是非常不容易的。我昨天看了之後，我原來有很多疑惑，我也得到了解釋，我非常地敬佩。

當然來讀一本書，總要有一點貢獻，我説不出來，我也只看了一點點。有一些體例，剛纔有些老師也提到，如果能够再統一，可能更好。比如我昨天晚上看的是《五帝本紀》的校勘記，第五十七頁，早上王雲路老師講到"山東有石穴曰神農生於厲鄉"這一處，文字有没有訛誤的問題。實際上下面隔一條，"登熊山"這條，寫得非常好。但其實你已辨出來"登熊山"是"登熊耳山"，但是在《齊太公世家》齊桓公也是登熊山，像這些地方就應當一併處理掉，"《齊太公世家》也誤"，就可以了。我没有翻後面，我不知道《齊太公世家》有没有出來。一般按照校勘，第一個校出來的錯誤，下面如果還有錯誤，一併在這裏帶掉就可以了。

我特別感興趣的，修訂凡例裏邊講到，把三家注的引文做了一個核對，這個工作不得了。比如《水經注》，唐人當年看到的《水經注》和我們看到的《水經注》差別很大。

還有，我覺得修訂本前言也比老版本更加簡潔，有些語言明顯看得出修改過。我昨天特地對了一下，注意到，修訂前言最後還對太史公年月，"四十二年"當作"三十二年"，作了注。

張新科：我來之前，原來也看過部分的稿子，後來提了一些修改意見，基本上都改過了，在這裏有一些小問題我就不多説了。總體上對這部書，有這樣幾個感受。我來之前歸納了六個字：新、精、深、全、專、善。

“新”：主要是從體例方面來説的。畢竟新修訂本在繼承原來的點校本基礎上，體例上又增加了新的東西，爲我們後面的研究提供了一個新的版本。

“精”：我覺得整個校勘工作，一字一句都是非常謹慎，甚至連一個標點都不放過。我對校原來五九年版，裏邊有一些人名地名劃不劃這一杠，甚至有些書名旁邊的波浪號，連不連，兩個波浪號分開，就成了另外一個意思，如果連在一塊兒，又是一個意思。修訂本把原來裏面很多這樣的東西修改過來，做得非常精細，這是精的一方面。

第三個字“深”，主要説的是研究方面。任何一個校勘，都不是簡單的標點斷句的問題。趙老師他們這個團隊多年來對《史記》本身有很多研究，由於《史記》中有許多是先秦的典籍，他們對先秦的典籍也做了大量的研究，所以他們纔在標點校勘方面對照着《左傳》《戰國策》等等，來對《史記》原文及三家注内容做新的校勘。研究方面是下了很大的功夫。

第四個字是“全”。從版本方面來説，古今中外的一些重要的版本在這部書裏都得到體現。從舊點校本到現在過去了五十多年，中間大量的研究成果也都做了很多的吸收。五九年以來人們對《史記》原文中的標點斷句乃至三家注的標點斷句都有許許多多的考證，這次修訂吸收了這些成果，顯得很全面。

第五個字是“專”，主要是説的這支隊伍，確確實實是一支專業隊伍。他們都是文獻專業的老師。可以説，現在也有人在做《史記》校勘的工作，但有一些不是專門從事文獻的，所以做起來可能有一些比較吃力，我們這支隊伍是專業的隊伍，文獻專業的老師參與到裏邊，又有趙老師來掛帥，這是做得很專業的。

第六個字是“善”，指的是整體上這部書可以作爲我們新時代的新善本。從版式設計到字體運用，包括整體外觀，給人一種美感，等等，從這些方面來説，它是新時代的一個新善本。

曹書傑：我對《史記》没有研究，來之前書收到了，但是没來得及翻，所以我没有資格發言，但還是想談點感想。二十四史和清史的修訂工作，備受國内外關注。自設計到啟動可能也有十幾年時間過去了，應該説這個工程的啟動是有魄力有勇氣的。具體到《史記》這部書，恐怕也是二十五史中最複雜的，有些書部頭大，比如《宋史》，部頭大，但是它的版本相對要比《史記》簡單很多。應該説，《史記》雖然文字量不算太大，但是它的版本在二十四史和《清史稿》中是最複雜的。另外前人也做了大量的研究工作，有很多成果，要把它梳理一遍很不容易。這幾年和趙老師，還有方老師他們這個團隊接觸比較多，他們在這方面所下的功夫確實是非常非常細。據我所知，他們把國内外所能搜集到的版本基本都找到了。所以剛纔張新科老師說，這個版本在校勘方面比較精，這恐怕是他們最大的貢獻。

第二個，在整個《史記》的校勘標點過程中，形成了一套與古人不完全一樣的工作程式。古人包括張文虎的工作，他們是有限度的。而這次版本普查面是比較大的，利用前人的成果也比較多，取得大家認可的成就是理所當然的，實至名歸。

我有兩個想法，不一定對。一個是這一天，根據大家所通報的信息，整個的校勘長編工作在校勘記中體現出來的可能在十分之一左右。假設要有三十多萬條校勘長編的話，我建議還是把它整理出來，可能這次沒有進入校勘記，其實可能還是很有意義的，整理出來特別重要。我們今天的研究、校勘可能還有時代局限性，那麼你把這個資料拿出來以後，可能爲下一步更多的人的研究提供一個資料庫，它的價值不比修訂本價值低。這是我的一個建議，我特別呼籲的一個事。

另外，我覺得《史記》版本研究方面是不是也做一個進一步發掘的課題，可能也對我們對《史記》進一步認識，做一點積累工作。這方面的工作我覺得應該好好地保存起來，如果有機會，是不是也可以搞一個《史記》集成，現在影印出版也很簡單很方便，成本並不高。

另外有一個期待，南師大文獻學專業，這個團隊，我們大致都比較熟，他們的學問人品都非常好。目前《史記》的研究方興未艾，《史記》學會的主要領導都在，會長、副會長都在。如果說徐俊老師的倡議、設想能夠在我們南師大順利地落地開花，這是我們最大的期待。

徐克謙：我跟生群先生是老同學，我們大學就是同班同學。上大學的時候，他的宿舍就在我們斜對門，那個時候他就整天看《史記》。剛纔有學者說他是"八年抗戰"，或者"十年磨一劍"，不止啊，三十幾年啦。他那個時候就跟我們不一樣，他也不怎麼出去玩，也不談戀愛，也沒有傳出什麼緋聞。他還有一些笑話，比如他這個人放假回家，坐火車會坐過站。那個時候大家心目中他就是一個書呆子，做死學問的人。我跟他交往這麼多年，他的才能其實是多方面的。他的領導能力很強。如果沒有一定的領導能力，他的這樣一個項目，這樣一個大團隊，怎麼能搞這麼好。現在古文獻專業搞得在我們文學院是有聲有色的，我覺得古文獻專業的老師也好，研究生也好，學生也好，風氣都很好。我跟他們的本科生、研究生也有一些接觸，你的博士生，包括本科生，招進來的學生都很不錯。可能因爲你們古文獻專業就業也比較好，相比較而言他們就業是比較好的。學生裏，像蘇芃這樣的人，都是很牛的，本科生裏面也有很多小牛人，這個當然是大家努力，但跟生群個人的能力也是密切相關的。他承擔這個項目，是積他三十幾年的心血，開始是寫《太史公書研究》,然後從《史記》拓展開來,又是《左傳》,出了很多東西,發表了很多論文。他有這樣長期的積累,所以不止是"十年磨一劍",三十幾年了。

更重要的一點,他這個人,身上有一種氣質,恐怕跟讀《史記》有關係。《史記》裏講義氣的人,非常仗義的人,揮刀殺人,非常執著,爲了理想,不惜拋頭顱灑熱血,認死理的精神,在他身上就有。所以做這個大的工程,不僅需要有水準,而且需要古君子的擔當精神,我覺得他身上有古君子的擔當精神,因爲這個項目太厲害了,他承擔的這個項目,難度很大。這是第一個。

第二個,在現在的學術評估體系裏面,他是不佔便宜的。那麼多年,人家只不過說你是點校,這個需要有犧牲精神的。而且它是二十四史的第一部,這個分量又非常重。不像現在很多項目,雖然也是很大的項目,很多東西寫出來没有人看,裏面有錯誤也就算了,誰都不知道的,他騙幾個人就騙過去了,騙幾個所謂專家看看就過去了。他這個不行啊,全世界多少人要看的,這是大家要用的書,是定本,是標準本,也是通行本,這個東西看的人太多了,你是衆目睽睽之下,所以承擔這個項目需要極大的勇氣。而且前面顧頡剛先生的水準也是很高的。他能承擔這個項目,不僅水準夠,而且這個精神很了不起,確實也幹得很好。這幾年我們經常在一起,看到他漸漸地老下去了,他本來不見老的,每天滿臉紅光。他現在是有一點老了。當然下面還要幹,要保養身體。這個工程已經是不朽了。你完成了這個任務呢,跟司馬遷一樣,是不朽了。你這個書大家都要看,一看這個書就知道是趙生群點校的。

我覺得中華書局搞這個工程意義太重大了,這纔是真正的國史,我們中國的國本從什麼時候算起,就在這些東西裏面,從二十四史而來。《史記》不僅僅是一個通史,而且是一個世界史,當時他所知道的世界,都寫裏面了,這個太厲害了。書他送給我了,我稍微翻翻,還没全部看,肯定要看的,是要用的。很小的一點點改動,後面都是很大的心血。現在的學術評估看什麼級別的刊物,那是看不出來的。《五帝本紀》裏"有蟜氏之女登爲少典妃",本來顧頡剛的標點把它標斷掉了,"有蟜氏之女,登爲少典妃",這一般人看不出來的,就算了,但是他們看了《初學記》,看出來了,這個"女登"是名字,不能點斷。這就是一個標點符號而已,但是意義很大的。現在的社科評估,我們習慣于用行政的辦法,學術也分成國家級的,或者什麼級的,這個項目應該是無級之級。學校在編制方面,資金方面都應該給予大力支持。

書裏的一些處理我比較認可。這套書不僅僅面向研究者,也面向大衆。所以有些處理,比如方圓括號,大家認可的,不是說底本就不能動,底本上有一些東西,便於大衆閱讀,有些已經是鐵板釘釘的事,這種如果還是保持底本不肯改,也没有多大意義了,便於大家閱讀,反正後面有校記,不同都擺在這個地方。

趙生群:我來講兩句,非常感謝我的老同學克謙先生,聽了他的話非常感動,有點想哭啊,確實真的很有感慨。不過同時也非常惶恐,很慚愧,如果我做得達到他的評價的十分之一的話,我覺得"足慰平生",而且"死而無憾",真的是非常感謝,謝謝!

程傑:各位先生好,我簡單地説一點我個人的感想。趙老師跟我是老同事,他是我學長,他是七七級,我是七八級的。他打電話給我,説到這兒來參加這個會,説書放在文學院,我到現在還没有到文學院去拿,因此還没看到這個書,但是以我對他的瞭解,這個書肯定是一個千秋萬代的事情,我不是研究史學的,是研究唐宋文學的,所以專業有一點距離。但是,因爲我跟趙生群先生同事,這樣與《史記》之間的關係倒特别密切起來。

首先,因爲我們這裏整理《史記》,因此這八年當中,我們南京師範大學古文獻專業跟中華書局建立了很深厚的關係。

第二個,趙生群先生,我們平時接觸的機會,都是到院裏上課。上課的時候,我只要跟趙老師在一塊兒,他跟我講的事情,主要就是《史記》。這八年當中,他是念兹在兹,須臾不離的事情。我講一個細節。我跟他同一天上課,上午的課,在新校區上,中午院裏勢必有一個"活動",就是去吃飯,只要到新校區上課,就能管一頓中飯。像我這樣,家裏人都上班了,我一個人要再回家就很不方便。於是特别看重中午這頓飯,我就省得回家弄了,那裏提供一頓中飯,我很高興。但是每次吃飯,大部分時候,咦,老趙同志早上跟我一起來的,怎麼上完了課就回家了呢? 吃飯的時候他不在嘛,我問趙老師到哪裏去了? 同事説,趙老師打的回家了。後來我有一次問趙老師,你爲什麼回家,那頓飯你爲什麼不吃? 我説你家錢老師是不是給你燒的更好,在那裏候着? 他説不是,他説我如果吃了中飯再回家的話,那到家就一點半鐘兩點了,我搶在前面回家,我就趕緊睡一覺,下午就能工作。這個細節給我的印象極其深刻,因此這幾年我經常能感受到趙老師是全身心地投入到這項工作。趙老師這幾年基本上全身心地投入,有機會坐校車去上課,如果能同時去同時回來,趙老師基本上跟我講的都是三家注的標點,我能感覺到確實很難,剛纔徐興無先生好像講到這一點,我也有同感。趙老師講這個注文標點是最難的,難在什麼地方? 不知道他是全引,還是節引,如果是節引的話,又在哪個地方節了一句,節了一個字、兩個字、一句、一段? 搞不清楚。他説這項工作很難。我能感受到他這幾年的功夫,在這上面吃的苦。我是外行,講不出什麼專業的話,隨便談談,表示祝賀之意。

徐俊:讓我們用熱烈的掌聲歡迎今天真正的主角趙先生講話。

趙生群:今天我是聽衆,聽衆之一,真的是非常感謝各位先生能夠在百忙之中抽出時間來。其實我們這個會議的召開,也得到了方方面面的大力支持,包括現在還坐在這裏的徐總和中華書局的同仁,我們社科處的領導和相關人員,以及校領導和各個方面,尤其是來自全國各地的專家的大力支持。我們這個會議因爲牽涉到各方面的協調安排的問題,最後定下來開會的時間非常緊,差不多只有一個星期。最後接到通知,我傻眼了,我說這麼短的時間我能請到人嗎? 所以我在第一時間什麼事也沒做,就是打電話。首先是給徐總打電話,向他簡單匯報情況以後,就開始約請專家。非常出乎我意料的是,幾乎我打的所有電話,都得到了專家們非常誠懇的支持。有的當即就非常地高興,杜澤遜先生就講,非常高興參加這樣的會議,還有許多專家都做了類似的表示。有的專家,即使沒能定下來,比如張涌泉先生,一直到兩三天前纔定下來,因爲他有一個會沒有定,定在月底,但是沒有說是哪一天,他說只要有可能,我一定來。而且我們還有好幾位先生都是爲了我們的會議更改了行程,比如說趙逵夫先生,本來他昨天是要到山東大學去,他自己買了票,山東大學同時也給他買了票,票都買重了,他一起退了,先到我們這兒來,然後再趕到山東大學去。當然還包括朱傑人先生,和其他好幾位先生。所以真的是非常感動,能真切地感受到各位專家對我們工作的發自內心的關心和支持。剛纔我說過了,我的老同學徐克謙講的話,我真的是很感動。做我們這個工作,就像一支軍隊一樣,他首先要解決一個思想認識的問題,如果思想認識的問題不解決,是很難打這樣的仗的,因爲這是一場超級馬拉松,超級的持久戰,對人的腦力、體力、意志力都是一個極其艱巨的考驗。除了解決思想的問題,對我們所從事的工作有認識,有堅定的信念以外,我想還有一個非常重要的因素是,我們得到了來自方方面面的,各種各樣的,不同形式的同情、理解、支持和幫助。這一點我的感觸非常深刻,也令我非常感動。當然,首先是徐總和中華書局對這個事情的重視程度,他們對工作認真負責的精神,深深地打動了我。另外我們這個團隊應該說是團結協作非常好,我非常感謝我們團隊每一個成員對我工作的支持和幫助。當然,還有文學院的領導,社科處的領導、學校的領導,社會上方方面面的各種的支持。尤其是我們來自各個方面的專家,對我們的支援,真的,這是我們前進的非常重要的動力,也是我們非常寶貴的精神財富。不是在說空話,真的是發自內心的感受到來自方方面面的支持、理解和幫助,同時也是非常真誠地感謝大家。

早上徐總也講過了,其實召開這個會議主要是因爲後面還要出平裝本。平裝本發行的面更廣,讀者更多,而我們這個修訂工程的宗旨和目的就是要爲廣大的學者、廣大的讀者提供一個更好的、更加準確、更加精善的一個讀本。儘管我們做了相當大的努力,但是我們也都知道,校書就像秋天掃落葉一樣,旋掃旋有,它是校不盡的,標點的改訂也是永無止境的。這幾天有時間我也會在網上搜索一下,比如說關於《史記》修訂本的品質,我打一個"《史記》修訂本、品質",再打一個"《史記》修訂本",然後打一個"錯誤",看看有没有人幫我們提出一些問題。我非常高興，我們這次會議，不僅有專家對我們提出了一些鼓勵和鞭策，同時也提出了一些非常好的非常中肯的意見，因爲後面我們還要不斷地修訂，不斷地完善。所以我想今天的會議，只是一個形式，只是一個開頭，我想隨時隨地，不管什麼時候，只要你們發現了我們在校勘方面、標點方面存在的問題和不足，哪怕是疑問，哪怕你自己也沒有十足的把握，也沒關係，請隨時轉告我們，我們一定會重視各位專家和讀者的每一條建議，認真地研究，再斟酌，不斷地改進，以期我們的《史記》修訂本能够不斷地完善。謝謝！

　　徐俊：謝謝趙先生。最後提議在座的各位，我們以掌聲對趙先生和趙先生的團隊所付出的辛勤勞動、取得的豐碩成果表示感謝！

（王永吉、蘇芃整理，王珂選編）

論文獻研究的價值取向

徐時儀

一、文獻與文獻研究

相傳黃帝的史官倉頡作書而天雨粟,鬼夜哭。又據《易·繫辭下》載:"上古結繩而治,後世聖人易之以書契,百官以治,萬民以察。"結繩是原始先民用以幫助記事的方法,後來則有書契,即有書面的記載。無論是倉頡作書還是聖人的書契皆確是驚天地動鬼神的大事,標誌着人類的歷史由傳説時代進入了信史時代。因爲有了書面的記載就有了可以傳世的文獻,有了傳世的文獻則前人記録和總結的歷史經驗纔得以留傳給後人,並一代代地積累發展,大大地縮短了後人摸索經驗的過程。從此社會的發展和進步不再以萬年、千年作爲計算單位,而縮短爲以百年、十年作爲計算單位,人類文明出現了飛速發展的局面。

中國古代文獻淵源甚早,即使從殷墟甲骨文算起,也已有 3000 多年的歷史。中國古代文獻的類型,除最爲常見的書籍以外,還有甲骨鐘鼎、文書卷子、檔案、信札、碑誌、契約、帳册、書畫等。現存古籍文獻(不包括出土文獻)有 8 萬餘種,其物質形態包括甲骨、青銅、竹帛、玉石、紙張等,其體制形態包括卷軸、册頁、簡牘等,其製作方式包括鐫刻、鑄造、抄寫、拓印與刊印等,其版本形態包括稿本、鈔本、活字、刻版、石印、鉛印等。據《論語·八佾》載孔子云:"夏禮,吾能言之,杞不足徵也;殷禮,吾能言之,宋不足徵也。文獻不足故也。"孔子所説的禮指禮樂制度,孔子所説的文獻指有關典章制度的資料和多聞熟悉掌故的人。考朱熹《四書集注》解釋説:"文,典籍也;獻,賢也。"孔子正因有感於"文獻不足徵",纔傾注心力於辦學和整理古代文獻。辦學旨在培養賢人,整理古代文獻則意在典籍的承傳。

"文獻"一詞後用以指有歷史價值或參考價值的圖書資料。歷代的文獻中記載着特定時代特定社會的史實,隱含著作者在特定時代特定社會中從各自的角度出發所表達的生命體驗、思想感情和文化精神。

文獻研究實質上是從學術上對傳統的追溯和反思,即從傳承中求發展,根據當時現實的需要,通過文獻的闡釋和研究去觸及、理解和接近當時所面臨的某種重大和基本的文化問題,闡發新的意義,使文化傳統融入當時的時代意識而發揚光大。從孔子以來的歷代學者以"述而不作"、寓作於述的態度解釋古典文獻,形成了融合解釋者之"意"與創作者之"志"的"以義逆志"、"知人論世"、"得意忘言"等研究文獻的傳統。

文獻研究可以通過多種途徑進行,可以是某些文獻的成書和版本流傳研究,也可以是不同文獻的比較研究,即既有具體的某部文獻的"點"的研究,又有由某部文獻推及另一部相關文獻的"綫"的研究,還有各類相關文獻間的"面"的研究,更有藉不同時期不同地域文獻以"究天人之際,通古今之變"而貫通融會文史哲各領域的多維立體的研究。

二、文獻與文明

文明指是人類審美觀念和文化現象的傳承、發展、糅合和分化過程中所産生的生活方式、思維方式的總稱。古代文明基本都以河流及流域爲發源地。不同的時期往往由不同的文明佔據,以地域環境大致分爲:發源於亞洲底格里斯河與幼發拉底河流域的兩河文明,發源於非洲尼羅河流域的尼羅河文明(又稱古埃及文明),發源於亞洲印度河與恒河流域的印度河文明,發源於希臘愛琴海地區的愛琴文明,發源於亞洲黃河流域的中國的商文明等。

文明具體體現了人類在認識世界和改造世界的過程中所逐步形成的思想觀念以及不斷進化的人類本性,包括人類在社會歷史發展過程中所創造的物質文明和精神文明。文獻記載了這些文明的源流,而文獻既有傳世文獻,又有出土文獻;既有官方文獻,又有民間文獻;既有本土文獻,又有異域文獻。這些文獻雖然在時代、地域及其宗旨上千差萬別,各有畛域,但又相互交融,彼此互補,體現出從内容到形式,多層次、多維度的交叉融匯,編織成一個互有交叉的文獻網路,這不僅反映了文明之間的交融,也反映了文獻之間的交融。

如就宗教而言,佛教源於印度,今信徒多在東亞和東南亞地區;基督教誕生於巴勒斯坦,今基督教的中心在梵蒂岡,而巴勒斯坦的居民則信奉伊斯蘭教。喬達摩·悉達多創立原始佛教時使用半摩揭陀方言,到阿育王時代佛教第三次集結形成經典時是巴利文記載的文獻,再到西元後的佛教經典則是梵文或混合梵文記載的文獻。兩漢之交佛教傳入中土後,華嚴宗和唯識(法相)宗吸引上層高僧大德們剖判入微地研晢精理奧義,淨土宗吸引一般僧俗民衆整日念"阿彌陀佛"來到達極樂世界,禪宗則以"不立文字,教外別傳,直指人心,見性成佛"的頓悟而盛行於官方與民間。釋迦牟尼的教理經隋代智顗、吉藏和唐代玄奘、窺基、弘忍、神秀、慧能、神會、法藏、宗密等高僧在不同層次上的鑽研加工,從玄奘創立的慈恩宗由盛而衰到慧能的禪宗繼之而興,幾經演變而形成中國的各宗派,進而傳至東亞和東南亞,且普及到社會的各個階層,成爲上至帝王學士,下至市人村民,雅俗相融的一種宗教信仰。隨着佛教的東傳,又形成漢文記載的大藏經,有開寶、崇寧、毘盧、圓覺、資福、磧砂、普寧、契丹、趙城、高麗、嘉興、天海、弘教、頻伽、卍正和大正藏等二十餘種。這些大藏經中,1251 年刻成的《高麗藏》再雕本以《開寶藏》本、《高麗藏》初雕本與契丹本互校,在古代刻本各藏中推爲精本。《大正藏》則是繼《高麗藏》後又一精本,爲日本大正一切經刊行會於大正十三年(1934)以《高麗藏》再雕本爲底本,以宋、元、明三藏和宮本、敦煌寫本等補充校勘而成的排印本。1982 年至 1997 年中華書局編纂出版的《中華大藏經》以《開寶藏》的複刻本《趙城金藏》爲底本,缺失部分則以《高麗藏》補足,將歷代大藏經中有千字文編次的特有經論按照内容性質悉數補入,收録經籍一千九百三十九種,一萬餘卷,可謂集印度、東亞和東南亞文明以及佛經文獻交融之大成。

又如《燕行録》是朝鮮時代使臣們來往燕京(北京)時根據所見所聞而記録下來的紀行録,最早的《燕行録》著述的時間見於 1273 年李承休的《賓王録》,最晚的著作則是 1890 年洪鍾永的《燕行録》。燕行文獻内容十分廣泛,除了記載路途、使行人員、貢品和沿路所見的風景外,對於中國當時的政治、經濟、文化、社會風俗都有詳略各異的記述。其中洪大容《湛軒燕記》、徐浩修《燕行録》、金正中《燕行録》、柳得恭《燕臺再游録》、徐長輔《薊山紀程》、朴思浩《燕薊紀程》、金景善《燕轅直指》、鄭太和《朝天日録》、徐文重《燕行日録》、柳命天《燕行日記》、閔鎮遠《燕行録》、李宜顯《燕行雜識》、朴來謙《沈槎録》、徐有聞《戊午燕行録》、李承五《燕槎日記》等描述了中國的時政、著名人物、藩屬外交、邊境貿易、商人市集、士人科舉,以及婚喪風俗等,記載了東亞文明間政治、經濟、社會、學術、文化等方面的異同。

再如"翁仲"本是匈奴的祭天神像,後指列於宮殿前或陵墓前的銅像或石像,傳至越南經衍化變異,重構爲神話傳説中的神奇人物李翁仲,明代又由越南回傳至中國而成爲阮翁仲。"其想像與重構既有一種弱勢文化在强勢文化面前希望通過消解對方或弘揚自我以凸顯其强悍,從而與之相融合的特定的'文化氛圍',包括其特定的生存狀態、心理形態、倫理價值等因素;也有着特定歷史時期本土文本創作者們對異文化進行重新闡釋的特定的'認知形態',包括其認知能力、認知途徑與認知心理,以及由此而達到的認知程度。"

由此可見文獻的研究歸根結底也是文明的研究。

三、文獻研究的價值取向

1.多向交流

文獻記載的内容與人類文明及人們的活動密切相關,文獻實際上是整個客觀世界與人類主觀精神凝結的産物,而文明間的交流常常是雙向的,甚至是多向度的。各種文獻的記載反映了的不同文明間的文化互動。

如"甘蔗"最初可能是印度或東南亞的植物。後傳入中國。季羨林先生《一張有關印度制糖法傳入中國的敦煌殘卷》一文據《慧琳音義》所載指出"甘蔗"這個詞有"干蔗"、"苷蔗"、"竿蔗"、"干柘"等寫法,"這就充分説明'甘蔗'是外國傳來的詞兒。"又據陸游《老學庵筆記》卷六載:聞人茂德言:"沙糖中國本無之。唐太宗時外國貢至,問其使人:'此何物?'云:'以甘蔗汁煎。'用其法煎成與外國者等。自此中國方有沙糖。"據陸游所載,沙糖中國本無之,然據有關文獻記載,"沙糖"一詞早在唐代以前已經出現。如《樂府詩集》卷四十七載晉詩《聖郎曲》:"左亦不佯佯,右亦不翼翼。仙人在郎傍,玉女在郎側。酒無沙糖味,爲他通顔色。"此詞又寫作"沙唐",似是外來詞。如敦煌寫卷伯二五八三《申年比丘尼修德等施捨疏》載,張什二等捨施有"沙唐五兩"。又如伯三三〇三《印度制糖法殘卷》載,"西天五印度出三般甘遮。一般苗長八尺,造沙唐多不妙;第二校一二矩,造好沙唐及造最上煞割令;第三般亦好。"寫卷中"煞割令"是梵文 śarkarā 的音譯,也是一種用甘蔗制的糖。由"沙糖"一詞的寫法不同,可知陸游的記載也不是空穴來風。據洪邁《容齋五筆》卷六載:"唐太宗遣使至摩揭陀國取熬糖法,即詔揚州上諸蔗,榨沈如其劑,色味愈於西域遠甚。"又據周振鶴、游汝傑先生在《方言與中國文化》一書説,"從語言學角度來看,制糖法應該是印度人的發明。印度人自古以來就能從甘蔗制糖,在用巴利文寫的《本生經》中就已經講到用機器榨甘蔗汁。《本生經》的最古部分可能産生於西元前三世紀之前,相當於我國春秋時代。"由此可知,中國雖早在唐代以前已用甘蔗來制糖,但隨着中外文化的交流,制糖的方法在唐代又有較大的改進。考唐孟詵《食療本草》載,石蜜

"波斯者爲良","蜀川者爲次。今東吳亦有,並不如波斯。此皆是煎甘蔗汁及牛乳汁,煎則細白耳。"季羨林先生在《CiNi 問題——中印文化交流的一個例證》一文中曾指出:"《楚辭》已經有'柘(蔗)漿'。從西元二三世紀東漢後期起,'西極石蜜已經傳入中國。大約到了六朝時期,中國開始利用蔗漿造糖。7 世紀時,唐太宗派人到印度摩揭陀去學習熬糖法,結果制出來的糖'色味愈西域遠甚'。看來中國人從印度學來了制糖術以後,加以發揚,於是就出於藍而勝於藍。"又在《古代印度沙糖的製造和使用》一文中指出:"漢文的'沙糖'正相當梵文的 guba,與巴利文完全一致。"考一行《大毗盧遮那成佛經疏》第七卷載:"漫荼迦是此方薄餅,其葉餅是天竺餅法,以糖蜜諸味和麵蘇油煮之至爲甘美。沙糖餅者,此沙糖名爲塞茶,狀如益洲所出者,而色甚鮮白,觸之便碎。用此和水,先以面作餅,數漬其中,然後食之。"由此可知甘蔗制的沙糖是印度、波斯和中國諸文明多向度交流的產物。

又如在中國儒學史上,朱熹融合儒、釋、道而集理學之大成,建立起一個貫穿天、地、人的理學思想體系,涵括了人生、社會、自然等領域,尤其是充分體現了張載所説"爲天地立心,爲生民立命,爲往聖繼絕學,爲萬世開太平"的中國古代知識分子理想境界。朱熹的理學思想體系宏闊,博大精深,不僅對中國文化結構、政治生活、倫理思想、價值取向、思維方式、風俗習慣、理想人格等方面都産生了十分重大的影響,而且還跨越民族和地域的界線,遠播海外,在 15 世紀影響朝鮮,16 世紀影響日本,對日本、韓國以及越南等東亞、東南亞各國的思想文化都産生了深刻深遠的影響。僅就朱熹與其門人講學問答的實錄《朱子語類》而言,今日本九州大學圖書館所藏徽州本《朱子語類》即爲朝鮮古寫本,此本爲寶祐二年魏克愚再校本的鈔本,與現通行的明成化九年江西藩司復刊宋咸淳六年導江黎德本不盡相同,在朱子學研究上具有不可多得的學術價值。朝鮮朱子學的主要代表人物是李滉(1501—1570),號退溪,著有《退溪集》、《朱子書節要》、《啟蒙傳疑》、《心經釋錄》等,開創了退溪學派,提倡"儒學的根本爲'理'"的"主理論",強調讀書、修養的目的就是革盡"人欲",複盡"天理"。李滉是朝鮮朝儒學的泰斗,其思想後又傳入日本成爲日本近代儒學的主體思想,對日本朱子學的發展也産生一定的影響。由此亦可見朱子學在東亞諸文明間多向度的交流。

因而文獻記載反映的文明間的文化互動具有三個層面。第一層面記載反映本地域或本民族的文明特徵,第二層面記載反映不同地域或不同民族文明間的交融和變異,第三層面則記載反映人類多元文明多向度交流互補的共性。

2.雅俗相融

文獻有雅文獻,也有俗文獻。雅可指正規、合乎規範,如雅正、典雅;也可指高貴優美,如高雅、博雅、風雅、文雅、古雅、儒雅、雅致、秀雅。俗可指相沿習久而形成的風尚習俗,如風俗、禮俗、習俗、民俗;也可指平常、普通,如通俗、世俗、常俗、凡俗、俚俗;還可指鄙陋,如低俗、淺俗、粗俗、庸俗。雅帶有官方的、正式的、公共的、上層社會的含意,俗則帶有民間的、普通的、非正式的、私人的、下層社會的含意。典雅和通俗是相融互補的,每一個民族都有俗文化和雅文化,也都有雅文獻和俗文獻。雅文獻如《周易》、《孟子》和《史記》等,俗文獻如敦煌變文和話本小説等。不管是雅文獻還是俗文獻,二者中皆有經久不衰而彌久愈新的經典。如《老子》、《論語》、《古蘭經》、《聖經》和《金剛經》等是經典,《木蘭詩》、《齊民要術》、《京本通俗小説》、《大唐三藏取經詩話》和《水滸傳》等也是經典。古今中外,各個知識領域中那些典範性、權威性的,尤其是具有重大原創性、奠基性的著作就是經典,可謂經典的雅文獻。從本體特徵來看,經典的雅文獻多是原創性文本與獨特性闡釋的結合,凸顯出豐厚的文化積澱和人性內涵,提出一些人類精神生活的根本性問題,與特定歷史時期鮮活的時代感以及當下意識交融在一起,富有原創性和持久的震撼力,從而形成重要的思想文化傳統。如《古蘭經》是穆罕默德在傳教過程中陸續宣佈的"安拉啟示"的匯集,後成爲伊斯蘭教經典。又如《聖經》由 40 多個君王、先知、祭司、牧人、漁夫、醫生等描述神給自己的啟示而彙集成書,內容包括歷史、傳奇、律法、詩歌、論述、書函等,後被奉爲教義和神學的根本依據,成爲基督教經典,又稱《新舊約全書》。從價值定位看,經典的雅文獻往往成爲思想的象徵符號。如莎士比亞之於英國和英國文學,普希金之於俄羅斯與俄羅斯文學,魯迅之於中國文學。這些文獻的經典性都遠遠超越了個人意義,上升成爲一個民族,甚至是全人類的共同經典。相對於經典的雅文獻而言,民間流傳的內蘊生活哲理的叢殘小語雖不是高文典册,然源自口耳相傳的鄉談俚論,訴諸底層社會草根平民喜怒哀樂的感受,具有通俗性和民間性,往往情真意切,鮮活而樸實,平凡中寓哲理,形諸筆墨也是經典,可謂經典的俗文獻。如唐代民間詩人王梵志的白話詩:"城外土饅頭,餡草在城裏。一人吃一個,莫嫌没滋味。""黃金未是寶,學問勝珠珍。丈夫無伎藝,虛沾一世人。""饒你王侯職,饒君將相官。蛾眉珠玉佩,寶馬金銀鞍。錦綺嫌不著,豬羊死不飡。口中氣新斷,眷屬不相看。"寫得自然平淡又隱約而風趣。又如多以"尋常話頭,略加貫串,人人曉得,所以至今不廢"的元明戲曲和"一開卷,千百載之事豁然於心胸"的明清小説等皆於常俗人情世故中寓人生哲理。

　　雅文獻和俗文獻又是相對而言的,社會的變化和歷史的發展使雅與俗相應而變。俗文獻成爲雅文獻的如《詩經》和《楚辭》出自民間,具有先秦時期野丫頭般俗白直露的生機和靈氣,經文人加工後,去除粗俗的成分,而成爲比較典雅的詩文。後世出自民間或採用口語的俗文獻同樣具有當時野丫頭活語言的生機和靈氣,經文人加工去除粗俗成分後也可成爲雅文獻。如明代萬曆丁巳(1617)年間東吳弄珠客序的《金瓶梅詞話》本是説話人的口講述録,可謂俗文獻;而崇禎年間經文人加工而成的《金瓶梅》則避俗趨雅,可謂雅文獻。雅文獻成爲俗文獻的如禪宗詮釋佛家真諦妙論的《祖堂集》和《五燈會元》等語録。儒家的經典在講學和解説後也可成爲比較通俗的俗文獻。如朱熹門人弟子筆録朱熹講學内容整理而成的《朱子語類》,又如許衡《直説大學要略》、貫雲石《孝經直解》和吳澄《經筵講義》等白話講章。值得一提的是,孔子門人弟子筆録孔子講學内容整理而成的《論語》可以説既是講學的俗文獻,又是儒家《十三經》中的經典,《古蘭經》和《聖經》也是由口耳相傳的故事、傳奇和哲理的啟示等教理的記載而成爲宗教的經典。

　　因而雅文獻和俗文獻相輔相成,文獻研究既要重視高文典册的雅文獻也要關注叢殘小語的俗文獻,尤其是要關注源自引車賣漿者流的民間俗文獻。

四、結語

　　前人留下的文獻典籍是我們的寶貴財富,無論是雅文獻還是俗文獻皆蘊涵着人類文明的精華積澱。歷史啟示我們,任何文明的傳承都建立在經典文獻的傳承基礎之上,任何文明的光大也離不開經典文獻的啟迪,而任何經典文獻都需要在一代一代人們的不斷解釋中宏揚其生命價值,從而介入當時的文化傳承和再造,推動社會的進步和發展。因而文獻研究既與文明的傳承密切相關,又與社會的發展密切相關。

　　人類文明是由不同地域、不同文化和不同階層的人們共同建構的,即由“菁英”與“草根”共同創造的。“菁英”爲草木之菁華,“草根”則是“菁英”之根本,且越是植根於日常大眾的就越是具有生命力,體現了人類文明發展雅俗交融互補的主導趨勢。相較而言,俗文獻往往更多地記載了歷代王朝的更替無非皆是“興,百姓苦;亡,百姓苦”而已,而所謂“一治一亂”的“治”是暫時做穩了奴隸的太平盛世,“亂”就是想做奴隸而不得的亂世時代。因而撰寫哲學史和思想史,除了研究儒釋道等經典外,也要研究記載引車賣漿者流人生觀價值觀的俗文獻;撰寫文學史和藝術史,除了研究大家名著外,也要研究記載民間無名氏心聲心曲和審美情趣的俗文獻。這樣的植根於雅俗文獻研究之上撰成的哲學史、思想史和文學史、藝術史纔可以説是真實反映了人類文明的發展和進化。

　　21 世紀是立足於人類數千年的文化積累之上的新的世紀。隨着現代科學技術的高速發展，人類利用文獻資訊的方式正在朝着數位化、電子化、網路化方向發展。運用現代資訊處理工具，建立大容量的文獻資料庫，形成記載不同文明的立體網路，從而對有關文獻進行多方面的統計分析，這已成爲文獻研究的先進手段。在這個網路中，雖然各種文獻在時代、立場及其宗旨上千差萬別，各有畛域，但又相互交融，彼此互補，體現出從内容到形式，多層次、多維度的交叉融匯，而新世紀則既要解讀“陽春白雪”的雅文獻，也要解讀“下里巴人”的俗文獻，闡發不同文明各種經典文獻的新意義，形成世界上多元文明多向度雅俗交融的發展趨勢和價值取向，在建設物質文明的同時進一步發展和完善精神文明，從而使不同地域不同文明不同文化不同階層的人們皆達到和進入中國古代知識分子所嚮往的“爲萬世開太平”的理想境界。

作者簡介：徐時儀，男，1953 年生，文學博士。現爲上海師範大學人文與傳播學院教授、博士生導師，中國語言文學博士後流動站負責人，古籍研究所副所長；華東師範大學和浙江大學兼職研究員。主要研究方向爲中國古典文獻學和漢語史。

顧老的五句話

——顧廷龍先生和中國古典文獻研究

李　慶

　　顧廷龍先生去世已經七年了。關於他的生平事蹟和學術業績,已經有《文集》《年譜》等著作出版,還有許多或親或疏的親朋交游寫了文章,無須我多費口舌。然而,因在他晚年,曾蒙教誨獎掖,故想根據親身經歷,就顧老和中國古典文獻研究,談幾件零星的事和自己的感想。

　　主要談顧老說過的五句話。

一、"片紙隻字都是文獻"

　　首次聽他說這句話,大約是在三十多年前,在"文革"中。上海圖書館還在南京路過去的跑馬廳那裏。他的辦公桌,是在一個半地下室的大房間,他在靠窗的一邊。我當時只有二十幾歲。因爲各種關係,時而到上圖去看書。一天,不知是哪個管理員,在取出書讓讀者看後,有一張原來夾在書中紙片,留在了桌子上,他發現了。由於那天取出的書比較多,一時無法判明原來是在哪種書裏的。他查了當天出庫書的記録,再取出一一核對,最後放回到原處。他當時强調圖書館的"片紙隻字都是文獻",給我的印象很深。

　　這一觀點,我們在《文集》中也可以看到①。（下文所列頁數,未注書名者,概爲此書）當然,對於這一説法,不應該絶對地去理解,顧老自己在《我在廢紙中搶救歷史文獻的一

---

① 參顧廷龍《中國目録學史論叢跋》、《宋人佚簡序》與《我和圖書館》,見《顧廷龍文集》,上海:上海科學技術文獻出版社,2002 年,第 114、337、593 頁。

點體會》一文中,也把"廢紙"分爲三類,"確實毫無價值的廢紙","可以供歷史研究參考的""很有價值的書",主張分別對待①。

在《文集》中所載的《從圖書館工作角度談文獻》所列的十六類②,和《我在廢紙中搶救歷史文獻的一點體會》所列的十二類③,兩篇文章中所列的有關歷史文獻的專案,可以看到他對"文獻"的基本看法,至今很有現實意義。

我認爲,在這話中,反映了他對於保存文獻的責任感。回顧他的一生,是從一種歷史的高度、自覺地收集保護文獻的。

中華人民共和國成立前的動盪時代,他在葉景葵、張元濟等先生創辦的合衆圖書館時,就不僅注意收藏宋元版本,名人抄校稿本,如顧祖禹《讀史方輿紀要稿本》等,也重視一些當時尚不被重視的近代文獻,如有關李鴻章、郭嵩燾(見近年出版的文集)、熊希齡④的文獻;各種書札如《藝風堂友朋書札》、《汪康年師友書札》、《張元濟書札》;名家藏書,如章鈺"四當齋"的藏書⑤,等等,這爲後來的整理出版,提供了良好的基礎。

此外,對當時並不爲人所重視的文獻,如《申報》,這使後來他們所收藏的,成爲全國唯一完整的一套⑥,甚至還有舊社會官場交往的記錄"門簿"等⑦。

在解放後,從廢紙堆中搶救出來的硃卷、族譜⑧,要求注意保存解放前的舊平裝書⑨,這是大家都已經知道的事了。

應該指出的是,他搜集保存資料,並不都那麼一帆風順,象玩古董那麼優雅瀟灑。在相當的時期內,是冒了很大風險的。比如,解放前,從貴州弄來革命文獻,加以收藏;在合衆圖書館中,保存列寧的著作⑩,此種行動,在當時,如果查獲,罪名可想而知。就是在解放後,他爲收集保存歷史資料,如收集硃卷、族譜、民用便覽、風水占卜等書,在一段時間內也是頂着"保護封建文物"的指責,被視爲"守舊""落後",乃至在"文革"中,被認爲是"反動",遭受批判。而即使在文革逆境中,可能的情況下,他仍盡力地收集保存文獻。徐

①《顧廷龍文集》,第 638 頁。
②同注①,第 625—626 頁。
③同注①,第 639—640 頁。
④參《明志閣遺著序》,見《顧廷龍文集》,第 325 頁。
⑤同注①,第 595 頁。
⑥同注①,第 626 頁。
⑦同注①,第 627 頁。
⑧同注①,第 637 頁。
⑨同注①,第 594 頁。
⑩同注①,第 592 頁。

鵬先生告訴我,顧老在文革中,對王欣夫先生的《蛾術軒篋存善本書録》稿本,就非常關注,他曾從徐鵬師處借得原件,複製成膠捲保存。還有,據我所知,在文革初期,他還關注文革的資料收集。這在現在看來,好象也還有點背時,相信到若干年後,大家一定會再次想到上海圖書館的這批財富。

由此可見,他收集文獻的範圍,包括了整個中華民族數千年歷史的各個方面;工作的時間跨度,貫穿了他的一生。雖然在這過程中,多有"背時","不遇",甚至危險坎坷,但至死孜孜以求,從不懈怠。

他曾經數次引用黄宗羲《天一閣藏書記》的話:"讀書難,藏書尤難,藏之久而不散,則難之難矣。①"可見他是意識到自己所處的時代,以前人爲楷模,自覺地去做的。回顧他的歷程,既可以看到他隨着時代在前進的足跡,更可以看到他超越狹窄的世俗觀念、表現出的對歷史的洞察力。

二、"版本必須親驗"

這是在二十五、六年前,爲我們上"版本"課時説的。

當時,"文革"後,復旦開始招文獻學研究生。徐鵬先生請顧老、潘(景鄭)老和吕(貞白)老爲我們上課。當時他們也没有什麽具體的名份,後來章培恒先生從日本回國後纔聘爲兼職教授。

雖説是上課,但顧老不太講。他往往是叫我到長樂路的原來合衆圖書館的地方,拿出一些本子,叫我自己看或自己找書看。他爲數不多的講課中,我印象最深的就是"版本必須親驗"這句話。

當時曾講到,同樣是《説文解字》,有所謂的"大徐本"(徐鉉整理本)和"小徐本"(徐鍇《系傳》本),同樣的大徐本,有《四部叢刊》影印本、汲古閣刻本和清代孫星衍的平津館刻本(其實是顧千里主持校刻),而且,汲古閣本有初印和後印的區别等。他指出,搞版本,必須看原書。而且,同一版本還會有不同的印本,必須加以確認和區分。這一點,我至今受用。

其實,在顧老的文章中,也可以看到,對於版本,他有自己獨特的見解。在《版本學與圖書館》中他指出:"古今中外自有文本以來,就有版本問題。當作爲一專門的學科。"②

---

① 《顧廷龍文集》,第 95 頁。
② 同注①,第 454 頁。

强調“做研究工作的人必研究版本,藏書家也必研究版本”①。

　　他自己的研究,也反映了他的這樣的思想。如關於《元詩選》初集、二集的初印本和後印本的區別②,關於《文史通義》與《校讎通義》,“兩書鈔本十餘種,刻本十餘種”,對於流行本子的來源和區別,都有所把握③。又如,他根據筆跡,確認何義門的校本④(《華陽國志跋》,75 頁),他主持編的《中國叢書綜録》,記載了《四部叢刊》中,初印本所收的《雲笈七籤》是張萱的清真館本,而後來重印的,則換成了《道藏》本⑤,强調不可簡單地一概論之,等等,都顯現出,他對於版本,不僅根據傳聞或間接的資料,而是親自目驗、比照校勘,考定確認的態度。

　　如果我們把古典文獻研究當作一門學問(即使不叫“科學”也罷),那就必須講求版本,這就像搞科學實驗,必須確保試劑的純度,法庭判案必須講求證據的準確一樣。用没有經過親自驗證的資料和證據,是得不出正確的結論的。

三、“編目録不是抄卡片”

　　這是二十年前,即上一世紀的 80 年代的事。當時,在章培恒先生的領導下,編《全明詩》。我負責對全國二十多個省市圖書館收藏的明人文集進行調查。對於上海圖書館的藏書,我本來想比較方便,因爲和館中各方面都比較熟悉,興致勃勃地到上圖的長樂路分館,想抄那裏的卡片。但是,管理人員不同意,説是有規定,這裏的卡片不准抄。我當時有點急,大聲説,“誰講的?”那天顧老正好在那兒的辦公室裏,我不知道。他讓工作人員把我叫了進去,只見他沉着臉,用難見的大聲説:“我講的。”我被他鎮住了,不敢再大聲,只是申辯,我們要搞調查云云。他一字一句地説:“編目録不是抄卡片”。這事我的印象特別深。

　　隨着閲歷的增長,我自己認爲,對這句話,有了比較多的理解。這反映了顧老對於古典目録學的一個基本看法。

　　顧老的一生,有很多時間是和目録打交道的。他在晚年寫的《我和圖書館》一文中,

---

①《顧廷龍文集》,第 457 頁。

② 參《元詩選瑣談》,見《顧廷龍文集》,第 506—507 頁。

③ 同注①,第 460 頁。

④ 同注①,第 75 頁。

⑤ 參《中國叢書綜録·總目》,上海:上海古籍出版社,1986 年,第 288 頁。

談到自己一生只是"收書"、"編書"、"印書"①,而這都和"目録"有關。

根據我的理解,他關於"目録"的看法,主要有如下一些方面:

一是目録必須"辨章學術,考鏡源流"。他曾説,章學誠的這話"確實道出了古典目録學的主要功能。"②

一是目録必須注意分類。他説過:"編目當以分類爲前提。"③認爲,圖書的分類隨時代的變化而發展。

一是目録必須明記版本。在《版本學與圖書館》中説:"必須熟悉版本,一書的若干不同版本,有系統地反映在書目中特別在著録上把一書有兩種不同版本的,並列一起,可以一望而知。"④

一是强調目録的實用性。他説:"我認爲,强調實用與著録的嚴謹是編制各類書目的前提。"⑤主張目録當有助於檢索和管理⑥,便於檢索⑦等等。這些都反映了他對目録學的見解。

在他主持編纂的《中國叢書綜録》和《中國古籍善本書目》過程中,我想大家是可以感覺到,他對這些想法,是在身體力行的。這些觀點,值得我們進一步研究。

雖然説,在現實的情況下,我們編製目録,也許不能完全做到這些,但是,儘量地朝這樣的方向努力,還是應該的。

四、"資之深,則取之左右逢其源"

這是在十八年前,我前往日本前,他給我寫了一個條幅,叫先行兄給我的。用他拿手的篆體,寫了上述的話。

此話見《孟子·離婁下》。我當時並不明白其含義。後來回味,覺得有兩層意思。其一,是告誡我不要淺嘗輒止,不斷進取。這是字面上的。翻開《孟子》,就明白了。

但是,這樣意思的話,在古代文獻中很多。顧老爲何要選"左右逢其源"這一句呢?

---

①《顧廷龍文集》,第 590 頁。
②同注①,第 115 頁。
③同注①,第 606 頁。
④同注①,第 461 頁。
⑤同注①,第 596 頁。
⑥同注①,第 119 頁。
⑦同注①,第 606 頁。

是否有着不僅要單搞一面,不要只關注國内的學術情況,而要"左右逢其源",也就是要關注不同的方面,要關注國外的有關學術研究動態呢? 我想,他是有這第二層意思的。

這從他自己的著述和行動中也可以看出。其實顧老是非常關注和國外學術交流的。

早在上一世紀的三十年代時,他就注意到日本東方文化研究所和哈佛大學漢文圖書館的編目情況①,關注法國所收的漢文文獻②。

他本人也和世界各國的學人有相當的聯繫。

美國的錢承訓,是美國的中國古籍研究專家,和他有聯繫,在他手下工作過的沈津,到哈佛燕京社的圖書館工作,也有聯繫。

和日本的學者關係可能更久遠。他的《尚書》研究,和三十年代以來日本有關《尚書》的研究,不無關係③。

在《日本游記》④中記載了他和許多日本學者,如吉川幸次郎、西川寧、中島健藏、藪内清、藤枝晃、森鹿三、貝塚茂樹、岩井大慧等的交往情況,其中特別談到了平岡武夫、小野信爾、小野和子夫婦等的情況。我到日本,曾到過平岡、小野的家,他們也都談到和顧老的交往。

在他的晚年,對尾崎康、高橋智等也多有指導。

我認爲,他是一個有世界眼光,希望和世界學術界加强聯繫的人物。當然,由於時代的原因,或許未能和外界建立密切的關係,但是,從他的本意,從他們對中國文化或者人類文明的理解來看,他始終是關注世界的發展並希望和世界的漢學研究保持聯繫的。

五、"不爲私己張本"

這話,我没有親耳聽過,是近幾年讀《顧廷龍文集》時看到的。

《文集》中有兩種講法,一是王紹曾先生的《序》中所引,顧老表示:"專爲前賢行役,不爲私己張本。"⑤一是顧老自己説的:"人不能自有所表現,或能助成人之盛舉,亦可不負其生平。"⑥都是在應葉景葵、張元濟之招,從北平南下辦"合衆圖書館"時所説。意思

---

①《顧廷龍文集》,第 608 頁。
②同注①,第 114 頁。
③同注①,第 15 頁。
④同注①,第 718—734 頁。
⑤同注①,第 8 頁。
⑥同注①,第 601 頁。

有點出入,表現形態也不同,但大體一致。

我讀到這些話時,感覺到,這可概括顧老的一生的爲人。

我講一件小事。

1988 年,在前往日本行前,我到他家去告別。在淮海路寓所,他給我看了一份當時美國圖書館研究協會發的邀請信,請他前往開會,大概是討論編撰美國的中文古籍聯合目録之事。但是他很犯愁,和我説,想要不去。我當然是極力勸他前往。但是他皺着眉頭,用蘇州方言説:"去一趟要花四千塊美金呢。"這時他已經八十五歲了,前往訪問又完全是關於中國古籍的編目工作。本來是理所當然的。但是,他首先想到的是國家要花費的資金。這和現在有些幹部在出國問題上的所作所爲,可成鮮明對照。

這是他對自己。而對於工作和他人呢?

他對前面提到的收集歷史文獻,對於一些在當時被認爲是"背時",甚至"危險"的事,他勇於擔當。對於他的前輩師友,對於曾在他身邊工作過的人員,如沈津、任光亮、陳先行、嚴佐之、還有上圖的其他工作人員等等,包括在解放後,受了冤的;文革中,遭了難的;在改革開放後,倒了霉的;他都不以對方的境遇爲轉移,誠懇待之,都在可能的範圍内,有所照顧(具體人名,不一一列舉)。這反映了他的歷史眼光和爲人準則。

至於對於各類學者的關照,對馮其庸的《紅樓夢》研究,樊克政的龔自珍研究,林其錟的《劉子》研究,尾崎康的《宋元版研究》,對我的《顧千里研究》那更有大量出版的書和各人寫的文章在,不贅引述。

要之,顧老在自己的崗位上,儘量地爲研究者提供可能的幫助和照顧。不管是老的、年輕的;知名的,不知名的;和自己關係親密的,還是疏遠的;也不管是中國的,還是外國的,都是如此。顯現了一個長者"有容乃大"的寬厚胸襟和雍容大度。他並没有因爲自己是長輩,或自己有着管理圖書的"權",而謀一己之私,而是更多地想到了爲社會、爲文化事業的發展貢獻力量。他所説的"專爲前賢行役"(慶按:不僅是"前賢",也包諸像我這樣頑愚的後輩小學生),"能助成人之盛舉,亦可不負其生平",正是他的人格魅力之所在。

六、一點感想

上面的五句話,我以爲,或可以反映出顧老的爲人和中國古典文獻學研究的一些基本方面。

如果從更宏觀的角度來看,顧廷龍先生生活的二十世紀,是中國歷史上一個巨大轉折時期。中國的傳統文化——自秦漢以來農耕文明的衰敗和變化的時期;是西方列强企圖瓜分中國,遇到中國人民的强烈抵抗,最後,中國人民把命運掌握到自己手中,探索走出衰亡,力求中華民族復興的歷史時期。面對這一變化,各種人有着完全不同的態度和選擇。

有的人奮身崛起,砥柱中流;有的人追趕潮流,弄潮浪尖;也有的人,深沉潛流,低沉渾厚。顧老大概是屬於這後一種的吧。他在《創辦合衆圖書館意見書》中説:“(抗戰時期)日、美等國乘其時會,力事搜羅,致數千年固有之文化,坐視其流散,豈不大可惜哉。”①可見是有意識地選擇自己的工作的。

他不是那種必須在光輝的口號和顯眼的大纛下纔能生存的人。在他生前的相當一段時期,並不被有些人理解。甚至因爲他們工作的性質,跟過去留下的“古董”有關,還被認爲“守舊”。確實,他們是帶着時代的烙印走過來的,他曾説“我不懂唯物辯證法”,要學習。然而,我們哪個人没有時代的烙印呢?他老老實實地承認這一點,脚踏實地、真誠地隨着時代的步伐前進。有時甚至是受着委屈,在那些時髦人物的指責批判之下,忍辱負重,爲保護民族文化遺産、爲世界人類的文明,默默耕耘,加瓦添磚。他們是當之無愧的歷史文明的保護者和建設者。

當我們今天在享用着他們留下的文獻財富時,大家也許可以比較更清楚地認識到他們工作的價值了。然而,我覺得他們也提出了如下的問題令人反思:怎樣的人生纔是更有價值的呢?作爲一個人,是否應只追求曇花一現式的炫耀呢?有的人,事過境遷,便湮没于時間的長河中,逐漸淡去;而有的人,人亡事存,銘刻在人們的記憶裏,歷久彌深。

百年之後再回首,可以説,在保護留存下來的大量的文獻中,在中國文化的豐碑上,在二十世紀中國這個時代裏,顧廷龍等爲之獻身的諸位先生(如我所尊重的潘老、吕老,先師王欣夫等等)有意無意間也留下了自己的印記。我相信,顧老以及和他相似的一類人物留下的業績,一定會在中國歷史和人類文明的長河中悠久存續,並閃現深沉的光輝。

作者簡介:李慶,男,1948 年生,文學博士。原復旦大學古籍研究所教授,現爲日本金澤大學外籍教師,兼復旦大學古代文學研究中心教授,日本研究中心研究員。研究領域爲古典文獻學和日本漢學。

---

①《顧廷龍文集》,第 604 頁。

《古文獻整理與研究》徵稿啟事

　　爲加强學術交流,推進古文獻研究的發展,陝西省社會科學院古籍研究所與陝西省古籍整理辦公室決定創辦學術型輯刊《古文獻整理與研究》,暫定每年一輯。

　　一、本刊分傳統文獻、新出與稀見文獻、域外漢籍、學術論衡四大板塊,歡迎各類有關古文獻整理、研究的原創性稿件,長短不拘,但求充實精到。堅決反對剽竊、抄襲行爲。

　　二、本集刊採用匿名審稿制度。審讀者與作者雙向匿名。審稿期間,稿件請勿另投。自收到稿件起半年内,編輯部將以電郵形式通知作者稿件採用結果。

　　三、來稿内容的著作權(如引文、圖、表、照片、統計數字等)問題,由作者負責。如發生侵害第三者權利的事,概由投稿者承擔法律責任。

　　四、來稿請依照本集刊格式規範(見後),並請另紙寫明姓名、性別、出生年月、供職機構、職稱、通訊地址、電話、電郵,以便聯繫。

　　五、來稿一經採用,即奉薄酬,並贈樣刊 2 册。

　　六、來稿請將電子文本發送至本編輯部電子郵箱 gjs029@163.com。聯繫電話:029-85254198。聯繫地址:陝西省西安市雁塔區含光南路 177 號陝西省社會科學院古籍研究所,郵編 710065。

稿件書寫格式

　　一、來稿請使用繁體字。除特殊論文外,異體字、俗字等請改用繁體正字。歡迎電子稿。

　　二、正文字體與字號請用宋體小四;獨立引文字體與字號請用仿宋體小四;注文字體與字號請用宋體小五。

　　三、首次提及帝王年號,請加公元紀年;首次提及外國人名,請附原名。中國年號、古籍卷數請用中文數字。其他如公曆年數、期刊卷期號、頁碼等,均請用阿拉伯數字。引用敦煌文獻,請用縮略標號加阿拉伯數字形式。其他特殊文獻,依學界慣例。

四、注釋請採用頁下注。

1.注釋碼請用阿拉伯數字①②③④……表示。

2.所有註釋均請採用當頁頁下注,每頁注釋重新編號。

3.當頁再次徵引,請用"同注×,第××頁"的形式。

五、引用文獻,務請詳列出處。

1.引用古籍,請標明著者名、版本(新印古籍,標明出版社、出版年份及整理信息)、卷數、頁碼(原本則不用標明),如:

①古籍原本

　　張文蓀《唐賢清雅集》卷二,清乾隆三十年鈔本。

②古籍景印本

　　a.孫思邈《千金翼方》卷十四,北京:人民衛生出版社,1955 年,景印清翻刻元大德梅溪書院刻本,第 161 頁。

　　b.郝玉麟修、沈翼機纂《福建通志》卷三三,上海:上海古籍出版社,1987 年,景印《文淵閣四庫全書》,第 529 冊,第 31 頁。

　　c.錢大昕《元史藝文志》卷三,《續修四庫全書》,上海:上海古籍出版社,2002 年,景印《潛研堂叢書》本,第 916 冊,第 257 頁。

③古籍整理本

　　a.司馬光撰、胡三省注《資治通鑑》卷二八三,北京:中華書局,1956 年,第 19 冊,第 9238 頁。

　　b.陸心源《儀顧堂續跋》卷十一,《儀顧堂書目題跋彙編》,北京:中華書局,2009 年,第 404 頁。

2.引用專書,請標明著者(譯著,著者名前加注國別,名後附注原名,請用圓括號括起)、譯者、書名、出版者、出版年份、頁碼,如:

　　a.張滌華《類書流別》,北京:商務印書館,1985 年,第 43 頁。

　　b.(英)杜希德(Denis Twitchett)撰、黃寶華譯《唐代官修史籍考》,上海:上海古籍出版社,2010 年,第 63 頁。

3.引用論文,請標明期刊名、年月(論文集論文可不標注出版月份)及卷期數、頁碼,如:

①論文集論文

陳寅恪《陳垣敦煌劫餘録序》,《金明館叢稿二編》,北京:生活 • 讀書 • 新知三聯書店,2009 年,第 266 頁。

②期刊論文

a.張伯偉《典範之形成:東亞文學中的杜詩》,《中國社會科學》第 9 期,2012 年 9 月,第 173 頁。

b.宮紀子《對馬宗家舊藏の元刊本'事林廣記'について》,《東洋史研究》第六十七卷第一號,2008 年 6 月,第 35 頁。

③學位論文

周彦文《千頃堂書目研究》,臺北:東吴大學中文研究所博士論文,1985 年 4 月,第 20 頁。

4.引用西文論著,請依西文慣例,標明作者、論著名、出版地及出版者、出版年代、頁碼,著作名請用斜體,論文名請加引號,如:

①論著

Lucille Chia, *Printing for Profit*: *The Commercial Publishers of Jianyang*, *Fujian* (11th -17th *Centuries*), Harvard University Press 2002, pp.138-139.

②論文

Cherniack, Susan. "Book Culture and Textual Transmission in Sung China." *Harvard journal of Asiatic Studies* 54, no.1(1994):5-125.

六、文中若有插圖,請提供清晰照片或電腦文件,並在文中注明位置。